広瀬善男・国際法選集 Ⅲ

外交的保護と国家責任の国際法

広瀬善男・国際法選集 III

外交的保護と国家責任の国際法

学術選書
29
国際法

信山社

緒言――日本の集団的自衛権の「行使」――

㈠　二〇〇七年一〇月一四日の朝日新聞「声」欄に拙稿「安保基本法の制定を急いで」を掲載した。趣旨はこうである（本稿では大幅加筆）。前段で、日本の軍縮外交を憲法第九条の要求する国是として位置づけ且つ「集団的」自衛権の「不行使」を第二次大戦の経験をふまえて戦後日本の枠組政策として掲げた基本法文書が日本国憲法であり、その価値は戦後六十数年を閲した今日でもいささかも変らず、むしろ必要度が高まっていると主張した。――因みに、国連憲章上の「集団的」自衛権を日本は「保持する」が「行使しない」とのダイコトミーの意味については、こう考えている。「集団的」自衛権の「保持」を肯定することは、（対抗軍事同盟国からの）侵略を防止するための「抑止力」の観念を法的に肯定することであり、米軍の日本駐留は、その意味で日本が「集団的」自衛権を「保持」することの具体的表現であることである。従って米軍の日本駐留は、日本領土の「専守防衛」のための補完力としてのみ認められることを意味する（昭和三四年の砂川事件最高裁判決）。一方、日本が集団的自衛権を「行使しない」ということは、米国領域に対する外国の武力攻撃があっても日本は米国を軍事支援しない、ということである（拙著『日本の安全保障と新世界秩序――憲法と国際法社会――』信山社、一九九七年、一八三頁）。――そして後段で、途上国における絶えざる武力紛争の歯止めとして国連の役割りと、それへの貢献を憲法前文で規定する「他国を無視しない」国際国家としての日本の使命として理解し、自衛隊のＰＫＯ活動への協力を「平和・安全保障基本法」の早期制定により明確化すべきだと述べた。それにより集団的自衛権の「行使」を眼目とする憲法改正の試みを阻止することが喫緊の重要事であると考えるからである。

自衛隊のＰＫＯ活動への参加には、九条の精神に基づき「住民」防護の立場を明確にするため、携行武器の厳選（たとえばクラスター爆弾やナパーム弾、地雷等の住民被害の可能性の大きい武器の携行禁止）を要求し、しかし同時に「住民」保護の実効化のために必須のＰＫＯ任務の妨害排除のために限定した「武力行使」を否定すべきでないことをも主張した。——なお国連憲章第七章に基づく安保理の経済制裁等「非軍事的」制裁の枠組の範囲内に厳密に限定した決議執行のための強制力(resulting power)の行使も、それが決議で明示的に許容される限りわが国もまた憲法九条の下で可能とさるべきであろう（拙著『日本の安全保障と新世界秩序』前掲書五一～五二頁、参照）。——

因みに、かつてアフリカで住民救済のために活動していたＮＧＯ「国境なき医師団」が活動領域での治安の不安定のため撤退を余儀なくされた際、ＰＫＯによる秩序維持目的での最少限の武力行使を要望する意見書を国連に提出した経緯があるし、旧ユーゴ紛争でスレブレニツァ（Srevrenica）で集団虐殺が発生した際（一九九五年）、現地ＰＫＯ（UNPROFOR）を指揮した明石特別代表が国連本部に武力行使を可能にする救援部隊の派遣を要請したにも拘わらず、その理由にＰＫＯ要員の安全確保をあげながら住民保護を目的とする要求を行わなかったことに後に批判が提起されたのも、明石氏が武力行使を前提にしない日本的ＰＫＯの理解に沈潜していたためとも考えられるのである（拙著『日本の安全保障と新世界秩序』前掲書、三一、五〇～五一頁。ＮＨＫ・ＢＳドキュメンタリー「ルワンダ、悲劇の内戦②国連ＰＫＯ」、制作・アルターシネ、カナダ一九九六。R. Higgins, 2nd-Generation Peacekeeping, ASIL Proceedings, 89th Ann. Mtg., 1995, p. 278., F. Henn, Keeping the Peace : A Military Perspective, in “D. Bourantonis & M. Evriviades (eds.), United Nations for the Twenty-First Century : Peace, Security and Development, 1996. p. 208.)。

しかし国連ＰＫＯが今日では「平和維持《ピース・キーピング》」のみならず停戦後の新しい国造《ピース・メーキング》りへの寄与を始め機能的拡大を遂げ、任務妨害排除のための実力行使を含めた権限の保持なしには有効な活動は不可能であることについて、既に大方の合意があることを承知しなければならないだろう。任務妨害排除のための武力行使は実際上はＰＫＯ要員への攻撃に対する「正当防衛」行為と重なる場合が多いであろうが、しかし緊急時に武力行使を法的に禁止されている日本自衛隊のみがＰＫＯ隊からの離脱を試みることは極めて危険であり、またＰＫＯ活動全体にとっても許されることではないであろう。更に二一世紀に於て、国際社会に「法の支配《ルール・オブ・ロー》」の確立を一歩でも進めるための理論的裏付けとしても、強制力即ち武力行使（性質上、国内法上の治安維持のための警察行動と同一）を法的に禁止する立場は説得力を弱めざるをえないだろう。実際問題としてもそうでないとPKOは暴力への抑止力効果も果たしえないし、住民の信頼感も得られないからである。NGOによる住民生活への支援活動とPKOの治安維持活動は表裏一体、車の両輪の機能的性格をもっているのである。

ここでPKOの国連憲章上の位置づけについて一言しておきたい。一九五〇年代末のスエズ動乱後の国連緊急軍（UNEF）がPKOの嚆矢とされるが、発足時において将来の見通しを含めた法的性格に関し精緻な法理的考察を欠いたまま（「六章半」というジョークに近い議論も出た）、当時の米ソ冷戦を背景に、憲章第七章の強制措置の採択（たとえば今日の多国籍軍の結成）が困難な時代状況の下で、平和維持の仕組みを考えざるをえなかったことが背景にあったことをまず承知しておかなければならないだろう。そこに「（紛争当事者の）同意」と「自衛・移動の自由」という二つの原則を根拠とした緊急の対応策を構ぜざるをえない法的背景があったのである。しかし間もなくPKOに課された任務遂行の実際上の必要に迫られ、そのためには妨害排除のための武力行使も容認せざるをえない状況に立たされることになった（たとえば六〇年代初頭のコンゴ国連軍）。こうして「自衛」ないし「移動の自由」観念の拡大解釈がPKO活動の適法性確保のために必要となったのである。

しかし「自衛（正当防衛）」とは、本来、法の一般原則的緊急権（違法性阻却事由）であり、PKOの「任務」実施目的の武力行使にまで概念的に拡張して適用することは、法観念の濫用とならざるをえないことは明らかであった。こうして任務遂行上の武力行使を真正面から認める第二世代（「強化された」）PKOの時代に入らざるをえないことになったのである。また本来、PKOの「任務」とは、国連の機構機能としてのみ許される「集団安全保障」行動の一つ（憲章一条一項で規定する「有効な集団的措置」）とみなさるべき性格のものであった。こうしてその後今日の第二世代のPKOでは、「任務」上の武力行使をマンデート実施上でも認めることが一般化したのである。ガリ元国連事務総長が提案した「平和への課題」（一九九二年）とその「補遺」（一九九五年）の二報告も、後者が前者を修正したのではなく、補完したにすぎず、PKO任務の履行のための強制力の強化を説いたものなのである。住民の保護を重視する「人間の安全保障」の観念が既にここには底礎されていたといえよう（拙著『日本の安全保障と新世界秩序』前掲書、二八～三三頁、四〇～四三頁）。

ところで紛争当事者のＰＫＯの受入れ「同意」も、もともとＰＫＯの実効性確保（当事者の順守）のための手段にすぎず、またマンデートの有効性を基礎づける国連（安保理）決議も憲章上（二五条）の法的拘束力を本来もっているのである。換言すればＰＫＯ上の当事者「同意」原則とは、当事者の主権的自由を根拠とした実施中のＰＫＯの活動からの勝手な一方的離脱を許容する自由まで認めるわけではなく、かりにマンデート上に当該ＰＫＯ活動が憲章第七章上の措置であるとの明文規定がなくても、安保理はマンデート違反排除のための強制措置をとることを禁じられているわけではないのである。このことを忘れてはならないだろう（拙著『国連の平和維持活動』、信山社、一九九二年、第三章、及び同、『日本の安全保障と新世界秩序』前掲書、第一章二(b)(c)、参照。cf. 酒井啓亘「国連平和維持活動と自衛原則」、浅田正彦編、安藤古稀、『二一世紀国際法の課題』有信堂、二〇〇六年、所収）。

本論に戻ろう。自衛隊が国連軍事活動に参加する場合に、憲法（九条）上で注意すべき点である。右にみた日本自衛隊によるＰＫＯ参加は、国連（安保理）決議を前提にすればどのような武力行使（多国籍軍への参加）も日本国憲法上で（従って「平和・安全保障基本法」上で）可能とすることを意味しないということである。たしかに憲法九条の禁止する日本の「武力行使」は伝統的な集団的自衛権（の行使）にのみ関わるもので、国連（安保理）決議に基づく武力行動はそれとは異質で全く別であるとする見解も原理的にはありえよう。――わが国論者の中には、国連（安保理）決議による軍事活動を「武力の行使」ではなく、「武器の使用」（use of weapons）と言い変えて憲法九条の枠外に位置づけ、違憲性を払拭して導入をはかろうとする議論もある。しかし姑息な考えと言わざるをえないだろう。それは行動の手段と目的・性質を混同する議論でもある。やはり国連憲章二条四項と同様、「武力の行使」（use of force）を用いるべきが正論であろう。「武力の行使」ではあるが国連許容の軍事行動は、憲法九条の禁止行動ではないとすべきであろう。――今日、国民の「一般意志《ボロンテ・ジュネラール》」が、「日本の国民と領土」の防衛に限定したいわゆる「専守防衛」に関してはその目的のための自衛隊の役割とその武力行使を容認し、それは憲法の改正なくとも解釈で十分可能とみる国民的意識として定着し確立したことを否定することはできないであろう。このことは九条の改正ないし廃棄が、近隣諸国に対する影響への考慮や、より積極的に国際的ルール・オブ・ローの実現のために軍備撤廃の人類社会を築く先達として日本を位置づけようとする立場と相容れないことについても、大方の国民の同意があることを示すものといえよう（拙著、国際法選集Ⅱ『戦後日本の再構築――領土、外国人参政権、九条と集団的自衛権、東京裁判――』信山社、二〇〇六年、第三章、参照）。

しかし国連（安保理）決議さえあれば日本の武力行使はどのような性格のものであれ可能とみる立場は、未だ国民的合意を得た立場とはいえない。のみならずこうした国連万能（至上）主義的見方は、国際社会の現実状況からみてむしろ危険である。たとえば一九九九年の旧ユーゴ・コソボ紛争時におけるＮＡＴＯの一方的軍事行動や、二〇〇三年の米軍の国連（安保理）をバイパスしたイラクへの軍事侵攻（先制武力攻撃）は、その後、事態収拾のための国連（安保理）の介入と相次ぐ安保理決議の採択によって、多国籍軍の駐留を可能とはしたが、それによって「戦争」開始（jus ad bellum）に関する国際的違法性が治癒されたわけではない。大国による一方的な軍事介入の再発防止のための議論が安保理で行われた形跡もない。そこには国連体制の運用上でも今日なお続く国際権力政治の影響が十分に存在するという現実を見落とすわけにはいかないのである。憲法第九条の基本的精神（の維持が日本の将来にとって極めて重要とみる立場）からみて、こうした国際社会の政治状況を正確に認識し評価した上で、自衛隊（自衛力）の行動原則を検討し、それを（平和・安全）基本法に反映させなければならないのである。

要するに、国連わけても安保理の平和と安全に関する審議や決議には、今日そして見通しうる将来、なお一部軍事大国の専横がまかり通り、法（国連憲章）の歪曲的適用の危険性や可能性がないわけではなく、日本の国家的安全を無条件で国連（安保理）に委任するわけにはいかないことを十分承知しておかなければならないのである。（拙著、国際法選集Ⅰ『国家・政府の承認と内戦・上』信山社、二〇〇五年、緒言――「構造的」テロ論――。同『21世紀日本の安全保障』明石書店、二〇〇〇年、第一章Ⅱ。拙稿、「地域機構の人道的介入と国連の統制――コソボの教訓」大内和臣、西海真樹編『国連の紛争予防・解決機能』中大・日本比較法研究所、二〇〇二年、所収。とくに「はじめに――第二次（二〇〇一年）アフガン戦争をどうみるか」を参照）。

㈡　ところで憲法第九条を維持しながら解釈により日本の集団的自衛権の「行使」を認めるべきだとの言説はわれわれの国際法学会にもある。それは一九九九年の日本国会で成立した「周辺事態法」との関連からのものである。この説は、日本の集団的自衛権の「行使」を日本周辺の極東地域に限定することで、この点からみればいわば集団的自衛権の「制限的」行使とみるべき立場といえよう（村瀬信也「安全保障に関する国際法と日本法㈤――集団的自衛権及び国際平和活動の文脈で」ジュリスト一三四九号、二〇〇八年）。

即ちこの立場は日本の「周辺事態」という武力紛争、つまり「放置すればわが国に対する直接の武力攻撃に至るおそれのある事態等わが国周辺の地域におけるわが国の平和及び安全に重要な影響を与える事態」（周辺事態法一条、傍点・広瀬）の段階で、具体的にいえば朝鮮半島での北朝鮮・韓国間の軍事衝突や台湾海峡をはさむ中国・台湾間の武力紛争で、韓国及び台湾と軍事協力体制を維持している米国所属の（日本を基地とする）軍艦が攻撃された場合、それら米艦艇と共同訓練（並走）中の日本艦艇が被弾したり或いは米艦への協力行動を続けて交戦への参加を余儀なくされた場合に、それを日本の「個別的」自衛権の行使と説明するよりは日本の「集団的」自衛権の「行使」と説明する方が適切であり素直だとみる立場である。わけても右の例の場合、北朝鮮や中国が日本を攻撃する意図がないことを明言し、従って日本軍艦の米艦隊からの早急な離脱を要求してきた場合、日本軍艦が米艦への協力態勢を維持し続け交戦に参加したならば、日本の集団的自衛権の「行使」として説明する以外にないということなのである。

もとよりわが国の憲法上、極東（北東アジア）地域における日米の軍事協力は、専ら「日米安保条約」の枠組の中でしか認められていない。その枠組を離れた「日米同盟」は軍事協力体制としては全く想定されていない（それを肯定するならば、地球の裏側でも日米の軍事協力が可能ということになる）。また日米安保条約で言及されている（前文参照）日本及び米国の個別的乂は集団的自衛権は国連憲章（五一条）上のもので、国連憲章規範からの制約を常にうけている（一、七条参照）。のみならず国際法上の自衛権（個別的、集団的）は今日、国連憲章にのみ依拠して法観念化し、それは国際慣習法上の概念としても確立したものであり、国連憲章とは別の（国連体制による規制をうけない）「一般慣習法」上の自衛権は概念的にも実際上も存在しないのである。

日本の「周辺事態」は、端的には日米安保条約第六条の附属交換公文の直接適用のある「事態」としても現実味のある紛争事態である。即ち同交換公文は「日本から行なわれる（米国の）戦闘作戦行動」については日米両国の「事前の協議」の主題としており、かりにこれに日本が同意し或いは容認した場合、たとえば中・台間に台湾海峡における武力紛争が発生し、沖縄基地からの米空軍機の戦闘参加を日本が容認した場合、日本の行為は米軍作戦と「一体化」したものとして、それは日本の集団的自衛権の「行使」とみなさるべきが自然であろう。この場合、かつてベトナム戦争時に北ベトナム爆撃への米軍機の日本基地発進を、フィリピン等南方方面への移動中の米軍機にたまたま途中で北ベトナム爆撃の命令が出されて転進したと弁解して、日本の「同意」の存在を免れようとしたいわば詭弁をくり返すことは困難であろう。「周辺事態」に際して日本の軍事協力を最大限に維持したい立場からいえば、こうした場合、日本の集団的自衛権の「行使」が予めわが国憲法解釈上で可能とされているならば問題はなく、従ってそうした措置を何らかの形で確保しておきたい誘惑からの発想が、こうした極東に限定した日本の「集団的」自衛権行使主張の根にあるものと思われる。

結論からいえば、拙論では、北朝鮮問題のみならず日本のいわゆる「周辺事態」への対処は、日本の「集団的」自衛権の「行使」によってではなく、国連を中心とした或いは国連体制の枠組の中での米国やロシアを含めた北東アジア諸国による地域的解決に委ねるべきで、将来的には「欧州安保協力機構」（ＯＳＣＥ）のような「北東アジア安保協力機構」の設立をめざすべきである。そして短期的、中期的には、米第七艦隊の日本港の従来通りの使用は容認するが日米安保条約の「有時」駐留方式への切換え（細川護熙元首相も一九九八年、Foreign Affairs 誌に寄稿し示唆）と、かって韓国首脳の容認発言もあった沖縄米軍の韓国領域（済州島も候補地として考えられる）への移駐による新たな地域安定力（冷戦時代の対立的抑止力でなく）の構築が検討さるべきであろう（拙著『21世紀日本の安全保障』前掲書、第四章、Ⅰ、Ⅱ、参照）。更に中国が既に宣明している核の「先制不使用」を米国等も宣言することで「北東アジア非核地帯」の設定に、日本こそが主導権を発揮すべきことが強く望まれるのである。日本の「平和と安全保障」にとって今必要なことは、緻密な分析に支えられた懐の深い「構想」力の構築なのである。なお、北朝鮮の対米ミサイル攻撃があった場合、日本がそれを途中迎撃して破壊するために日本の集団的自衛権の「行使」を可能にすべきだとの議論が最近出されている。しかしそれは北朝鮮に対日直接攻撃の口実を与えるだけでなく、米国にとっては無用の議論と思われる。日本の近海での米国機動部隊（第七艦隊）の対応力は十分強力だからである。そうした日本の軍事協力を日本が拒否し拱手傍観したならば、日米同盟は崩壊の危険に陥るだろうとの指摘は、かなりに短絡的で非現実的な議論である。日米同盟の絆は政治経済的にそれほどもろくはないからである。日本の安易な軍事力の行使や他国間の軍事紛争への介入は、憲法九条の精神を尊重しようとする立場からは、絶対に避けなければならない行動なのである（以上、拙著『21世紀日本の安全保障』前掲書、第一章Ⅲ、「周辺事態法」の国際法的評価、Ⅳ、在アジア米軍は「抑止力」でなく「地域安定力」へ、第四章Ⅱ、「日本周辺」有事と日米安保体制。また拙著、国際法選集Ⅱ『戦後日本の再構築』前掲書、第3章、九条と集団的自衛権、参照）。

ところで、日本の集団的自衛権の「行使」について次のような議論もある。国連憲章上の集団的自衛権の行使は国連の「集団安全保障」の枠組の中で、それと「調和」ないし「整合性」を保ち、或いはそれへの「補完」であるべきだ、との議論である（森肇志「国際法における集団的自衛権の位置」、ジュリスト一三四三号、二〇〇七年）。それが今日での国際公秩序の中での自衛権の正当な行使の条件であるとの主張であるが、当然のことであり異論はないであろう。問題はしかしこの場合の（国連の集団安全保障体制との）「調和」や「補完」或いは「整合性」が何を意味するかである。「整合」や「補完」等の原則はたとえばローマ国際刑事裁判所（ＩＣＣ）の事案処理（管轄権の所在）の方式についても導入されている（ＩＣＣ規程一七条）。しかしそこでの（裁判）管轄権の「補完性」原則とは、第一次管轄権を関係国内裁判所に認め、そこでの訴追、審理、判決を第一義とするが、国内管轄権の行使が当該国内権力（権限）上の意思、能力の欠陥や不十分性（その認定権はＩＣＣにある）のため捜査訴追等が十分に行われえない場合には（その判断基準は、対象が重大な人道、人権侵害の行為であるだけに、国際基準）、最終的な訴追等の管轄権はＩＣＣにあるということなのである。そこではＩＣＣ管轄権の国内裁判所管轄権への制度的優位性が確保されているということなのである。――因みに、国際法と国内法の関係について一元論と二元論の対立がかっては主張されたが、今日では実益を欠くとして顧慮されなくなったという（ジュリスト一三七八号、二〇〇九年、八六頁、参照）。しかし国際社会が主権国家から構成されている以上、法管轄権即ち法の実際の（実定的な）妥当根拠からいえば二元的であることは否定できない。もとより「条約」規範は主権国家が「合意」した以上、国内法に優位する拘束力をもつことは疑いないだろう（pacta sunt servanda）。即ち条約規範に違反した国内法規があれば論理的には無効であり、それが国内法で修正されずに（その修正作業をCh. RousseauやG. Fitzmaurice、I. Brownlieは「調整」と言ったのだろう）そのまま適用されれば国際義務の違反が生じ、損害があれば国家責任法上のreparation（回復）の義務が生ずるのである（二〇〇一年、ＩＬＣ「国家責任」条文、一二条、第二部・二章、参照。「ダンチッヒ裁判所の管轄権」事件に関する常設国際司法裁判所の一九二八年の勧告的意見も参照）。要するに国家責任法の規範体系としての国家責任成立の条件には、国際法優位の一元論が当然前置されなければならないのである。国際義務に合致させるための国内法の修正作業は、国家責任解除上の事後的な（予見による防止措置を含めて）被害回復（原状回復）措置にすぎないと言ってよいだろう。即ちそれはG. Scelleのいう"dédoublement Fonctionnel"という国際法規を国内法と国内管轄権を通じて実現する国際法優位の一元論を意味する「役割分担（role splitting）」機能のそれと言ってよいだろう。――G. ScelleのDédoublement Fonctionnelの議論については、筆者は早くから引用し論じてきたが、右の問題を含め最近の議論として、P. De Sena & M. Ch. Vitucci, The European Courts and the Security Council: Dédoublement Fonctionnel and Balancing of Values, E. J. I. L., Vol. 20, 2009, No.1. pp.193〜228. 参照。但し国際規範でも、その国内的実施には主権的裁量の余地が残されている（条約参加の場合の留保の表明や解釈宣言の付加はその形式の一つ）部分もあり（エルガ・オムネス義務を含む国際人権規約でさえ、たとえば「信仰の自由」についてそう）、法の実体効力についてもまた執行管轄権についても、二元論の妥当性はなお消滅していない。しかしながら今日では、重大人権規範を含む条約や国際慣習法については「国際（人権）基準」に基づく効力の国際法優位性の一元的認識が確立しており、執行上の国内管轄権についても刑事法適用（訴追と処罰）の義務すら存在する。――

話しを戻そう。自衛権解釈の国際法優位性については国連の集団安保体制でも同様で、主権国家がもつ固有の（個別的、集団的）自衛権についてもその「行使」が正当性、合法性をもちうるためには、安保理による「統制」（許可）が条件とされているのである（憲章五一条）。そうした国連（安保理）の「統制」機能を原理的に無視したり（自衛権は主権国家に「固有の《インヒアラント》」権利であることを殊更に強調し）、或いは「統制」を事実上不可能な状態に追いこんで（拒否権を濫用する国際権力政治の実態）、そうした状況の下で国連の集団安全保障体制との「整合」や「補完」の議論を行っても制度論としては価値の乏しい議論となろう。第二次大戦後、国際連盟規約時代の経験をふまえて、一九世紀的自衛権概念から脱却し、実体的にも制限を加えた（はずの）主権国家に固有の自衛権が、安保理の機能不全（麻痺）により一九世紀的自衛権に回帰し、再び戦争権限として作動した経緯即ち民族自決権をめぐる途上国での武力紛争への米ソ両大国の敵対的軍事介入や、憲章五一条そのものを根拠とした東西の「軍事同盟」（ワルシャワ条約とＮＡＴＯ）の結成と対立（集団的自衛権条約体制を背景とする「冷戦」の成立とその長期の常態化）は、（集団的）自衛権と国連の（安保理の統制の効く）集団安全保障体制との「整合的（調和的）補完」の観念を完全に打ち砕く実体をもったというほかないであろう。二〇世紀末に至って漸くかなえられた冷戦構造の崩壊後、従って安保理の個別国家の自衛権行使に対する統制機能の復活が実現したはずの今日、即ち安保理が機能を正常に作動させているはずの今日、安保理は逆に個別大国の過剰な自衛権行使の「追認」と「補完」の機関に陥っていることはないかどうか、綿密な検証が必要であろう。

たとえば9・11事件（二〇〇一年）後、安保理決議に基づいて憲章第七章を根拠に結成されアフガニスタンに展開した多国籍部隊（ＩＳＡＦ）は、タリバン・アルカイダ部隊の掃討作戦に従事する「不朽の自由」作戦（ＯＥＦ）と称する米国の軍事行動（米国の個別的自衛権の発動を根拠）に実質的に組み入れられ、対テロ作戦については完全に米軍の指揮下に置かれた（ている）のである。ここでは本来、対テロ軍事行動は「人間の安全保障」の観念の下で国連が主導すべき行動であって、個別国家の自衛権の発動により対処すべき行動ではないことへの理解の不足が露呈されているといってよいであろう。従って9・11後のアフガンでの武力行使は、対テロ（対アルカイダ）行動が中心となるべきであったにも拘らず、米国の自衛権観念の優越性の下でその下受け機関化した安保理が、タリバン政権（アフガニスタンの事実上の合法政権）の打倒をめざして制裁軍事行動を展開したこと（米軍指導下の国際治安支援部隊ＩＳＡＦの活動）は、テロをめぐるアフガン周辺の紛争の解決と同地域の平和回復を主目的におくべき国連（安保理）の機能を自ら減殺し、タリバン政権をアルカイダ勢力から引き離す工作の手を自らしばるという視野狭窄の状態に陥ったというほかないであろう。ここにも大国（の自衛権）主導行動への国連の平和維持（集団安全保障）機能の従属状況がみられるといわざるをえないのである。皮肉な言い方をすれば、これは国連の集団安全保障体制と自衛権機能の逆転した「補完」であり「調和」であるといわざるをえないであろう（拙稿「地域機構の人道的介入と国連の統制」、前掲書、はじめに、参照のこと。他に、浅田正彦「国際法における先制的自衛権の位相」2(3)、浅田正彦編、安藤古稀『二一世紀国際法の課題』有信堂、二〇〇六年。植木俊哉「国際テロリズムと国際法理論」国際法外交雑誌一〇五巻四号、二〇〇七年。また N. Quénivet, The World after September 11: Has It Really Changed?, E. J. I. L., Vol, 16, No. 3, 2005, pp. 576～577.）。

序

私は一九七八年に『国家責任論の再構成――経済と人権と』（有信堂）を刊行し、それから既に三十年を閲した。副題として付した「経済と人権」を中核に論じた当初の構想は、この間の国際社会の実践動向を十分把握したものであったと、僭越ながら今もそう考えている。したがって右の旧著の「復刻版」の刊行でも、一向に価値を減ずるものではないと考えていた。しかし旧著以来三十年に及ぶ期間に、当初の法理構想がどのように実定的、実証的に展開されたかを改めて検証することも学問を更に一歩進めることにつながると、考えを改めるに至った。そうした新たな作業が将来の「国家責任」論の動向を的確に構想するさいの重要な土壌を構築することになるであろうと考えるに至ったのである。そうした思考経緯をふまえて、旧著の体裁を維持しながら改めて内容の充実をはかったのが、本書である。

なお本書の校正等出版の諸事については信山社の稲葉文子氏に厚いご支援をいただいた。お礼を申しあげたい。

二〇〇九年三月

目次

目　次

外交的保護と国家責任の国際法

第一章　近年における外交的保護と国家責任の法理への人権思想の投影

一　総　論

国際法上の国家責任の法理は、沿革的には「外国人の損害に対する国家の国際責任」（The International Responsibility of States for Injuries to Aliens）の形態で確立された。従ってその救済原理が「自国民に対する本国の外交的保護」（The Diplomatic Protection of Nationals Abroad）という、少なくとも手続的には国家主権を基礎としたナショナルな法益（被害者個人の利益というよりは国益）保護の次元で展開されたのも当然である。――「外交的保護」の法観念を二〇世紀に於て代表するとみられるE.M.Borchardの書、"Diplomatic Protection of *Citizens* Abroad or the Law of International Claims"（1915）（イタリック体・広瀬）は、保護対象をCitizensとしているが米英系の通常の用語法ではCitizenはNationalと同義であり、従ってCitizensをあえて「市民」と訳し、外交的保護権が国籍を媒介とする「国民」保護ための国家の権利（権限）であるという観念を否定するように受けとられる見解は妥当でないだろう。現にボーチャードは、自らがInstitut de Droit Internationalに提出した報告書（一九三一年）のタイトルでは、"Protection Diplomatique des *Nationaux* à l'Étranger（イタリック体・広瀬）というふうにNationauxの用語を用い、"Citoyens"の語は使っていないこともその証しだろう。――

ところで第二次大戦後、右の外交的保護と国家責任の基本観念に基盤的な変化が生じつつある。即ち、国際社会による人権保障の観念が急速に台頭し定着したからである。国家の主権的利益の保護を基軸とした伝統的観念から普遍的な人権尊重の思想を基調とした新しい（国家）責任観（換言すれば国民の人権保護を組み込んだ国益観）への転換が、明確にみられるようになったからである。人一般（individuals）――「国民」はその一部を構成――に対する責任観を背景に国家責任と外交的保護の理論を再構成する必要がここから生まれたと言ってよいだろう。主権国家をエルガ・オムネスの人道被害救済の義務主体と措定する国際メカニズムの形成はその一つであるが、国際人権規約や欧州や米州等の地域人権保護機構或いはジュネーヴ人道法四条約（たとえばその共通第三条）に示された武力紛争時の人権保障の思想にみられるように、自国民を含めて個人一般に対する人権の国際的保障という新しい国家責任体制の確立を必要とする客観的条件が醸成され、それが自国民と外国人に人としては共通・平等でありながら、手続的には差異のある取扱いと保障を要求する法的立場として展開されつつあるのである。こうして国家管轄権のレベルでの普遍的な人権利益の保護体制の確立と並びに国家管轄権を越えた人一般に対する国際機構による保障レジームの形成の傾向が次第に顕著になっている事実を見逃してはならないのである。

二　「外交的保護」観念の現状と動向

㈠　次のように言えよう。国際人権自由権規約、欧州人権保護条約及び米州人権条約では、被害者個人の申立ての他、第三国からの申立てによる委員会や裁判所による機構的救済方式を確立した。これは国際社会での画期的な法の発展と言ってよいだろう。しかし同時に被害者本国の外交的保護制度の活用もまた否定していないことである。たとえば国連国際法委員会（International Law Commission＝ILC）の「外交的保護」条文草案（五八会期、二〇〇六年。以下、「条文」と略称）第一六条では、被害者本国による外交的保護権の行使と人権保護機構等への個人の出訴権の行使は、関係条約で別の明示的規定を置かない限り（たとえば投資紛争解決条約二七条⑴での仲裁付託と外交的保護権行使の不両立)、両者の共存(両立)を肯定するものと考えているのである。――右「外交的保護」条文一六条は、"The rights of States, natural persons, legal persons or other entities to resort under international law to actions or procedures other than diplomatic protection to secure redress for injury sufferd..... are not affected by the present draft articles. と規定している。――こうしてみると、わが国ではしばしば普遍的人権の救済手続と外交的保護とは概念的になじまないという見方が主張されているが、今日の国際法秩序では妥当性を欠く見方と言わざるをえないだろう。――外交的保護の事項管轄に基本的人権侵害を含むという見方を示す最近の判決として、Case Concerning Armed Activities on the Territory of the Congo (Congo v. Uganda), 2005, ICJ Reports, paras. 306～330.; Case Concerning A. S. Diallo (Guiana v. Congo), 2007, ICJ Reports, paras. 39～40. なお、拙稿「会社の外交的保護――Barcelona Traction 事件に関する一九七〇年の国際司法裁判所の判決――」明学・法学研究一〇号、一九七二年、七～八、二九～三〇、三四～三五頁も参照)。――

のみならず重大な人権侵害(たとえばジェノサイド等ローマ国際刑事裁判所規程六、七条に規定されているような人道犯罪)に対しては、右「外交的保護」条文第一九条(a)にも規定しているように、「特に重大損害が発生した場合には(especially when a significant injury has occured.) 本国の外交的保護権行使の可能性に妥当な考慮を払うよう(give due consideration) 要請し(should)て」おり、これを"recommended practice"だとして、外交的保護権行使の義務化を少なくとも各国が国内立法で、エルガ・オムネスの普遍的価値の擁護のために確保するよう勧告している(条文文言はshouldを使いshallを避けているから形式的には国際法上の法的義務とはいえないが)とみてよいだろう。もっとも仏、伊、西等若干の国は、既に国内法で、一定の場合(被害者個人が国際裁判所等へ直接出訴した場合等)を除き、外交的保護権の行使を自国政府に請求できる権利を認めている。またILC委員のJ.R. Dugardはユス・コーゲンス的人権侵害に対しては、外交的保護権の行使が国籍国の義務であると主張している。

更にILC「国家責任」条文最終案(二〇〇一年、以下、「最終案」文字を除き引用)第四二、四八条でも、「国家グループ間の義務」たとえば多数国間条約上の義務の違反国或いは「国際社会全体に対する義務」の違反国に対して、その国家責任を問責する権利（entitled）を直接の被害国（「侵略」被害のような直接の国家被害だけでなく、「集団殺害」のような“aut dedere aut judicare”（引渡しか訴追か）原則上の国家管轄権の働く自国民被害国）の他、第三国（他の条約当事国を含む）にも肯定し、そこに共通のlegal interestsを見出し、違法行為の停止（cessation）と生じた損害や利益の棄損に対する賠償（reparation）を請求する権利を認めているのである。――但し賠償金の支払い先は直接の被害国又は被害者に限定――。この場合注意すべきは、被害国以外の条約当事国が訴権を行使するための条件として、条約法条約第六〇条二項が規定するような条約加盟国の全員一致を必要とせず、單独でも訴権を行使できることである（ＩＬＣ「国家責任」条文四八条のコメンタリー(4)、参照）。erga omnesの義務違反に関する救済措置の特色といえよう。主権国家の違法行為責任の範疇拡大と問責主体の多角化――被害者救済の機会の増大――の傾向を示すものとして注目されよう。国際社会に「法の支配《ルール・オブ・ロー》」の規範状況を確立するための前進とみてよいだろう。また同時にこのことは、人権侵害行為の排除や損害の救済（賠償支払い）には、緊急避難の場合を除き、人道目的でも、武力干渉――ラテン・アメリカ諸国からカルボ主義やドラゴー主義による抵抗をうけた一九世紀から二〇世紀初頭に至る先進国の強権的政策の一つとしての人道的干渉――行動は決して許されないという今日の国際秩序状況を背景とした観念の然らしむるところと言ってもよいだろう。前記ＩＬＣの「外交的保護」条文草案が第一条で、外交的保護の制度は「自国民に対する外国の国際違法行為から生じた損害の責任を履行させるための平和的解決の手段（means of peaceful settlement）」であると定義していることもこれを意味し、またＩＬＣ「国家責任」条文が違法行為国による違法行為の停止と損害賠償を求めるための対抗措置として「平和的（非強制的）対抗手段（non-forcible counter measures）」のみを肯定し、それを前提とした構成をとっていること（二二、四九、五〇条）もこれを意味しよう。

(二)　ところでこうした人権・人道観念の高まりの傾向は、救済手段としての国家主権の行使即ち外交的保護権（の行使）の性格にも人権保障の見地から機能的、価値的な転換を要求し始めていると言ってよいだろう。たとえば、前記ＩＬＣ「外交的保護」条文第一九条では、「保護権への付託（resort to diplomatic protection）と請求すべき賠償（reparation）に関しては、可能ならば（wherever feasible,）被害者の見解を考慮すること（take into account,…… the views of injured persons）」（b）、得られたいかなる補償金（compensation）も合理的控除を条件に被害者に引渡す（transfer）よう」（c）要請して（should）いる。この立場は外交的保護制度の追求する「法益」が国益そのものというよりは被害者個人への利益帰属を前提とした私法益であることを示しているのである。換言すれば、国益の中心に人権利益が置かれるようになったと言って、そう大きな誤りとはいえない規定の仕方なのである。その点で、北朝鮮政権による日本人拉致問題に関しての二〇〇〇年初頭以来の日本外交の展開（被拉致者の送還要求）は、単に日本の国家主権の侵害に対する抗議というよりはこの種の人権法益回復のための「外交的保護」の一つと言ってよいだろう（本書、一〇頁、参照）。

つまり、国家（国籍国）の介入即ち外交的保護権の行使（開始）それ自体は現行国際法上少なくとも通常の私人利益に関する限り、完全な国益上の裁量性が確保されており、義務的とは言えない（但し「外交的保護」条文一九条(a)で論じたように「重大人権侵害」の場合は完全な自由裁量は許されない）が、その場合でも一旦国家（本国）が介入した以上、国家は被害者個人の代理的立場に立つとみるべき法状況が出現しつつあるとみて、そう過言ではないだろう。たとえばフランスがモロッコの農地国有化法上の収用措置によって損害をうけた自国民に代って、lump-sum 補償金支払い協定をモロッコ政府と締結したにもかかわらず、関係フランス人にフランス政府が補償金を支払わなかった事件（フランス政府は協定は国家間だけを拘束し、被害者個人に権利義務を付与しないとの立場を主張し、Conseil d'Etat も外交文書の審議権はないとして請求を却下）に関し、欧州人権裁判所は欧州人権保護条約第六条（公正裁判をうける権利）を援用して、関係フランス人の請求権を認めたケースがあるのである（case of Beaumartin v. France, Judgment, 24 Nov. 1994.）。右の仏・モロッコ間の「一括（lump-sum）支払い（補償）」協定の中に個人の請求権を規定していることが直接の法的根拠であるとしても、そうした規定を挿入せざるをえない外交的保護権行使上の本国の代理人的立場が国際法上の規範観念として既に形成され始めている事実を物語るものと言ってよいだろう（理論的分析として、本書第四章、一、二、参照）。――同旨規定として、米第三リステートメント七一三節、参照。前記ＩＬＣ「外交的保護」条文一九条(c)が、国が獲得した賠償（補償）金を被害者に引渡す場合には「合理的減額を条件として（subject to any reasonable deductions)」と規定していることも、国家の代理人活動としての費用控除を念頭に置いたものといえよう。――

(三)　こうした人権保護の方向に傾斜した外交的保護権行使の発展は、次の国際司法裁判所（ＩＣＪ）判決でもみられる。たとえばラグラン（LaGrand）事件で、領事関係条約第三六条一項(b)及び五条(a)を援用し、同条約が基本的には領事任務を規定する国家対国家の関係規律の性格をもつ条約であることを認めながらも、領事派遣国の国民（逮捕拘留された者）が自国領事と直接連絡をとりうる「個人」の権利をも保障した規定であるとして、ラグランの国籍国であるドイツの外交的保護権の行使を事実上肯定する――ＩＣＪは形式的には「領事関係条約」附属の「紛争の義務的解決に関する選択議定書」を援用して裁判管轄権を肯定したが、ドイツが問題をとりあげて紛争化しＩＣＪに提訴したことは、国籍国の外交的保護権の行使といえよう。――と共に、「もし条約上の通報義務の不履行がある状況で、ドイツ国民が長期句留や死刑等の重罪宣告をうけるときは、公式陳謝では十分ではなく米国は米国法上の再審の道を開かなければならない」と米国の国内訴訟手続にまで踏み込んで（再発防止の保証のための国内措置をとるよう）人権保護の保障を求めた判断（LaGrand case, Germany v. U. S. A., 2001, paras. 48,123～128.; ＩＬＣ「国家責任」条文、30条(b)、コメンタリー(10)(11)、37条2。但しドイツの提訴遅滞の責任も指摘し、賠償請求の場合の被害者の不作為による過失相殺論にも言及。39条、コメンタリー(3)）は、国家間条約の主体が国家であっても条約目的（法益）はしばしば個人（国民である個人）利益（本件では実質的に人権利益）の確保にあることを示し、また外交的保護権行使条件としての国内的救済《ローカル・レミディ》原則という慣習国際法の厳密な制約を乗り越えて（訴訟上の争点の一つが、米国刑事手続法の不備にあったから、ローカル・レミディ原則の適用はもともとないが）、国内法手続きにまで踏み込む国際的管轄権の拡大行使という新しい見解を示したことは、事案が領事関係条約という特定条約上の個人の権利に基づくからであるとか、右条約に明文（三六条二項）

で接受国に対する判決履行のための国内法令の適正化要求条項があるからとか、更には外交的保護権の義務的行使を求めるほどの自国民の重大人権棄損（の惧れ）の場合だからということからだけではなく、一般的に言って、外交的保護の対象事項や範囲がかつては「在外自国民の待遇」という日常事項に限定された国際法上の違法損害の救済行動に限られていた状況から大きく踏み出し、一般に「人権」確保という高次元の問題に射程を拡げる国際社会の規範意識の急速な発展を背景にした思想的潮流に基づくものと言えるだろう。――この点で、A. Nollkaemper, International Wrongful Acts in Domestic Courts, A. J. I. L., Vol. 101, No.4, 2007, pp.760～799 は、LaGrand 事件やAvena 事件に関するＩＣＪ判決等を引用して、同判決を執行する国内裁判所の機能に言及し、国際義務の違反の確定と国家責任の認定についての国内裁判所の役割の重要性を指摘する。――別言すれば、外国領事への接受国の通報義務という国家間取決めの單純違反から始まりながら、最終的には長期勾留や死刑の防止のための接受国の国内手続法の整備という将来の保証措置を違反国に負課するという思考プロセスは、国際社会における人権観念の高揚と定着なしには可能ではないと言えるであろう。――なお、LaGrand 事件と同様な領事関係条約上の人権問題に関するＩＣＪ判決として、Avena and Other Mexican Nationals Case, Mexico v. U.S.A., ICJ Reports, 2004, paras., 40,88,121, があり、また一般に外交的保護権行使の人権問題への適用拡大を明らかにしたディアロ事件に関するＩＣＪ判決（A.S. Diallo Case, Guiana v. Congo, 2007, para. 39）も注目される。また米州人権裁判所も一九九九年の勧告的意見で、領事関係条約三六条一項(b)の個人通報権を国際人権・自由権規約一四条の規定する「公正な裁判をうける」個人の人権権利ととらえている（United Mexican States v. U.S.A., Advisory Opinion, Inter-American Court of Human Rights, paras. 110～124, Oct. 1, 1999）ことも留意しておこう。但し米国ブッシュ政権は二〇〇五年、領事関係条約・選択議定書から脱退することを国連事務総長に通告した。死刑制度に反対する国が、米国内で死刑判決を受けた自国市民の刑執行を回避する目的で右の選択議定書を使う例が増えており、且つＩＣＪもそれに乗り、米国の裁判制度を妨害、混乱させていることを理由にあげたという（朝日新聞、二〇〇五・三・一一）。――

そうした思想的潮流をふまえて、ＩＬＣの第五八会期（二〇〇六年）での「外交的保護」条文の審議では、イタリアを中心として人権問題への関心が強く（イタリアは外交的保護権の行使義務論を展開）、また外交的保護権の受益主体を国家とするか国民とするか或いは両者かなど、「法益」に関する議論が高揚したことも見逃せない。更に「外交的保護」条文第一条（定義と範囲）は、外交的保護の国家手段として通常の外交活動（diplomatic action）に限定することなく、他国の違法侵害責任を問う他の平和的解決方法（other means of peaceful settlement）をも挙げて、自国民に対する外交的保護の機会の拡大をめざしていることも注目すべき傾向といえよう（北朝鮮に拉致された日本人被害者（一部）を帰国させた平壌での日朝政府（小泉純一郎—金正日）間の緊急合意はこれを示そう）。

三　「国家責任」観念の現状と動向

㈠　ところで右の人権保護の思想を基盤とした国際違法行為上の責任負課（帰属）の観念は、違法行為国についてだけの問題にとどまらず、違法行為を実際に行った個人（右個人が国家機関としての資格での場合が一般的だが、内戦等の国内武力紛争の場合には行政機関に限られず、しばしば紛争当事者たる一方集団の個人）についても発生しうる（ジュネーヴ人道法条約共通三条、ジェノサイド条約四条、参照）。被害者の人権保護の体制的強化を目的とした加害責任の複層化即ち国家と個人の両者への責任負課（帰属）のシステムが第二次大戦後に確立し発展したことは、人類社会でのルール・オブ・ロー実現のための画期的現象として見逃すことができない。

こうしてたとえば第二次大戦後のニュールンベルグと極東の二つの国際軍事裁判所による戦争犯罪者（個人）に対する訴追と科罰の実施が嚆矢となったが（詳細は、拙著、『戦後日本の再構築』国際法選集Ⅱ、信山社、二〇〇六年）、第四章参照）、その後、一九八四年の拷問等禁止条約や一九九八年のローマ国際刑事裁判所規程が採択された経緯はまさにこのことの有力な証左であろう。即ち重大人権侵害（たとえばジェノサイドを始め、拷問、殺人、重大傷害、強姦、捕虜虐待、恣意的財産破壊、人質、追放等々、広汎な人道犯罪、戦争犯罪の行為）を「国際犯罪」として措定すると共に、そうした行為に対してその防止と処罰に関する国際責任法の新たな形成と展開が行われているのである。そこでは該当の加害被疑者個人に対して、訴追と科罰という刑事責任（individual criminal responsibility）（ローマ規程二五条））を科すると共に、有罪者（個人）に対して被害者《ビクティムズ》への賠償《リパレーション》（原状回復、リハビリテーションの提供、補償《コンペンセーション》支払い）を付課する体制まで作られているのである（拷問等禁止条約一四条、ローマＩＣＣ規程七五条）。即ち個人の民事責任（individual civil responsibility）の確立という新しい責任体系《レジーム》の構築までなされているのである。もとより関係各国にそのための国内法上の措置を完了するよう義務づけてもいる（拷問等禁止条約一四条の定める被害者に対する救済と賠償のための強制執行手続の制定、ローマＩＣＣ規程七九条の締約国会議による信託基金の設定、同、七五条五項と一〇九条による執行のための国内法手続の制定、等）。

こうしてＩＬＣ「国家責任」条文も、第五八条で右の趣旨をふまえて“individual responsibility”の項を設け、ニュールンベルグ判決からローマ国際刑事裁判所の設立に至る第二次大戦後の国際刑事法の画期的発展を評価すると共に、個人の刑事責任のみならず民事責任をも含めた総合的レジームが発展しつつあり、且つ責任主体は（国家は当然のこととして）国家機関（State officials）としての個人に限られず、更に一般個人についても要件に該当する場合は有責となることを明言しているのである（五八条のコメンタリー(1)〜(4)、参照）。ここには重大な人権侵害という国際違法行為に関しての国際法上の責任体系として、国家と個人の双方に跨る複層的で汎国家的（普遍的）な責任レジームが形成されているのである。たとえばピノチェト事件で、英裁判所（上院）は一九九九年の判決で、イギリスが一九八八年に加入した拷問等禁止条約の適用を認め（イギリスの加入により同条約は英国内法として編入《インコーポレート》されたものと解され、拷問等の非人道的犯罪に対する刑事管轄権の設定と処罰の義務が明示された。同条約の成立前即ち同犯罪が国際慣習法上の規制対象にとどまっていた段階では、各国の国内裁判所での管轄権の設定と処罰は許容的性格にとどまっていた）、そして元首在任中に犯したユス・コーゲンス的重大犯罪に対しての国際法上のインミュニティは少なくとも元首退任後は与えられないとして、（普遍的）管轄権を行使したのである（E. Mcwhinney, The United Nations and a New

World Order for a New Millenium, 2000, pp. 24~25., R. Wedgwood, International Criminal Law and Augusto Pinochet, Virg. Journal of International Law, Vol. 40, No. 3, 2000, pp. 829~847)。

ところで伝統的な国家間戦争や近来の国内武力紛争では、jus ad bellum と jus in bello の二分野に分けて、それぞれ国際法違反行為から生ずる国家と個人の国際法上の分担（帰属）責任論が明確となっていることも忘れてはならない。前者のユス・アド・ベルーム即ち戦争ないし武力紛争開始の当否判断法（基準）については、既にニュールンベルグ及び極東の二つの軍事裁判所の判決によって、第二次大戦をめぐっての「侵略」の性質に関する判断が下され、国家自体の（侵略）責任と、それを計画し実行した国家機関たる個人についても指導者（個人）責任（いわゆるＡ級戦争犯罪責任）が問われた。また別にユス・イン・ベロ即ち戦闘行為の規律法（一九〇七年・ハーグ陸戦法規等の交戦法規）の違反を行った現地戦闘員（指揮官及び一般兵員）については、個人としての刑事責任（いわゆるＢＣ級戦争犯罪責任）が別の国際軍事裁判所によって問われた。

(二)　しかし近来の戦争は、途上国を中心に国内武力紛争（内戦）の形態をとることが多く、ユス・アド・ベルームはそうした一国の国内武力紛争への外国の介入、干渉の当否の問題として提起されているといえる。たとえば一九八〇年代のニカラグアの国内武力紛争では、米国によるニカラグアの反政府団体・コントラ（contra）に対する「資金援助、組織、訓練、兵站供与等の方法による同団体への一般的支配（general control）の存在」が国際慣習法規範としての不干渉原則（一九七〇年に国連総会によって採択された「友好関係宣言」に盛り込まれた法原則）の違反として認定され、米国の国家責任が問われたのである（一九八六年の「ニカラグアに対する軍事、準軍事活動に関するＩＣＪ判決。ICJ Reports, 1986, paras. 115,191,192. 詳細は拙著、『国家・政府の承認と内戦・下』国際法選集Ｉ、信山社、二〇〇五年、四章二節三項参照)。

しかしながらユス・イン・ベロとしての右のニカラグア内戦における米国の軍事及び準軍事活動については、同内戦中にコントラによる残虐行為があったにも拘わらず、顧問団を送った米国の交戦法規即ち、国際人道法、人権法の違反は認定されず、従ってその点での米国の国際違法行為責任は認められなかったのである。即ち米国のコントラ支援はコントラ自体が行った人道・人権侵害行為への米国の実質的関与つまり実効的支配（effective control）の段階にまで及んでいたとはいえない。米国がそうした違法行為を「命令しないし強制した（directed or enforced）」十分な証拠はなく、コントラのメンバー自身が米国のコントロールなしに行いえたものと認めざるをえない、と判示したのである（Ibid., ICJ Reports, paras. 110,115）。

ただこの点は裏返してみると、国内武力紛争の一方勢力に加担した外国が、人道・人権法違反の行動を当該勢力に具体的に指示、命令した結果、実行された場合は（そうした行為に対する当該外国の「実効的」支配があったものとみなして）、当該外国自体の「国家責任」と担当者の「個人刑事責任」が発生するものとみられることを意味するだろう。この点で、ＩＬＣ「国家責任」条文（二〇〇一年）は、第八条で次のように規定している。「個人または個人グループが一定の（違法）行為を行う場合、その所属国家の指示（instruction）に基づき又は命令（direction）もしくは支配・統制（control）の下で、事実上（in fact）行われるならば、その行為は国際法上、当該国家の行為（an act of a State）とみなされなければならない」と。つまり個人や個人グループの（違法）行為であっても、その行為に対する所属国家の実効的支配（effective control）があれば、当該国家に責任が帰属するとしたのである（もっとも右「国家責任」条文八条の三つの基準のうち最後の“control”の概念については、不明確で拡大解釈の可能性が大きいとの批判がある。A. Cassese, The Nicaragua and Tadić Tests Revisited in Light of the ICJ Judgment on Genocide in Bosnia, E.J.I.L., Vol. 18, No. 4, 2007, p. 663）。

(三)　こうしてみると、ユス・イン・ベロ即ち交戦法規としての国際人道法、人権法上の違法行為責任は、たとえば刑事科罰という責任負課（帰属）の対象は、直接には（国際人道法、人権法は個人に直接適用がある）違法行為者個人であって、所属国家ではないという立場がまず示されているといってよいだろう。——その点で後述の旧ユーゴ国際刑事裁判所のTadić事件に関する上訴審判決に付せられたM. Shahabudeen裁判官の意見は参考になる。ニカラグア訴訟とタジッチ訴訟は、前者が国家責任の問題であるのに対し、後者は個人責任の問題であって、訴訟物の相違があるというのである。しかし後者判決の多数意見は、事案の性質の違いを見落とし、ニカラグア判決の"effective control"概念を批判することに急であった、と述べている。——つまり所属国家への責任の帰属とは無関係に、違法行為者個人（指揮官を含む戦闘員）が国際法（人道法条約）の直接の適用対象となって責任の帰属が確定されることを見落としてはならないということである。但し所属国家も違法行為者が自己の管理下にあった場合には損害賠償上の代位責任（こうした場合、国内法上では通常、国は違法行為者に対して求償権をもつ）を負う場合があるだけでなく、少なくとも右違反行為者の逮捕、拘禁、訴追或いは関係他国ないし国際裁判所への引渡し等の国家責任は負うことになることを忘れてはならない（たとえばジュネーヴ人道法・文民保護条約一四六〜一四八条、捕虜条約一二九〜一三一条。また拷問等禁止条約、五、七、八、一四条。ローマ国際刑事裁判所規程、七五条5、一〇九条、ジェノサイド条約七条等）。

ところで、Tadić事件に関する旧ユーゴ国際刑事裁判所（ＩＣＴＹ）上訴審判決では、人道法違反の行為に関してニカラグア判決でいう国家責任成立要件としての「実効的支配」(effective control) という厳しい基準は「単純個人」(single individual) の人道法違反行為についての所属国家の国家責任帰属を肯定する場合には適用があるとしても、「軍事又は準軍事集団」(military or paramilitary units) のように上下関係のはっきりした組織体 (organized and hierarchically structured groups) の人道法違反の行為については、右集団の武力行使活動が国際的性質をもつとみられることから、その行為の「所属国家」への責任帰属の条件は、国家による「包括的（全般的）支配」(over-all control) 即ち右軍事集団への資金、装備の供給の他、「軍事作戦の計画と監督への参加」(participation in the plan-ning and supervision of military operation) があれば十分だとして、ＩＣＪニカラグア判決 (effective control 基準) とは異なる若干緩和された基準を示したのである (Tadić, ICTY, Appeals Chamber, Judgment of 15 July, 1999, para. 145)。

しかしこのＩＣＴＹ判決とは異なり、いわゆる旧ユーゴ紛争でのスレブレニツァ (Srebrenica) の「集団殺害《ジェノサイド》」事件（一九九五年）に関し、ＩＣＪに係属したBosnia v. Servia間の「ジェノサイド条約適用」事件の判決（二〇〇七・二・二六）(Case concerning the Application of the Convention on the Prevention and Punishment of the Crime of Genocicle, ICJ Reports, 2007, para. 406.）は、基本的にニカラグア判決に依拠すると共に、ＩＬＣ「国家責任」条文第八条の規定を国際慣習法規として認定した上で、右のＩＣＴＹ（Tadić case）判決でいうところの“overall control”基準を非人道犯罪上の「国家」責任（「個人」責任でなく）帰属条件として適用することは、ＩＬＣ「国家責任」条文第八条の基準を逸脱したものとして否定したのである。

　このＩＣＪとＩＣＴＹの二つの意見の相違をどうみるべきか。まずＩＣＴＹ裁判は基本的に「個人」への人道法適用の問題であって、「国家」責任を問うものではなかったことをまず念頭に置かなければならないが、同判決のいう“overall control”の概念には、資金、装備の供与や訓練（以上は、ＩＣＪニカラグア判決の“general control”に相当）の他、軍事集団に対する所属国家の「一般的な作戦計画上の協力活動」（ＩＣＴＹ、第一審判決）の存在が含まれており（Tadić, ICTY, Trial Chamber, Judgment of 10 Aug. 1995, paras. 125〜130.）、ニカラグア判決でいう“effective control”に近い概念が提供されていることに注意する必要があろう。“overall control”の観念がＩＬＣ「国家責任」条文第八条で規定された“instructions”, “direction”並びに“control”の三つの基準のうち、少なくとも最後の“control”の概念には含まれるとみることもできるからである（なおＩＬＣ「国家責任」条文の右の三つの基準は網羅的でなく例示《ディスジャンクティブ》的なものとのカセーゼの見解もある。A. Cassese, op. cit., p. 650）。こうしてみるとＩＣＪ判決が批判するように、右のＩＣＴＹ上訴審判決がニカラグア判決やいわんやＩＬＣ「国家責任」条文（八条）から逸脱ないし遊離している、とは必ずしも言い切れないように思われる。――カセーゼは、テロ防止のためには挙証面の困難さを考慮すれば、“effective control”基準やＩＬＣ「国家責任」条文八条の基準は厳格すぎて有効でなく、“overall control”基準が妥当であると言う（A. Cassese, op. cit., p. 666）。――

(四)　ところでスレブレニツァの集団殺害《ジェノサイド》事件に関する右のＩＣＪ判決で、旧ユーゴ国家（後にセルビア）の責任の有無を「ジェノサイド条約」一、二条及び三条e項の違反問題を中心に論じた法理をみておこう(1)。

まず判決は、右集団虐殺事件の主犯であるMladić等の指揮したボスニア・セルブ軍（VRS）は旧ユーゴ国家（FRY）のde jureの機関ではなかったが、情報や兵站の供与をFRYから受けて両者が密接な関係をもつFRYのde factoの機関であったことは認定した（その点ではICJニカラグア判決でいう“general control”の存在は肯定）。但しVRSが犯した集団殺害行為《ジェノサイド》（「民族浄化」と通称された）へのFRYの直接関与（ニカラグア判決でいうところの“effective control”）は認められないとした上で、ジェノサイド条約（三条e）で規定するジェノサイド行為の「共犯」（complicity）としての犯罪行為についての考察に移ったのである。ところでこの場合の「共犯」の有罪条件である主犯者VRSの集団殺害行為へのFRYの「幇助」行為（furnishing aid or assistance）が、VRSのジェノサイド条約第二条に規定するジェノサイド実行上の「特別の意図」(dolus specialis)を「了知」して行われた（acted knowingly,…… aware of the specific intent）かどうかが問題となった。ICJはこの点については明確な判断を示さなかった。しかしこの場合、ジェノサイド罪の「共犯」の成立（構成）要件は集団殺害という主犯罪への加担という明確な（有罪）意思（mens rea）の具有が必要であるとした。しかしこの点については、右の集団殺害行為が一九九五年の七月一三日から一六日までの短期間で終了したためもあり、FRY当局がVRSの集団殺害の「意図」（二条c）を「了知」していたとの決定的な証拠は示されていないと結論したのである（paras. 421〜423.）。

因みにICJ判決が依拠することの多かったILC「国家責任」条文第一六条は「共犯」概念と重なりあうとされる支援（aid）又は援助（assistance）行為上の国家責任の成立は、主犯国（者）の国際違法行為に関する事情を知りながら（with Knowledge of the circumstances of the internationally wrongful act）行われることで十分であり、そこにはジェノサイド条約上で要求されている集団殺害上の「特別の意図」という条件は必要とされていない。且つ同条コメンタリー(5)及び(10)は、当該援助は違法行為の実行に不可欠（essential）であることも必要でないとし、もしその援助がなければ違法行為は発生しなかったほど他者からの援助が行為のnecessary elementを占めているとすれば、それは主犯国（者）と同一の責任が援助国にも帰属する（共同正犯）として「共犯」とは区別して考えるべきだとしているのである（V. Lowe, Responsibility for the Conduct of Other States, 国際法外交雑誌一〇一巻一号、二〇〇二年、一二頁）。

㈤ なお、右のＦＲＹによる集団殺害《ジェノサイド》事件への関与問題では、別にＦＲＹによる国家としての集団殺害の「防止」義務（ジェノサイド条約一条）の違反が問責されている。

この点に関し、判決はまずＦＲＹ当局のＶＲＳへの政治、財政、軍事上の影響力の強さを肯定し、スレブレニツァでのＶＲＳの残虐行為（atrocities）はＦＲＹ当局のこうした支援（aid and assistance）をもって実行されたことを認定した（paras. 422, 434.）。そしてそうした行為がスレブレニツァ地域におけるセルビア人とムスリム人との間の歴史的で深刻な憎悪感情に基づいたものであることをも指摘していることである（paras. 434, 436~438.）。従って当該地域での「虐殺」（massacres）の発生の危険はＦＲＹ当局によって知られていたとみるべきである（ジェノサイド条約上の「特別の意図」まで了知したとはいえないとしても。いわゆる「民族浄化《エスニック・クレンジング》」の意図のそれである）。そうした事態が存在したならば関係国には集団殺害《ジェノサイド》「防止」の義務が発生することである。ジェノサイド条約第一条の「防止」義務がこれである。なおここでは一般に「共犯」（complicity）は作為（action）犯罪であり「防止義務違反行為」は不作為（omission）犯罪であるとされることも承知しておこう（para. 432.）。こうして判決は、ＦＲＹ当局がスレブレニツァ地区でのＶＲＳによるジェノサイド行為発生の「防止」（予防）のため「適当なすべての措置」をとることを怠った「不作為」による義務違反があったことを指摘しているのである（para. 438.）。

しかしながらここで判決は、右の不作為による違法行為と発生した集団殺害損害（injury）との間に「十分で直接の因果関係（a sufficiently direct and certain causal nexus）が存在したかどうか」を問題にし、そこにＦＲＹへの「防止」義務の違反に基づく損害賠償上の国家責任帰属上の条件の完成があったかどうかの決め手を求めたのである。しかし判決は、ＦＲＹ当局が右の「法的義務（防止義務）を履行したならばスレブレニツァでの集団殺害の発生が実際上（in fact）回避されえたといい切れるほど十分で確実な証拠は得られなかったと認定したのである（paras. 438, 462.）。即ちFRY（セルビア）に損害賠償（reparation）責任を付課すべき因果関係の存在はFRY当局の防止義務違反行為から直接には導き出しえないとしたのである。ただし判決は、集団殺害「防止」のための「適当なすべての措置をとらなかった」不作為（従来の用語でいえば"due diligence"の懈怠）というFRY当局の違法行為の存在については肯定し明示しているから、金銭賠償（compensation）命令は回避されたとしても、宣言判決（declaratory judgment）による satisfaction 即ち一定の「満足」が原告ボスニアに付与されたとみている（para. 463.）ということはできるであろう。(2)

さてここでの問題は、「防止」のための「相当注意」義務即ち"due diligence"の履行があったかどうかのそれである。判決はその点ではまずこの「防止」義務とは虐殺防止を如何なるコストを払っても確保すべき義務まで意味しないとし、それは自国領域ないし権力内（within its power）で「ジェノサイド防止のためにあらゆる措置をとった」（take all measures to prevent genocide）かどうかという客観的行為（事実）から判断されるべきことであり、それが"due diligence"履行の意味であるとした。つまり「国家の対人、対領土の支配状況等の法的ポジションから具体的に評価さるべき（an assessment in concreto）問題である」と述べたのである（para. 430.）。(3) こうしてみると特定条約（一次規範）に時にみられる「意図」や「目的」という条件（ジェノサイド条約二条、参照）の存在や、違法行為の「防止」のために要請される「努力」義務とは、違法行為の責任帰属の条件としてのいわゆる「過失主義」という主観（責任）主義の観点から論じられるべきものではなく、「具体的事実」という実証性と客観性の観点から論じられるべきことを右のICJ判決は明確に示していることを忘れてはならないであろう。

㈥　右にみたように、今日での人権的価値観の国家機能への投影が濃厚さを深めている状況を正確に認識するとき、「国家責任」法理の構成原理に及ぼす人権価値の重要性を無視することは、国際法学の科学としての意義を大きく減殺することになるだろう。しかしながら同時に次のことも見落としてはならない事実である。即ち西欧的人権価値が普遍的な「市民的自由」（civil liberties）に力点を置くのに対し、発展途上国のそれが「経済的（国家）平等」（economic egalitarianism）の主張を中心としていることである。わけても発展途上国が民族自決権を基礎とする国家的、地域的バラエティの承認を前提として、政治的、市民的人権態様の地域的個別性や国家的独自性を強く主張していることである。このことはいいかえれば、前者の西欧的人権価値が経済的レッセフェールの作用による構造的な支配・服従関係の形成を招き易い側面（グローバリゼーションの負の側面）をもつに対し、他方、後者の国際的分配上の平等主張が国家主権を基礎に展開されるとき、国内的不平等と内政不干渉原則による市民的人権への抑圧体制の維持を正当化する口実として機能し易い一面をもっていることを意味する。こうした現実は、人権と（国家）主権の概念的かかわりあいの基礎的解明作業の中で、先進国、途上国のいずれについてもそれぞれの「国家」主権の利益保護を基本目的として形成された伝統的な「国際標準主義」と「国内標準主義」の対立をどう調和させ解消させるかという問題を、今日でも提起しているといえるのである。二〇世紀末に冷戦が終結し、共産圏が消滅して社会主義思潮の凋落が顕著になった二一世紀初頭の今日、本書が「人権標準主義」という新しい秩序観念を基礎に国家責任論を再構成しようとするのも、右の現実の国際状況を前提にしてのことである。

こうしてみると今日では、国家責任論の基本動向として次の点を指摘できるように思われる。第一は民族自決権の概念を基礎に、一九世紀的な権力的ステート・システムとは異質の国家主権の制度的確立が要求され、実際にも強者、弱者間の社会的公正（連帯）関係の樹立のために、先進国民の経済的権益に対する途上国の領域主権の主張を保障する仕組みが一定程度定着したことである（たとえば、国際人権社会権規約一、二、二五条、参照）。ここに南北問題としての人権の意義があり、新しい国家責任制度形成上の思想的枠組があるのである（この間の経緯と分析につき、拙著、『21世紀日本の安全保障』明石書店、二〇〇〇年、第二章・南北人権観の系譜、第三章・文明と文化そしてアジア。及び拙稿、「南北問題と人権」国際問題二二一号、日本国際問題研究所、一九七八年、参照）。しかし他方、多国籍企業の活動をはじめ国際的な経済活動の活発化と共に個人（法人）をも国際法主体として包摂せざるをえない「国際協力」（相互依存）

の必要性がクローズ・アップされ、従って紛争解決方式を含んで新しいトランスナショナルな責任体系の構築が緊急の課題とされている状況も見落とされてはならない。資本受入国と企業、又は本社国という複数の国際アクター間に経済活動上の相互責任分担の体制が要請されて国際責任原理に新しい要素を導入している点もこれと無関係ではない。既にみたように、被害救済手段としての外交的保護の機能に固有の国益保護の思想が、個人の人権（生命、身体、精神的自由の他、財産権等）保護の観念をとりこんで再構成されざるをえないのも右の状況と関連した傾向的な特徴といえよう。

第二は人権観念の概念的拡張と範疇的拡大（市民的、政治的人権と社会的、経済的人権の形成）に伴うインパクト――それは西欧的自由主義圏における市民的人権観と第三世界的途上国人権観における共同体人権観という人権の異質的理解の必要を背景としているが――が、国家責任体系の総合的確立に及ぼしつつある影響の問題である。それは一つには民族自決権の経済的、政治的機能として「国家」責任体制の対外的、対内的な構造的変革をもたらしたが、基本的には主権国家《ソブレン・ステート》の性格を権力的支配機構としてのそれから次第に人権保障のための機能的制度手段へと変質させている状況と無縁ではないのである。

すなわち、第一に伝統的な国家責任の体系が、外国人に対する違法行為を契機として生じた事後的な国益損失に対する損害賠償（救済）のそれに原則的にとどまっていたの対し、内国人、外国人等すべての個人に対する無差別で平等な生活権の保障のための積極的な国家権能の行使という社会権、経済人権の政策に関する国家責任原則の確立が損害救済責任と共に今日では要求されていることである。またここには人権概念の範疇的拡大が国家の領域管轄権の機能的変化をもたらし――たとえば外国籍難民や無国籍者に対する常居国による外交的保護権行使の許容（ＩＬＣ二〇〇四年「外交的保護」条文、八条参照）――国家責任観念の転換を要求している現実があるのである（もっとも経済的、社会的人権の保障原理には、なお伝統的な国家主権的相互主義原則が適用されうる余地が残されている点も見逃してはならないが）。迫害をうけた難民や亡命者に対する不送還《ノン・ルフールマン》原則の適用義務化の傾向が定着（慣習法化）したことは、明白に国家主権に対する人権観念からの拘束を意味するし、庇護に関しても伝統的国家権限としての性格から人権保障上の国家的義務への転換が一部の国で実践されはじめている。国家の人権保障上の責任体制の再構築がこの面でも必要となっているのである。

第三に個人の権利と国家の主権機能の相互関係に、人権保障の観点から、なお多様な形態を維持しながらも密接な連関《リンク》をもちこんでいることである。たとえば外交的保護や国内的救済原則がかかわりあう保障、救済のシステムに、前述もしたように、より個人（被害者）利益保障のための国家権能の行使という側面が濃厚となり（保護法益と救済手続における国家と個人の利益のリンケージ）、また私人や国家機関の違法行為に基づく責任負担（帰属）のメカニズムも、市民的自由概念の強調に基づく国家と個人の責任体系の明確な分離という伝統的な二分体制《ダイコトミー》から、新たな帰属責任の性質的区別――たとえば環境汚染の責任分担につき、「汚染者負担原則」(polluter pay's principle) の適用による私企業帰責と許認可等の立法、行政上の管理責任としての国家帰責のダイコトミー――こそあれ、被害救済のための国家的、国際的な統一的責任負担（加害者側における国家と個人の帰属責任の統一的把握）の方向へと動きはじめている状況も見逃せない現実である。この傾向は世界的な産業社会化状況の展開に伴って、高度の危険産業や国家規模の巨大事業が現出すると共に、事業主体の活動による損害の発生に対して危険責任を国家と個人（企業）がどのような形態で分担するかの問題を、「客観責任」理論の中で把握することを要請している状況にも現れている。こうして国家責任成立要件としての伝統的「過失責任」理論が主権国家並存の国際社会体制を無視した誤謬を本来含んでいることに加えて、改めて右の社会変動状況を前提に別の見地からの反省を迫られているのである。このことは、地球温暖化の状況を前にして、国家責任発生の土壌を「事後救済」から「事前防止」（予防）へと移行させる必要に迫られている今日の法状況では、いっそう重視せざるをえないのである。

このようにみてくると、経済活動の急速な国際的拡大と展開並びに人権観念の世界的成長という社会変動状況を基礎に、国家責任の理論を新しい観点から分析し直し再構成することが緊急の必要事であることを、我々は迫られてい

るということなのである。(4)

(1)　このＩＣＪのケースは、「ジェノサイド条約の適用」事件として、ボスニア・ヘルツェゴビナ対ユーゴスラヴィア（セルビア）間で争われた訴訟におけるユーゴの先決的抗弁（preliminary objections）に対しての一九九六年の判決で幕が落とされたものである。この判決は次のようであった。ユーゴはこの抗弁で、ボスニアの独立国家としての資格を否定し、ジェノサイド条約の承継手続にも違反しているとして、ボスニアは同条約の当事国ではないと裁判所の人的管轄権（jurisdiction rational personae）に異議を申立てた。これに対し、判決は、ボスニアは国連の加盟国として承認されており、ジェノサイド条約第一一条により自動的に同条約の加盟国となる。また裁判所の事物管轄権（jurisdiction rational materiae）も肯定される。なぜなら、同条約は紛争が国際的性質のものか国内的性質のものかに関係なく、条約の目的からみて犯罪の防止と処罰に関するerga omnesの権利義務に関する条約だからである。こうした立場を前提にして、判決はジェノサイド条約の本事件への適用を肯定した。これに対し、小田、kreca（ad hoc), shi, Vereshchetin の四判事は反対意見を付した。その理由はこうである。ジェノサイド条約はジェノサイド犯罪を行った個人の処罰とそうした犯罪の防止の措置をとるよう国家に求めるだけのもので、国家自体にいかなる形態の「責任」をも課すことを求めた条約ではない。つまりジェノサイド条約の対象は主権国家の権利義務に向けられたものではなく、今日、ユニバーサルなものとして承認されている個人の権利の保護にある。従ってＩＣＪはこの事件を審理する適当なフォラムではないと。しかし多数意見はこうであった。ボスニアは国家として自国民の虐殺に関する紛争の解決のため、ユーゴに対して外交的保護権を行使でき、紛争をＩＣＪに付託できる（条約第九条）というものであった（P.H.F. Bekker and P.C. Szasz, Application of the Convention on the Prevention and Punishment of the Crime of Genocide, A.J.I.L., Vol.91,No.1, 1997, pp. 121〜126.）。

(2)　こうしたＩＣＪ判決の議論に対しては批判もある。たとえばこうした論理ではセルビア（ＦＲＹ）に損害賠償を含めた国家責任を帰属させるためには、集団殺害行為を行ったＶＲＳ幹部をセルビア当局が完全に操作しえた場合に限られることになり、それはニカラグア判決でいう人道犯罪「実行」上の "effective control" 基準（ＩＬＣ国家責任条文八条の「指示、指揮、命令基準」）を「防止」義務の次元にまで延長することを意味することになる。こうした批判である（M. Milanović, State Responsibility for Genocide : A Follpw-up, E. J. I. L., Vol. 18, No.4, 2007, p.689.）。

　またジェノサイド等の重大人道犯罪は普通人類的義務《エルガ・オムネス》の違反犯罪であるから、宣言判決だけで実質的な科罰のない判決では不十分であり、たとえば欧州人権条約裁判所がスレブレニツァ犠牲者遺族に対して、欧州人権条約第三条の違反を根拠に虐殺調査と慰霊碑建立のための費用として二百万ユーロの支払いを命じたこと（Ferida Selimović et al. v. the Republika Srpska, 7 Mar. 2003）も参考にすべきだとの議論もあるのである（M. Milanović, op. cit., p.691）。更に「人権法・人道法の重大違反に対する救済と賠償請求権に関する基本原則」と題する国連総会決議（UNGA Res. 60/147, 16 Dec. 2005）は、被害者個人に対する Reparation の義務があることをうたっているのである（ＩＬＣ「国家責任」条文三三条2も同旨）。因みにＩＬＣ「国家責任」条文三七条は、被害回復即ち国家責任解除の手段として"satisfaction"をも原状回復（restitution）及び金銭賠償（compensation）と共に認めているが、あくまでも後二者が優先され、satisfaction はそれがなされない限り（insofar as it cannot be made good）と条件づけられている。わけてもスレブレニツァ事件では、ＦＲＹ（セルビア）の集団殺害「防止」措置の懈怠により"実害"が生じていることを忘れてはなるまい。

（3）いわゆる「相当注意」（due diligence）の義務は、後述もするように（第六章三㈢等参照）、「適当なすべての措置をとる」義務という実際の措置内容として客観化（場合により制度化）されているのである。しかし損害の発生を事前に防止（予防）することが極めて重視される場合の条約文書、たとえば人道法条約など（一九七七年のジュネーヴ人道法条約追加第一議定書、五七条一項、参照）では、軍事目標主義を掲げ住民の損害を最小限におさえることが最大の目的であるため、その目的達成のため行為者（攻撃軍）に最大の「努力」義務を要請する意味から、「住民及び民用物に損害を与えないよう不断の注意を払わなければならない（constant care shall be taken）」（傍点・広瀬）と明文規定を置いているのである。ただしこの場合でも、この注意義務の内容として、「損害を防止し又はそれを最小限にとどめるために、すべての予防措置をとること」と次項（（同条、二項(a)(1)）にわざわざ規定を置いて、注意義務の内容を客観化していることに注意しておく必要があろう。

また「防止」義務は、損害の実際の発生を絶対的に防止することを保障することまで求めているわけではないから、「行為の義務」と「結果の義務」というかって一時的にＩＬＣでも利用した概念用語の二つの分離使用は、「国家責任」法理の中では無意味であり誤解を生むとして今日では廃棄されているのである（加藤信行「ＩＬＣ越境損害防止条約草案とその特徴点」国際法外交雑誌一〇四巻三号、二〇〇五年、三八～三九頁）。

（4）第一章の参考文献（わが国）として次の論文をあげておく。

薬師寺公夫「国際法委員会『国家責任条文』における私人行為の国家への帰属」山手治之・香西茂編『国際社会の法構造：その歴史と現代』東信堂、二〇〇三年、古谷修一「国際刑事裁判権の意義と問題――国際法秩序における革新性と連続性」村瀬信也・洪恵子編『国際刑事裁判所――最も重大な国際犯罪を裁く』東信堂、二〇〇八年、松井芳郎「一九三〇年国際法典編纂会議における国家責任法――国家責任法転換への序曲」松井芳郎等編『グローバル化する世界と法の課題――平和、人権、経済を手がかりに』東信堂、二〇〇六年、同「現代世界における紛争処理のダイナミックス――法の適用と創造との交錯」世界法年報二五号、二〇〇六年、小畑郁「国際責任論における規範主義と国家間処理モデル――法典化史の批判的考察」国際法外交雑誌一〇一巻一号、二〇〇二年、加藤信行「外交的保護の概念――ＩＬＣ第一読草案を手掛りとして」広島法学二九巻二号、二〇〇五年、同「ボーチャードと外交的保護」国際法外交雑誌一〇六巻四号、二〇〇八年、西村弓「国際法における個人の利益保護の多様化と外交的保護」上智法学論集四九巻三・四号、二〇〇六年、土屋志穂「個人の国際法上の権利と外交的保護――国連国際法委員会の外交的保護草案の検討から」上智法学論集五一巻二号、二〇〇七年、坂元繁樹「判例研究・ラグラン事件――仮保全措置の申請」国際法外交雑誌一〇一巻一号、二〇〇二年、酒井啓亘「ラグラン事件――判決」国際法外交雑誌一〇六巻四号、二〇〇八年、杉原高嶺『国際法学講義』有斐閣、二〇〇八年。

第二章　外国人の経済行為と国家の国際責任

一　国家責任論の重点移行の歴史的考察

歴史的経緯からみて国家責任論の中心が次の二つの分野で発達したことはほぼ異論がない。一つは外国人の生命、身体の安全に関する社会的正義の実現に関してであり、二つは外国人の経済的利益の保護と国際交通上の便益の確保に関してである。

過去二〇〇年間に発展してきた国家責任に関する国際法形成の主たる誘因が、外国に旅行し居住し且つそこで経済活動を営む自国民の生命と自由並びに経済権益の保障に関するものであったことは疑う余地がない。本国（国籍国）が差しのべる国際法上の保護の態様はいかにあるべきか、その救済の手続と保護の実体基準はどのように構築さるべきかが、こうして国家責任論の中心テーマであったことはいうまでもない[1]。そしてこの分野の国際法の発展に大きな貢献を果した学問的労作として次の四つの著書をあげておかなければならないであろう。すなわちE.M. Borchard, The Diplomatic Protection of Citizens Abroad, 1915; C. Eagleton, The Responsibility of States in International Law, 1928; F.S. Dunn, The Protection of Nationals, 1932; A.V. Freeman, The International Responsibility of States for Denial of Justice, 1938. のそれである（加藤信行「ボーチャードと外交的保護」国際法外交雑誌一〇六巻四号、二〇〇八年参照）。

さて第二次大戦後、アジア、アフリカに大量の独立国家が誕生し経済的自立をめざしはじめた。こうして〝政治的独立〟と〝経済的非植民地化〟という新しい方向と観点から、右の伝統的国家責任論の法的論点を根本的に見直そうという気運が高まったことも見逃しえない事実である。一九五三年に国連総会が、「国家間の平和的関係の維持と発展のために国家責任に関する国際法の原則が法典化さるべきことが望まれる」と決議して（Res. 799（VIII), Dec. 7, 1953; G.A., 8th Sess., Official Records, Supp. No.17（U.N. Doc. A/2630), p. 52.）、国連国際法委員会（ＩＬＣ）にこの部門の法に関する法典化作業を要請したのも、国家責任論に関する国家実践に戦後、重大な社会的基盤の変革があった――民族自決権と経済的非植民地化の運動の展開――からである。すなわち国家間わけても先進国と発展途上国間に右の問題についてはげしい利害の対立を生ぜしめたからであった。

国際法委員会は国連総会の右の要請をうけて、ガルシア・アマドール（F.V. Garcia-Amador）を第一次の条約案起草者とし、次いでアゴー（R. Ago）を第二次の特別報告者として原案作成に力を入れた。いくつかの条約案の発表も行われ、今日までひきつづいて検討を重ねてきた。そして二〇〇一年の第五三会期に最終案を採択し、国連総会に付託したのである。

国連の機関以外でもたとえば戦前の一九二九年にボーチャード（E.M. Borchard）によって作成された「国家責任に関する条約案」（The Draft Convention on Responsibility of States for Damage Done on Their Territory to the Person or Property of Foreigners）の実績をもつハーバード大学が、改めてソーン（L.B. Sohn）、バクスター（R.Q. Baxter）の両教授を中心としてその改訂案を研究し発表している（一九六一年）ことに注意しておきたい。しかしこのハーバード条約案が概して先進国寄りの姿勢を反映していたため、反論もまた決して少なくなかった。そのため発展途上国側の立場を反映したインター・アメリカン法律委員会案（一九六一年）やアジア・アフリカ法律諮問委員会案（一九六一年）などが発表されたのである。(2)

こうした諸方面からの研究の蓄積がかなりに重ねられながらも長期に亘って国際法委員会で成案を得られず、特別報告者がアゴーに交代してからは前任者のアマドールとはアプローチを変えて、議論の多い実体規定（プライマリー・ルール）の検討を避け、もっぱら手続規定（セカンダリー・ルール）を中心とした条約案の作成に重点を移すという状態が続いたのである。その主たる理由は先進国と発展途上国間に国家責任の基本観念、わけても外国人の保護の基準につき根本的な意見の対立があったからであることは疑う余地がない。もとよりその他に、国家の国際責任は、国家の国際義務の不履行からもたらされる事態として把握さるべきであって、その義務の性質や範囲の問題とは別であるという原理論も背景にある。違法と責任とは次元の違うそれぞれ別の構成要件をもっているという認識である。アゴーの報告書はいう。「ある規則及びそれが課す義務の内容を確定することと、その義務が違反されているかどうかまたその違反の効果がどんなものであるべきかを決定することとは、別のことである。ここでいう第二の側面のみが本来の責任の領域に入る(3)」と。更に、「国家責任」の実体規定（それは理論上は違法行為の全分野について存在するはずであるが）を「外国人の取扱い」の問題だけでなく、体系化を必要とする重要な問題分野として最近、「武力紛争」や「環境保護」等いくつかの部門がクローズ・アップされ、それぞれにつき別の法典化が必要な状況（「フラグメンテーション化の傾向）がでていることである。人権一般についてもすでに市民的、政治的人権と経済的、社会的、文化的人権の二つのカテゴリーに分けて条約が採択され（一九六六年の国際人権規約）、ここでは国家責任追及の手続規定（セカンダリー・ルール）についても独自の方式を定めているのである（国際労働機関についても同様）。

さてこのような諸作業状況を背景にして考えると、外国人に対する国家責任がどうあるべきかの論議の中心は、一つは外国人の取扱いに関する実体基準すなわち国家責任成立の実質的な標準《スタンダード》をどう決めるかというプライマリー・ルールのそれであることは明らかであるが、二つには国際法と国内法の二元構造を前提とした上で、外国人に対する国家的違法行為の成立（損害の発生）と救済手続（国内的救済と外交的保護権の発動による国際的救済）上の国家責任成立の相関関係をどう理解するか、いわば違法と責任のメカニズムの解明のそれであるのである。ところで右の第二の問題点すなわち主として手続法中心《セカンダリー・ルール》に立法化作業を限定したとしても、実は手続自体に保護・保障の基準としていわゆる伝統的な国際標準説と発展途上国中心に主張される国内標準説の両説の対立が長期に亘って色濃く反映されていたことは疑う余地がない。たとえばいわゆるカルボ条項の取扱いや裁判拒否《デナイヤル・オブ・ジャスティス》の意味づけ或いは国内的救済原則《ローカル・レミディ・ルール》の取扱い等はまさに先進国と発展途上国の政治的攻防の中心論題であったといってよいだろう。

しかるに今日では単純な先進国対途上国の対立図式では説明しきれない錯綜した対立構図が生まれている（国内でも産業分野により、輸出、輸入での利害の大きな対立が生じている）。たとえば世界貿易機関（ＷＴＯ）では多国間の貿易自由化をめざしながらも、農産物を含む原材料（資源）輸出国対輸入国間の関税や非関税障壁上の対立が激化し、たとえば二〇〇八年のＷＴＯドーハ・ラウンドでは、農業補助金に支えられる米国の農産物輸出政策と、低賃金に支えられた中国の商工業品輸出政策更にはインドの綿花輸出重視政策との貿易対立の構図が解消できず、決裂した。こうしてかってＧＡＴＴ時代に一般的な合意のあった発展の遅れた途上国に対する特恵付与という「南北問題」的処理の発想では解決しえない構造的変化が生じているのである。経済のグローバリゼーションの効果の一面を示すものといえよう。しかしこうしたナショナルな個別利益の跋扈《バッコ》を許すＷＴＯの交渉形態が続けば、自由貿易協定（ＦＴＡ）或いは経済連携協定（ＥＰＡ）という二国（地域）間の取決め（ＧＡＴＴ二四条の援用）による解決方式（そこではＧＡＴＴが要求する最恵国待遇は作動しない）が一般化し、多国間の自由貿易をめざすＷＴＯの存在意義が薄れる危険があることを忘れてはならないだろう。ところでなお注目すべき現象として、環境問題という地球的規模の処理を必要とする新たな問題が発生していることである。即ち地球温暖化という人類生存上の環境の悪化を防止するために早急な対策をとることを人類社会は要請されている（この点での国際社会の合意はある）が、CO_2などの温暖化ガスの発生量規制をめぐり、先進国対途上国という伝統的「南北対立」の構図が再現し、温暖化ガスの削減義務と排出量取引での駈け引きが国家間で活発化する状況が展開されているのである。ここでも人類的視野に立った交渉形態と解決の方向が求められていることを忘れてはならないだろう。

（1） L.B. Sohn and R.R. Baxter, Responsibility of States for Injuries to the Economic Interests of Aliens, A.J.I.L., Vol. 55, No. 3, 1961, p. 545.

（2） こうした国家責任に関する条約案の作業状況の経緯につき、F.V. Garcia-Amador, L.B. Sohn, and R.R. Baxter, Recent Codification of the Law of State Responsibility for Injuries to Aliens, 1974. 参照のこと。

（3） R. Ago, 2nd Report on State Responsibility, A/CN. 4/233; 1st Report., A/CN. 4/217.; 深津栄一「国際社会における違法と責任」、国際法外交雑誌七六巻二号、一九七七年、一二一〜一三一頁。

二　南北問題としての国家責任論

ところで戦前、戦後の外国人取扱いに関する国家責任上の国家実践を緻密に分析してみると、二つの大きな傾向が把握できるように思われる。一つは外国人の経済的利益の保護についてのそれである。今日でいえば経済的人権の保障のそれである。すなわち戦前においては先進国側の「国内標準主義」の強い主張とそれを国家的手段で確保するための外交保護機能の肥大化——場合によっては軍事干渉を伴った——の現象があった。そしてそれに対しては、抵抗手段として後進国側からのいわゆるカルボ・クローズの提唱にみられる「国内標準主義」を中心として手続、実体の両面からの領域主権優位の主張があった。一九世紀後半から第二次大戦前までの期間はラテン・アメリカ地域を中心とした両主義の対立抗争に色どられる歴史が常態であったといってよいだろう。そして第二次大戦後においては、植民地解放、民族自決原則を公理とした領域主権の優位性の主張が一般化する傾向がみられたように思われるのである。一九七四年の「諸国家の経済権利義務憲章」はまさにカルボ主義の再生的主張を意味しよう[1]。こうした途上国中心（グループ七七カ国）の主張はたしかに途上国の人権的申立てとして、一九六六年の国際人権・社会権規約（A規約）にも導入されたが（途上国優位の経済的権利を認める二条三項や天然資源に対する固有の権利を認める二五条等）、しかし最終的には先進国との「経済的協力」が途上国発展の基盤であるとの観念（同一条二項）が定着し、今日のグローバリゼーションの時代を迎えているといえよう。

さて二つめの傾向として、外国人の身体や生命の安全或いは自由という市民的人権（civil rights）の保障については国家責任の実体規則（一次規則）にかなりの程度で共通の国際的了解が、かなり以前から存在することを見落してはならないということである（但し、救済に関する手続面では国内、国際両標準の対立が残った）。すなわち戦前、戦後において市民的人権に関する最低限の保障は、これを国内標準並びに国際標準のいずれの立場であろうと、両主義に底礎されている固有の政治的意図や国益的背景とは無関係に、これを肯定し是認する慣行が観取されるということである。後にもみるように「文明国の認める法の一般原則」が、少なくとも人権（市民的人権）の最低限の維持と保障についてはいかなる国においても公理として承認せざるをえない法意識が多くの仲裁判決等の分析から認められるように思われるのである。

そこでこの二つの傾向のうち第一のものをここではより詳しく分析してみよう。外国人の経済的利益に対しては、一九七〇年代に於て発展途上国の非植民地化活動上の経済的自立を促進することを目的に、領域主権による国有化措置の優越的性格（国内標準主義）が強く主張された時代がある。たとえば国有化に関する伝統的な迅速《プロンプト》、十分《アディクエイト》、実効的《エフェクティブ》の補償三原則（米国を中心とした理論）や公目的性及び無差別性の条件が急速に色あせて法規範としての実効性を失い[2]、完全な少数派となった先進国の単なる政策的主張に転落した時代があることがこれである（そのため一九七八年、カーター米政権は上院に送った国際人権規約承認要請文書の中で、A規約の二条三項と二五条の適用に関して右補償三原則の留保を目的とした解釈宣言を付けた。A.J.I.L., Vol. 72, No. 3, 1978, p. 625）。国際標準主義の凋落が明白にみられたのである。そしてこうした途上国中心の主張が前記したように、先進国との「経済協力」の方向に大きく舵を切り、国有化措置での補償三原則に原則的に復帰して、先進国との二国間協定が数多く締結され、途上国の経済発展に大きく寄与し始めたのは二〇世紀末のことなのである。

ところで右の領域主権の優位性を基礎とした国内法標準主義の主張が、非植民地化をめざす経済的自立措置としての歴史的条件性と更には限定性をもつ場合には、民族自決権の経済分野への適用としてたしかに植民地体制清算過程上の「不当利得」解決策としての意味をもつであろう。従って国連憲章を基礎とする国際秩序（民族自決原則の尊重と主権の平等性の保障）の中で法的正当性を維持しうる理由がある。(3) わけても民族自決原則を強行法規（jus cogens）として理解する立場(4)からすればいっそう強くそういえよう。

　しかし問題はこれが一般化され民族自決権と非植民地化の歴史的性格が見落とされて、その適用範囲の限界が無視されたならばどうなるか。すなわち領域主権の優位性が無制約の――国際法の基準による制約を排除する――国内法絶対主義に凝固してゆくならばどうなるかということである。わけても国内法基準が単に実体面にとどまらず紛争解決方式としての手続面に及んで国際的機関の介入を全く排除する方向（カルボ・クローズの無制約的制度化）をめざしたのだとすれば国際規範として重大な疑念が生じよう。たとえばホワイト（R.C.A. White）は、一九七二年のＵＮＣＴＡＤの「天然資源に対する永久主権」決議に始まり、七四年に総会採択の「諸国家の経済権利義務憲章」に及ぶ一連の国連の決議を分析しながら「国有化の合法性の前提条件として正当な（just）補償の条件が今日なお存在しつづけているということは難かしかろう。右諸決議に示される新しい基準は、国有化国の国内法に支配法（governing legislation）としての地位を与えることによって、国有化を国際的分野のものでなくしたように思われる。こうした基準の下では、国際的レベルで審理可能な紛争はほとんどなくなるだろう」と述べたのである。(5) またリック（R.B. Lillich）も、これらの諸決議を「カルボ条項を制度化するみえすいた仮装行為にすぎない……。この発展は外国人請求者に、その本国の外交的保護権の発動を求めることを拒否することによって、国家の潜在的な責任を免除するものであり、それは不幸且つ不必要なものである」と述べている。(6) ここに数的少数派である先進国の抵抗が強く展開される基本問題があり、一九五三年の国連総会が国家責任問題の法典化を要請した趣旨としての「国家間の平和的関係の発展」を阻害する一面があったことを見落とすことができないであろう。

　のみならず先進国からの投資や経済援助を自国の開発の前提としている発展途上国にとっても、こうした自国本位のいわば絶対的国内法基準主義ともいうべき主張は、逆に先進国の非協力を招くおそれがあっただけでなく、エネルギーや原資源の供給を途上国に負う先進国の経済成長の停滞をもたらし、インタディペンデンスの社会的基礎の上に立つ今日的国際共同体の衰微と崩壊をもたらしかねない作用をもつことになるといえたのである。これをそのまま履行したとすれば「諸国家の経済権利義務憲章」が「世界貿易の着実な増大とすべての人民の福祉と生活水準の向上を促進するために協力する義務」を各国家に課した（一四条）趣旨が死文化することになってしまったであろう。

　そこでここではもう一度、二〇世紀後半における南北問題を歴史的に回顧して、その経緯と経過を分析し、今後も起こりうる世界的格差問題への指針としたいと思う。即ち「経済権利義務憲章」やそれに先立って国連の諸機関で何度か採択された「富と天然資源に対する永久主権」宣言や決議或いは「国際人権・社会権規約」に具体化された経済原則のうち、二つの対象を概念的に分離する必要があることを指摘しておこう。それは第一に、国家の領域管轄権内にある富や天然資源（或いはその領域管轄権内に作用と効果が限定される経済活動について）の所有、利用、処分に関しては領域主権国家の完全な永久主権が認められている（経済権利義務憲章二条一項）ことについては疑いの余地がない。〝資源に対する主権〟の原則といってよいだろう。しかしながら第二に、右の富や天然資源の開発（或いは経済活動）と国家的経済発展への寄与に関し渉外的効果を生じ或いは国際的関与が必要とされる場合には、領域主権の完全な優越というのではなく「互恵の原則及び国際法に基づく国際的な経済協力から生ずる義務」（社会的人権規約一条二項）の拘束をうけざるをえない。つまり天然の富の利用処分についてもその限度で制限をうけることになるのである。経済権利義務憲章が前文で「経済的分野での国際問題の解決に関し、国家間の友好関係の発展と国際協力の達成」の必要を宣言していたのも本来その趣旨であった。〝経済発展のための国際協力〟の原則というべきものがこれである。[7] この二つの原則を概念的に分離して把握する必要があると共に、新しい世界経済秩序の公理として統合的に活用することが要請されていたはずだといえよう。こうしてみると今日の経済に関する国家責任論の構造基盤は南北問題をどう認識しいかに解決するかという古くて新しい問題となお深くかかわっているといってよいように思われる。

（1） W.D. Rogers, Of Missionaries, Fanatics, and Lawyers: Some Thoughts on Investment Disputes in Americas, A.J.I.L., Vol. 72, No. 1, 1978, p. 5.

（2） G. Feuer, Les Nations Unies et le Nouvel Ordre Economique International, Journal du Droit International, Tom. 104, N°3, 1977, pp. 611〜612.

（3） 拙著『現代国家主権と国際社会の統合原理』佑学社、一九七〇年、三〇八〜三一九頁。

（4） S.A. Tiewul, Relations between the U.N.O. and the O.A.U. in the Settlement of Secessionist Conflicts, Harv, Int'l Law J., Vol. 16, No. 2, 1975, p. 266.

（5） R.C.A. White, A New International Economic Order, Int'l and Comp. L.Q., Vol. 24, Pt. 3, 1975, p. 546.

（6） R.B. Lillich, The Diplomatic Protection of Nationals Abroad: An Elementary Principle of International Law under Attack, A.J.I.L., Vol. 69, No. 2, 1975, p. 361.

（7） P.J.I.M. de Waart, Permanent Sovereignty over Natural Resources as A Corner-stone for Int'l Economic Rights and Duties, in "Essays on Int'l Law and Relations" in Honour of A.J.P. Tammes, ed. by H. Meijers and E.W. Vierdag, 1977, pp. 308, 311〜312.

第三章　人権標準主義と国家の国際責任

一　国家責任の基準としての「人権標準主義」――アマドール案のインパクト

外国人の待遇に対する国家責任に関して、違法を構成する基準をどこに求めるべきかにつき、第二次大戦後も長い間、国家間の意見の対立があった。いわゆる「国際標準主義」の主張と「国内標準主義」のそれである。

この対立する二つの主義、主張を調整し再編成することを目的として、国連国際法委員会（ＩＬＣ）の国家責任問題の（第一次）特別報告者ガルシア・アマドール（F.V. García-Amador）は、一九五六年及び六一年の条約草案の中で「人権」概念による新しい法基準を提唱したのである。アマドール曰く、「この新しい法基準の基礎となるのは、国連憲章をはじめ他の国際文書にいう『人権及び基本的自由の尊重』である。……『人権及び基本的自由の国際的承認』はまさに従来の相対立する両主義を統合するものである」と。(1) その後、ＩＬＣの国家責任問題の報告者はアマドールからアゴー（R. Ago）に交代したが、これを境としてアマドールの提唱にかかる右の「人権標準主義」はその後一般に受容されないままに終ったと言ってよいだろう。それは一つには、アマドールの提案が行われた一九五〇年後半から六〇年代初期の段階において、たとえば生命や自由に対する権利や、刑事に関する正当手続の保障、財産権の尊重等、国際的に保障さるべき基本人権の具体的内容がその保障のための国際手続と共に必ずしも一般に受け入れられる状況になかったことがあげられよう。そうした人権内容を盛り込んだ国際人権規約が制定されたのは、その後しばらく経った一九六六年であり、その発効は更に一〇年経って（一九七六年）からのことであることに注意しておかなければならないであろう。

より詳しくいえばこうなろう。アマドール案は、人権を国際法上の権利として位置づけることにより、個人に国際法の主体としての地位を与えようとしたかに思われる。そうとすれば人権の違反に対する訴権を国際的手続の上で個人に認めるためには、国際救済機関の設置が必要不可欠となるであろう。[(2)] しかし当時の実定国際法の意識では、国籍を媒介とした被害者の本国の外交的保護権を通じて国家の権利侵害を救済することによって間接的に個人の保護を可能にするという観念がなお有力であったことを見逃してはならない。従ってアマドール案のめざす方向は、あまりにも立法論的、革新的にすぎるという批判がでたのである。たとえばソ連の国連国際法委員会委員ズーレックの議論がそうである。[(3)] すなわちアマドール案は、国際機関に対する個人的請求権の申立て制度を予定していた（二一条一項）し、外交的保護権の放棄をも認めて（一九条）、人権価値そのものを直接、国際法上の保護法益とし、かりに外交的保護権を行使する場合でも国家利益とは区別して個人の権利侵害を救済することを意図していたとみられたからである。しかしアメラシンゲ（C. Amerasinghe）のいうように、当時の国際社会ではなお人権保障のための国際体制やシステムが充実しておらず、機能も不完全のまま当分改善の見込みがないとすれば、アマドール案は伝統的外交的保護の機能を弱める作用を果し、その目的とは逆に人権救済を不徹底にするという批判もあったのである。[(4)]

第二には、保護さるべき基本的人権の内容が、当時における人権に関する各国の法意識の不統一さと社会発展過程の相違からみて、受け入れうる程度をはるかに越えているのではないかとの批判もあったのである。[(5)] また人権内容の一つとしてアマドール案では「財産権の尊重」をあげている（一九六一年の条約案の第一条二項(b)は、「財産を所有する権利」を規定している）ため、主として発展途上国と旧植民地人民の国家から既存の外国人（宗主国人）の経済的権益を保護する意図をもつものとみなされ、伝統的な「国際標準主義」の看板のぬりかえにすぎないとみられる点があったからである。

ところでその後、このアマドール提案になる国家責任における「人権標準主義」の主張を高く評価する論文が、マクドーガル（M.S. McDougal）らのエール学派によって発表され(6)再び脚光をあびはじめたことを指摘しておきたい。そこで問題は、今日なお「国益中心に論ぜられる国際社会の秩序構造の中で、わけてもその中心的位置を占める「国家責任」論の基盤に「人権」観念が定着し、国際法上の国家責任帰属のさいの違法判断基準としての意味をもちうるのかどうか、すなわち国家責任のパラメータとして人権基準がどのように機能しうるのか、かつ実際に機能しているのかを検討してみる必要があるのである。

（1） F.V. García Amador,1st Report on International Responsibility, 〔1656〕 2 Year Book of Int'l Law Commission, U.N. Document A/CN. 4/96, p. 203. 一九六一年の条約案につき、安藤仁介「『自国領域内で外国人の身体・財産がこうむった損害に対する国家の責任』に関する法典草案」京大政法論集3号、一九六九年、一四九～一六九頁、参照。

（2） ヨーロッパ人権機構等の地域的人権保障の状況やＩＬＯによる労働権、団結権の保障の実情更には国際人権規約を中心とした一九七〇年代までの国連体制の下での人権保障の実体につき、高野雄一『国際社会における人権』岩波書店、一九七七年、一一〇頁以下参照。ヨーロッパ人権機構につき、野村敬造『基本的人権の地域的集団的保障』有信堂、一九七五年、参照。また一九九〇年頃までにつき、田畑茂二郎『国際化時代の人権問題』岩波書店、一九八八年、参照。

（3） 安藤仁介「国家責任に関するアマドール案の一考察」田畑還暦『変動期の国際法』有信堂、一九七三年、二八四～二八六頁。

（4） C. Amerasinghe, State Responsibility for Injuries to Aliens, 1967, p. 7.

（5） C. Amerasinghe, ibid., pp. 278～281; I. Brownlie, Principles of Public International Law, 1973, pp. 513～514.

（6） M.S. McDougal, H.D. Lasswell, and Lung-Chu Chen, The Protection of Aliens from Discrimination and World public Order: Responsibility of States conjoined with Human Rights, A.J.I.L., Vol. 70. No. 3, 1976, pp. 432～469, especially p. 454 ff.

二　人権の国際保障体制の歴史的経過と今日の発展

ヨーロッパ国際法の成立史をひもとけば、近代以前においては、ある国家の住民は外国人に対して宗教的違和感や社会環境の相違からくる疑心暗鬼ないし敵対感情から、彼らを外国のスパイとしてみなす偏見的潜在意識から抜けきれなかった。たとえばローマ人は外国人に市民法（jus civile）の保護を与えることを否認したし、一三世紀のイギリスは、通常法廷への出訴権を外国人に拒否したのである。また帝国時代のスペインは、植民地として開拓した新世界への貿易上の権利を自国在住の外国人に認めなかったのである(1)。

その後、国際通商と人的交流の活発化並びに西欧文明の地域的拡大に伴う西欧文明と非西欧文明の交流は、内、外人間の相互不信の感情を緩和すると共に、内、外人相互間の市民的権利に関する差別の緩和と撤廃を促進していった。しかし同時に主権《ソブレンティ》をもつ民族国家《ネーション・ステート》によって国家社会の秩序が構成されるに伴い、国家への忠誠義務が普遍的性格をもつ人権の制約枠組として確立され、外国人に認める権利義務の範囲から政治的、軍事的性格のものは除外され否定されるのが一般となったのである（投票権を含む政治参加権の否定、徴兵義務の内国人への専属付課、裁判機関への外国人の関与の禁止等。更に教育の義務（権利ではなく）についても国民に対する特別の拘束が認められた）。このことは国連憲章の今日でも、主権国家体制の基礎がなおくずれていない構造を背景として基本的に同様である。なるほど特定の国籍（nationality）或いは国民的出身（national origin）による差別いいかえれば外国人間の差別は今日では完全に禁止されているが（原則として自国民との差別の禁止をも含む規定として国際人権規約・A（社会権）規約二条二項、B（自由権）規約二条一項、人種差別撤廃条約一条三項。但し政治的権利についての特別規定としてB規約二五条がある）、しかし外国人一般と自国民との法的地位並びに権利義務上の区別基準として「国籍」をもち出すことは、右の一定範囲の権利義務すなわち慣習法で合理的な取扱い上の区別として確立されている権義については否定されていないのである。しかし一九六六年の市民的、政治的人権規約（B規約）の第二五条では、選挙権、被選挙権等の政治参加権及び公務参加権を「すべての市民（every citizen, tout citoyen）」に対して保障した。この規約の他の人権規定における権利享有者が「すべての人（every one, toute personne）」という表現が用いられることによって人一般を対象としたのに比べれば、「市民」の概念はより条件的、限定的といえよう（もっとも英米系の法観念では、「市民」は「国民」と同一と理解されているが）。しかし「国民」（national）という国籍を媒介としてはじめて成立する地位とは異なるより、国家的紐帯の稀薄な「市民」の概念を導入して、一定の政治と公務への参加権を肯定したことは、地域生活共同体の運営が国家や国民の論理からはなれ、その地域に密接な生活関係を保持する住民によって、人種や宗教や言語の相違を越えた市民の参加を通じて行われなければならないことを明確化したものとして注目されるところである――たとえば一九六九年採択の米州人権条約二三条は「市民」に対して統治に参加する権利を保障しているが、二項で年齢、居住、言語、教育などと共に「国籍」による規制を認めており、外国人を含む人一般に対して「国民」と全く平等な参政権を保障してはいない。但し注意しなければならないことは、右の規制は義務的でなく許容にとどまっていることである。この点に関し、日本の場合、永住権を認められた在日朝鮮人の問題がある。詳細は拙著、『戦後日本の再構築』国際法選集Ⅱ、信山社、二〇〇六年、第2章、外国人参政権、参照。――

ところで右のような一定の政治的権利ではなく、一般の市民的人権或いは社会的、経済的権利やその他別に国際的文書によって合意された人権的権利については、内、外人の区別による差別的取扱いを禁止することが新しい国家的実践として確立しはじめているとみるべきであろう(2)。

たとえば一九六六年の経済的、社会的、文化的人権規約（社会権規約、A規約）によれば、そこで保障される権利が直ちに司法的判断の対象となりうるものではなく、各国の立法、行政上の措置による漸進的発達を要求しているにすぎない（二条一項）としても、しかし各条項で「すべての者（everyone）」という表現を用いて労働上の権利（たとえば団結権や公正な賃金と健康的な労働環境等の有利な労働条件を無差別に享受する権利など）や、社会保障や教育上の権利について外国人に対しても原則として内国人と平等な権利を国内法上で与えるべきことが規定されている（六～一五条）。わけても人種、性、言語、国民的もしくは社会的出身、財産、出生等による差別は絶対的に禁止されている（二条二項）(3)。問題は経済的、社会的、文化的人権がその保障の内容と程度を、それぞれの国の経済的発展状況、財政支出と負担の規模或いは資源の有無や活用の技術的水準など社会的環境整備という客観的条件に大幅に依存しそれに左右されるところが大きいだけに、その実現が漸進的である以外にないことである。この点で権利の保障内容において各国に水準の相違が生ずることを避けられないことである。この場合の問題点としては、少なくともそれぞれの国で実施されている国内基準については内、外人平等（無差別）が保障されるのか、或いは伝統的国家間原則である相互主義《レシプロシテイ》の適用が引続き許されるのか、更には社会権規約第二条一項で規定する権利の完全実現の漸進的達成（achieving progressively the full realization of the rights）という文言の意味するところは、内、外人の無差別・平等待遇の原則もまた漸進的に実現することを容認したものであるのかということである。しかし「人権」的利益の基本概念が「国益」とは別の人一般に対する法益であることを考慮すれば、主権国家間の体制原理として機能してきた「相互主義」の国際法原則は、原理的に人権規約（自由権のみならず社会権についても）のコンテキストの中で作用する余地はないように思われる（自由権につき、M.D. Craig, The International Covenant on Civil and Political Rights and U.S. Law: Department of States Proposals for Preserving the Status Quo, Harvard International Law Journal, Vol. 19, No. 3, 1978, p. 870.）。また社会権規約上の権利についても保障される権利内容は、それが本来社会生活基盤の整備という「充足」の義務であることに鑑みて、実現は「漸進的」であっても、差別・不平等の修正、撤廃については「保護」の義務の性格上、適用が漸進的であることを許されるわけではなく「即時的実現」が保障されなければならない（今井正「締約国の規約実施義務」宮崎繁樹編『国際人権規約』、日本評論社、一九九六年、二九、三二頁）。もとより自由権規約第二六条の「平等・無差別」原則は当然のこととして、即時に適用されなくてはならないのである（本来は社会権規約の対象権利であるが法律が制定された以上、自律的効果をもつとして、オランダの失業手当給付法の差別条項を自由権規約二六条違反とした規約人権委員会の一九八七年の決定、参照）。

たしかに国際人権・自由権規約への加入のさいに、留保や解釈宣言を付して特定条文の不適用や特別の解釈を主張する途上国もある。のみならずアフリカ統一機構（ＯＡＵ）が一九八一年に採択した「アフリカ人権憲章」は、国内法によって憲章上の人権に対して一般的な制限を認める「法による留保」条項（clawback clause）を置き、人権観念の各民族、各国家による歴史的伝統や文化価値の優位性（文化的相対性）を主張して、人権価値の普遍性を否定しているのである（拙著『21世紀日本の安全保障』明石書店、二〇〇〇年、一六五～一七一頁、参照）。また先進国の米国も「一八歳未満の者に対して死刑」を科すことを禁じた自由権規約第六条五項を留保した。こうした留保、解釈宣言は有効なのか（解釈宣言はそれ自体では単なる主張にすぎないとされるが）。右の米国の留保に関連し、規約人権委員会は条約法条約第一九条(c)を根拠に、留保が規約の「趣旨及び目的と両立」するかどうかが決め手であり、その判断権は規約委員会がもつとの一般的コメントを採択した。従って「両立しない」場合は留保は無効となるが、留保国は右の留保を除いて当事国の立場を維持できる、としたのである。しかし欧州諸国は留保の有効性判断権は各当事国にある、との反論を提起し、この問題は明確には結着していない（この点につき、安藤仁介「自由権規約及び選択議定書と規約人権委員会」、国際法外交雑誌一〇七巻一号、二〇〇八年、一一～一二頁、参照）。しかしながら人権条約で負った義務は他国に対する関係のものではなく、その国の管轄権内のすべての個人に対する関係のものであるから、「留保」は原理的には肯定されないとみるべきだろう。従って主権国家間の国益調整の観念である「相互主義」の適用も原理的にないとすべきであろう。この点で米州人権条約七四、七五条の効果に関する米州人権裁判所の勧告的意見（一九八二年）は、条約法条約第一九条(c)を厳格に解釈し、「条約の趣旨と目的に両立しない」留保はもともと無効であるとしたのである（Para. 35. T. Burgenthal, The Advisory Practice of the Inter-American Human Rights Court, A.J.I.L., Vol. 79, No. 1, 1985, pp. 22～25.; なお拙著『21世紀日本の安全保障』、第二章、南北人権観の系譜、参照）。

かりに一歩をゆずり、実際上相互主義が作用する余地があるとしても、それは人権保障の相互不適用主義（retortion の一種）のそれではなく、相互適用主義ないし相互尊重主義として機能しなければ、市民的交流の活発化の状況に対応できないし人類的連帯の強化にも役立たないであろう。南北間、東西間の保障水準の落差に拘泥し相互不適用主義に堕することは、人権への基礎的理解の欠如を意味するだけでなく、人権尊重を基調とする国家の対外政策に対する信頼感を育成することもできないであろう。こうしてかりに人権内容の発展が漸進的でしかありえないとしても、一国内で現に実施されている人権の保障は内・外人に対して平等、無差別に確保されなければならないとみるべきであろう。――日本の国家賠償法六条は、外国人の日本国に対する賠償請求権の条件として、外国人本国との間の「相互保証」の存在を要求している。しかしこの主義は外国人の被害救済に消極的すぎるとの批判がある（下山瑛二『国家賠償法』筑摩書房・一九七三年、二五七頁）。――

こうした見方に対しては、経済的、社会的、文化的人権に関しては、その保障は本質的に国家的関与（財政負担）を前提とするものであるから、労働権や結社の自由等自由権的色彩の濃い社会的権利を除けば、原則的に公租を負担する自国民に有利な取扱いがなされても不公平とはいえないという見方もありえよう。この点で、一言語専用地区で教育上の言語規定に合致しない学校の設置とそれへの補助金の交付を禁止したベルギー法の有効性を認めた欧州人権裁判所による判決が参考になろう。一九六八年の「ベルギーにおける教育上の言語制度の若干の側面に関する事件」に関する本案判決で、同裁判所は「教育に対する権利は、それ自身の性格上（de par sa nature même）社会と個人が有する富と必要性の機能的見地から、時と場所によって異なる規制に服す」べきことを承認したのである。（Cour Eur. D.H., Série A, arrtêts du 23 juillet 1968, fond, p. 31)。ボシュイ（M. Bossuyt）によると、この判決は、人権を政治的、市民的人権と経済的、社会的、文化的人権の二種に概念的に区別し、後者の権利は前者と異なり国家の積極的関与を前提として始めて実現可能な「積極的性格（la nature positive）」のものとして理解されていることを示すという。すなわち国家機関による「恣意的な差別の禁止（l'interdiction de distinctions arbitraires）」という規範はたしかに確立されているが、それは「法の前の平等」（l'égalité devant la loi）の観念によって第一義的に示され、従って自由権を中心とした、市民的、政治的人権のような「消極的国家義務（la obligation négative）」が保障さるべき人そのものに固有の権利についてはまさに当てはまる。しかし経済的、社会的、文化的人権のように国家の積極的な制度的努力によってしか完全な実現を可能としえないいわば国家によって与えられる権利については、「法の中の平等（l'égalité dans la loi）」まですべての人に当然に保障されるわけではない。つまりそこでは一定の区別された取扱いが可能であるというのである。(4)――右事案に関する欧州人権裁判所の判決での両者の区別はこうである。一言語専用地区における教育上の言語に関する規定に合致しない学校の設置とそれへの補助金の交付を禁ずる一九六三年のベルギー法は人権条約に違反しない。しかし父兄の居住地を唯一の根拠としたその子弟のフランス語学校への入学禁止は同人権条約14条（無差別原則）に違反する（判決は8対7）。——

もっともこうした見方に対しては、右の「言語」事件に関するヨーロッパ人権裁判所の判決の反対意見の中で、ノルウェーのウォルド（Wold）判事は、人権観念に差別禁止原則適用上の区別を認めず、教育上の権利も平等性の保障される絶対権（le droit absolu）であると主張している（Cour Eur. D.H., Série A, op. cit., pp. 106, 108.）。ところで市民的、政治的人権規約（自由権規約、B規約）に規定された人権内容のうち——国際人権両規約の共通第一条で宣言されている「人民の自決権」は特別性格をもつ国際的集団人権として別の取扱いが必要であるが——、いわゆる典型的な市民的人権と呼ばるべき権利は、今日ではこの規約に参加していない国家をも拘束し且つ国際法上の司法的判断にもなじむ慣習法上の権利として確立していると考えられる（但し実際上で国際的救済の手段が確保されていない場合が多いが、これは権利の実体的成立とは別）。すなわち生存の権利や身体の自由と逮捕拘禁に関する正当手続の保障、公正な裁判をうける権利、遡及処罰の禁止、拷問と残虐な刑の禁止、奴隷及び強制労働の禁止等の諸人権がこれである[5]（なお、一九四九年のジュネーヴ人道法諸条約や一九七七年の同追加第一、第二議定書にも同種の人権、人道保障条項が存在する）。これらの人権的権利の性格は、「ナミビアの国際的地位」に関する一九七一年の国際司法裁判所の勧告的意見がウィーン条約法条約第六〇条をとりあげて言及した際に述べたように[6]、条約に規定されることによってはじめて設定された権利ではなく、普遍的な「法の一般原則」としての地位をすでに得ているといってよいだろう。なお条約法条約第六〇条五項が、基本条約の運用が停止された場合でも人道的条約に含まれる「人間保護規定」の有効性は継続されなければならないと規定したのも——審議の過程では、一九四九年のジュネーヴ人道法諸条約、ジェノサイド及び奴隷禁止条約、その他人権一般の保護に関する条約が例示された——、人権の少なくとも最少限の基準は「法の一般原則」的権利としての性格をもつことを明らかにしたものといえよう[7]。

次のようにいうことができるだろう。自由権規約第四条二項に規定しているように、非常事態における例外的免除の対象からも除外されて絶対的尊重を要求されている若干の基本権（義務免除禁止条項（non-derogation clause）上の人権）については、すでに国際法上で特別の地位を与えられているとみるべきではないかということである。たとえば「拷問又は残虐な刑罰や非人道的又は屈辱的な取扱いの禁止」規範はすでにユス・コーゲンス的性格をもつ規範的意義を一般国際法上で有しているとみてよいであろう。つまりこの人権規範義務の拘束から免れる特別の国家間合意（条約）を作ってもそれを無効化する効力を右の規範はもっているといえよう。こうした見地からオボイル（M. O'Boyle）は、ヨーロッパ人権条約機構（条約第三条）の実践運用の過程で確立した法意識を基礎に、かてて加えて世界人権宣言第五条、国際人権・自由権規約第七条、米州人権条約第五条及び「拷問と非人道的、屈辱的取扱い禁止」に関する国連宣言（一九七五年）とジュネーヴ人道法諸条約の共通第三条等を引用して右の見解を肯定する。[8] ただここでの問題は、欧州人権委員会委員のフォーセット（J.E.S. Fawcett）が一九七二年の Ireland v. The United Kingdom 事件に関する人権委員会裁定の個別意見の中で指摘しているように、[9]「何が非人道的待遇とみなさるべきか」について意見の対立が残っていたことである。しかしそれは実際の社会的環境の発展の中で具体的事案に則して認定される以外にないであろう。そして二一世紀の今日ではかなりに定着した見解に到達しつつある。欧州、米州の人権裁判所の判決や規約人権委員会の意見が影響を及ぼしてきたと言ってよいだろう。たとえばかって欧州人権委員会や欧州人権裁判所が取扱った事件の中で、死刑の待つ国への犯罪者や亡命者の引渡しや送還の事件[10]或いはイギリスのパスポートをもつアジア系アフリカ人のイギリスへの入国拒否事件[11]の審理は「非人道的取扱い」とは何かを考えるさいの参考を提供したといえよう。

以上は、難民に対して保障されている non-refoulement（不送還）原則適用の前提となる「迫害（persecution）」概念と部分的に重なりあうし、[12]「迫害」概念を単なる難民受入国の主権的裁量でなく、「非人道的取扱い」禁止という人権規約規範の側面から、すべての国に対して絶対的に尊重さるべき客観的基準のものとして確立する意味をもったといえ、且つそれによって主権的裁量を背景とした non-extradition（不引渡）と国際的人道義務による non-refoulement の相違が明白になったともいえる。

またハンガーストライキ中の服役者に対する強制給食と拘留状態に関する事件[13]においても、「非人道的待遇」（欧州人権条約三条）の内容がかって争われたことがある。しかしだからといってフォーセットのいうように一九七〇年代においても「非人道的取扱いと拷問の概念はなお完全に確立されてはいない」とはいえず、右概念の原則的性格と規範的意義は明確にされているのであって、すべての規範がそうであるように、その具体的内容は事案を通じて実践的に確立していく以外にはないのである（亡命者の送還や追放或いは犯罪者の引渡しに関し、難民条約上の「迫害」概念より、各種人権条約上の「非人道的取扱い」概念を重視し代替させるべきだとの意見が強い。C. Van den Wijngaert, The Political Offence Exception to Extradition, 1980, pp. 89～93.; A.H.J. Swart, The Legal Status of Aliens, Netherland Yearbook of Int'l Law, Vol. 11, 1980, p. 55.）。従って拷問と残虐又は非人道的取扱いの禁止規範が、すでに二〇世紀後半に於て、一般国際法上でユス・コーゲンスの位置を占めているとみることがむしろ妥当な見方であろう。こうして今日では第一章でみたように、拷問等禁止条約（一九八四年）の採択があり、また国際刑事裁判所の設立（一九九八年）によるジェノサイド等の重大人権犯罪に対する国際社会による科罰の実践が開始されているのである。

このことは国際人権規約上の手続的な実施保障のシステムわけても個人の出訴権の制度が国際的に完全には確立されていないということ（たとえば自由権規約の選択議定書による個人申立権の不受理制度の存在）と、人権内容が実体的に不成立ということとは区別して理解さるべきことを意味しているといえる[14]（ユス・コーゲンスの成立を認識するさい、司法的救済制度の存在を必ずしも必要としないとする学説として、G. Gaja, Jus Cogens Beyond the Viena Convention, Recueil des Cours, Tom. 172, 1981-III, pp. 285～286.; A. Verdross, Jus Dispositium and Jus Cogens in Int'l Law, A.J.I.L., Vol. 60, 1966, pp. 55, 60～61.）。かりに選択条項（選択議定書）の作用により個別的人権の司法的救済が不完全であっても、今日の国際体系では、本国の外交的保護権による保護や国連経済社会理事会（人権委員会）の活動をはじめ、国際アムネスティなど非政府団体（ＮＧＯ）やその他の汎国際的な機関による保障機能（情報公開、告発、事実調査）等、別の一般的救済方法が実際に機能しているし[15]、従って国際人権規約上の人権条項の法的成立をその実施上の手続的不充実のゆえに当然には否定しえないのである。

（１）　F. Dawson and I. Head, International Law, National Tribunals and the Rights of Aliens, 1971, p. xi.
（２）　E. Schwelb, The International Convention on the Elimination of All Forms of Racial Discrimination, Int'l and Comp. L.Q., Vol. 15, Pt. 4, 1966, pp. 1006～1009.
（３）　高野雄一『国際社会における人権』岩波書店、一九七七年、三〇九、三三三頁。
（４）　M. Bossuyt, L'Interdiction de la Discrimination dans le Droit International des Droits de l'Homme, 1976, pp. 80～81, 93～95, 173～176. 前掲、高野雄一『国際社会における人権』二二三―二二四頁。
（５）　拙稿「民族自決権と国連の権能」明学・法学研究一一号、一九七三年、八四頁。H. Mosler, The International Society as a Legal Community, Recueil des Cours., Tom. 140, 1974-Ⅳ, p. 79.
（６）　I.C.J. Reports, 1971, pp. 15, 47.
（７）　N.K. Hevener and S.A. Mosher, General Principles of Law and the UN Covenant on Civil and Political Rights, International and Comparative Law Qurterly, Vol. 27, Pt. 3, 1978, pp. 596～613.; E. Schwelb, The Law of Treaties and Human Rights, Archiv des Völkerrechts, B. 16, 1973, S. 23.; H. Mosler, The International Society as a Legal Community, op. cit., p. 78., R. Lillich, Duties of States Regarding Civil Rights of Aliens, Recueil des Cours., Tom. 161, 1978-Ⅲ, pp. 399～408.
（８）　M. O'Boyle, Torture and Emergency Powers under the European Convention on Human Rights: Ireland v. The United Kingdom, A.J.I.L., Vol. 71, No. 4, 1977, pp. 687～688.
（９）　Report of the Europen Commission of Human Rights (adopted Jan. 25, 1976), pp. 495～497.
（10）　この点では一九八九年の Soering v. U.K. 事件に関する欧州人権裁判所の判決が注目されよう。この事件は米国で犯罪を犯し英国に逃亡したドイツ国籍の Soering を英政府が米国の犯罪人引渡し請求に応じて引渡したことに関し、国籍国西ドイツが自国への引渡しを要求したものであるが、Soering 本人が欧州人権委員会に、英国による米国への犯人引渡しは欧州人権条約三条（非人道的待遇の禁止）に違反するとして提訴した。人権裁判所の判決は、「死刑の順番待ち」状態は欧州人権条約三条で禁止された非人道的で品位を傷つける取扱いにあたるので英国による米国への犯人引渡しは条約違反である、というものであった（北村泰三「国際人権法判例研究㈠」熊本法学六四号、一九九〇年、参照）。また亡命者の送還問題について、Kerkoub v. Belgium, Application No. 5012/71, 40, Collected Decisions 55 (1972); Amerkrane v. United Kingdom, Application No. 5961/72, 44, Coll. Dec.

101 (1973); Kuzban v. Federal Republic of Germany, Application No. 1802/62, 6 Yearbook 462 (1970). 参照。

（11）East African Asians v. United Kingdom, Application Nos. 4403/70, et seq., 13 Yearbook 928 (1970).

（12）「難民の地位に関する条約」上の「迫害」概念につき、川島慶雄「西ドイツにおける難民概念の形成（三）」阪大法学一〇五号、一九七八年、九八〜一三五頁、参照。

（13）Denmark et al. v. Greece, Application Nos. 3321, 3322, 3323, 3344/67. 11（2）Yearbook 690, 731 (1968).

（14）H. Lauterpacht, International Law and Human Rights, 1968, pp. 166〜167.

（15）J. Carey, Progress on Human Rights at the U.N., A.J.I.L., Vol. 66, No. 1, 1972, p. 107.; The International Legal Order on Human Rights, in "The Future of The International Legal Order", Vol IV, 1972, ed. by C.E. Black and R.A. Falk, p. 274.; J. Salzberg, UN Prevention of Human Rights Violations: The Bangladesh Case, International Organization, Vol. 27, No. 1, 1973, pp. 125〜127.; L.B. Sohn and T. Buergenthal, International Protection of Human Rights, 1973, pp. 739〜856.; V. Leary, A New Role for Non-Governmental Organizations in Human Rights: A Case Study of Non-Governmental Participation in the Development of International Norms of Torture, in "A. Cassese ed., UN Law/Fundamental Rights, 1979", pp. 197〜210.

三　アマドール案の「人権標準主義」の今日的意義

このようにみてくると、アマドールが国家責任の違法性基準として掲げた『人権と基本的自由』（一九六一年の「国家責任に関する条約案」一条一項）の概念と今日すでに国際社会に確立されていると考えられる市民的人権概念の基礎的部分については、かなりに重なりあっているとみることができるように思われるのである。

なぜならアマドールは彼の言う『人権と基本的自由』の内容として次のものを列挙しているからである。(a)生命、自由及び身体の安全に対する権利、(b)財産を所有する権利、(c)これらの権利侵害に対し、十分かつ効果的な救済を与える手続によって裁判所または権限ある国家機関に訴える権利、(d)公開の審理をうける権利、(e)刑事事件において有罪が確定するまで無罪を推定される権利、自己に対してなされた訴追を自己の理解する言語で通告される権利、自己または弁護人を通して抗弁する権利、行為時に国内法上または国際法上犯罪でなかった作為または不作為について有罪と宣告されない権利、遅滞なく裁判をうけるかまたは釈放される権利、がこれである（同条約案一条二項）。但しこのうち(a)と(b)は、国内の治安、国家の経済的福祉、公けの秩序、保健および道徳のために、または他人の権利および自由の尊重を確保するために、法に明記された制約に服するとされている（同条約案一条三項）。しかも右の第一条三項の制限条項は、市民的、政治的人権規約（自由権規約）の第四条でも若干の相違はあっても――より厳格で限定的条件の下であるが――基本的に受け継がれている。すなわち非常事態における緊急性の理由からの義務免除条項（derogation clause）がこれである。しかしこの場合でも「生存の権利」や「非人道的待遇をうけない権利」等については絶対的保障がなされており、アマドール案が「公の秩序」という一般的な例外を認めているに反し、市民的・政治的人権（自由権）規約では「非常事態」というより限定された条件だけに限っている点で、人権規約の人権保障のシステムの方がアマドール案より、より徹底しているといえるであろう。

但し市民的、政治的人権規約には、「財産所有の権利」の明文的保障はない。私有財産制度をどの程度と形態において認めるかは各国の社会構造や政治体制と深くかかわっているからである。欧州人権条約ではこれを保障している（第一議定書一条）。しかし社会体制の如何にかかわらず生存権（自由権規約六条）の一部として一定の財産所有権を保障さるべき部分のあることは肯定されるであろう。また経済的、社会的、文化的人権規約（社会権規約）では、経済的権利の名で外国人の財産権や営利活動権が発展途上国の中でも一定限度で保障されることになっている（二条三項）。しかしこれとは別に生活水準の確保の権利や健康享受権や無償の義務教育をうけられる権利をはじめ、労働権や社会保障及び教育上の権利更には文化的権利を含めて、二〇世紀的社会権の概念の中で把握さるべき「財産権」は当時の社会主義国も含めて一般的に受容されつつあったのである。

右の基本的人権について、アマドールは彼のいう「人間の本質的（基本的）権利（the essential rights of man）」としての性格から、内・外人の区別は存在理由がなくなり、その意味で伝統的な二つの主義すなわち「国際標準主義」と「国内標準主義」がもつ固有の主権概念的機能はこの「人権標準主義」の採用によって消滅しようと述べているのである。(1) つまりこういえよう。歴史的国家慣行を冷静に分析すれば、伝統的な「国際標準主義」の概念は、国籍を媒介にした自国民に対してのみ保護の傘を提供する外交的保護権に固有の国益中心の保護法益観に支えられていたし、しばしば軍事干渉の実行によって「国際標準」の中身は干渉国の主権的利益へ吸収埋没させられてきたといえるのである。一方、「国内標準主義」についてみても、それが領域主権の絶対性を基礎としてきただけに、発展途上国の水準による内国民待遇の強制とわけてもそのときどきの国策的便宜に基づく最低の客観的人権基準の棄損をすら適法化する傾向を多分にもっていたことを否定できないのである。「人権標準主義」はこうした実体認識と更に反省をもふまえて国益中心主義のアンチテーゼとして、客観的な基本人権の保障を国際法上の国家の責任基準として設定しようとするものであったといってよいであろう。こうしてジェサップ（P.C. Jessup）は、戦後間もなくの頃既に、「人としての権利（the rights of man）」に対する義務が国際法上で具体化されるならば、既存の“the responsibility of State for injuries to *aliens*”の概念は“the responsibility of …to *individuals*”のそれにとって代られるであろうと述べたことがある（P.C. Jessup, A. Modern Law of Nations, 1948, p. 97）のである。

もとよりアマドールは、その条約案第一条一項で「外国人は内国民と同等の権利および法的保護を享有する」という規定をおき、「内国民待遇」が原則であることを表明している。従って表面的には伝統的な「国内標準主義」を肯定していたようにみえる。しかし重要なことは、「但しこれらの権利および保護は、いかなる場合も現行の国際諸文書で承認され定義された『人権及び基本的自由』以下のものであってはならない」（一条一項後段）という規定をおいて、右の国内基準が客観的に確立されている「基本的人権」の最低水準を下まわることを禁じているところにある。――カーボノー（T.E. Carbonneau）は次のように述べる。アマドールは、「内国民待遇」論と「国際（最低）基準」論の対立を、第二次大戦後の新しい「国際人権規範（基準）」の導入によって止揚しようと試みた（T.E. Carbonneau, The Convergence of the Law of State Responsibility for Injury to Aliens and International Human Rights Norms in the Revised Restatement, Virg. J. of Int'l L., Vol. 25, No. 1, 1984, p. 109; 同旨、R.B. Lillich, Duties of States Regarding the Civil Rights of Aliens, Recueil des Cours., 1978, pp. 373〜379.）と。また米国の Revised Restatement, Section 711 は、アマドールのいう「内国民待遇」論と「国際（最低）基準」論の架橋努力の結果である、とも述べている。――問題はただ、西欧や米州の人権条約機構に定められているような個人訴権の承認や国際機関による救済手続を「人」一般を対象として普遍化、一般化しようとしているのではなく、「外国人」の損害に対する「国家責任」の分野にあくまで問題を限定している点で、むしろ既存の外交的保護制度との調整に眼目をおいているようにみえる点である。すなわち救済の対象を本来ならば「人権」享受者として外国人と同様に保障さるべき内国人に対してまで及ぼそうとしているのでない点で、主権機能を中心とした国家責任制度の原型に立って立案している、とみるべき点なのである。(2) しかし右の外交的保護制度との調整に関連したアマドール案の新しさは、外国人が加害国との直接契約で「仲裁」等の国際的手段によって自己の請求を解決する方式を選択しうることを提唱した（二一条）点である。そしてこの紛争解決手続を本国の外交的保護制度に優先させようと意図している（一九条二、三項はいわゆるカルボ・クローズの採用を意味する）ことである。その点では今日の「投資紛争解決条約」（二七条）と同じ構想に立ち、それに受継がれているといえよう。

このようにみてくると、ラウターパクト（H. Lauterpacht）とウォルドック（Sir H. Waldock）が次のように述べて、いわば「基本的人権標準主義」とも呼ばるべきアマドール条約案の妥当性を肯定し評価しているようにみえることを見落としてはならないであろう。ラウターパクトはいう。「外国人は彼が居住する国家が自国民をどのように取扱おうと、それに関係なく、文明の最低基準（a minimum standard of civilisation）に従って待遇さるべき権利がある。この文明の最低基準はとくに人身の自由と法の前の平等の権利を含む。国際裁判所はそれが国際法の規則であることをくりかえし宣言した。こうして若干逆説的ではあるが、外国人としての地位における個人は、彼が所属する国家の市民としての資格においてよりも、より大きな程度で国際法の保護をうけるという結果をもたらしているのである」と。(3)

もっともこうしたいわば内・外人の逆差別的取扱い（一種のアファーマティブ・アクション）が法的に肯定されるの

は、「人権」が人一般の権利としてよりも外国人の権利として理解されていること（先進国国内標準主義＝国際標準主義）を前提にしているからであり、それ自体、伝統的な国家責任に関する国際法のコンテキストから脱却していない限界がある。従って今日の市民的、政治的人権（自由権）規約で規定されている国籍等に基づく「差別禁止の原則」（二条一項でいう"Without distinction"及び二六条の"without any discrimination"がこれを意味する）とどうかかわるかは一応検討しておかなければならないであろう。しかし市民的、政治的人権規約の建前は、すでに客観的に成立している最低限の基本的人権は、一国内に居住する（領域内にあってその管轄権に属する）特定の外国人に対して保障さるべきだけでなく、内国人を含め人一般（all indivisuals, all persons）に対して保障さるべきことを要求しているのである。従って右外国人に対して確保さるべき最低限の人権内容は、その国の国内法上で自国民に対しても一般的に実現されるよう、立法、行政上の措置を国家に対して要求しているだけでなく、司法的救済によっても確保さるべきことを明示しているのである（自由権規約二条二、三項）。こうして一国内の実際上の人権保障措置の欠落は、外国人の待遇に対する国家責任追及の過程を通じ、更に転じて内国民を含めて人一般に拡大し、平等無差別に適用さるべき国内人権保障措置の制定と実施へと誘引する機能を果すはずである。このようにいってよいであろう。そこに国際人権規約の立法趣旨もあるのである。

さてウォルドックも次のように述べている。「国際法学者は、外国人の取扱いに関する慣習国際法と『人権の普遍的尊重と遵守』に関する国連憲章の新しい規則との同化について語り始めた。同化は取扱いの最低基準（minimum standard）に関するかぎり論理的に十分である。すなわちそれは国際法によって保護さるべき基本権と自由の範囲に属するからである。そして一般的にいえば世界人権宣言は、慣習法で保障された外国人取扱いの最低基準を示している。しかしながら救済手続についてまで、外国人を内国人の地位に同化することは人権の違反に対する国際的救済の現状からみてなお完全には受けいれられないであろう(4)」と（たとえば個人の申立てに関する制限につき、自由権規約付属選択議定書一条参照(5)。即ち自由権規約当事国でも選択議定書不参加国に在る外国人は、その国から差別取扱いをうけても規約人権委員会に救済申立てはできない)。

　こうしたアマドール案に深く底礎している「人権標準主義」の観念は、本書第一章でみたように二一世紀の今日、重大な人権侵害に関する限り国際的「刑事」科罰と被害者に対する「民事」救済の制度の展開によって実現しつつあるのである。(6)

(1) F.V. García Amador, 1st, Report, op. cit., p. 199.

(2) F.V. García Amador, 2nd Report, 2 Year Book of International Law Commission〔1957〕, U.N. Doc. A/CN. 4/112–113, 1957.

(3) H. Lauterpacht, International Law and Human Rights, 1968, p. 121.

(4) H. Waldock, Human Rights in Contemporary International Law and the Significance of the European Convention, in "The European Convention on Human Rights", 1965, p. 3.

(5) アマドール案についてのわが国の文献として、前掲、安藤仁介「国家責任に関するアマドール案の一考察――『国際的な基本的人権』と『国際標準主義』の関係について――」田畑還暦『変動期の国際法』、所収。松井芳郎「国際連合における国家責任法の転換――国家責任法の転換(2)――」、国際法外交雑誌九一巻四号、一九九二年、参照。

(6) 換言すれば、「国際法上の犯罪」(offense against international law)概念から「国際犯罪」(international crime)概念への性格上の発展といえよう。前者は「海賊」犯罪のそれのように、たまたま公海上で関係国となった国家の処罰権限の肯定(許容)にとどまるに反し、後者はローマ国際刑事裁判所規程や拷問禁止条約の対象犯罪のように、関係するすべての国に対する訴追と処罰の義務(erga omnes obligation)の負課即ち普遍的管轄権(universal jurisdiction)の設定を肯定する観念である。

四　国際標準主義と人権標準主義

　ところで伝統的国家責任論の中で違法性基準として確立しているといわれる「国際標準主義」は、右の「人権標準主義」上の基本的人権概念と果してどの程度の関係をもっていた(いる)のであろうか。ここで「違法性基準」といったのは、かって南北間の中心課題であった国有化(nationalization)や収用(expropriation)の問題が領域主権の作用としての合法且つ有権的な措置に対する損害ないし損失の補償（compensation）の問題であるに反し、ここでとりあげる外国人取扱いの問題は、国家に違法行為上の責任を帰属させ従って損害の賠償（damages, reparations）義務を生じさせる人権侵害一般のそれである。

すでにみたように、一般に「国際標準主義」と呼ばれる原則が先進資本主義国家の実践を基礎に形成され、従ってヨーロッパの産業文化のエトスとキリスト教的宗教倫理と人権の精神を起源にもっていることは疑いえないところである。しかし同時にそれが絶対国家主権並存の国際法体系の中で機能することを要求されたときには、ネーション・ステートの利益を表現する原則として本質的に国家主権の系の中で作動することを余儀なくされていたことも間違いない事実なのである。わけてもヨーロッパ諸列強の対後進国家ないし植民地住民に対する支配、収奪政策の手段として利用されてきた沿革的背景を過小視するわけにはいかないであろう(1)。逆に後進諸国を中心として主張された「国内標準主義」が、いわゆるカルボ条項に端的にみられるように、右のヨーロッパ国際法原則への抵抗観念として「領域主権」概念の優越性に依拠しようとするとき、国家責任の成立基準をすべて国内法へ送致することによって、事案を主観的、専権的に解決しようとする態度が生れることにもなった。こうして両者は基本的に対立することになったのである。

このようにみてくると、「国際標準主義」を後進国家（途上国）の立場から批判的にみれば次のような見方として現れるのも当然といえよう。すなわちメキシコのネルボ（P. Nervo）が国連国際法委員会で次のように述べたことがあるのである。「一九世紀に固定化した国際法の多くの制度の形成に、新国家は参加していない。たとえば海洋法に例をとってみれば、それは新しく成立するであろう小国の将来の利益を考慮することは全くなかった。しかしながらこうして形成された法原則は少なくとも直接的には新国家に対して敵対的であったわけではない。けれども国家責任に関する（二次規則としての）国際法はそうではない。それはまさに小国に敵対する目的をもち、大国と小国との不平等関係を前提として成立したものである。こうしておそらく前世紀における国家責任問題に関する国際紛争の九五

％は、工業大国と新しく独立した小国との間のそれであったのである」と。(2)

またグア・ロア（S.N. Guha-Roy）も、「外国人に対する損害に関する国家責任の国際法は、それがかりに慣習法であるとしても、その有効性の基礎はそれに参加した若干の国の間の慣行（custom）に求められたにすぎない。けっして普遍的性格をもつ法の一般原則（general principles of law of universal character）に基づくものではなかったのである。従ってその慣習法は一般国際法（universal international law）としての普遍的価値をもたないといわざるをえない。『一般原則』と『慣習』とは、前者が形而上的ないし自然法的普遍性に根づいている点で後者とは明確に区別されなければならない」と述べて、いわゆる伝統的「国際標準主義」の一般国際法的効力を否定するのである。(3)

さらにグア・ロアはいわゆる「正義の国際基準」（international standard of justice）」の観念を国家責任基準へ導入する試みに対しても次の五つの理由から強く反対するのである。①他国で富や利益を得ようとする者は自己の危険負担で行うべきこと、②右の正義の国際基準は自国民と外国人の間の差別を拡大するだけであること、③基準の内容が不明確であること、④国内法の標準と異なる外的基準の導入は国家システムの侮辱につながること、⑤国内に二重基準をもちこむという不合理をひき起すこと、がこれである。(4)

しかしながら以上にみた反対については、それが伝統的な「国際標準主義」に対するものであるとすればかなりの正当性をもつであろうが、しかしアマドール案などに具体化されたいわゆる「基本的人権標準主義」への批判をも意味するとすれば必ずしも妥当とはいえないであろう。わけても人権を基礎として形成されつつある今日の新しい国際秩序（一九六六年に採択され一九七六年に発効した国際人権規約のその後の定着はその一表現）の観点からみると右の批判はかなりに疑問である。

この点をより詳しく述べてみたい。第一に、人権的権利は本来、国家意思に淵源をもつ後国家的権利ではなく、人類に帰属することに由来する固有の人間としての権利である。(5)従って人権的権利は、もともと内・外人に平等、無差別に保障さるべき性格をもち、領域国家制度による内・外人の二重取扱的区別になじまない性格のものである。かりに取扱いの二重性が存在する場合には、それは一領域主権内の主観的な保障基準による縮小的統一によって解消すべきものではなく、むしろ領域主権に優位する客観的な人権内容の保障という方向で制度的に乗越えるべき性質のものである。地域的限定性はあれ、欧州人権条約機構の人権委員会や人権裁判所（一九九八年から委員会を吸収し一本化）更には米州人権条約機構の人権委員会や人権裁判所も、それをすでに救済手続への被害者個人の直接参加のシステムを含めて実現しているし、国際人権規約もそうした方向をめざしているのである。たとえば市民的、政治的人権（自由権）規約は、そこで保障さるべき人権に関して、救済手続にこそローカル・レミディ・ルールや人権委員会への付託方法等で若干の国家的関与を必須の条件としているけれども（委員会への第三国の通報と個人の申立の受理を当事国による選択条項の受諾を条件としている）、基本的人権概念の実体的確立と領域主権的裁量に対する客観的な制約規範としての作用を果しつつあるのである。

第二に、人権基準の内容の不明確性の点についてみると、一般に条約で規定される場合の基準は抽象的且つ一般的である以外になく、むしろそれは随時発生する個別的具体的問題に関連して裁判判決や外交的処理（人権委員会の決定等を含む）の実践を通じて形成される先例的累積によって明確化してゆく以外にないであろう（条約法条約三一条三項(b)の「条約適用上の慣行」や三二条の「解釈の補足手段」）。「基本的人権標準主義」の今日の国際法秩序に対するメリットは、むしろ人権価値による主権的利益に対する制約の方向でのガイドラインを設定した点にあると言ってもよいのである。もしアマドール案の人権内容に問題があるとすれば、それが網羅的、列挙的であった点であるが、しかし人権の最低基準を示さないかぎり、違法性判断の客観的基準としての機能を果すことはできないし、また人権基準への国家主権による権力的介入と濫用を防止するためにも、保護さるべき人権内容の特定化がはかられなければならなかったであろう。従って項目上の列挙主義をとらざるをえない背景があったのである。こうしてみるとアマドールの立法方針はむしろ妥当なものであったといえないであろうか。しかも規定された人権の種類と基準の程度について、「現行の国際的諸文書で承認され定義された」（アマドールの一九六一年の国家責任条約案、一条一項）と限定規定を挿入することによって、解釈基準にフレキシブルではあるが、客観的に確定しうる物差しを置いたことに注意しておかなければならないであろう。右にいう「国際文書」の中に「世界人権宣言」（一九四八年）のような少くとも一九四〇年代においてはいわゆる道徳目標ないしプログラムとしてしか考えられないような高水準の基準（従って当時においては法的拘束のない宣言の形で採択されたのであるが、しかし今日ではすでにほとんどすべてが実定規範化しており、ユス・コーゲンス化している規範もある）を含ましめるのであれば問題であるが、「現行の国際文書で承認された」の意味を、すでに慣習法化された基準や特定条約で規定された人権基準を意味するものとして理解すれば、時代と共に流動的ではあるが、しかし客観的で（国際的に確立され）且つ実効性の高い基準を具体的ケースに適用し発展させることが可能であるし、事実そうであった。これは、戦前の国際判例にみられる「国際標準主義」の基準例より、市民的人権については高度であったが、経済的人権についてはむしろ範囲について先進国に対して限定的に作用したのである。ジェンクス（C.W. Jenks）も伝統的「国際標準」の果した歴史的機能を批判的に考察しながら、今日の国際体系の中での「人権概念」とのリンクによって「国際標準」の再生をはかろうとして次のように述べている。「文明の通常の標準（ordinary standards of civilisation）」の観念は「文明諸国の慣行（practice of civilised nations）」から生まれたものであり、その評価は「合理的且つ公平な人（reasonable and impartial man）」の判断である。これらの基準は一般的概念であるだけに、その内容はそれぞれの時代の政策によって決定される必然性をもたざるをえなかった。過去における在外自国民の外交的保護がしばしば強国の弱国に対する軍事的、政治的、経済的圧力を伴うものであったことはまぎれもない事実であったから、こうした経験に裏打ちされた国際標準の概念が新植民地主義に対する鋭い批判が向けられる今日の時代において、強い抵抗をうけるのもまた驚くべきことではないのである。しかしながら「国際標準」はそれが正当に適用されるものであれば――広瀬・注、当時即ち二〇世紀後半から末にかけての南北問題に関する諸宣言に常に表現されたような発展途上国の先進国に対する力関係の増大を背景に考えれば、先進国のネオ・コロニアリズムに対する途上国側の抑制の体系が明確に存在した点に注意。――、『国際的に保障された基本的人権概念（internationally guaranteed basic human rights)』の基本要素を構成するのみならず、相互に互恵的な国際経済関係樹立のための主要な前提条件となりうるのである(6)、と。

　第三に、経済的利益を獲得するための活動についてその危険負担を外国人（法人）はもともと覚悟すべきであるという議論について考えてみたい。まずアマドールのいう人権概念としての「財産所有権」とは、日常生活上の財産のみならず、いわゆる産業活動上の経済的権利や資本的営利のそれも含むと解すべきであろう。しかしこうした財産上の権利については、別にアマドール条約案第九条及び一〇条で外国人受入国の収用及び国有化の対象となしうることを予定していた。その点で、経済的、財産的人権については、それに対する領域主権の権限の優越性を積極的に肯定していたのである。つまり絶対的に保障さるべき人身の自由を中心とした市民的人権の概念とは区別して取扱っていることを見落としてはならないのである。

　ところで次のことにも注意しておく必要がある。すなわち従来、伝統的「国際標準主義」の主張に対して後進小国が最も反対した「標準」の種類は、外国人の経済的権利や財産を国有化ないし収用した場合に先進国が主張した補償上の三原則即ち迅速、十分、実効的補償の原則のそれであった。後進国家はこの原則に対し、対抗的に「国内標準主義」を展開したのである。メキシコの農地と石油の国有化措置に関して一九三八年にアメリカのハル国務長官が送った対メキシコ覚書と、これに対するメキシコ政府の対米覚書による反論(7)はこの典型例である。即ちこのメキシコの覚書は、一定の基本的人権価値でしかもその最小限度の保障についてまで反対を表明していたのではなかったことを見落としてはならないだろう。こうした意味でモスラー（H. Mosler）は、当時において既に最小限の人権の観念は「国家責任」帰属の国際基準としても法的に確立されているとみているのである。そして一方、会社の営利経済活動については違う観点から検討さるべき必要があると述べているのである(8)(9)。

（1）　国際社会における主権と人権の系についての思想史的解明については、拙稿「国際社会における国家主権の歴史的考察」明学・法学研究一八七号、一九七二年、参照のこと。
（2）1 Year Book of International Law Commission〔1957〕, p. 155.
（3）S.N. Guha-Roy, Is the Law of Responsibility of States for Injuries to Aliens a Part of Universal International Law? in "International Law in the Twentieth Century", ed. by L. Gross, 1969, pp. 550, 555, 562.
（4）S.N. Guha-Roy, ibid., p. 563.
（5）M. Bossuyt, L'Interdiction de la Discrimination dans le Droit International des Droits de l'Homme, 1976, p. 174.; P.C. Jessup, A Modern Law of Nations, 1947, p. 90.
（6）C.W. Jenks, The Prospects of International Adjudication, 1964, pp. 514〜515.
（7）G.H. Hackworth, Digest of International Law, Vol. 3, pp. 658〜659.
（8）H. Mosler, The International Society as a Legal Community, Recueil des Cours., Tom. 140, 1974-IV, p. 72.
（9）米国は自国の「対外援助法」に基づき、一九七〇年代以降、米国の経済、軍事援助の対象であった百十数ヶ国の「人権問題の現状」に関する年次報告を国務省から上、下両院に送付させ審議の対象としてきた。一九七八年の報告書では、韓国の人権問題に触れ、「韓国政府による一連の政府批判に対する制限は、韓国が直面している（北の）脅威を考慮しても行きすぎで『国際的人権基準』に反する」としていた。一方、七八年末の金大中氏の釈放は「前向きの進展」として評価していた（朝日新聞、一九七九・二・一二）。

五　第二次大戦前の国際標準主義の実践（国際判例）の中での人権標準主義

さて第二次大戦後、国連国際法委員会の「国家責任条約」案の中でしばしば言及された「人権標準主義」が以上の沿革をもつとして、それならば第二次大戦前の国家慣行の中でしばしば言及されてきたいわゆる「国際標準主義」とはいったい何であったのかが問われなければならなくなろう。そこでその適用実体を若干の国際判例を通してみてみよう。もとよりかなり統一した原則を発見しうるのは外国人の生命、身体の保護に関するものに限られ、外国人の営利活動や経済的権益の保護については外国人の本国と受入国との間で和解し難い対立があったことを見逃すことはできない。たとえば譲許《コンセッション》契約や財産権に関する外国人の権利棄損に対して、内国民並みの待遇しか与えられるべきでないと主張するカルボ・クローズの効果をめぐり、ラテン・アメリカ諸国と先進国ははげしく争ったことは事実である。そして一九二六年の北米浚渫会社事件に関する米・メキシコ請求委員会の審決（三委員の全員一致）で、カルボ・クローズは条件付ではあるがその国際法上の有効性が認められたのである――主席仲裁委員 Van Vollenhoven の名をとり、ファン・ホーレンホーフェン解釈と呼ぼう。――しかしその後の類似事件の判決では、この解釈はたしかに受継がれはしたが、しかし解釈の範囲わけてもカルボ条項の有効性を制約する条件としての「裁判拒否《デナイヤル・オブ・ジャスティス》」の内容について米、英の仲裁委員から強い反対が出され、少数意見の形で判決に付記されるのが常であったのである。[(1)]

　ところで「国際標準」の具体内容として基本的人権を指定した先例としては次のケースがあげられよう。まず一九二七年に、米・メキシコ請求委員会が下した「ニーア（Neer）」事件審決がある。これはメキシコ当局が米人ニーア（Neer）を殺害した犯人の逮捕と訴追の手続に相当注意を欠いたことを理由として、ニーアの家族が損害賠償を求めた事件である。請求委員会は原告の請求を棄却したが、しかし次のように「国際標準」を国家責任帰属の基準として指定した判示をしている。「行政当局の行為が適当であるかどうかは、国際標準（international standards）の基準によって判断されなければならない……外国人の取扱いが国際違法行為を構成するためには、それが乱暴、不誠実、故意による義務不履行もしくは理性的で且つ公平な何人（every reasonable and impartial man）もその不適当さを認めうるほどに、国際標準から逸脱している行為でなければならない[(2)]」と。ここでは理性的且つ公平な人間の判断を根拠としたいわば合理的自然法ないし「法の一般原則」上の価値基準を国際標準の内容として主張する立場がみられる。

　同じく一九二六年に同請求委員会が下した「ロバート（Robert）」事件の審決では、メキシコ当局による米人ロバート（H. Robert）の長期に亘る極度に不衛生な状態での拘留並びに劣悪な食事及び運動の機会の欠如に対して、これを非人道的行為であるとして損害賠償の請求を認め、次のように述べたのである。「外国人と内国人の取扱いの平等ということは、外国人の不当取扱に関する請求の当否を決定するさいにたしかに重要な要素である。しかしこの内・外人の平等性ということは、当局の行為の適切さを国際法に照らして判断するさいの究極の基準（the ultimate test）では決してない。究極の基準とは、外国人が「文明の通常の標準（ordinary standards of civilization）」に従って取扱われているかどうかである」と。(3) この見解は「内国民待遇」ないし内・外人の平等主義という外国人の取扱いに関して従来から主張されてきた原則的立場に基本的には同意しながら、しかしその基準が通常の文明水準を下廻ることを禁じた点で意味をもつ。そのかぎりでいわゆる「国内標準主義」が主権作用により主観的、恣意的に流れ易い傾向に歯止めをかけたものといえる。この立場を支持し、「上部シレジア」事件に関する一九二六年の常設国際司法裁判所の判決を援用しながら、フリーマン（A.V. Freeman）は次のように述べている。「内国民との平等待遇が国家の国際的義務の基準であるという主張は、国際請求委員会並びに常設国際司法裁判所によってくりかえし否定されてきた。『ポーランド上部シレジアにおけるドイツ人の若干の権益事件（The Case concerning Certain German Interests in Polish Upper Silesia）』において、常設国際司法裁判所は国内法の存在にもかかわらず外国人の取扱いに関して彼らに適用されうる共通且つ一般的に承認された国際法の原則によって、主権が制限されることを明示したのである」と。(4)

その他に、「チャティン（Chattin）」事件に関して一九二七年に、米・メキシコ請求委員会が下した審決では、公判廷で口頭尋問や陳述がほとんど行われず、被告に抗弁の機会が与えられなかったことを、「文明の国際標準から極度に逸脱した刑事手続である」と判示し、(5)「公正な裁判をうける権利」は国際的に確立した外国人取扱い上の国家の義務であることを明らかにしたのである。

以上のケースが先進国対途上国の関係の中で発生したのに対し、そこで確立された「文明の国際水準」の観念は、先進国における外国人の取扱い基準としても一般に承認されている。たとえば一九三一年の「シュヴロ（Madame J. Chevreau）」事件に関する米・仏間の仲裁裁判上の判決では、「拘留中の被疑者が……文明諸国で通常承認されている標準（le niveau habituellement admis entre nations civilisées）に合致した取扱いを与えらるべき」ことは、国際的な請求委員会によってつとに認められてきた原則であると述べている。(6)

また戦前、戦後において、先進国相互間で締結された多くの通商航海条約の中で、外国人（法人）の「公正且つ平等な待遇」（一九五四年の米・西独間の通商航海条約一条一項）や「正当で人道的な待遇」（一九五三年の日・米通商航海条約二条二項）等の文言による規定が掲げられ、更に「自己に対する被疑事実を正式に且つ直ちに告げられ、自己の防禦に必要なすべての手段を与えられる」等の細目的規定をおき、「国際法の要求する保護及び保障より少なくない不断の保護及び保障をうける」等を明示していること（日米条約、二条二、一項。一九二八年のエジプト・ペルシャ間の友好条約、四条）も、最少限の市民的人権を国際的に確立し客観的な待遇基準として設定することに寄与していると思われる。(7) また通商航海条約が一般に「最恵国待遇」の原則を採用していることも、右の人権を基礎とした国際標準主義の拡散と広域的確立に貢献していることを見逃してはならない。(8)

このように国際判例の若干を検討してみると、戦前においてすでにロス（A. Roth）のいうように、「最少限の標準（the minimum standard）」を外国人取扱い上の国際基準として確立し国家に義務づけていた、(9) と言ってよいだろう。フリーマン（A.V. Freeman）がかつて「国際標準主義」を「文明諸国によって認められた法の一般原則」の観念に包摂して理解した(10)のも、右の基本人権の保障に関する先例の範囲内でみるかぎり、十分な理由があると思われるのである。今日では右にみた「最少限の国際標準」は、人間の基本的自由や基礎的人権としてヨーロッパ人権機構や米州機構の地域組織や国際人権規約のシステムの中で国際制度上の保障が与えられ客観的権利として確立したとみてよいのである。(11) しかもその保障の客体は内・外人を区別しない「人」としての権利である点で、戦前における外交的保護機能の中での「国」の権利の保障とは異質の保護システムを採用している点に注意しておかなければならないのである。のみならず市民的、政治的人権と異なり漸進的に権利の実現をはかることを容認され、その限りで各国の主権的裁量の余地と国内実施上の権利内容の相違を当分の間は認められる経済的、社会的権利（国際人権・社会権規約上の権利）についても、たとえば労働権の一定部分についてはすでに国際連盟時代以来、国際労働機関（ＩＬＯ）によって普遍的な内容を確立するために必要な一定の実績があるのである。――たとえば、「結社の自由及び団結権の保護に関する条約」上の権利について、一九五五年の国際自由労働組合連合の申立（対オランダ政府）や一九六八年の西独、カナダ、デンマーク、ノルウェー各労働者代表の苦情（対ギリシア政府）を審理したＩＬＯ理事会（委員会）の決定[12]は、法的拘束力はないとしても、組合活動の自由や団結権の内容について国際的に保護さるべき範囲を画定することに役立ったといえる。——各国はそうした国際基準を積極的に実現するための国内措置をとるよう要求されているのである（社会権規約二条一項、八条三項）。

こうしてアマドール案の提唱する「基本的人権標準主義」は、その主要な部分で外国人の取扱いに関する国家責任上の違法性を判断する基準として、単なる立法論のそれではなくすでに（戦間期においても）実定法上の位置を占めていたとみてよいであろう。——但し前述したように外国人の営利活動に関する経済的権利については、別の観点からの考察が必要であることも忘れてはならないが。——

（1）以上のケースにつき、G.H. Hackworth, Digest of International Law, Vol. 5, pp. 641〜652.
（2）G.H. Hackworth, Digest., Vol. 5, pp. 478〜479.; 4 United Nations, Reports of International Arbitral Awards (R.I.A.A) pp. 61〜62.
（3）G.H. Hackworth, Digest., Vol. 5, p. 607.; 4 R.I.A.A., p. 80.; A.J.I.L., Vol. 21, No. 2, 1927, p. 361.
（4）A.V. Freeman, Recent Aspects of the Calvo Doctrine and the Challenge to International Law, A.J.I.L, Vol. 40. No. 1, 1946, p. 126.
（5）4 R.I.A.A., p. 292.
（6）2 R.I.A.A., p. 1123.
（7）R. Wilson, United States Commercial Treaties and International Law, 1960, pp. 6〜9.
（8）M.S. McDougal, H.D. Lasswell, and L-C Chen, The Protection of Aliens from Discrimination and World Public Order, op. cit., pp. 449〜450.
（9）A. Roth, The Minimum Standard of International Law Applied to Aliens, 1949, pp. 97, 99.
（10）A.V. Freeman, The International Responsibilty of States for Denial of Justice, 1938, p. 522.; ルアード（E. Luard）は言う。「殺すなかれ、拷問するなかれ、恣意的投獄するなかれ、等の基本的人権は、西欧諸国以外の第三世界でも彼らが社会を構成している限り、古くから尊重されており、国際社会の普遍的法基準として存在していた」と（E. Luard, Human Rights and Foreign Policy, International Affairs, Vol. 56, No. 4, 1980, pp. 592〜593.）。

（11）　H. Mosler, The International Socity as a Legal Community, op. cit., p. 72.

（12）　前掲、高野雄一『国際社会における人権』一三三〜一三六頁、一四八〜一五八頁。

第四章　人権救済と外交的保護制度

一　人権保障の制度としての外交的保護の位置

さて国家責任における「人権標準主義」と救済手続としての外国人の本国による「外交的保護」の制度とはどのような関係にたつのであろうか。前述もしたように「人権」（わけても市民的人権）の性格が国籍による区別を拒否する普遍的性格をもつかぎり、外国人に対する人権の保障の制度は、それが存在するかぎり内国民に対しても保障される方策が考慮されてしかるべきであろう。そうでなければ通商航海条約で一般に採用されている内・外人平等主義ないし内国民待遇の原則は、権利保障の対象面で自己矛盾を起し、縮小固定化の基盤を造ることにならざるをえないであろう。こうして国際標準主義が強権的外交保護制度と結びつきがちであった過去の経緯と、逆にそれに反撥する国内標準主義がカルボ・ドクトリンと重なりあって、共に普遍的な人権基準の無視を招きがちであった歴史的経過は二〇世紀後半に至って漸く反省期に入ることになったと言えるのである。国際人権規約や欧州人権保護条約、米州人権条約の諸制度にみられるような「人一般」に対する国際機構的保障の仕組みが「国民《ナショナル》」に対する外交的保護制度にとって代る方向を具体化しはじめたのはまさに右の反省をふまえてのものである。つまり人権はそれが普遍的価値をもつかぎり、その救済手続も内・外人に平等に訴権を認める国際的救済の方式が本旨であるだろう。しかし現状としての国家主権体制のワクの中で外国人の基本的人権に関する侵害の救済方法として、いいかえれば外国人に対する国家責任の追及の方法として、国家システムの重要性をなお無視することができない。そこに伝統的な外交的保護の制度によって「自国民」を保護・救済するシステムがなお作動し機能しうる十分な基盤があるのである。但し同時に過去において力による干渉という幾多の先例を生んだ外交的保護権の濫用を防止するためには、右の救済手続にも十分な歯止めがかけられなければならないであろう。そうでなければ「人権」概念を基礎にして組み直され新たに定着し始めた国家責任理論は、その存在意義を失うからである。(1)

たとえば一九世紀末以後、ラテン・アメリカ諸国と外国人との契約にしばしばみられた現象であるが、契約に挿入される条項に、契約事項に関する紛争で契約当事者たる外国人は本国の外交的保護を受けることができないといういわゆるカルボ条項（Calvo clause）――外交的保護の濫用を厳しく批判した一九世紀のアルゼンチンの国際法学者 Carlos Calvo の名にちなんだもの――があった。前述したように、この条項の国際法上の効力をめぐり、一方においてその有効性を承認し外交的保護権の行使を禁止した国際法上の意味をもっとみる立場があったが、他方、その国際法上の効力の完全な無効を主張し、本条項の契約への挿入は、何ら本国の外交的保護権の行使に影響しないという立場があり、相争ってきたのである。国内標準主義と国際標準主義の救済手続面での争いといってよいものであった。しかし人権標準主義の立場をとるかぎり、右の争いにおけるいずれの立場も妥当ではないであろう。

この観点からみると、一九二六年の北米浚渫会社事件（The North American Dredging Company of Texas Case）の審理で、米・メキシコ請求委員会が下した決定はその意義が小さくないように思われる。既述したように、この審決で首席委員ファン・ホーレンホーヘン（Van Vollenhoven）は、カルボ条項の国際法上の有効性を一定限度で肯定する見解を明らかにしたのである（いわゆるファン・ホーレンホーヘン解釈）。審決に曰く、「外国人は国際法上で、このような（カルボ条項上の）約束を合法的に行うことができるか？　当委員会はそれが可能であると考える。しかし同時に個人の損害に預り関わった国際法の違反に対して、国際法上の救済を行う疑うべからざる国家の権利を個人は奪うことができない。国家は特定の事件でその市民一人の損害を救済することよりも国際法の原則を維持することに、より大きな利益をもっているのである。個人は自己と相手国との契約によって、この点に関しての自国政府の手をしばることはできない、しかし個人が自国政府の手をしばる試みはたしかに無効ではあるが、同時に個人の合法的契約を無効にするために干渉する権利を本国に与える実定国際法の一般に承認された原則もまた発見できない。」「このような契約の明白な目的は外交的保護権の濫用を防止することにあるのであって、外交的保護の権利そのものを破壊することではない[2]」と。ここでは外交的保護権の濫用に対する歯止めとしてカルボ条項の意味があることが明らかにされているのである。

ところで人権標準主義をとるアマドール条約案では、まず第一に国内救済原則《ローカル・レミディ・ルール》を明示する（一八条）。そして更に当事者自治の原則から、外国人に自己の請求に関する本国の外交的保護権の行使を要請する立場の放棄を認め、且つ事案が当事者（被害者と加害国）間で自発的に処理、解決された場合に本国による国際的請求の提起を禁止する方式を採用したのである（一九条、二、三項）[3]。カルボ・クローズの容認といってよいだろう。第二には被害外国人が加害国との契約によって直接、国際的機関（仲裁等）に提訴する権利を認めると共に、その手続が進行中は本国に外交的保護権の行使を認めないシステムをとったのである（二一条、一、二項。一九条三項）。これは人権保護に関し、訴訟と救済手続の面で個人を国際法の主体として登場させる意義をもったといえよう。

ところでアマドール案では、被害外国人が国内的救済手続に訴えたにも拘わらず、提訴権そのものや公開審理をうける権利等の訴訟手続上で保障されている外国人の権利を侵害されたり、受訴裁判所の判決に明白な不正があったり更には判決が執行されないため損害を与えられた場合には、それを「裁判拒否《デナイヤル・オブ・ジャスティス》」としてとられ、本国の外交的保護権の行使を認めている（一八条三項、三条）。こうしてみると、個人が一定範囲で国際法の主体となりうるシステムのもと（個人の国際仲裁への提訴権を承認）でも、国際的請求に関する当事者協定の締結（アマドール案二一条一項）後、その協定の履行を相手国が拒否した場合に、即ち外国人保護に関し領域国家が自己の管轄権の行使上で国際的な違法を行い外国人の損害が満足に救済されないときには、被害者本国の主権的権力作用（外交的保護権能）による救済手段が作動しうる余地はなお十分にあるといわなければならない。[4]そして一九六五年の投資紛争解決条約でもアマドール案の精神が生かされて、外国人と投資受入国との間の紛争は紛争当事者の同意により「国内的救済」を経ずに直接、当条約の常設紛争解決機関として設置された投資紛争解決国際センター（ＩＣＳＩＤ）に付託し、「仲裁」で解決する仕組みが作られた。その場合は投資家本国は外交的保護権を行使できない。但し仲裁判断に受入国が服さなかった場合は外国人投資家本国の外交的保護権が機能するとされているのである（二七条一項）[5]。

　前述した北米浚渫会社事件審決（一九二六年）でのカルボ条項に関するファン・ホーレンホーフェン解釈が、カルボ・クローズの有効性を国際法上で承認しながらも、「個人の損害に預り関わった（committed to his damage）国際法の違反に対して国際法上の救済を行う疑うべからざる国家の権利を奪うことができない（傍点筆者）と述べたのも右の「裁判拒否」上の国際法の原則を確保するための本国国家の外交上の権利に言及したものといってよいであろう。また審決はこうも言っている。「私人請求者が彼に認められたメキシコ国内裁判所ないし他の当局への事案付託が国際法上で用いられる用語の意味での裁判拒否又は裁判遅滞に終った場合に、本国政府に（外交的）保護を要請する疑うべからざる権利を（契約中のカルボ・クローズは）奪うことができない。この場合の私人請求者の請求の趣旨は契約の違反の救済ではなくて、裁判が拒否されたことに関してである。訴えの基礎は契約の構造にあるのではなく——偶然に重なりあう場合は別として——国際違法行為にあるのである」と[6]。こうしてみると、右のファン・ホーレンホーフェン解釈は、カルボ条項の有効性の範囲を契約の当事者の立場としての国家行為に基づく違反（acta jure gestionis 即ち商業的主権行為上の違反）の場合に限定し、裁判拒否のような国家の権力行為（acta jure imperii）上の国際法違反については及ばないと理解したと言ってよいであろう。従ってまた請求の目的も、「特定事件における個人損害の回復よりも国際法の原則の維持にある」ということになったのである。——もっとも審決は、本国の外交的保護権による請求の場合でも請求主体は私人請求者とみているし、請求の基礎も、契約の違反と国際法の違反とが偶然に重りあう場合のあることを肯定してはいるが。——

しかしながらここで注意しておかなければならないことは、外交的保護の制度がその歴史的沿革からみるかぎり、あくまでも在外の自国民（nationals abroad）の被害権益の回復賠償を目的としていたことで、被害自国民の具体的な市民権益とは別の抽象的な国家的利益（national interest）の保全にあったのではないことである。その意味でケスラー（Koessler）の次の指摘は見落とすことのできない意味をもっている。すなわち「外交的保護制度の趣旨は、利益内容の実質的性格（substantive character）にあるよりもむしろその救済的性質（remedial aspect）にある。それは外交的保護権を行使する国家が自国民の一人がこうむった損害によって国家的被害をうけたと考えるからではない。そうではなくて国際的請求の途のない被害自国民に対して有効な代役（代理責任）を提供することにある。つまり政府の強力な腕が私人の利益（the private interest）に差しのべられるのである」と。(7)

たしかに、今日でも外交的保護権の行使によって自国民の損害を救済する国家行動を国際法の場ではあくまでも「国益」の保護にあり、被害者（自国民）自体の損害の救済とは別（の措置）だと考える（考えようとする）国家間（被害国と加害国間）協定は存在する。たとえば一九八一年の「米・チェコスロヴァキア請求権解決協定（The U.S.-Czechoslovak claims Settlement Agreement. 一九八一・一二・六、締結）はそれといえよう。――この協定は第二次大戦後の国有化、収用紛争を解決した最後の協定といわれる。――この協定の第三条には「米政府は国内法に従って、取得した補償金を分配する専権（exclusive competence）を有する」との規定を置いている。しかしながらこの規定に基いて米議会で制定した「チェコスロヴァキア請求権法」（The Czeckoslovakian Claims Settlement Act）は上記国際協定によって取得された funds は財務省によって米国民請求権者に分配し（distribution）支払われる（disbursement）と規定しているのである。(8) つまりこの米国内法である請求権法はチェコ支払いの補償金の全額を被害者個人の被害額の補償に充当しており、実質的にみて米・チェコ間の解決協定の「保護法益」は米国民被害者個人の法益であったとみるべきが妥当であろう。補償金分配上の米国政府の「専権」といっても、決して恣意的行使を許されるものではなく、せいぜい被害者の代理権者的立場に限られる国家費用の控除が認められるにすぎないとみるべきだろう

（第一章でみた二〇〇六年のＩＬＣ「外交的保護」条文一九条(c)、参照）。別言すれば、自国民の損害救済を実質目的とする国家間条約（協定）はその具体的実施（履行）を担う国内法との一体的解釈が重要であり[9]、形式的な国際法と国内法の二元論による弁別の立場は放棄さるべきが妥当な理解であると考えるのである。

（1）　F.V. Garcia-Amador, State Responsibility in the Light of International Law, A.J.I.L., Vol. 49, No. 2, 1955, p. 343.

（2）　G.H.Hackworth, Digest of International Law, Vol. V, p. 642.

（3）　ジュサップは、二、三の先例（たとえば一九二六年のU.S.-Great Britain Claims Commission や一九三五年の The Mexican Claims Commissions の判決）をあげて、「外交的保護の性格に熟考された変更があり、外交的保護の法益は被害者個人の権益であり、本国のそれではないとされた。従って個人の同意なしに外交的関与は可能でないし、個人と加害国との間で解決合意がなされた場合には外交的保護上の請求は棄却されなければならない」と述べている（P.C.Jessup, A Modern Law of Nations, 1950, p. 117.）。

（4）　P.C. Jessup, Non-Universal International Law, Colum. J. of Transnational L., Vol. 12, 1973, p. 415.; R.B.Lillich, The Diplomatic Protection of Nationals Abroad; An Elementary Principle of International Law under Attack, A.J.I.L., Vol. 69, No. 2, 1975, p. 359.

（5）　投資紛争解決条約の加入国数は二〇〇五年一月現在で一四二にのぼっている。当初、国内裁判所以外の紛争解決手続を認めることに消極的であったラテン・アメリカ諸国も、外国からの投資を積極的に受け入れる傾向が強まると共に参加国が増えた。紛争も増加しそれに伴いＩＣＳＩＤの仲裁判断も積み重ねられるようになった。二国間の投資保護条約で締約国と他の締約国国民との間の投資紛争をＩＣＳＩＤ仲裁裁判所に付託する旨の規定を取り入れる方式が一般化したからである。右の仲裁裁判所による仲裁判断の傾向として次のことがあげられよう。投資契約の契約条項で指定された準拠法（紛争の場合の適用法）として特定国の国内法を明示している場合或いは指定準拠法の中に国際法がない場合でも、契約（の履行）が既存の国際法に違反し或いはそれと抵触する場合は国際法が優先し、そこでは国際法が補完的ないし是正的役割を果たすことである（森川俊孝「ＩＣＳＩＤ」仲裁裁判所における投資紛争解決と国際法」山本草二古稀『国家管轄権——国際法と国内法』一九九八年、二三七～二四五頁）。

（6）　G.H.Hackworth, Digest., Vol. V. p. 642.

（7）　Koessler, Government Espousal of Private Claims before International Tribunals, U. Chi. Law Rev., Vol. 13, 1945, p. 181, quoted in"McDougal, Lasswell, Chen, The Protection of Aliens from Discrimination and World Public Order: Responsibility of States conjoined with Human Rights, A.J.I.L, Vol. 70, No3, 1976, pp. 464～465, n. 144."

（8）　V.Pechota, The 1981 U.S.-Czechoslovak Claims Settlement Agreement: An Epilogue to Postwar Nationalization and Expropriation Disputes A.J.I.L., Vol. 76, No. 3, 1982, pp. 639〜653.

(9)　この点で欧州人権裁判所が、モロッコの農地国有化に関しフランス人が自国政府の締結したモロッコとのランプサム協定上の補償金支払いに関する被害者個人の権利を否定する解釈（フランスのコンセイユ・デタも承認）の不当性を訴えた事件で下した一九九四年の判決が参考になろう（本書、第一章、二、(二)、参照）。

二　人権救済と国益保護を結合させる外交的保護――被害私人の参加による一括解決方式

ところで国際司法手続において行使される外交的保護権の性格については右の見方（保護法益は国益ではなく被害者自体の私権であるとの見方）とは異なり、国家それ自体の権利を主張するものであって個人のそれを主張するものではないという見方が二〇世紀を通じて有力であった。たとえば戦間期の一九二四年、マヴロマテイス事件（The Mavrommatis Palestine Concessions Case）に関する常設国際司法裁判所の判決（管轄権）では次のように判示している。「その国民の事件をとりあげ、その国民に代って外交行為にでたり国際司法手続に訴えるに当り、国家は実はそれ自身の権利を主張しているのであり、その国民の一身に関して国際法の尊重を要求する権利を主張しているのである。それゆえ当該紛争が私人の利益への侵害に基礎をおいているかどうかは、この観点からは関係のないことなのである。国家が一たびその国民に代って国際裁判所に事件をとりあげたならば、国際裁判所においては国家のみが唯一の請求者なのである(1)」と。

この判旨の中心はそのまま、第二次大戦後、一九五五年のノッテボーム事件（The Nottebohm Case）に関する国際司法裁判所の判決でも引用されている(2)。従って判決によって得られた損害賠償の支払いが、被請求者（国家）から請求者（国家）になされても、請求者（国家）はそれに対する完全な自己のコントロールを主張でき、外交的保護権を行使して保護した自国民自体に対して国際法上の支払い義務を負っているわけではないことになる(3)。また国際訴訟手続での形式上の請求者である国家は、たしかに保護客体たる個人に対する関係では委任契約上の代理人（agent）

ではなく、あくまでも保護者（protector）の立場にあるといってよいだろう。(4)

しかしながらここで考えておかなければならないことがある。右のように個人の意思並びに個人に関する具体的な権利義務関係から隔離された国家的請求の観念（外交的保護も国家の権利を保護するための制度であって、決して国民個々人に対する保護のための制度ではないとの見方）が国際判例を含めた国家実行の実相を的確に説明しているといえるかということである。いわんや人権保障を中心とした今日の新しい国家責任秩序の中で妥当な位置を占めうるかである。伝統的な見方の中でも、たとえば一九二八年のホルジョウ工場事件（The Chorzow Factory Case）に関する常設国際司法裁判所の判決にもみられるように、訴訟で回復が求められている国家権利の侵害とその国が保護する自国民の私的権利の損害とを理論上で明確に区別しながらも、しかし損害額（賠償額）の算定基準は個人損害のそれに求めていることに注意しなければならない(5)――訴状の形式でも、個人に「代わって（in lieu of）」或いは「保護（支持）して（espousing）という言葉が使われる。――すなわちもし侵害された国家の権利が個人の権利と異質のものであれば、個人損害とは概念的に別の国家損害（composite claim 上の損害）が実質的に算定される必要ないし可能性が示されなければならない。その点でホルジョウ工場事件判決が、「侵害された個人の権利や利益は同じ加害行為によって侵害された国家の権利とは常に異種のもの（in a different plane）である」と述べながら、「個人損害額は国家損害額の算定に便利な基準を提供しうるだけだ」と述べたのは(6)、やや安直な論理に堕し、裁判で審理されている訴訟物の内容の正確な認識とはいえないと思われる。

そうした意味では一九五九年のインタハンデル事件（The Interhandel Case）に関する国際司法裁判所の判決（管轄権）が、本国の外交的保護の性格を「国際法の違反によって他国において棄損されたと主張されている自国民の権利に関する訴訟事由（the cause of its national whose rights are claimed to have been disregarded...）をとりあげた」(7)ものであると規定したのは、訴訟上の保護法益の実体を的確に表現したものといってよいであろう。同判決の末尾で「本裁判所は、同一の利益（un seul et même intérêt）、即ち合衆国裁判所で訴訟をおこさせそして再開させたインタハンデルの利益が、スイス政府に国際訴訟を開始するように導いた」と述べていることも、救済される請求者（インタハンデル）の法益そのものがスイスの外交的利益であることを示していよう（皆川洸『国際法判例集』有信堂、一九七五年、四九九頁）。こうして皆川洸は、「本国の外交的保護権によって取上げられるclaimはprivate characterのものであり、請求者個人の意思または利益から独立のものとは考えられない」と述べているのである（T.Minagawa, International Validity of the calvo clause, Hitotsubashi Journal of Arts and Science, Vol. 20, No. 1, 1979, pp. 6～7.）

二〇〇四年のＩＬＣ「外交的保護」条文第一条（原案）が「外交的保護は、他国の国際違法行為から生じる自国民に対する損害に関して、当該国民の訴訟事由（the cause of its national）を自己自身の権利においてとりあげる国家の外交的行動または他の平和的解決手段への付託から成る」と規定したことは、インタハンデル判決の表現をそのまゝ援用し保護法益の被害者法益たることを示したものとみてよいであろう（ILC Peport 2000, pp. 170, para. 3.; 加藤信行「外交的保護の概念」広島法学・二九巻二号、二〇〇五年、二六頁。なお、萬歳寛之「国家責任法における個人損害」石川明編『国際経済法と地域協力』桜井雅夫先生古稀記念論集、信山社、二二三頁）。最終条文でも「外国の違法行為によって自国民に生じた損害の責任追及……」（invocation by a State, …for an injury caused by internationally wrongful act of that State to a natural or legal person….）と規定して、表現の変更はあったものの趣旨は変っていない。こうしてみると、前記のマヴロマチス事件判決やノッテボーム事件判決が、「国民の事件をとりあげ……その国民の一身に関して（in the person of its subject）国際法の尊重を要求する国家自身の権利を主張したのである」（傍点広瀬）と述べているのは、単にこの事件を契機として発生した自国民一般のインタレスト保護を目的とした国家の外交的請求をさしたのではなく、個人損害に対する直接の国際法上の救済（損害賠償）を請求した意味に理解したものといってよいのである。そして「国家自身の権利」とはそうした個人の法益を国際法上で実現するための手続的権利（正確には権限）のそれを意味しているというべきであろう。[8]

前述したように外交的保護権を行使する国は、形式的には被害自国民の「代理人」としての立場ではなく、あくまでも「保護者」としての立場での行動であることは否定しえないであろう。わけても本国の外交的保護活動が司法的（争訟的）手段ではなく、抗議や陳謝請求、或いは交渉、仲介、調停等の斡旋的性格の非訟的（外交）活動である場合には、その保護法益の中心に直接の被害者利益ではなく他の一般（在外）自国民の利益という国益的考慮が置かれているとみられるから、インタハンデル判決でみたように被害者個人の権利・利益を外交的保護の直接の保護法益とみることは難かしいであろう（なお前記二〇〇四年のＩＬＣ「外交的保護」条文一条には、「外交的保護（diplomatic protection）は外交的行動（dipromatic action）及び他の平和的解決手段（other means of peaceful setilement）への付託（による追及）から成る」と規定している）。従って保護客体たる個人（法人）の利益と国家的利益とが最終的に抵触する場合には、国家は後者に優先権を認め個人の主張を切り捨てても相手国と事案解決のための協定を締結することが可能でありまた必要であろう。しかしこの場合には後にもみるように、個人に対して生じた不完全（外交）保護の結果を国内法上で補塡（補償）する必要が生ずるとみるのが近代的法体制上の観念からすれば合理的であろう（たとえば一九四七年の対イタリア平和条約七六条二項、七九条三項）。今日ではそれはなおそれぞれの国の憲法規定に委ねられているが（拙著『捕虜の国際法上の地位』日本評論社、一九九〇年、四四〜五七頁）。なぜならば被害自国民の「代理人」としてではなく「保護者」としての立場から外交保護権を行使するだけだといっても、それは保護権を発動するかどうかを決定する段階においてフルの国家的裁量が認められるという意味でのそれに限られ、いったん保護を開始し事案の処理に権限的に介入した場合はすでに提起されている個人請求権の内容と全く無関係で独立な法的位置を占めうるわけではないからである。この場合には個人損害の代理的回復請求の立場を何ほどか国の外交的保護権の内容とせざるをえないのである。外交的保護権そのものはあくまで国際法上の国家の手続的権利（権限）にすぎず、それによって保護さるべき法益実体は保護権限そのものとは別種のものとみるのが合理的な理解だからである。

　こうしてみると外交的保護上の法益は過去の先例（裁判判例）の実体からみれば原則として個人法益のそれであったが、理論的には国家利益（わけても国際司法手続ではなく国家間の外交交渉上の法益の場合にはそれが強くにじみでる）

の場合もありえよう。しかし国家利益が考慮された場合でも事案の直接当事者たる個人の権益に対する配慮とそれとの調整は国家にとっての法的義務であるといわなければならないであろう。更に国内保証制度によって損害を補償した場合の国家の代位（subrogation）権上の法益は私人利益そのものといってよい。――宇宙物体損害責任条約（一九七二年）は、一一条一項でローカル・レミディの完了は不必要としているが、一一条二項では、宇宙物体によってひき起こされた地表及び飛行中の航空機に対する損害賠償上の請求を被害者（自然人、法人）が国内裁判所に提起している間は、国家は請求を提起できないと定めている。一方、八条一項で私人損害についても国籍国（または損害発生地国）が当該条約上での唯一の請求権者であることを定めている。これは自国民に対する外交的保護権によって提起する請求権上の法益がまさに被害私人のものであること、即ち訴訟物の同一性を示しているといってよいであろう。従って請求手続上で「国家は被害者を代表する（represent）」と規定し、保護（支持）する（espouse）との用語は使っていない。――こうして第一章でみたように、国家の外交的保護権上の法益が保護開始の動機と交渉目的において原則的に被害個人の救済にあるべきことが、今日ではより重視されなければならないということを示していると言ってよいのである。――もっとも特定の事件をとりあげての外交的保護ではなく、一般的な通商航海条約上の解釈問題等の形での国民一般の利益保護のための介入は別次元の問題である。――従ってたとえばペルー及びベネズエラにおける鉄鉱石と石油採掘事業の国有化に伴って生じた紛争で、米・ペルー間（一九七六年）及び米・ベネズエラ間（一九七五年）で締結された一括解決（package settlement）協定（lump-sum ageement）の交渉過程では、米政府と保護客体たる米会社との間に密接な情報交換や交渉の打合わせがあったし、解決協定では会社は協定の正式の当事者ではなかったけれども、協定履行のための会社の事前の保証が必要とされ、それが協定条文上で公式に言及されてもいるのである(9)。

こうした被害個人（会社）が本国の外交的保護権行使上の実質的な一方当事者としての地位を保持する傾向は、開発途上国の経済政策上の手段として外国会社の資産を国有化した場合の紛争解決手続として注目すべき現象であり、今後クローズ・アップされる意義があると思われる(10)。なぜなら右の米国とラテン・アメリカ諸国との間の紛争解決でも明らかにされたように、国有化が原則として「生産手段」にとどまらざるをえない以上、国有化後の「操業」や産出物の「販売」について、被接収会社の専門技術の利用が不可欠と考えられるからである。関係二国と会社の三者による解決という図式《モデル》が、今後のトランスナショナルな経済的連帯と協力の時代の特色となるように思われるのである。

こうしてみると、本国の外交的保護による救済の手段と国民自身による相手国における国内的請求や国際的手続への事案付託は決して意義において矛盾するものではなくむしろ相互補完的でさえある。[11][12]

さて右例であげた「一括解決」の方式にみられるように、個人の請求を個人の同意と承認を前提にして外交的保護上の解決システムの中で実現すること——外交的保護の開始と交渉過程における個人の実質的参加並びに交渉内容と交渉結果に対する個人の承認のとりつけ——は、外交的保護の無制限な国益的拡大という過去のいまわしい干渉的機能を抑制する効果をもつといえる。他方また個人の間接的交渉参加の方式は、本国による外交交渉上の結果に対していだく個人の請求上の不満を国内法上の訴訟にもちこむことを防止することにもなる。のみならず相手国に対する右個人のそれ以上の請求や主張を放棄せしめる効果をもち解決の安定性をもたらす。しかし更に重要なことは、「一括」方式の特徴は単なる個人被害の事後的救済にとどまらないことである。すなわち単に個人の具体事案上の利益のみならず自国の国家的利益の将来的保障たとえば同種事件の反復を防止する保障（アマドール案二七条二項。二〇〇一年ＩＬＣ「国家責任」条文、三〇条）機能をもつことである。

もとより「一括」解決の方式が当事国双方の「主権的平等」と「相互協力」の精神（一九七四年の諸国家の経済権利義務憲章、前文、二条c）に基づかなければ、パッケージさるべき内容に経済的、軍事的強国による干渉的要求が盛り込まれる危険があることは指摘しておかなければならないであろう。しかし今日の干渉防止の国際体系は、単に軍事的なそれに限られず経済的、政治的力による干渉の防止にむしろウェイトがおかれはじめている（諸国家の経済権利義務憲章、一、三二条）。北側先進国の南側途上国に対する経済的支配の問題も、それがかりに構造的暴力として理解される場合でも、それに対する抵抗と抑制の機能として単に国家主権によるトリデのみならず、国連を中心とした国際社会の機構的、制度的な防止システムも存在する。[13] こうした国際社会の構造的発展は、一九世紀とは異質の「力」のバランス・システムとそれを基盤的に支える市民生活の「相互依存」関係の拡大というメカニズムの作用を背景としているのである（国際人権・社会権規約、一条二項2の「互恵の原則」も参照）。この点を考慮しておく必要があろう。

そうしてみると、右の「一括解決」の方式は、第一に被害個人の（賠償）請求を基礎にした外交的保護の新しい形態（被害者の外交交渉への一定限度での参加）を示し、世界社会における市民的交流の活発化を前提に形成されつつあるトランスナショナル・ローの中での外交的保護の新しい意義付けであると思われる。また第二に、主権利益の過度な主張のし合いや後ろ向きの事後的な解決ではなく、相互協力、相互依存の精神のもとに、両国の国益の前向き増進の手段として外交的保護の交渉が展開される可能性をも示した実例といいうるだろう。

（1）PCIJ, (1924), Ser. A, No. 2, p. 12.
（2）ICJ Reports, 1955, p. 24.
（3）Finnish Shipowners' Claim (1932), 3 R.I.A.A., p. 1485.
（4）Van Panhuys, The Role of Nationality in International Law, p. 181.
（5）PCIJ (1928), Ser. A., No. 17, p. 28.
（6）ibid.
（7）ICJ Reports, 1959, p. 27.
（8）前掲、拙著『現代国家主権と国際社会の統合原理』三六六〜三六九頁。加藤信行「外交的保護に関する『埋没理論』の再検討」北大法学論集三二巻四号、一九八二年、二〇四頁。
（9）D.A. Gantz, The Marcona Settlement: New Forms of Negotiation and Compensation for Nationalized Property, A.J.I.L., Vol. 71, No. 3, 1977, pp. 486, 490〜493.
（10）この点で、本書第一章（二、㈡）で引例したモロッコ所在の仏人所有農地の国有化処理のため締結された仏・モロッコ間「一括支払い」協定が、被害者個人に国際法上の補償金受取り権を肯定したとみられる一九九四年の欧州人権裁判所の判決も留意すべきだろう（西村弓「国際法における個人の利益保護の多様化と外交的保護」上智法学論集四九巻三・四号、二〇〇六年、三〇〇〜三〇三頁、参照）。
（11）M.S. McDougal, H.D. Lasswell, L.C. Chen, op. cit., p. 467.

(12)　前述した(第四章一、参照)一九八一年の米国「チェコスロヴァキア請求権法」に基づき、米国民請求権者に支払われた補償金の額が損害額に比べて過少である場合、請求権者は不足分を、チェコ政府と解決協定を締結した米国政府に請求できるか、の問題があった。これに対して論者のV. Pechotaはかりに不完全補償であっても米国政府への再請求は許されないと言う(V. Pechota, A.J.I.L. Vol. 76, No. 3, op.cit., pp. 652~653.)。米・チェコ間の「請求権解決協定」の締結交渉で米国人被害者の意見が考慮される手続(二〇〇六年、ＩＬＣ「外交的保護」条文一九条(b))が米国法上にあり、それが活用されていたならばそういえよう。しかしそれは米国憲法体制上の問題であり、米国益のため(国の外交保護権の行使は国益の保護を目的とするもので私的請求権の保護ではないとの立場)からみれば、国益のため私権・私的財産を「収用」した外交的措置が米・チェコ間の「請求権解決協定」である以上、そしてこの協定によりチェコは米国と米国人請求権者に対する更なる補償義務を免除されている以上、近代市民法の立場からみる限り、米国請求権者に対する米国の国内補償義務の発生は免れないだろう(政策的考慮に基づくとしても、たとえば第二次大戦で日本等に抑留された米国捕虜に対する補償を行った一九四八年の米国戦争請求権法の制定はこの例)。日本についても第二次大戦中、敵産管理により戦後カナダ政府によって処分され対日平和条約一四条で請求権を放棄させられた在カナダの日本人私有財産の所有権者に対する補償問題(一九六五年、東京高裁判決)に関し論じた拙稿(ジュリスト三二五号、一九六五年)も参照されたい。

(13)　拙稿「人道的干渉と国際法」明学・法学研究一九号、一九七七年、四九~五〇頁。

第五章　外交的保護制度の歴史的形成

一　ヴァッテルの外交的保護理論とその評価

ここで外交的保護制度成立の歴史的沿革をみてみよう。かつてヴァッテル（E. de Vattel）は一七五八年に著したその著『国際法（Le Droit des Gens, ou Principes de la Loi Naturelle, appliqués á la Conduite et aux Affaires des Nations et des Souverains）』の中で国家責任の問題を論じているが、その中で「外国人を不当に取扱うものは、それが誰であろうとその本国を間接的に侵害したことになる。従ってその国は市民を保護しなければならない」と述べたことがある。(1)これは国民の私的利益の侵害を国家の利益の侵害と同視したものといえる。この理論は絶対主権国家並存の国際秩序の中で、国家のみが国際法の主体たりえた時代に、個人利益を国際的に救済しうる武器として活用された。ヴァッテルの外交保護権論の歴史的性格については後に詳述するが、ここでは次のことだけを指摘しておこう。

ヴァッテルが右の有名な書物を公刊した一八世紀の半ば過ぎは、ヨーロッパで漸くマーカンティリズムからレッセフェールに移行するための胎動が始っていた時代であった。その時代に彼は君権絶対主義の思想に裏うちされた古典的家産国家観に反対し、進歩的な市民的権利を主張した先達的イデオローグであったのである。普遍人類秩序としての自然法観から、国家を人間と同一のレベルに位置づけ自然法の平等な適用を意図したのである。彼が個人の権利や財産を法的に保護さるべき存在として理解し、それが外国によって侵害された場合、国際法上の救済手段を予定しようとするのは当然の思想的コロラリーであったのである。しかし主権国家を構成単位とした現実のヨーロッパ国際秩序の中で（国家対国家という国際法の関係において）個人の権利や財産を直接に保障しようとする観念は実定的に（実定法上で）成立する社会的基盤が存在しなかったことも事実である。

そこで彼は国家の擬人化《パーソニフィケーション》いいかえれば個人の権利（財産）と国家の権利（財産）の「同化《アシミレーション》」（人格的一体化）の理論を提唱し、同時に国家の外交保護機能を義務化することによって、個人権利（財産）の救済をはかろうとする理論構成を行ったのである。彼が「個人（individuals）の財産すら、全体としてみれば他国民との関係では国民（Nation）の財産とみなされなければならない[2]」「市民（citizen）を不当に取扱うものは、その国家（State）を間接的に（indirectly）侵害するものであるから、国家は市民を保護しなければならない（must protect）。被害を蒙った市民の主権者は、侵害者に対して復讐し可能ならば十分な救済を得るために且つ彼に罰を与えるために強制しなければならない[3]」と述べたのはその趣旨である。

問題はしかし右にみた理論構成の必要から、ヴァッテルにおいては少なくとも国家対国家の関係を律する国際法の上では、国家利益と区別された人権（個人の権利・財産）の観念が提起されていないことである。たとえばヴァッテルは次のように述べている。「各国民（Nations）はそれぞれ単一体（a unit）として行動し、お互いを法人団体（corporate persons）として取扱い、相互にそうみなしあっている。国民（Nation）は他の国民からは単一人格（人格体）（one single personality）を構成するものとして取扱われるから、国家構成員の財産は全体としてみればその人格体に帰属するものとみなされるのである[4]」と。ダン（F. Dunn）は、こうしたヴァッテルの見方を国家の擬人化（personification）と呼び、ヴァッテルは国家を主権者と国民の有機的統合体（an organic unity）と考えていたと述べ[5]、ドーソンとヘッド（F.G. Dawson and I.L. Head）は、それは「他国民の身体と財産を侵害した国家は、その国民に関して責任をもつ国家に対して代理的に（vicariously）損害を与えたとみるべきことを意味する[6]」という。

ところで「擬人化」（personification）はいわゆる「法的擬制」（legal fiction）とは概念的に異なることを見落とし

てはならない。即ち「擬人化」は擬せられるもの（国家）を原型としての人（個人）に人格的に同一化（同化）するものであるが、「法的擬制」は「電気を財物とみなす」のように「国家を人とみなす」ことによって両者の性質を同一のものとして取扱うという、実体は別であるが権利の性格は同一であるとするとするものである。従って Ch. J.R. Dugard（ＩＬＣ、「外交的保護」条文案第二報告者）が、「外交的保護のような制度をフィクションを用いてまで価値ある目的つまり人権保護に奉仕しようというのであれば、それはそれでけっこうではないか。現実離れしたフィクションの利用は本来法論議上で軽蔑に値いするものだが」（J.R. Dugard, Ist Report on Diplomatic Protection, ILC 52nd Session, A/CN. 4/506 (2000), Paras. 17〜32.; Cit. by A. Vermeer-Künzli, As if: The Legal Fiction in Diplomatic Protection, E.J.I.L., Vol. 18, No. 1, 2007, p. 57.）という議論ともなるのだろう。しかしながら後述するように、「法的擬制論」は外交的保護権が国際法上で国家の「手続的」権利（権限）であって実体的権利ではないことを見誤ったアナロジー論であることに留意する必要があるのである。

もとより右にみた「擬人化」的見方は、ヴァッテルの理論がマーカンティリズム（重商主義）を背景とした、いわゆる国家権益概念を上位概念とする個人利益のそれへの埋没化（merged in, merger）理論であるとみることを意味しない。なぜなら、マーカンティリズムは、国民（個人）を国家の附属物ないし国家権力行使の単なる客体としてしかみなさない中世以来の家産国家観の残影を背景にしているのであって、その点でヴァッテルが国家による外交的保護を「市民社会の主要な目的」としてとらえ、「市民を保護しなければならない」[7]という義務的表現を用いるほどの市民的イデオローグであった立場と基本的に相違するからである。右の点に関し、いま一つ理解しておかなければならないことがある。ヴァッテルは国家が在外自国民に対して外交的保護上の義務を負うと述べているが、その点で、国家に対する個人的請求権の存在を国際法の次元で認めているのではないかということである。しかしこの場合の国家の義務（従って個人の権利）の性格も、たとえば避難民の権利と基本的に同様に理解さるべき自由（法規）裁量の枠内[8]でのそれとみるべきであろう。[9]しかしヴァッテルの場合、彼が政治思想的に市民イデオローグであったことに由来する国家と個人の人格的一体化論があり、――彼の場合、法理論上で国家（State）と市民（Citizens）の両概念を包摂する包括概念として国民（Nation）の概念を提示している(10)、――これは端的に言って、君権絶対主義を否定する逆家産国家観を意味するとみることもできるであろう。しかし同時に法理論の面では、公法と私法の近代法的概念区別が十分でなかった一面をもっていたことをも意味しよう。たとえば彼は領域管轄権（territorial domain）の性格を私的所有権（private ownership）とは一応区別しながらも、public ownership と呼んで私権としての ownership の権利性格を類推適用し、利用、処分上の排他的権利としての内容を説明しているのである(11)。これは普遍人類秩序としての自然法観を背景とした彼の国際法論のコロラリーともいえよう。従ってヴァッテルが、「個人の財産といえども、他の国民に対する関係では、その個人の属する国民《ナシオン》の財産とみなされ、……従って個人を保護する国民《ナシオン》の義務は、個人財産に関する権利に及ぶ」(12)と述べて、国家の自国民に対する保護義務の存在を主張している場合でも、それは厳密に個人の財産上の権利内容に限定された範囲での、国家利益とは区別された人権保護上の義務を意味するのではないのである（ヴァッテルの保護権に関する国際法理論にはもともと個人権益と国家権益の区別の意識が、少なくとも外国との関係では明瞭にでていない）。ここにヴァッテルの国家責任論を私人損害の国家損害への「同化」の理論として理解すべき基礎があるのである。しかしこの観念は後に個人被害の救済を容易に政治的な国家権益の保護に拡大再生産する主権機能との結合の可能性を潜在させる性質を示すものであったといってよいのである。

ところで一九世紀に入り、レッセ・フェールの社会思想が一般化した時代において、個人の営利活動に対して国家的干渉を抑制しようする政策が採用されるに伴い、個人の私的利益と国家の主権的利益の概念が範疇的に分離されるに至ったことを見逃してはならない。国家機能が重商主義時代の家産国家観から夜警国家観のそれに転換したことが背景にあるのである。このことが実はヴァッテルの外交保護権論をも変質させることに連なる。すなわちヴァッテルの外交的保護論に組み込まれた私人損害の国家的損害への「同化《アシミレーション》」の理論が、レッセ・フェールの社会思想の中で今度は私人損害を契機として（転轍機として）それとは別の国家権益の損害が発生したと把握するいわば「転化《トランスフォーメーション》」の理論へと変質する社会的機能を営んだのである。

すなわち国家の外交保護権行使のさいの保護法益は、かつてヴァッテルにおいては個人と国家の権利・財産が未分化に一体化していたのに対し、ここでは直接の被害者たる国民の私的利益から分離された、性質の異なる国家利益のそれとして理解されるに至ったのである。一九世紀から二〇世紀の始めにかけてのヨーロッパ諸国によるラテン・アメリカ諸国に対する軍事干渉の実行は、まさにこの理論の具体化であったといえる。自国民の自由と財産を他国の政治的脅威から軍事的手段で保護することは、レッセ・フェール的夜警国家権能の中心に位置づけられていたのである。

ヴァッテルのいう国家と国民の人格的一体性の観念が、ここでは単に国家の外交的保護権発動の動機ないし根拠としてのみ機能し、保護法益の限定性（人権的、個人的法益）としては全く作用しなくなったのである。更にヴァッテルの国際法観の基盤にある「主権的自由」の観念が、レッセ・フェールの国際社会構造の中で、いっそう外交的保護権の国益保障的性格を濃厚にする作用を果したといえるであろう。

そして次のことも確かである。違法行為の存在や損害の発生等国家責任帰属の要件に関する主権的判断（主張）が関係国間で対立した場合にこれを調整する国際機関の制度的機能の必要性を構想しえなかったヴァッテルの理論は、軍事的、経済的実力に勝る国家の武力干渉による解決（合法的自力救済）に容易に道をひらいたといわざるをえないのである。すなわちヴァッテルはいう。「諸国民は自由、独立、平等であり、各国民は自己の責務を履行するために、なすべきことがらについて自己の良心によって判断しなければならないから、この効果は……諸国民間の権利の完全な平等を彼らの問題処理や政策の追求にもたらすことになる。一国民の行為の正当性を最終的に判断することは他の国民に属さないことである。……各国は紛争が起これば自己の側の正当性を実際に主張する。そしてこの問題は利害関係者にもまた他の国民にも判定できないのである(13)」と。

ところで田畑茂二郎は、近世以前の私的復仇制度の崩壊後に成立した主権国家による外交的保護制度の形成基盤を君権絶対主義体制の成立と発展を支えたマーカンティリズムに求める。すなわち一七・八世紀以後の外交的保護に特徴的にみられる国家的性格は、「貿易を国家の問題として把え、従ってそれに従事する商人は国家的利益の代表者」とみるマーカンティリズムの観念に支配された結果であり、「個人をもって単に国家の富の構成要素となし」、個人に対して「国家を離れた独立の立場を認めない」のであって、「個々の商人の利害は、直ちに全体としての国家の国家的利益にかかわるもの」としたマーカンティリズムの思想に影響されたものと主張する。そして更に次のように述べる。「ヴァッテルの『何人もその国民を害するものは、間接にこの国民を保護すべき国家を害することとなる』という見解は、まさに右のマーカンティリズムの思想的影響下のものである。のみならず、その後マーカンティリズムの機能した歴史的事情がなくなった以後においても、右の外交保護の基本観念がそのまま踏襲され、外交保護制度の国家的性格が確立してしまった[14]」(傍点広瀬)と。

　しかし右の見解については次の二点において問題があるのではないかと考える。一つは、ヴァッテルの基本思想を君権絶対主義による家産国家観（マーカンティリズムの政治観）の影響下にあるとみていることである。たしかにヴァッテルは一七・八世紀以後確立したヨーロッパにおける国際法秩序としての絶対主権国家システム並びにその間における平和保障方式としての勢力均衡《バランス・オブ・パワー》を理論的枠組としていることは事実である。しかしそれは国内秩序における君権絶対主義の肯定を当然には導かない。むしろ彼は市民的イデオローグとしての立場を明らかにしているし、――たとえば君主が人民の基本権を犯した場合に、国民の抵抗権を認めている、[15]――中世以来の伝統的家産国家観や近代以降の君権絶対主義の国家観に対してこれを強く批判しているのである。たとえばヴァッテルは次のように述べて当時の支配的な学説に反対し家産国家観と君権絶対主義の国家観を明確に否定している。「国家は家産（patrimony）ではないし家産はありえない。なぜなら君主は国家の利益のためにのみ立てられるのに反して、家産は主人の利益のためにあるからである。もし君主の後継者が国民にとって危険な主権者であることが国民に確実にわかるならば、国民は彼を排除することができる。我々が反対している学者たちは、この権利を専制君主に与えて国民に与えることを拒否する。なぜなら彼らはこの君主を帝国の真の所有者（propriétaire）と考え、そして社会自身の福祉に意を注ぐこと及び自治の権利が常に基本的には社会に属するということを認めようとしないからである。彼らの目には王国は君主の田畑や家畜の群のように君主の遺産にみえるのである。それは人類にとって有害な格律であり、往々にして理性や正義以上に強力な権力の支えに基づくのでないならば、啓蒙の時代にはあえて言えなかったものであろう」と。(16)

もっともヴァッテルは他方において「富」について記述した個所では「富の源泉である外国貿易を伸長しなければならない。主権者にとっては利益をあげる部門を援助、保護し、金銀を流出させる部門を抑制するために、その人民の行うすべての外国貿易に目を見張っていなければならない」と述べ(17)て、マーカンティリズムの主張に同調しているようにみられる点もある。しかしヴァッテルの経済思想は、国家利益を「国民の福祉(18)」の観点からとらえ、その維持に必要な範囲で抑制された態様で国家権力の介入を認めようとしたにすぎない。たとえば貿易については自由競争を基本前提とし、収支の「均衡」をはかり有利な貿易をすすめるための国家の監督を肯定したにすぎない。また「国民の福祉のために、個人能力を超える」植民地開拓事業が必要な場合に限って排他的特権を与えることを認めているにすぎない(19)。すなわち商業貿易に関する市民的営為に対して国家権力が介入する場合はきわめて制限的むしろ例外的であって、国民（国家）経済に重大な障害が発生した場合とか個人活動のみによっては実効的でない分野に限定されていたといってよいのである。原則はあくまで貿易と商業に関する私的「独占」の排除であり、営利活動への参加に関する市民的自由と「平等権」の保障（an equal right to take part in it）であったのである。それによってはじめて商業、貿易の活動が国民の共通利益（common benefit of the Nation）」となりうると考えていたのである(20)。のみならず「国民の富」を「市民個人の富」によって評価しようとしている点で(21)、国民経済に関する発想は決してマーカンティリズム的なものではなかった。――マーカンティリズムにおける国家と個人の関係につき、田畑はゾンマー（L. Sommer）の所説（Die österreichischen Kameralisten, 1926, S. 102f.）を引きながら次のように述べる。「人は一つの国家の従属者としてまた特定の関税領域の所属者として考察されるのであって、マーカンティリズムの見解にあっては、人をこの国家的束縛から切り離して考えるということはできなかった(22)」と。――いわんや政治思想においては明確に市民的立場にあったことを見落としてはならないだろう。

こうしてみるとヴァッテルの外交的保護制度による救済法益は実質的にはやはり個人のそれであって、ただ請求主体が当時における国家主権並存の国際秩序の中では国家である以外になかったとみるべきであろう。従ってヴァッテルの外交的保護論に国家的性格があるとしても、それは救済手続の点と個人利益の国家利益への同化――個人利益とは別の国家利益への転化ではない――のそれであったというべきであろう。

田畑の見解の第二の問題点は、マーカンティリズムの背景をもつ近代外交保護制度がそのまま、今日まで踏襲されているとみる点にある。この点については前述したように、ヴァッテルの外交的保護に関する思想が、一九世紀以後、レッセ・フェールの政治・経済思想を背景にしたいわゆる国家と個人の法益の完全分離の観念の中で、且つ「国家主権」観念の優越性が定着した一九世期後半以後の国際システムの中で、個人の被害を契機とした国家的被害への転化の概念へと発展し、それが定着し今日に及んでいるとみるのがむしろ妥当であろう。

さて一八世紀末から一九世紀前半にかけて欧米を中心に展開されたレッセ・フェール全盛の時代は、たとえばB・フランクリンやG・ワシントン等の米国大統領の演説にも表明されたように、「戦時においてすら、農漁業者や貿易業者の利益は国家やまた敵からも干渉されてはならず、通商活動の自由を維持するためにそれは国家政策から分離されることが肝要だ」との信念が広く共有されていたといえよう。(23)――もっとも一九世紀に於ても、ナポレオン戦争時代にはフランスは欧州のフランス占領地域からの対英輸出を禁止せず、逆にそれによってイギリスから大量の金地金の流出をさそいイギリスの疲弊を深めるいわば「重商主義」復活の政策をとったこともある。――しかしながら、右のレッセ・フェール（一七七六年のアダム・スミスの「国富論」はこの経済理論の教科書とされる）の潮流は基盤において二つの障害に常にさらされていた。一つはフランス革命後の新たなナショナリズムの台頭であり、二つには一九世紀特有の強固な国家主権観念の普及であり、いわゆる実証主義法学派の優越的立場の確立である。具体的に言えば、国家主権至上主義の潮流が国益保護の観点から保護関税主義と資本の輸出入に関する国家的統制の時代を招来し、それが一九世期末には欧州では一般的となり更に二〇世紀に及んで、自由貿易（レッセ・フェール）の風潮を完全に短命化させたといえるのである。(24)

ところで前述したように、外交的保護制度の「国家的性格」をマーカンティリズムの思想基盤に求め、それがその後のレッセ・フェールの時代即ち資本主義の確立時から更に今日に至る時代まで踏襲され続けたことの説明を単なる歴史的惰性（独り歩き）とみるべきかどうか。これが問われるだろう。その点で、外交的保護権の「国益」保護の特性を国民の貿易活動を対外的に保護する「資本主義」国家の役割の特色に求めたり、(25)二〇世期における社会主義国家の誕生による階級矛盾の調整装置としての国家権力の作用に求めたりすることは無意味とは言えないとしても説得力は乏しいだろう。即ちそうしたいわば法外在的条件の強調は、逆に近代国際法社会の構造的特質としての「主権国家体制《ソブレン・ステート・システム》」という法的枠組の中でしかすべての経済活動も活動しえなかった実態（たとえばマルクス・レーニズムにおける一国社会主義の主張さえこれを示す）を見えにくくすることになることを見落としてはならないだろう。結論すれば、レッセ・フェールの時代もその後の時代も、しばしばみられた（国際判決の中にもある）外交的保護権の保護法益の国家性（保護権を行使するかどうかの国家裁量権とは別）とは、まさに「主権国家」体制という近代以来の国際社会の法的レジームに基本的に由来するということを忘れてはならないということである。端的に言って二〇世紀始めまでの「主権国家」の役割（外交的保護もその一つ）の中心は、軍事（たとえば砲艦外交）による在外自国民の保護であって、経済制度で重商主義をとろうとレッセ・フェールをとろうと関係がなかったのである（一九〇七年のハーグ平和会議でのいわゆるドラゴー・ポーター条約＝契約上の債務回収の為にする兵力使用の制限に関する条約＝の採択はその反映）。そして二〇世紀以後の人権思想の急速な興隆と展開が、この近代以来の「国家」観念の内実に大きな制約要因を提供したとみるのが正確な理解なのである。この点を忘れてはならないだろう。

（1）　E. de Vattel, Le Droit des Gens., 1758, C. G. Fenwick's Translation, Book Ⅱ, Chap. Ⅵ, §71.

（2）　ibid., Book Ⅱ, Chap. Ⅶ, §81.

(3) ibid., Book Ⅱ, Chap. Ⅵ, §71.
(4) ibid., Book Ⅱ, Chap. Ⅶ, §81.
(5) F. Dunn, The Protection of Nationals, 1932, p. 51.
(6) F.G. Dawson and I.L. Head, International Law, National Tribunals and the Rights of Aliens, 1971, pp. 2, 8.
(7) E. de Vattel, op. cit. Book Ⅱ, Chap. Ⅵ, §71.
(8) ibid., Introduction, §17.
(9) 拙稿「国際法における『政治犯不引渡原則』と『亡命者不送還』原則」、明学・法学研究一三号、一九七三年、一九～二二頁。
(10) E. de Vattel, op. cit. Book Ⅱ, Chap. Ⅵ, §72.
(11) ibid., §79.
(12) ibid., Book Ⅱ, Chap. Ⅶ, §81.
(13) ibid., Introduction, §21.
(14) 田畑茂二郎「外交的保護の機能変化㈡」、法学論叢五三巻一・二合併号、一九四七年、四〇一～四〇四頁。
(15) E. de Vattel, op. cit., Book Ⅱ, Chap. Ⅳ, §56.
(16) ibid., Book Ⅰ. Chap. Ⅴ, §61.
(17) ibid., Book Ⅰ. Chap. ⅩⅣ, §182.
(18) ibid., Book Ⅰ, Chap. 1. §§1, 2.
(19) ibid., Book Ⅰ. Chap. Ⅷ, §§97, 98.
(20) ibid., Book Ⅰ, Chap. Ⅷ, §97.
(21) ibid., Book Ⅰ, Chap. ⅩⅣ, §182.
(22) 前掲注(14)、田畑茂二郎、四〇一頁。
(23) S.C. Neff, The Law of Economic Coercion: Lessons from the Past and Indications of the Future, Col. J. of Trans. Law, Vol. 20, No. 3, 1981, pp. 418～419. もっともオランダ等欧州大陸諸国はレッセ・フェールの時代でも、この主義の適用は貿易商人の国際取引に限定され、国内ではギルド・システムによる閉鎖経済が続けられたし、イギリスでは一八世紀マーカンティリズムの時代にあっても、国内では「営業の自由」が維持されていた。
(24) S.C. Neff, ibid., p.p. 420～427.
(25) 松井芳郎「伝統的国際法における国家責任の性格―国家責任法の転換(1)―」国際法外交雑誌八九巻一号、一九九〇年、一五～二〇頁。

二　人権標準主義と外交的保護——「真正結合」理論の新たな活用

こうしてみると、「国家責任」制度の中で「人権標準主義」を基礎として営まれる外交的保護の機能は、国益保護のためではなく厳格に条件づけられ且つ限界づけられた個人の基本的人権上の法益保護のそれでなければならないはずである。自由権等の基本的人権に対する保護のみならず、国有化措置によって損害をうけた私人の営利活動上の利益や一般に経済的権利に対する保護手段として外交的保護の制度が活用される場合でも、保護法益は厳密にその個人（法人）の経済的権益の損失に限られるべきであろう。

ここに筆者が既に早くから明らかにした外交的保護権の義務化の原理的意義があるのである。(1)——田畑茂二郎もかって一九三二年の万国国際法学会（Institut de Droit International）における外交的保護制度に関する決議案の審議状況などを根拠にして「外交保護を国家の権利としてではなく義務として国際法団体における国家の職能として考える傾向ができている」と述べたことがある(2)——。

国家責任制度における自国民の救済手続の中で、本国の外交的保護権が正当に行使されるべき条件は、まさに保護法益の人権基準への（国益の）同化のそれにあることが今や明瞭である。かつてノッテボーム事件とバルセロナ・トラクション事件で、国際司法裁判所は外交的保護権行使の条件として「真正結合（genuine link）」の理論を提起したことがある。(3)この「真正結合」の意味を保護法益に関して外交的保護上の国益を個人的権利（個人・法人法益）に結合させて理解すべきことが今日では極めて重要であることが認識されるであろう。そうした方向で理解するかぎり、本国の外交的保護権行使の要件としての「国籍継続」の原則は疑問で、「損害時」要件を省き「請求時」要件だけで十分であろう。この点はすでに一九三二年の万国国際法学会の会議でも問題提起がなされているのである。(4)

このような人権保護の基本観念に裏打ちされた「真正結合」の理論を外交的保護機能に適用できるならば、これは一方において個人権利の救済に関して国家利益の過剰な上乗せを排除できる意義をもつと共に、他方において、名目的な国籍を連結素としてではなくむしろ実質的な生活上の紐帯関係を媒介として国家制度（外交的保護権）が活用されうる将来の可能性を切り開く意味をももとう。レイ（G.I.F. Leigh）も真正結合理論は形式的国籍の条件が具備されないために、従来、保護されないことの多かった個人を、国際裁判所で救済する機会を増大させたと述べているのである。(5) 無国籍者や難民（refugees）については、常居地（lawfully and habitually resident）の国に外交的保護権の行使が、国籍国に対する場合を除いて、認められる実践が始まっているのである（二〇〇六年、ＩＬＣ「外交的保護」条文、八条、参照）。

もとよりバルセロナ・トラクション事件に関する一九七〇年の国際司法裁判所の判決では、ノッテボーム判決でいう「真正結合」原則の適用される余地はなく会社設立国だけに外交的保護権があると判示されてはいる。(6) しかし企業や会社の救済活動の特殊性を考慮すれば、自然人が国籍を紐帯としてもつ本国との政治的忠誠関係とは異なり、設立準拠法国のみならず、かりに一定の条件の存在が必要であるとしても――たとえば設立準拠法国が外交的保護権を行使しないことが事実上明白であるとき――主たる営業地国や多数株主国についても、損害をうけた人権的利益の救済（国益保護ではなく）に外交的保護の目的をかぎるかぎり、functional nationalities の連結素があるものと認めて、外交的保護権の行使を承認する余地があるように思われるのである。(7) ――もっとも、前述のＩＬＣ「外交的保護」条文案は、株主国が独自に外交的保護権を行使できる場合を、自国民株主の権利に直接の損害が発生した場合（一二条）と、損害と無関係の理由による会社本国（設立準拠法国）の法令に基づいて会社が消滅した場合（一一条(a)）に限定している。――

さてこのようにみてくると、国家の外交的保護の機能を人権標準主義を基盤に再構成することがきわめて重要であるように思われる。そうした意味で、右のバルセロナ・トラクション事件判決を素材に、外交的保護権の法益の性格を論じた拙稿の一部（「会社の外交的保護」明学・法学研究一〇号、一九七二年、二三～三六頁）を煩をいとわず若干の加筆を行って再録しておきたい。バルセロナ・トラクション事件に関する一九七〇年の国際司法裁判所の判決は、今後、国際的な経済（投資、生産、商業）活動が活発化し、いわゆる多国籍企業（multinational corporations）の輩出が予想されるときに、会社の外交的保護はいかにあるべきかという問題を考えるさいの重要な先例をなすものと思われるからである。

ところでここでは、外交的保護権の性格が、今日の社会的基盤、すなわち人権原理が国家主権に対する制約機能を営みはじめている新しい国際諸関係の中で、どのように変化しはじめているかという観点から考察してみたい（この基本的な視座については、拙著『現代国家主権と国際社会の統合原理』佑学社、一九七〇年、四二〜五三頁、参照）。そしてこの点で重要な思考軸となるのは、ノッテボーム判決でのいわゆる「真正結合」理論をどのように理解するかの態度のそれである。判決は、外交的保護権が国家の権利であり、その行使は国家利益に基づいた自由裁量の範囲に属すると述べる。従って保護客体としての国民に対する義務は存在しないという。(8) 実定法の問題として把握するかぎり、この点では個別意見をのべたフィッツモーリス、田中（耕太郎）、ジェサップ、グロその他大部分の裁判官も、基本的に一致した見解をもつ。しかしながら判決や個別意見を更に注意深く読むと、こうした伝統的な外交的保護制度の中にも、若干の変化が現われていることを、かなり明確に指摘している点を見逃してはならないであろう。すなわち保護をうくべき私人との関係で、私権保護のための一定の制度的（国内法上と国際法上の）保障を関係国家（単に直接の国籍国だけでなく利害関係第三国を含んで）が与えなければならない国際システムが形成されはじめていることを、これらの意見は直接、間接に肯定しているように思われることである。たとえば判決が、「人権」保障のための、外交保護上の訴権（jus standi）について、国籍を媒介としない方式が特定の機構の中で実現されており、それが将来の一般的な国際制度としての方向を示すものであることを示唆している点も、右の趣旨を意味している。——たとえば一九七二年の「宇宙物体損害責任条約」では、外交的保護上の訴権（請求権）を被害者の国籍国の他に、損害発生地国と被害者の永住地国について、右の順序でそれぞれの前者が訴権（請求権）を行使しない場合に限って行使できるとしているのである（八条一〜三項）。——

しかしより重要なことは、バルセロナ・トラクション判決が外交的保護権の自国民に対する国内法上の義務化のプロセスに言及している点である（判決は、もとよりそれが存在しても国際法上の制度としての外交的保護権の地位に影響を与えたり、その義務化を肯定する理由とはなしえないと述べているが）。ここで問題となるのは外交的保護権の義務化という場合の義務の性格である。なるほど国内法上で新しい仕組みが導入され、本国政府が外交的保護権を行使しない、あるいは不十分な行使の仕方しかしない場合に、個人は国内裁判所での請求権を保障されるという体制ができた場合（従って右のような一定の場合に、国家が義務違反として賠償ないし補償を課されることがある制度がつくられた場合。本書、七八頁、注⑿参照。）でも、そうした国内法体制が、国際社会で一般的でなければ、それは国際法の領域でも外交的保護権の義務化への転換があったとみることはできないであろう（もっとも、具体的な内容は各国内法のそれぞれ異質の体制原理の中での多様な形態ででしか実現されえないから、ここでの国際法上の義務とは一般的な義務のそれである）。

しかしこうした国内法上での、国家の恣意的、裁量的な外交的保護権の行使を抑制し、それが行われた場合の救済措置をも含めた私権保護の制度は、若干の国家法上ですでに（二一世紀の今日では）何らかの程度と範囲で設定されつつあるのではなかろうか（本書第一章二㈠参照）。たとえば、バルセロナ・トラクション判決は次のような問題を提起する。会社の本国が外交的保護権を行使したが、自国のナショナル・インタレストの考慮から、加害国との間で会社保護に関する国際法（条約）に違反する個別協定を締結するまでして事態の解決をはかった場合に、この協定内容に不満な他国籍株主の本国は、改めて自国の外交的保護権を行使して、事案をむしかえすことができるかという問題である。判決は、外交的保護権の国家的自由裁量性（従って保護客体たる自国民に対する義務違反が本来存在しないこと）と、締結された協定の法的安定性確保という視点から、これに対して消極的な態度を明らかにする（ICJ Reports, 1970, p. 50.）。ソーン（L.B. Sohn）とバクスター（R.R. Baxter）も、国家が外交的保護権を行使して紛争を解決した場合及び逆に外交的保護権の行使を放棄した場合、その国の国民たる請求者はこの決定に拘束されると述べている（L.B. Sohn & R.R. Baxter, Responsibility of States for Injuries to the Economic Interests of Aliens, A.J.I. L., Vol.

55, No. 3, 1961, p. 547.)。——この問題は複数の紛争の解決を同時に促進するという政治的便宜性の点でよく利用される lump-sum settlement の場合に比較的よく現れよう。——

しかしながらこうした見方には疑問がある。すなわち右の協定内容に対して、会社自体が異議申立の意思がない場合は別として、その意思はあるが会社本国が協定を締結した以上、その外交的保護権にもはや頼ることができないという場合には、外国の支配株主は、会社に代って第二次的な請求権（従って株主本国の外交的保護権）を行使しうるとみるべきではなかろうか。のみならず、以前、日本の裁判所に係属した「連合国に対する賠償に充当された日本人の在外資産と国の補償責任」事件（東京高裁昭和四〇年一月三〇日判決、筆者の評釈、ジュリスト三二五号、一九六五年七月一日号、一二六～一二八頁）にもみられるように、会社本国の外交的保護権の任意的行使（ナショナル・インタレストの考慮）によって損害をうけた（本国と加害国との協定によって、客観的にみて不充分な損害賠償の結果しかうけられなかった）会社は、国内法上の救済（たとえば日本国憲法第二九条の私有財産収用の場合の補償原則による救済）をうけうるとみるべき法体制が、今日、若干の先進国の国内法原則の中では確立されているのではないか。——もとよりこれと逆の判決もある。たとえば米国と西ドイツとの間の在西ドイツ米人財産処理に関するポツダム協定に基づき米人財産権を米国政府が放棄したことに関連し、米国の Aris Gloves 社が、損害うけた財産の補償を the Fifth Amendment によって請求権裁判所に請求した事件がある。この判決では、政府間協定に基づく個人請求権の処理に関する取決めは、the Fifth Amendment で保証する正当手続を欠く私人財産の没収とは異なるとして請求を棄却したのである（Aris Gloves, Inc. v. U.S., 420 F. 2d 1386 (Ct. Cl. 1970.)。この判決に対する批判を含め、一般に外交的保護権の私人に対する義務の存否に関する議論として、A.J.I.L., Vol. 65, No. 4, 1971, pp. 333 ff. 参照——。

ところで「不完全な外交的保護」の場合に、損失をうけた国民は自国政府に対して損失補償等の形態で国家責任を問いうるかの問題につき、レス（Georg Ress）の研究は注目に値いする。彼は要旨次のように述べる。①この問題の解決は基本的には各国の国内法に送致されていること。②各国憲法上の統治行為論によって、原則として外交的決定は政治問題（political question）として司法裁判の対象から除外されているので、国家に対する賠償請求は認められていないのが一般である。③しかし最近ではこうした態度を一定限度で改める傾向がでてきている。西ドイツの場合は、戦後補償の特例としてではあるが、賠償に充当された在外ドイツ人財産に対する補償を行った例がある。フランスも、一九六二年のアルジェリア領域の放棄に伴い、アルジェリア当局によって収用された在アルジェリア・フランス人財産に対する補償を行っている。④一般法の問題としても、たとえばフランスではCouitéas事件またはPerruche事件でみられるように、「公共負担に関する市民平等」(égalite des citoyens devant les charges publiques)の原則から、外交政策によって損失をうけた個人に対しての補償の問題をConseil d'Etatの管轄権内で取扱うことができるようになっている（この点でBeaumartin v. France事件に関する欧州人権裁判所の一九九四年の判決、参照。本書第一章二㈡参照）。西ドイツでも同様に「平等性」、「公平性」の原則からこの種問題を行政裁判所の管轄権に含め、争訟的に解決できる制度をとっている。このように述べているのである（G. Ress, Mangelhafte diplomatische Protection und Staatshaftung, Zeitschrift für ausländisches und öffentliches Recht und Völkerrechet, Bd. 32, Nr. 2～4, 1972, SS. 420～482.）。

またテヘラン米国公館人質事件（一九七九年）を解決した米・イラン間のアルジェ協定（一九八一年）で、米国はイランに対していっさいの請求権を放棄した。そのため米人人質は、右協定による対イラン損害賠償請求権の剥奪は米国憲法第五修正による国家の補償義務を発生させたと主張した。それに対する「人質補償問題に関する米大統領諮問委員会の報告書」をめぐる論議がある（J.M. Tichy, Hostage Compensation: U.S. Liability for Injuries suffered by Nationals in Iran, Harvard I.L.J., Vol. 23, No. 1, 1982, pp. 131～138.）。その中で補償義務を肯定する議論が紹介されている（pp. 136～137.）。またこの事件でハルバースタム（M. Halbarstam）は、米国政府が自国の外交目的のために自国民財産権を無補償没収した場合、その国家行為はthe Fifth Amendmentの"taking without just compensation"clauseに該当し違憲であると述べ（M. Halberstam, Sabbatino Resurrected: The Act of State Doctrine in the Restatement of U.S. Foreign Relation Law, A.J.I.L., Vol. 79, No. 1, 1985, pp. 84〜85.)、Dames and Moore v. Regan 訴訟の米最高裁判決では、右のテヘラン人質被害者の対イラン請求権を強制放棄させたレーガン米大統領命令は合憲ではあるが補償義務あり（Powell 判事の補足意見）としたのである（453 U.S. 654 (1981) at 688〜689, no. 14, especially at 691.)。

もっとも外交的保護権が、国家利益の配慮の下に裁量的に行使されても、保護さるべき自国民の権利、利益を、不当に侵害する意図の下に行使したのではなく、且つ客観的にみても、とくに不当に侵害した結果を生じたと解せられない場合には、私人はその協定に不満であっても、国内法上での請求権をもちえないというべきであろう。国際仲裁や司法裁判という方式で外交的保護権が行使された場合の結果については、とくにそういえよう。この場合には、保護の対象となった私人もこれを尊重すべき義務があるといえるのである。ここに、外交的保護権行使に関する国家の自由裁量の範囲に、私権保護を基礎とした一定の制約と限界が課される傾向があることをかなりの程度でみることができるのである。いいかえれば、外交的保護権の義務化の傾向の第一の意義がここにあるのである。

ところで、国家が、自国民のために外交的保護権を行使しない（或いは途中で中止する）ことの理由は、国家慣行上で明示されないのが普通である（多くの判決も不行使の理由を明示すべき義務は国家にはないと言っている）。シャルル・ド・ヴィッシェ（Ch, De Visscher）もこうした慣行を認めながらも、一般の外交交渉上の問題ではなく、仲裁及び司法裁判手続上の問題として理解するかぎり、本国の外交的保護権不行使の理由は、ノッテボーム判決で示される「真正結合」条件の不存在、つまり、保護される私（法）人と保護する国家との間に、利益関係を基礎とした実質的結合状況が存在しないということに求めているのではないかと述べる。つまり、本国の外交的保護権不行使の理由は、現象的には政治的考慮というナショナル・インタレストからの裁量のようにみえるけれども、法理的な認識としては、本国に司法手続上の外交的保護を与えうる事項管轄上の権限がないという法的信念（opinio juris）にあるとみる方が妥当ではないかというのである。換言すれば、これは外交的保護権行使のディスクリションを法規裁量という法的条件のワク組みの中で把握しようとする立場である。そしてその場合の媒介概念として「真正結合」原則を援用するのである（De Visscher, La Protection Diplomatique des Personnes Morales, Recueil des Cours., Tom. 102, 1962, pp. 453〜457.）――もっともギンターやハリスは、こうした見方に反対して外交的保護権不行使の理由は「真正結合」の不存在のそれではなく、完全な国家の政治的自由裁量に基づくものであるとする（Ginther, Nationality of Corporations, Österreichische Zeitschrift für Öffentliches Recht, Bd. 16, Ser. 2, 1866, SS. 67〜68.: Harris, The Protection of Companies in International Law in the Light of the Nottebohm Case, Int'l Comp. Law Ouarterly, Vol. 18, 1969, pp. 275〜277.）――。

もとよりこうしたド・ヴィッシェの見方には、第一に、「真正結合」という法的概念を政治的に――国家主義的利益を背景とした考慮によって――拡大する危険を本質的にはらむという批判が出されよう（そしてこの危険を除去するには、後述するように人権原理の範疇の中でこの概念を機能させる以外にないのであるが）。第二には、「真正結合」原因の不存在は、外交的保護権の始源的不存在の理由とはなりえても、不行使という行政裁量の理由とはなしえないという反論が出されるであろう。

しかしながら、ここでの真の問題は別にあるのである。すなわちかりに保護権の行使、不行使は国家的裁量の範域に属するとしても、――それは国際慣行上、否定しえない実定現象であるが、――問題はノッテボーム判決で示された「真正結合」原則が、保護さるべき私人と国家との間の社会的実体関係の存在を重視することによって、本来ならば形式的な（各国内法上で相互独立的に付与することの可能な）国籍という形式概念に基づき、外交的保護権を保持しうべき複数の国家の政治的関与権（この点については後述、外交的保護機能の歴史的意義を明確にしたアムーン判事の見解、参照）の競合に、優先順位をつけて、政治的干渉の機会を少なくし、逆に真の私権保護にのみ奉仕しうるための条件上の制限を設ける目的と機能をもっていたことを見落としてはならないということである。そしてこのことは、同時に、会社に対する外交的保護権が、それを優先的にもつ国によって任意的に行使されない場合には、私権保護の見地から、多くの論者の認める"lifting the corporate veil"（会社の幕を上げる）という代替的外交保護機能を、他の利害関係国に生ぜしめるという、「真正結合」理論の新しい適用をもたらすという点で重要なのである。

いいかえるならば、「真正結合」原則は、単なる国籍紛争の解決基準ではなくて、外交的保護を行う権限が、複数の当事国のいずれにあるかを決定するための基準であったということである（Nottebohm Case, ICJ Reports, 1955, pp. 21〜22.）。こうした法理的意義を積極的に理解するならば、会社設立地国が何らかの政治的配慮から外交的保護権を行使しないために、会社の私権救済が放置される状況が生じた場合には（会社と設立地国との間に真正結合関係が存在しないから、保護権を行使する権能がないという場合には当然のことであるが）、株主の本国に外交的保護権行使の条件が自動的に発生するとみなければならないということなのである。ところでド・ヴィッシェは、ノッテボーム原則の適用により会社本国が外交的保護権をもたない場合にのみ、株主国の外交的保護権行使（会社のためでなく株主のための行使）の条件が自動的に充足されるものとするが、しかし「高度の政治的考慮」（par des considerations de haute politique）を理由とする会社本国の保護権不行使の場合は除かれるという（De Visscher, op. cit., pp. 473〜474.）。それは単なる国籍決定のためではなく、私権救済のためにそしてその限度でのみ外交的保護権を行使しようとする「法規裁量」観念の中で、あみだされた「真正結合」理論の当然のコロラリーであると思われる。田中耕太郎判事が、外交的保護権の現代的意義を主権の拡大ではなく個人の人権保護を目的とした法と正義の支配という目的範疇で把握している（ICJ Reports, Barcelona Traction Case, p. 116.）のも、右の主張と軌を一にするものと思われる。

以上の見方は、従来、国家の無制限な自由裁量としてのみ把握されてきた外交的保護権が、人権を背景とする新しい国際秩序状況の中で、一定の制限と一種の義務化の過程を歩みはじめたことを意味するといえよう。もとよりこの義務の意味は、モレリ（M. Morelli）判事の個別的意見のいうように、会社本国が株主の本国に対して負うバイラテラルな義務のそれではない（ICJ Reports, ibid., pp. 241〜242.）。従って、会社本国が、政治的裁量の結果として外交的保護権を行使しないからといって、株主本国などの利害関係第三国が、その行使を要求したり、損害賠償を請求しうる権利が発生するわけではない。そこに外交的保護権の国家裁量性（法規裁量を含む）の意味がある。また国家の外交的保護権を、自国民と国家との間の私法理論上の委任契約の一方当事者的義務として理解すべきものでもない。

そうではなく、会社本国の保護権不行使によって、会社ないし株主あるいは債権者の利益の棄損が放置され、現行の国際司法手続上では救済されない客観的状況が発生したならば、株主本国をはじめとして第三国が代替的に第二次的請求権（第二次外交的保護権）を行使しうる条件が成立するというふうにみるべき状況が、今日の国際秩序における外交的保護の制度にはかなりに出てきているとみることが重要なのである。そこに現在の国際システムにおける外交的保護権の私権保護機能を中心とした義務化状況が存在するということなのである。その意味でキャフリッシュ（L. C. Caflisch）が次のように述べてバルセロナ・トラクション判決を批判していることは、十分な理由があると思われる。「判決は、会社本国に代って株主国が第二次的請求をなしうる国際慣行は未だ確証されるに至っていないというにとどまるべきであった。ところが外交的保護権のディスクリショナリーな性格を強調するあまり、保護権が行使されなくともそれは義務ではないと言い切って、第二次的な代替権利概念の発生そのものを完全に否定してしまったようにみえるのはきわめて危険な議論である」と（L.C. Caflisch, The Protection of Corporate Investments Abroad in the Light of the Barcelona Traction Case, Zeitschrift für Ausländisches Öffentliches Recht und Völkerrechts, Bd. 31, Nr. 1～2, 1971, S. 192.）。

こうしてみると、フィッツモーリス（G. Fitzmaurice）が、右の第三国の代位請求権（代位外交的保護権）の自動的発生を肯定しながら、それをむしろ外交的保護権の完全な国益的自由裁量性そのものの当然のコロラリーとして肯定しているようにみえる（ICJ Reports, Barcelona Traction Case, p. 77.）のは、問題である。なぜなら、彼がそうした国家的自由裁量性からくる結果的な欠陥を治癒する an enlightend rule として、こうした代替措置を主張しているだけに、それならば、外交的保護機能そのものの伝統的な主権権力的恣意性をそのまま放置しておいていいのかという、いわゆる認識原理上での矛盾が生ずるからである。むしろ彼も引用しているように、外交的保護権が一国によって行使されない場合には他国が代って行使することもできないとみる方が、保護権の主権的裁量性を重視する立場からの法的効果としては、説得力があるのではないかと思われるのである。こうしてみると、第三国による外交的保護権の代替機能を肯定しうるためにはけっきょく、本来、主権の系の中で作動してきた外交的保護制度に対して、人権の系からの制約機能が作動し始めている――外交的保護権の義務化の状況――という新しい認識の態度が、どうしても必要だということなのである。――アマドールも次のように述べている。「人の基本的権利の国際的保護の観念は、在外自国民に対する外交的保護権の濫用を抑止するであろう。この外交的保護権の行使は過去一度ならず不干渉の原則並びに人の基本的権利についての内・外人平等の原則の侵犯に及んでいた」と（F.V. Garcia-Amador, State Responsibility in the Light of the New Trends of International Law, A.J.I.L. Vol. 49, 1955, p. 343.）。――

こうしてみると、ＩＬＣ（国連国際法委員会）が「国家責任」条文（二〇〇一年）のコメンタリー（二八頁）で、法人（会社）の外交的保護問題に関し次の点について各国にコメントを求めているのは極めて興味深い。(a)会社設立(registered/incorporated)国は株主の国籍と無関係に外交的保護権を行使できるか。或いはまた会社の多数ないし支配株主が外交的保護権を行使しようとする国の国籍を有していることが必要か。(b)会社が会社設立（登録）国の行為によって損害をうけたとき、他国籍株主の本国（国籍国）は自国籍株主のために（on behalf of）外交的保護権を行使できるか、と。この点でＩＬＣ「外交的保護」条文（二〇〇六年）は、株主国籍国は会社損害の場合には自国株主の利益に関して外交的保護権を行使できない（一一条）。但し、会社設立国の法令により、会社の損害と無関係の理由により会社の消滅が生じた場合は別である（同条(a)）、と規定している。

ところで、外交的保護権の制度的意義、わけてもその沿革的機能について述べたアムーン（M. Ammoun）裁判官の個別意見に関し、若干考察しておく必要があろう。アムーン裁判官は述べる。外交的保護制度は、ヴァッテルの理論とその後の常設国際司法裁判所の意見にみられるように、国家の権利を守るための手段として発達したことは確かである。ローブルズ（G. Robles）もいうように、『ヘーゲル的絶対主権理論の産物として、一九世紀の国家的拡張主義の一環として活用された』のである。こうした制度的沿革に対して、ラテン・アメリカの国家慣行や法思想は、今日のアフリカやあるいは若干の西欧諸国家の実践や学説と共に、強い反対の態度を明らかにしてきた。すなわちこれらの国家的実践や法理論が、「国際法における個人の主体的地位を承認すると共に、個人の本国の仮面の下ではなく、彼自身に法的救済を可能ならしめる」制度の実現をはかろうとしたのは、これを意味する。またラテン・アメリカ諸国は、カルボ条項（the Calvo Clause）を外国人との契約の中に挿入することによって、主権平等と不干渉の二つの原則を実現しようとした経験をもつ。一九四八年のボゴタ憲章（Pact of Bogotá: American Treaty on Pacific Settlement）第七条が、「自国民が締約国の国内裁判所における救済手段を利用した場合には、本国は自国民保護のため、国際裁判所への付託をはじめとして、外交的保護を行ってはならない」と規定したのは、この趣旨からである。――同種規定は、ラテン・アメリカ諸国の多くの憲法に条項として挿入されている。たとえばガテマラ憲法第七四条は、"Foreigners may have recourse to diplomatic channels only in the event of denial of justice" と規定している。――カルボ条項について、米国は当初、『個人は自己の権利ではない国家の権利を一方的に放棄できない』というボーチャード理論（ヴァッテル理論を基礎）によって反対したが、ルーズベルト時代には、その善隣政策によって、これを是認した（カルボ条項を援用した当時の仲裁判決として、前述した一九二六年の米―メキシコ間の The North American Dredging Company Case に関する仲裁裁判がある）。こうしたカルボ・ドクリンの趣旨は第二次大戦後に於ては西欧でも十分に理解されるようになり、主権国家による一方的な外交的保護の制度を廃止することを目的とし、人権の保障を基礎とした新しい集団的な機構的保護という制度が確立されるようになったのである（広瀬注・ヨーロッパ人権機構の成立や米州人権委員会の活動更には投資紛争解決条約の締結とそれに基づく仲裁制度の設立を指したのであろう。但しボゴタ憲章そのものは米州の歴史的地域性に基づく影響力の限界をもっていた）。

アムーン意見は更に続く。以上にみたところから理解されるような外交的保護制度の新しい精神的基礎をふまえて考察するならば（広瀬注・かりにカルボ・ドクトリンの一般国際法上の制度としての過去及び現在の意義を否定する立場に立ってみた場合でも）、外交的保護権の性格を明らかにするものとして、従来しばしば（ノッテボーム判決でも）採用されたマブロマティス事件（the Mavrommatis Case）に関する一九二四年の常設国際司法裁判所の判決は、新たに読みかえられる必要があるように思われるのである。すなわち国家は、国際司法手続に事案を付託するにあたり、たしかに「それ自身の権利」を主張しているのであろう。しかしそれは、保護法益の見地からみて、第三者的立場にある国家の利益のために（in favorem tertii）なされるのではなく、逆に「国民の事件をとりあげ、国民の一身に関して、国際法の尊重を要求」していると解釈すべきではなかろうか。換言すれば、原告国家の権利内容は、被害個人の権利内容に従って測定（measure）されるのであり、国家の権利行使は、個人のそれと同一条件に基づくものであることを意味するのではなかろうか。もとより国家の請求権は必ずしも自国民に生じた損害に制約されるわけではないが、しかし個人損害がそのような国家の請求権の起源に横たわる限り、個人損害の事実は、国家の請求権の行使態様についても影響をもつものと考えなければならないだろう。アムーン裁判官は以上のように述べるのである（ICJ Reports, Barcelona Traction Case, pp. 292〜294, 324.）。ドルツァー（R. Dolzer）も「外交的保護を行う国は自国の損害の請求をしているだけであって自国民のそれではないという伝統的見解は、国際法上の個人の主体性を認める今日の新しい傾向からみて疑問である」と述べているのである（R. Dolzer, New Foundations of the Law of Expropriation of Alien Property, A.J.I.L., Vol. 75, No. 3, 1981, p. 582, n. 110.）。

こうした右のアムーンの見方は、主権の系の中で行使される伝統的な外交的保護権が、弱小国に対する大国の干渉の手段としてしばしば機能してきた歴史的沿革を明確に指摘している。――ネルボ（P. Nervo）裁判官も個別的意見の中で、今日、外交的保護制度は、多国籍企業の巨大な商業的利益を守るための帝国主義的な外交圧力の手段として機能させるべきではなく、新しい国際共同体における弱小国の政治的、道義的利益を守るために機能させるべきだと述べている（ICJ Reports, Barcelona Traction Case, p. 248.）。――そうした反省から今日では、外交的保護権の性格を原理的に転換し、主権的利益の保護ではなく、具体的な個人の損害の救済という方向で機能させるべきことが強く主張されるようになっているのである。人権の系による制約過程の中で外交的保護制度を作動させることがすなわちこれである。

その意味からいえば、田中耕太郎、ジェサップ（P.C. Jessup）両裁判官の個別的意見が、原則的に個人保護の建前から、株主本国にも外交的保護上の請求権（会社本国との同時請求権）を認めるべきだと述べながらも、その法的論理として、何らかの意味での個人の「法的利益」(legal interest, 法律上の厳格な〝権利〟ではなくても）の損害が存在するならば、それをバネとして、国家そのものの利益の侵害が発生するのだという機械的拡大のメカニズム即ち国家権益への「転化」ないし「埋没」の理論（但し実際の保護権行使は、個人損失の内容を国益的観点から斟酌した後に決定）を、外交的保護制度の基本的性格として理解したのは必ずしも妥当とはいえないように思われる。なぜならそれでは、関係諸国家による外交的保護の機会を増大させる（保護国の数的増加）という手続的プロセスだけに個人保護拡大の意義を認め、実際には複数国への主権的利益の拡張にしか奉仕しないという可能性がでてくるからである。

人権の系の中で、本来、主権の系に属してきた外交的保護権の機能を再構成するためには、利害関係国の保護権の機会を機械的にふやすことが重要なのではなく、むしろ被害個人と実質的なリンク(genuim link)をもった国だけに保護権を限定すると共に、その裁量的ないし恣意的行使からくる保護機能の偏向を防止する制度的保障を確立することが必要なのである。このことは同時に、保護法益の内容を個人利益の損害そのものに限定し、且つこれと連動する抽象的、一般的な国家利益という本来無制約な（計量になじまない）政治概念を導入しない思想的アプローチで裏打ちすることが重要なのである。従ってこうした立場からすれば、グロ（M. Gros）裁判官のいうような、海外投資という会社の商業的利益を、その国家経済メカニズムに占める比重から国家的利益と同視して、そこに国家の外交的保護になじむ実質的なリンクを見出だそうとする立場（ICJ Reports, Barcelona Traction Case, pp. 269. 281～282.）も、ストレートには容認しえないことになるだろう。すなわちこの見方が、資本主義経済体制における資本と国家との構造的癒《ゆ》着を背景とした現実的意味をもっていることは認めなければならないとしても、第一に、ブリッグス（H.W. Briggs）も批判するように、国家の「政治的・経済的利益」というような非法律的概念を導入して、本来、「損害」（直接・間接）とか「権利」というような法的理由のチェーンの中でのみ作用させるべき「真正結合《ジェヌイン・リンク》」概念を歪曲してしまう危険がある（H.W. Briggs, Barcelona Traction: The jus standi of Belgium, A.J.I.L., Vol. 65, No. 2, 1971, p. 343.）

だけでなく、第二に、前述したアムーン裁判官やネルボ裁判官の批判が指摘したような、まさに権力的外交保護の歴史的典型を思想的に是認しようとする立場が、この見方には潜在しているように思われるからである。いいかえれば「真正結合」理論を主権の系の中で再理解しようとする立場が、この見方だといってもよいであろう。これはまさに人権の系の中で「真正結合」理論を発展させようとする我々の立場とは異質のものといってよいであろう[10]。

こうした意味で、ブライアリー（J.L. Brierly）が、既に早くから次のように警告しているのは興味深い。「国家のみが国際的な権利義務をもつというオーソドックスな理論は、外交的保護権行使にさいして、外国での自国民の被害を国家の被害とみなしながら、その中に強力で且つ神秘的、抽象的な国家的名誉という別の概念を簡単に潜入させてしまうのが常だ」（J.L. Brierly, Le Fondement du Caractère Obligatoire du Droit International, Recueil des Cours, Tom. 23, 1928–III, p. 531.）と。

ジェサップも同様に、その著『現代国際法』（A Modern Law of Nations）の中で次のように述べていることを指摘しておきたい。個人の国際法主体としての地位を承認する立場は、外交的保護権を行使する国家が往々にして行うところの「自国民の私的な経済上の利益を国家利益と同視すると共に、この機会を利用してそれを増大させるという重大な脅威」を阻止するのに役立つだろう（P. C. Jessup, A Modern Law of Nationas, 1947, p. 99.）と[11]。――サマースもいう。一九世紀末から二〇世紀始めにかけて、米国やヨーロッパ列強による中南米諸国に対する自国民保護を名とした干渉が、たとえばヴェネズエラ事件に象徴されるように、海軍による封鎖、領土の砲撃というまさに武力の行使以外の何ものでもなかったことを見落としてはならないと(L.M. Summers, The International Law of Peace, 1972, p. 105.)。――わが国でも皆川洸は、こうした外交的保護制度の実情を背景にした新しい規範意識と国家実践の展開を正確に把握して次のように述べているのである。「国際法の人道化（humanization）の明確な傾向を反映して、外交的保護の実際の行動も個人利益（private interests）の保護へと重点を移しつつあり、国益の保護という時代遅れの要因を払拭して、外交的保護の個人化（individualization）という現代慣行が進みつつあるのである」と（T. Minagawa, International Validity of the Calvo Clause, Hitotsubashi Journal of Arts and Science, Vol. 20, No. 1, 1979, p. 9.)。

（1）前掲、拙著『現代国家主権と国際社会の統合原理』第一章第三節。

（2）田畑茂二郎「外交保護の機能変化㈠」、法学論叢五二巻四号、一九四六年、一九六頁。同、㈡、法学論叢五三巻一・二号、一九四七年、四〇七～四一四頁。

（3）ICJ Reports, Nottebohm Case, 1955, pp. 21～22.; ICJ Reports, Barcelona Traction Case, 1970, pp. 42, 50.

（4）Annuaire de l'Institut, Tom. 37, pp. 501～503.

（5）G.I.F. Leigh, Nationality and Diplomatic Protection, Int'l and Comp. L. Q., Vol. 20, Pt. 3, 1971, p. 475.

（6）ICJ Reports, Barcelona Traction Case, 1970, pp. 42, 50.

（7）F.A. Mann, The Protection of Shareholders Interests in the Light of the Barcelona Traction Case, A.J.I.L., Vol. 67, No. 2, 1973, p. 272.; H. F. Van Panhuys, The Role of Nationality in International Law, 1959, pp. 33, 165ff.

（8）ヒギンズ（R. Higgins）は、リップハーゲン（W. Riphagen）の反対意見（ICJ Reports, Barcelona Traction Case, op. cit, p. 340.）をひきながら、obligation erga omnes は、その内容や性格の如何に拘らず、すべて、被害と直接関係のない第三国も jus standi をもつといいきれるかと疑問を提出する。その例として㈠、一国の政治的独立に対する侵害といういわばユス・コーゲンス的義務の違反に対して、被害国以外の第三国が出訴権をもちうるか、また㈡、A国がB国人に「人種差別」的取扱いを行った場合、C国が外交的保護権をもちうるかと設問するのである（R. Higgins, Aspects of the Case Concerning the Barcelona Traction, Light and Power Company, Ltd., Virginia Journal of Inrtenational Law, 1971, Vol. 11, No. 3, pp. 329～330.）。

しかし第一の例は国家の基本権に対する直接侵害であって、戦時における在留第三国人の保護に関する問題を別とすれば、外交的保護権が対象とする国民（自然人・法人）の権利侵犯が直接の対象となっているのではない。つまり第三国の外交的保護権上の訴権の問題と直接には無関係である。しかし保護法益の性格は erga omnes であるから、国連憲章第六章上の第三国の注意喚起権を含めて国際機関たとえば安保理事会の審理対象となる。その場合具体的な侵略の事実認定の問題を含め、憲章上での平和と安全事項上の権限の位置づけからみる限り、ＩＣＪの専属管轄になじむ justiciable なものではない（もっとも侵略の定義を含む一般的法律問題ならばＩＣＪの管轄になじむ）。しかしそれは決して単なる政治問題ではなく、juridical なものとして理解さるべきものであろう（J.W. Halderman, The United Nations and the Rule of Law, 1966, pp. 215～220.）。そして一九九八年「国際刑事裁判所（ＩＣＣ）設立に関するローマ規定」は第五条⒟で「侵略犯罪をＩＣＣの管轄権事項と定め、第一四条で締約国によるＩＣＣへの訴権（ＩＣＣ検察官への事案の付託権）を認めている。但し「侵略犯罪」の定義とＩＣＣ管轄権行使の条件が締約国会議で合意されることが条件とされており、二〇〇九年現在ではまだその合意はなされていない。ＩＣＣ管轄権事項としての「人道犯罪」や「戦争犯罪」等については既にＩＣＣや旧ユーゴ、ルワンダ等の特別国際刑事裁判所の活動が実践されているだけに、「侵略犯罪」についても早急な国際合意の形成が望まれている。拙著『戦後日本の再構築』国際法選集Ⅱ、信山社、二〇〇六年、第四章、東京裁判、参照。

第二の設例は、直接には通商航海条約上の内国民待遇、最恵国民待遇の問題として関係当事国間だけで処理さるべきであるが、しかし「人種差別」が特定事件に限らず一般的、国策的なものである場合には――そのときこの被害法益は erga omnes となる――国連憲章上の「平和」の脅威と関連し、国際問題としての性格を帯びる。また本国たるB国の政府が特別の国益的考慮から敢えて外交的保護権を行使しない場合には、C国が人道的見地から訴権を行使することが可能とさるべきであろう。人種差別撤廃条約や国際人権・自由権規約の方向がこれである。そして二〇〇一年のＩＬＣ「国家責任」条文第四八条は、エルガ・オムネス義務の違反に対して第三国の訴権を肯定している。

(9)　国家が外交的保護権を行使する場合は、被害自国民の agent としてではなく、在外自国民一般の利益即ちナショナル・インタレストの protector としての立場からであって、その権利を行使するかどうかはすべて国家の discretion に属し、被害自国民への義務ではないという見方を明らかにする所論として、Van Panhuys, The Role of Nationality in International Law, 1959, pp. 61~62.; Johnes, The Nottebohm Case, The International and Comparative Law Quarterly, 1956, Vol. 5, No. 2, p. 230.; G. I.F. Leigh, Nationality and Diplomatic Protection, I.C.L.Q., 1971, Vol. 20. No. 3, p. 455.

(10)　ＩＣＪバルセロナ・トラクション判決の紹介と批評につき、拙稿「会社の外交的保護――Barcelona Traction 事件に関する一九七〇年の国際司法裁判所の判決――」、明学・法学研究一〇号、一九七二年、一～三六頁。

(11)　バルセロナ・トラクション判決に対して批判的な見解が、当時の米国国際法雑誌に掲載されている。一つは、外国資産の国有化にさいして、外国株主の本国に外交的保護権を認める紛争解決協定が、過去二五年間に八〇にものぼっている事実は、判決のいうように、それを国有化の場合だけの特別法として理解すべきでなく、株主本国の外交的保護権を一般的に認めうる慣習法化の効果をもつものとして把握すべきであるというのである（R.B. Lillich, The Rigidity of Barcelona, A.J.I.L., Vol. 65, No. 3, 1971, pp. 522~532.）。

二つめは、近来の先進各国の投資保証計画（世界銀行のプランにも一部実現されている）では、自国が外交的保護権を行使する対象として、自国法令を設立準拠法としたり自国にドミサイルをもつ会社のみならず、他国籍（多国籍の場合を含む）会社であっても、五〇%以上の株式所有によって――中間に持株会社が存在する場合には、その持株会社の株式所有について――自国民の支配が実質的に存在するような場合をも含めることが多くなっている。従って、こうした傾向を無視した判決の態度は疑問だというのである（S.D. Metzger, Nationality of Corporate Investment under Investment Guaranty Schemes—The Relevance of Barcelona Traction, ibid., pp. 532~543.）。

こうした最近の株主保護の国際化（たとえば、一九六八年の世界銀行の投資保証協定の草案では、他国籍株主についても、その本国が反対しないかぎり、別の第三国が保護することすら肯定して、経済活動の非国籍化即ちグローバリゼーション機能を推し進めている）傾向は否定できないが、しかしそれは、会社設立準拠法国に第一次的な保護権が存在することを否定する趣旨ではなく、ただ第二次的には（投資受入国が会社設立国である場合には、国有化は後者の外交的保護を無意味化する）株主本国（それも五〇%以上の支配株主国）が、会社保護権をもつことを承認した意味に理解すべきであろう。そして、この場合には、請求主体は会社そのものを代位する地位であるが、補償に関する金額内容は株式シェアーにとどまるべきものであろう（カナダ、ノルウェー、オーストラリアの方式）。なお右のメッツガーの所論は、OECD諸国の国内法令を根拠にしているが、問題は、投資受入国（主として後進国家）の態度である。この点即ち途上国の立場を無視するかぎり、投資や企業の外交的保護権の所在に関しての国際法論議は、十分ではないと思われる。メッツガー自身も引用しているように、世銀を中心として計画されている投資保護の将来のあり方は、機構のagencyを責任主体として組立てらるべきであろう。その限りで構成国自体の個別的な外交的保護の形態は消滅する。ただ現在ではまだ構成国による多角的なスポンサーシップ（sponsorship）による保護が可能とされ且つ必要とされている段階であるにすぎない。この点では、一九六五年の投資紛争解決条約の紛争解決の仕組み（ICSID）は一つの前進である。

三　私人の権利救済制度と外交的保護

(一)　裁判拒否《デナイアル・オブ・ジャスティス》——その原理的意義

一国で外国人の権利侵害が発生した場合、その救済はどのような方法で行われるものなのか、この場合、本国の外交的保護はどのような条件と前提の下で可能とされるのか、そうした意味で私人の権利救済に関する制度を手続面から検討してみる必要がある。まず最初に「カルボ主義（Calvo Dotrine）」と「裁判拒否（Denial of Justice）」の問題をとりあげておこう。両者を関連させてとりあげるのは、カルボ主義を採用した場合でも国内的救済制度の適用過程で「裁判拒否」があった場合には、本国の外交的保護権による介入を否定しないという議論がある一方、「裁判拒否」があると否とに拘らず国内的救済手段がすべてであって、外交的保護権による本国の介入を絶対的に禁止しているのがカルボ・ドクトリンであるとする見解がこの主義の提唱当時からあったからである。前述したように、米州諸国によって一九四八年に採択されたボゴタ憲章（American Treaty on Pacific Settlement, Apr. 30, 1948.）第七条では、国内的救済を完了した場合には、本国は自国民保護のため国際裁判所への事案付託をはじめとして外交的保護を行ってはならないと規定している。いわゆるカルボ条項（国家と外国人間の私的契約の中に条項として挿入されたカルボ主義）の国際条約化である。

右の場合、「裁判拒否」がある場合を除くかどうかは明らかではない。ドウソンとヘッド（F.G. Dawson and I.L. Head）によれば、カルボ・ドクトリンは二つの意義に理解されていたという。一つは外交的保護制度の完全否定のそれであり、二つは外交的保護制度の否定を目的とすることでは同じであるが、それは原則的なものにとどまり、「裁判拒否」の場合は除外されるという見方である。(1) 当時のグァテマラ憲法第七四条は「外国人は裁判拒否の場合にかぎり（only in the event of denial of justic）、外交的保護に訴えることができる」と規定しているがこれは後者の例である。他のラテン・アメリカ諸国の憲法にも同様の規定がおかれていたものがある。しかし一九一七年に制定されたメキシコ憲法第二七条は、土地所有権や鉱山、石油、河川の開発に関するコンセッション上の権利が外国人にも許容されることを規定したが、しかしこの権利につき、内・外人平等主義を規定したあと、獲得した権利の侵害があった場合に、「その財産権に関する問題につき（in matters relating thereto）本国の保護を請求しないことに合意するならば」という条件がおかれたのである。右の規定にある「その財産権に関する問題につき」の意味と範囲が明らかでなかったため、コンセッション協定の中で同趣旨の規定をおいた北米浚渫会社事件（一九二六年）の仲裁（国際請求委員会）裁判で争われたのである。一方、一九一五年のヴェネズエラ法では「裁判拒否」の場合を明示的に除外している。(2) このようにみてくると、第一次大戦前に於ても後に於ても後者の理解するところ（裁判拒否があった場合にのみ、外交的保護が可能）に実際の法意識があったように思われる。(3)

しかしながらこの場合でも注意しなければならないことは、「裁判拒否」の意義を狭義に理解する傾向があったことである。狭義とは何かというと、裁判上の準拠手続法と実体法はあくまで国内法のそれに限り、いわゆる国際標準は認めないことである。従って国内の訴訟手続に従って国内法たる準拠実体法による裁判判決がなされた以上、被害外国人が判決内容に不満でもそこには「裁判拒否」は存在せず本国の外交的保護権は行使できないということになる。つまりもし「裁判拒否」があるとすれば、それは準拠国内法の明白な（意図的な）差別的適用（たとえば被害外国人に対して訴権を認めない）場合に限られるということになろう（一九五九年の米州機構法律委員会の「干渉」概念に関する報告書参照）。しかしこれでは外国人の法的権利は実体的、手続的に内国民待遇に限られるという内・外人平等主義を宣明した一八九〇年の第一回米州会議の決議（J. Scott ed., The International Conference of American States, 1889 to 1928, 1931, p. 45.）と同じであり、古典的なカルボ・ドクトリン[4]への回帰にほかならないといえよう。

ここでは「裁判拒否」という国際法上の違法成立条件がまさに国内法に送致されてしまっていたのである。一九五九年の米州機構法律委員会が『干渉』の定義に関し、「(干渉の内容には) 一国の国内法上でその国の国民に与えられる権利、救済或いは保障を越えて、特権的地位を外国人に認めさせ或いは認めさせようと試みる行為が含まれる」との決議を多数で採択したとき、米国はこれに強く反対し、「在外自国民の生命、財産の通常の外交的保護行為は『干渉』ではない」と抗議したのは、右の事情を物語っているのである。フリーマン（A.V. Freeman）も、右の決議では国内裁判所の判決が条約規定の明白な違反を犯した場合でも国際的請求を提起できなくなる。過去の先例はこうした乱暴な結果を是認していないと強く批判したのである[5]。

ところで「裁判拒否」の概念は過去の先例からみて、三つの意味に理解されているように思われる。第一に広義では外国人の不当逮捕等の行政上の不正措置を含め、行政・立法・司法のすべての国家行為に関する国家責任の全分野を含むとするものである。従って外国人に対する国家の違法行為のすべての種類に適用されるものである（入江啓四郎によれば、こうした意味に denial of justice を理解する場合は、それは「裁判拒否」でなく「公正拒否」と訳すべきだという。入江啓四郎『国際経済紛争の争訟処理』成文堂、一九七一年、三四～三五頁）。第二に狭義では、国内裁判手続の利用の拒否ないし裁判管轄権の否定と裁判の遅滞ないし判決の拒否といういわば司法手続に関するものに限定する見方である。そして第三に中間的意義になるが、民事・刑事上の裁判権行使に関する不当な司法行政上の行為及び判決で、手続的分野のみならず不法、不当な判決を含むが行政、立法行為上のものを含まず、あくまで司法権行使上の問題に限られるとする見方である。ソーン（L.B. Sohn）とバクスター（R.R. Baxter）は第三の中間的意義が妥当であるという。(6) アマドールも国内裁判所の訴訟手続上の権利を外国人に対して奪うこと並びに明白に不正な判決の他、判決の不執行の場合を含めて「裁判拒否」と定義して、ほぼ第三の中間型を採用している（国家責任に関する一九六一年のアマドール条約案第三条）。なおアンチロッチによれば不当・不法な判決でも国内法に違反して外国人に差別的な決定を行った場合には、通常の意味での「裁判拒否」の範疇に入りそれ自体が国家責任を構成するが、国内法に基づく通常の判決を行ったが、判決内容が国際法に違反したため国家責任が発生する場合は、国家責任発生の原因は司法権による「裁判拒否」ではなく、立法上の瑕疵による国際法上の義務違反そのものであるといっている（D. Anzilotti, Corso di Diritto Internazionale, Vol. 1, 4 ed., 1955, pp. 171〜173.）。

問題はしかしかりに「裁判拒否」の概念が明確性を欠いていたとしても、裁判拒否の行為が国際法上の違法行為として通常理解されていたことは疑いがないところである。今日でも、「裁判拒否」がＩＬＣ「国家責任」条文第二条で規定する作為（action）又は不作為（omission）のいずれであるかはともかく、当該国家に国際法上帰属し国際義務に違反する行為（internationally wrongful acts）であることは疑いないだろう（二条(a)(b)及び一条）。その点でカルボ・ドクトリンが「裁判拒否」の内容の決定や違法性判断を実体的にも手続的にも国内法に送致する意味で理解されたとすればかなりに疑問であろう。こうして今日では、一九六六年に採択された国際人権規約上の人権の保障基準が、原則的に（特定条項の留保や解釈宣言の効果は別として）特定時点の特定国内法基準に優位して人一般に（内国民に対しても）適用しなければならない国際法上の義務を加盟国に負課していることを忘れてはならないのである。しかしながら社会権規約第二五条では、「天然の富と資源」に関する主権による自由活用の権利（形式的にはすべての国に対する保証であるが、実質的には先進国の資本を受け入れている途上国が主として享有）を認め、資源に関する紛争解決手続（司法管轄権を含む）及び実体法上の「領域管轄権」の優位を認めたことも見落としてならない。また同規約第二条三項で途上国について明文で一種の差別的優位（アファーマティブ・アクション）を肯定し、一九七四年の国連総会による「諸国家の経済権利義務憲章」の採択（新経済秩序の構築）にまでこぎつけて、七〇年代を中心とする途上国グループ（七七ヶ国）による先進国に対する経済的優位性の確保に成功した歴史的事実も忘れてはならないだろう。南北間対立の背景にあったカルボ・クローズの始源的意義が当時はかなりに働いていたことの証左といえよう。しかし先進国の反撥も強く、その後の法展開は、先進国との協力（資本と技術）が途上国の経済発展にとっても無視できないとの認識が次第に定着し、社会権規約第一条二項の「互恵の原則及び国際法に基づく国際的な経済協力から生ずる義務」の履行即ち「相互依存《インターディペンデンス》」関係の確立が南北間（経済・人権）関係の基軸となったと言ってよいであろう。たとえば先進国と途上国間の多くの二国間投資協定で、国有化紛争解決基準としての公目的性、無差別性の二条件の他、迅速《プロンプト》、実効的《エフェクティブ》及び適当な《アプロプリエート》（十分な《アデケート》）補償の三原則という、かって補償については「完全《フル》」ないし「正当な《ジャスト》」補償という先進国優位の立場が確立していた伝統的ルールよりも、途上国の主張をとり入れた「相互依存」的なルール（実際上は、国有化時の市場価格を一つの基準とし、且つその他の関連諸事情を考慮した価格決定方式）を盛り込む傾向が顕著になっている事実（一九八九年発効の日中投資保護協定五条3、参照）は、これを示すと言ってよいであろう(O. Schachter, Compensation for Expropriation, A.J.I.L., Vol. 78, No. 1, 1984, pp. 121～130.; 同旨、The Iran-U.S. Claims Tribunal, Aug, 13, 1985 の判決、A.J.I.L., Vol. 80, No. 1, 1986, pp. 181～184.)[7]。

（1）F.G. Dawson and I.L. Head, International Law, National Tribunals and the Rights of Aliens, 1971, p. 114.

（2）G.H. Hackworth, Digest of International Law, Vol. V, p. 636.

（3）F.G. Dawson and I.L. Head, op. cit., pp. 114～119.

（4）J. Scott ed., The International Conference of American States, 1889 to 1928, 1931, p. 45., C. Calvo, Le Droit International Théorique et Pratique, Tom. VI, 1896, p. 231.

（5）A.V. Freeman, The Contribution of the Inter-American Judicial Committee and the Inter-American Council of Jurists

to the Codification and Development of International Law, Procedings of American Society of International Law, Vol. 59, 1965, p. 21.
（6）　F. Garcia-Amador, L.B. Sohn, and R.R. Baxter, Recent Codification of the Law of State Responsibility for Injuries to Aliens, 1974, p. 180.
（7）　なお投資保護関係について詳細は、拙稿「南北経済関係における国際法の一側面」明学・法学研究二四号、一九八〇年、及び「南北関係と国有化の国際法原則」明学・法学研究二八号、一九八二年、参照。

㈡　裁判拒否――その歴史的意義

裁判拒否（Denial of Justice）の概念の形成過程について歴史的見地から一応検討しておこう。歴史的にみると、この概念は在留外国人の生命、身体或いは財産に対する在住国における侵害上の国家責任の問題と関連して成立した。中世においては「私的復仇」（private reprisal）の慣行の中で、復仇が合法性をもちうる条件としてこの概念が援用されたことがある。すなわち在住国で損害をこうむった外国人は、賠償をうるために在住国の君主に申立てをしなければならないとされた。そしてもしこの方法が無効であることが証明されたならば、そのときはじめて「司法拒否」(denegatio justitiae) と呼ばれる不法行為が、最初の不法行為（original tort）に加わることになるのである。且つまたそのときはじめて被害者たる外国人は自己の主権者に救済を申立てる権利が生ずるとされたのである。一二世紀に始まるこの慣行によって、君主は被害者に復仇（私掠）免状（lettres de marque）を与えることができた。この免状は私的裁判を許可する効力をもつ。従ってこの免状を得た個人は、武力によってでも自己の財産を回復し或いはそれと等価の賠償を、彼に裁判を与えなかった君主の臣民の何びとからでも獲得することができたのである。ここには集団責任の観念が前提されていたことを否定しえない。(1)

もとより当時の学者の中には、裁判管轄権を拒否する狭義の裁判拒否と裁判は行うが不公正な判決を行った場合を区別し、後者の場合は復仇を許可しないものと考えた学者もある。これらの学説をひきついで、たとえばグロチウス

(F. Grotius）は裁判拒否（déni de justice）と裁判軽侮（défi de justice）を区別し、前者は合理的期間内に判決が得られない場合をいい、後者は判決が明白に法に反した場合及び裁判所が恣意的立場から加害者たる自国民に有利な判決を行ったと推定しうる場合をいうものとしたのである。(2) ヴァッテルはこのグロチウスの見方をより明確化し、"déni de justice"を三つの類型に分け、①外国人に居住国の通常裁判所で自己の権利を証明し或いは主張する機会を拒否すること、②理由の説明のない不当な裁判の遅滞、③明白で確実な不正或いは不公平な判決がこれである。そしてこれら三態の場合にかぎり復仇が認められるが、この場合の復仇主体は国家であって、もはや個人ではないとされている。(3)

近代国際法の古典期に現われた"denial of justice"概念に関する上述の類型的区分は、その後二〇世紀に至り、国家責任論の現代化の祖といわれるアンチロッチによってより限定された形で肯定されたのである。アンチロッチはいう。"denial of justice"とは、外国人が彼の権利保全のために居住国国内裁判所に出訴する権利を拒否されること(アクセス権の否定)をいい、裁判で通常期待される結果が右外国人に不利であっても、それは"denial of justice"を構成しない。但し判決が国際法に違反した場合は国家責任を生ずるが、しかしそれは国際法違反のゆえであって、"denial of justice"のゆえではない、と述べている。(4)

それでは"denial of justice"に関する先例わけても国際仲裁判決は、どのように理解していたかをみてみよう。一八九六年のファビアニ請求事件（the Fabiani Claim）の判決は、"denial of justice"を出訴権すなわち裁判手続へのアクセスの権利の否定と、裁判の不当な遅滞を意味するとした（J.B. Moore, International Arbitration, p. 4895.）が、一八七五年のコッワースとパウエル事件（the Cotesworth and Powell Case）では、出訴に関する原告の手続的権利の否定や裁判行政や訴訟手続上の遅滞、意図的妨害のみならず「判決が法の明白な違反や不正に基づいて行われ或いは執行された場合」を含むとしたのである（J.B. Moore, ibid., p. 2083.）。そしてどちらかというと後者の判決が少なくないのである。たとえばMedina Case（(1862) Moore, ibid., p. 2317.）やChattin Case（(1927), 4 UN Reports of International Arbitral Awards（R.I.A.A.), p. 282.）、Rudloff Case（(1903) 9 R.I.A.A, p. 244.）、Company General of the Orinoco Case（(1902) 9 R.I.A.A. p. 180.）がそうである。そしてこの「明白に不正な判決」(manifestly unjust judgement）を含むところのいわば裁判過程の手続と実体の両面を共に含む意味で“denial of justice”の概念を理解する立場が、戦間期の一時期、一般的傾向となっていたといってよいだろう。とくに英米系の学者の意見にその傾向が強い(5)。フリーマンは、こうした見方を「法の正当手続」(due process of law）という憲法原則の国際法への導入であるといっている(6)。

しかし一方、より広義にこの概念を理解する見解もあり、これによると外国人取扱いに関する国際不法行為のすべてに適用があるとするのである。従って司法府の行為に限られず、行政府、立法府等すべての国家機関の行為についても適用があることになろう(7)。しかしこの見方では広義すぎて「技術的区別としての価値を失う」(Chattin Case (1927), 4 R.I.A.A., p. 282.）おそれがあると思われる。一九三二年のサレム事件（tha Salem Case）に関する仲裁判決でも「もし“denial of justice”に関する米国の理論と慣行が、そこまで拡張されるとすれば、裁判所はその見解に従うことができない」と述べているのである（2 R.I.A.A., p. 1202.）。こうしてアレチャガ（E.J. de Aréchaga）もいうように、「“denial of justice”の概念を国家責任の範囲を制限したり拡張したりする手段として利用してはならないのであって、“denial of justice”の概念と国家責任の概念とは論理上、同延（co-extensive）ではないのである。また司法府（裁判所）の行為に関するすべての国家責任が“denial of justice”の概念で説明しうるわけでもないのである(8)」。もっとも右のアレチャガの見解の最後の部分すなわち裁判所の行為から生じたすべての国家責任が“denial of justice”の範囲に入るとはいえないという見方が何を意味するかは明らかではない。かりにそれが、判決が明白に国際法に（国内法でなく）違反している場合を意味するとすれば今日の国家慣行からみて必ずしも妥当ではないであろう。現今、普通にみられる憲法秩序への国際法尊重原則の導入という一般的傾向からみて、判決が外国人に対して明白に（意図的に）不正且つ不公平であるという“denial of justice”の実質観念は、それが国内法に違反した場合のみならず国際法に違反した場合をも含むとみるのが合理的であるからである（出訴に関する手続上の権利のみならず判決の実体についても）。

しかし近代以降私掠免状による私的復仇の制度が、国家（本国）の外交的保護の制度にとって代わられて、自国民の外国における被害に対しての請求上の権利が国家に独占されて以来、この国家的請求の機能と“denial of justice”の関係は特別の意味連関をもつに至ったことも否定できない事実である。すなわち自国民が外国で被った損害に対する私的請求は、本来、その外国の国内法を準拠法としその国の国内裁判所の管轄権の範囲内にある性格のものである。しかるにその請求が国家の請求に変質すると共に国際的レベルに移行するための条件として別に新たな観念が必要になったといえるのである。“denial of justice”という既存の事実の観念的再構成の必要がそこに生じたのである。私掠免状による私的復仇が可能とされた近代以前と異なる最大の点は、こうして救済方式の国家機関化であり、保護法益の国益化であったのである。しかし同時に“denial of justice”の「復仇」法上の発展としては、国家的請求の形態をとることにより、より熾烈化したといえよう。

ところで一九世期わけてもその中葉期に於ては、各国家の主権プライドが極めて強く、外国人の関わる法的紛争は居留地国法廷で解決すべきことが強く意識され、外交的フォラムで解決する方式を避ける雰囲気が濃厚であった。そのため国内裁判所は国際的ルールに関する知識が不十分となり、国際法の適用に積極的でなくなる傾向が生じた。その結果、関係国家間に紛争がしばしば生ずるようになったため、一八七〇年以後、国際仲裁（arbitration）方式が採用される傾向が強くなったといえるのである。しかし同時に、仲裁による解決方式の対象となる紛争事項に対して、主権的利益を考慮した「留保」が入り易い状況（多数国間国際仲裁条約）が生まれたことも事実である（R.St.A. Mcdonald, D.M. Johnston, G.L. Morris, The International Law of Human Welfare: Concept, Experience and Priorities, in“The International Law and Policy of Human Welfare, 1978, ed. by Mcdonald et al, 1978, p. 52.）。そして一九世紀以来ラテン・アメリカ諸国とヨーロッパ諸国が結んだ多くの仲裁条約で「“denial of justice”がある場合に限って」請求が仲裁に付されるという条項を挿入する方式が定型化した。しかしこうした条約の大部分が“denial of justice”の定義を行っていないことと相俟って、右条項は欧米人の個人利益を国際裁判手続で保障する意味を一方においてもったが、他方、“denial of justice”概念を国内法上の違法や手続上の瑕疵に限定することによって右条約の適用を限局化すると共に、広義の国際法（国際基準）上の違法行為に対する追及は、別の外交力、軍事力を背景とする主権国家間の政治関係の文脈の中で行う余地を残したといえるのである。そこにヴァッテルなどの理解した伝統的な復仇観を背景とした“denial of justice”が国益的に再構成される傾向が濃厚に存在したといえるのである。国際法違反の判決を「裁判拒否」の対象項目から除き、別の国家責任の法理の中で理解しようとしたアンチロッチなどの近・現代（移行期）国際法派もそうした役割を果したといえよう。

　アレチャガは言う。右の多くの仲裁裁判条約の適用対象とされた“denial of justice”は、ヴァッテルやアンチロッチなどのいう限定的概念すなわち出訴権の否定や裁判の不当な遅延のそれに限られ、明確に不当な判決や国際法規の違反は国家責任は発生するが、それに対する救済は右の裁判条約ではカバーできないもので別の仲裁のための国家的合意が必要であったと。そしてこの見解は、ハーグ法典化会議（一九三〇年）で国家責任に関する条約案（特別報告者Ch. De Visscher）が審議されたとき、その第八条二項で“denial of justice”の定義が行われたさいにも大方の同意を得ていると述べるのである。この「国家責任」条約案の第八条二項は次のように規定している。「国家の国際法義務に違反する方法で（in a manner）、外国人が国内裁判所に出訴する権利を司法当局によって阻害された場合、及び彼の訴訟手続（proceedings）が司法拒否を意味する不当な障害ないし遅滞によって妨害されたとき、国家は責任を負う」と。特別報告者のド・ヴィッシェの説明によれば、米国代表はこの訴訟手続上の権利については、アメリカ法でいう人身保護令（habeas corpus）上の人身の自由に関する権利に関しての裁判所の決定も含まれるべきだと述べたという。しかしウルグァイ代表はこれに反対し“denial of justice”は狭義の意味すなわち出訴権の否定と裁判手続上の妨害および裁判の遅滞についてのみ適用があるべきだという見解を明らかにし、第八条二項はそのラインで理解され採択された（三〇―〇）というのである。[9]“denial of justice”の概念を右のように、極めて狭義の手続的範囲にのみ限ることが実定法の正確な理解であるかどうかは、たとえば前述した仲裁判決の多くからみて疑問であるが、しかしその沿革的意義として、復仇観念を基礎に私的権利の救済から国益保護へと意味上の転換をとげた歴史的性格は無視しえないところである。こうして「国際基準」に反する国内判決を「裁判拒否」事由の範囲に入れず、仲裁条約による解決事項から除こうとする努力は、必ずしもその国の政治的安定を保障せず、逆に先進大国の力による干渉の背景となる状況を生んだといえるのである。

さて右にみたような一九世紀から二〇世紀前半における在外自国民人損害の当該国における国内救済体制の不備や問題点は、ラ米地域諸国における当時の欧米先進国に対する政治的対立感情によって増幅され、しばしば先鋭化した。しかし二〇世紀末以降は「裁判拒否《デナイヤル・オブ・ジャスティス》」の用語の使用自体が次第に影をひそめるほどの途上国の国内法体制の整備が進んだ。もとよりそれは司法（訴訟）手続上の改善が中心であって、「国際標準主義」と「国内標準主義」という実体的な法観念の南北的対立まで解消されたわけではない。その意味では「裁判拒否」の観念は「国内的救済《ローカル・レミディ・ルール》（完了）原則」の適用過程上で（同原則の不適用による被害者本国の外交的保護権の行使を可能とする条件の中で）実質的になお存在し続けているといえるだろう。こうしてたとえばＩＬＣ「外交的保護」条文（二〇〇六年）が、「国内的救済原則」の不適用事由として、(a)実効的救済（effective redress）のための国内的救済制度活用の合理的可能性がない場合、(b)国内的救済手続に不当な遅滞（undue delay）がある場合をあげている（一五条）ことは、それを証明しているといえるだろう。

（1）私的復仇の制度については、田畑茂二郎「外交的保護の機能変化（二）」法学論叢五三巻一・二号、一九四七年、七〜二二頁、参照。

（2）H. Grotius, De Jure Belli ac Pacis, Ⅲ, ii, 5.; H. Spiegel, Origin and Development of Denial of Justice, A.J.I.L., Vol. 32, No, 1, 1938 p. 63.

（3）E. de Vattel, Le Droit des Gens, Liv. Ⅱ, Chap. xviii, § 350. (Fenwick's Translation).

（4） D. Anzilotti, Corso di Diritto Internazionale, 4 ed., 1955, pp. 171〜173.
（5） G. Fitzmaurice, The Meaning of the Term "Denial of Justice", B.Y.I.L., Vol. 13, 1932, p. 93.; 国家責任に関するアマドール条約案第三条（F. Garcia-Amador, L.B. Sohn and R.R. Baxter, Recent Codification of the Law of State Responsibility for Injuries to Aliens, 1974, p. 180.）。
（6） A.V. Freeman, The International Responsibility of States for Denial of justice, 1939, p. 161.
（7） C.C. Hyde, International Law, Chiefly as Interpreted and Applied by the United States, Vol. 1, 1945, pp. 491〜492.; E. M. Borchard, The Diplomatic Protection of Citizens Abroad, 1927, p. 330.; G.H. Hackworth, Digest of International Law, Vol. V, p. 526.; なお入江啓四郎『国際経済紛争の争訟処理』成文堂、一九七一年、三四〜三五頁。
（8） E.J. de Aréchaga, International Responsibility, in "Manual of Public International Law," ed. by M. Sφrensen, 1968, p. 555.
（9） Ibid., pp. 556〜557.

(三)　カルボ条項

カルボ・クローズが国家と外国私人との間の契約中に挿入された場合に、それが国家の主権的権利である国際法原則維持のための外交的保護権の行使を制約する目的をもつかぎり、国家的権利と私人の権利の明確な分離をめざす理論的立場からみれば、その国際法上の効力は否定されなければならないであろう。一九世紀以来の伝統的学説と国家慣行は原理的にこの立場に立っていたが、しかし実際上は国家の国際法上の法的権利《リーガル・ライト》の保護というよりは国家的利益《ナショナル・インタレスト》の保障という政治概念の優位の中で（国際法の原則や権利の内容が明確でないことも相俟って）私人の国内法（契約）上の権利の棄損を国益侵害へと転化させて干渉が行われるのが通例であったのである。この場合にはカルボ・クローズの効力は国際法上で完全に否定されていたと言ってよいであろう。

しかし国家の主権的権利と私人の権利の分離を法的観念の中で原理的に認識することによってカルボ・クローズの国際法的効力を限定的に承認する国際判決もでたのである。一九二六年の北米浚渫会社事件に関する米・メキシコ請求委員会の審決がこれである。この審決ではまずカルボ・クローズが国際法原則を確保するための国家の主権的権利を制限する効力はもちえないとして次のように述べた。「国家は特定の事件でその市民の一人に対する損害を救済するよりも、『国際法の原則』（裁判拒否の場合の外交的保護許容の原則即ち外交的保護権行使の前提としての国内的救済完了の原則）を維持することにより重要な利益を有しているのである。従って市民は自己の締結する契約によってこの点での本国政府の手をしばることはできない」（1）と。

しかし同時に、国内的救済原則《ローカル・レミディ・ルール》の意義と機能を前提として理解するかぎり、本来、私的自治の作用が認められている取引契約上の国家と私人の合意で、——この場合の「国家」の立場は、主権免除制度《ソブレン・インミュニティ》の中で理解されている jure gestionis のそれであり jure imperii のそれではない。——契約に関する紛争の解決と救済はこれをもっぱら国内管轄権に委任し、その決定をもって最終的とした場合に、いいかえれば本国の外交的保護の利用を放棄することを明示した場合に、国内手続によって紛争の最終的解決《ファイナル・セトルメント》が得られたものとみなすべきことは、右のローカル・レミディ・ルールの当然のコロラリーといえなくもないだろう（2）。実際上からみても、利害当事者たる私人が外国との間で自発的に行った契約条項を、本国の国家が無視することは通常ありえなかったのである。アレチャガ（E. J. de Aréchaga）は、この実際上の傾向を一九世紀における事件としてムーア（J. B. Moore）の著書（J.B. Moore, International Arbitration, pp. 3122, 3548, 3564.）から引用しながら、また二〇世紀始めのケースとしてラルストン（J.H. Ralston）の書物にある先例（J.H. Ralston, The Law and Procedure of International Tribunals, 1926, pp. 62〜65, 67, 69.）を引きながら肯定するのである。わけてもこの点に関し、右の北米浚渫会社事件に関する一九二六年の米・メキシコ請求委員会の判決を高く評価するのである。しかし一方、米・メキシコ請求委員会に付された国際漁業会社事件（International Fisheries Company Case（1931））（G.H. Hackworth, Digest of International Law, Vol. V, pp. 643〜647.; 4 R.I.A.A., pp. 703〜746.）やメキシコ合同鉄道事件（Mexican Union Railway Case（1930））（5 R.I.A.A., pp. 123〜129.）、或いは汎洋鉄道事件（Interoceanic Railway Case（1931））（5 R.I.A.A. pp. 187〜190.）の審決にさいして、英・米側仲裁委員から出されたカルボ条項の有効性の範囲に関する解釈上の争いや、北米浚渫会社事件判決に示された「裁判拒否」を理由とするカルボ条項の効力の拒否という態度（本国の外交的保護権行使の是認）もまた無視しえないとするのである。(3)

こうしてカルボ条項の有効性に関して国際的に大きな論議が古くから展開され、今日でもまだ根強く存在するのである。そこでカルボ条項の国際法上の有効性は原則的に認めるが、しかし効力の限界もまた認めるという有名な北米浚渫会社事件判決のファン・ホーレンホーフェン（Van Vollenhoven）解釈を再度みてみよう。この見解が、米・メキシコ請求委員会の全員一致の判決の中で示され、それがその後のカルボ条項の国際的意義に関して指導的影響力をもつに至った事実を見逃すことができないからである。(4)この判決は次のように述べている。当事者間の契約に挿入された本国の外交的保護の放棄に関する規定は「契約に関する事項（any matter related to this contract）にのみ適用される。……従ってこの条項（広瀬注・カルボ・クローズ）は、訴訟の係属するメキシコ国内裁判所がもし国際法上の用語として理解される裁判拒否または裁判遅滞（a denial or delay of justice as that term is used in international law）を行った場合には、本国の外交的保護を請求する疑うことのできない権利を原告から奪うものと解釈されてはならない。……この場合には、原告の請求は契約の違反に対してではなく裁判が拒否されたことに対するものである。すなわち原告の請求の基礎は、契約構造の上にあるのではなく——偶然それに依拠することがあるかもしれないが——（裁判拒否という）国際違法行為の上にあるからなのである(5)」と。

問題はしかしこの場合の「国際法上の用語」としての「裁判拒否」の概念を、前述したように狭義でのそれ、即ち訴訟と裁判上の手続面でのそれ——この場合の準拠国内法が国際法の定める基準に違反しているか、或いは単に原告外国人に内国民と差別した国内法の不当適用を行ったかは問わない——に限定すれば、原告の契約上の私的権利の損害とは区別された原告私人に加えられた別の国際違法行為として把握することができるであろう。「裁判の拒否又は遅滞」というふうに手続的用語を重ねて用いているところをみると審決の立場はそのようにみえる。また裁判の準拠実体法の適用上で、国際法に定められた基準に満たない国内法を適用した結果、国際法違反の不当な判決が行われた場合は、その国内判決によって契約の違反が確定したことであるから、それに対する異議は「契約に関係する事項」の範疇に入り、これは有効に放棄された外交的保護の範囲に入れざるをえないと考えるべきかもしれない。審決の立場はそのようでもある。

してみると問題は「契約の違反」とは区別される「裁判拒否」という国際法違反の行為の中に、国際法の規則に違反する国家行為によって結果的に契約の破棄ないし違反が生じたにも拘らず国内裁判所がそれを救済しなかった場合を含ませるかどうかということになろう（中間型の「裁判拒否」概念）。のみならず、右の場合には前提として国際法の規則や国際義務の存在が確認されなければならないことになる。私的契約を破棄する国家行為がどのような条件を欠いたならば国際法違反となるかの厳密な実定国際法の検討が必要となろう。こうして北米浚渫会社事件審決における「裁判拒否」に関するファン・ホーレンホーフェン解釈の意味するところは何かが実際に争われたのである。たとえば、一九三一年の国際漁業会社事件に関する米・メキシコ請求委員会の審決（二対一）では、事案は契約の不遵守に関する問題であるからカルボ条項により外交的保護権の行使が排除される。従って委員会には管轄権がないとしたのである。しかしこの審決の中で反対意見を述べた米委員は、メキシコ政府の契約の破棄を「裁判拒否」の範疇で理解すべきだとし、管轄権を肯定する立場を主張したのである。(6)

そしてこの問題は国家責任に関する「国際標準主義」の主張と結びついてその後長く争われるに至るのである。なぜなら「国際標準主義」の主張は、国際法の概念としての「裁判拒否」の基礎をなす客観的な――この客観的という意味は、単に先進国の国内法基準であるにとどまらず、すでに普遍的、一般的に国際社会で実定化されているという意味のそれである。その点で途上国側の「国内標準主義」が主観的、個別的で主権的閉鎖性をもつのと異なる――国際法義務の存在を前提とする観念だからである。さてカルボ条項の性格につき、これを単なる国内的救済原則《ローカル・レミディ・ルール》と同一視しこの焼直しにすぎないとみる見方もある。(7)しかし右にあげた多くの国際判例が示すように、各請求委員会や仲裁裁判所の設置そのものがローカル・レミディ・ルールの放棄を意味するものである以上、もしカルボ条項を国内救済完了原則と同一視するならばそれによってカルボ条項そのものも消滅したとみるほかなかったはずである。しかし各請求委員会や仲裁裁判所はカルボ条項の意義や有効性を審査し、現にその効力を限定的ながらも承認した審決を行っていることは、カルボ・クローズとローカル・レミディ・ルールが次元と性質を異にする問題であることを証明しているといってよいだろう。別言すれば、国内的救済原則は国際裁判の前置手続として理解されており、カルボ条項は国際的請求手続の否定を前提としている点で原理的な性格の違いがあるのである。

（1）North American Dredging Company Case（1926）, G. H. Hackworth, Digest of International Law, Vol. V, p. 642.
（2）The Tattler Claim,（U.S. v. U.K.）, 1920, 6 R.I.A.A., p. 48.
（3）E.J. de Aréchaga, International Responsibility, in "Manual of Public International Law", ed. by M. Sørensen, 1968, pp. 591～592.
（4）E.J. de Aréchaga, ibid., p. 592.
（5）G.H. Hackworth, Digest., Vol. V, pp. 641, 642.; 4 R.I.A.A., p. 30.
（6）G.H. Hackworth, Digest., Vol. V, pp. 644～647.
（7）A.V. Freeman, The International Responsibility of States for Denial of Justice, 1938, p. 181.; A. Ross, A Textbook of International Law, 1947, p. 265.

(四)　国内的救済原則《ローカル・レミディ・ルール》と裁判拒否とカルボ条項の相互関係

もう一つの問題点がある。外国人と相手国との契約の中にカルボ条項が挿入されていても、契約当事国が契約を全体として或いはその権利義務の重要部分を一方的に破棄した場合に、なおカルボ条項だけが有効に存続しうるかという問題である。契約当事者は一方においてその契約の有効性を否定し或いはそれに違反しながら、他方、契約の別の条項上の利益の享受を主張することはできないという法格言を前提にして考えれば、右の場合、カルボ条項もまた有効性を喪失したというべきであろう[1]。

しかし契約の違反が私的契約の当事者の立場からではなく、主権国家の地位で且つその主権的権力行為（acta jure

imperii）によって特定の公目的から既存の私的契約の有効性を否認する立法・行政上の行為の結果として生じた場合には、契約条項に対する一方的条件変更の効果が紛争解決手続にまで及ぶものでないかぎり、なおカルボ条項を含む契約の全面的無効化をもたらすというふうにみることはできないであろう。当事者自治の及ばない権力的国家行為の有効性とその限界の問題である。

フェアドロス（A. Verdross）は、国家主権的権力《ユーレ・インペリー》行為による契約の違反（破棄）に対しては原則として国内的救済原則の適用はないとしながらも、司法府が違憲立法審査権をもっている等、国内的救済の道が存在する場合にはこれを利用しなければならないとしている。[2] 一九五九年のインターハンデル事件（The Interhandel Case）に関する国際司法裁判所の判決は、右のフェアドロスの見解よりもより徹底した形で、被告米国側の侵害行為が下級国家機関ではなく政府自身によって行われた主権的権力行使による場合でも、行政府に対抗して個人の権利を守るために十分な救済手段を裁判所に与えている場合には、国内的救済原則の適用があるとはっきり述べているのである。[3] この見解を本問題にあてはめれば、国家の主権的権力行為によっても国内法上で私的契約の破棄ないし無効が最終的に確立するわけではなく、むしろ契約の有効性を前提として契約で定められた紛争解決手続や救済手段の活用がはかられなければならないことになろう。のみならず国内的救済原則は確立した国際慣習法規則であることを考慮すれば、この原則の適用を契約上で明示的に排除（国際仲裁への付託等を明記することにより）しないかぎり、契約事項に関する紛争は常に国内裁判所による解決に付さざるをえないはずである。

しかしながら他面、次のことも考慮に入れておかなければならない。すなわち契約規定のとおり或いは国際慣習法の要求に基づいて、国内救済手続が進行し完了した場合に、右の契約後の国家行為によって生じた契約違反に基づく救済が国内裁判所の訴訟手続によっても、国際法に定められた条件に従って与えられない場合には——国際法上の条件という場合、経済的権益に対する国有化による損害救済と、市民的人権権利の侵害に対する救済とは取扱いに原理的な区別があることは既述したとおりだが、——前述したように「裁判拒否」（中間型）の問題として把握され、別に国際的請求の対象となると考えざるをえないこともあるのである。ブラウンリー（I. Brownlie）は、契約違反が国際法上の問題となり国家責任が発生するのは、厳格的意義《ストリクト・センス》での「裁判拒否」と「国際法に違反する収用」の場合に限られると述べたことがある[4]。しかし、ここではむしろ両者を併せ且つ国際法違反行為の範囲を拡大した場合のいわゆる中間型の「裁判拒否」として構成する方が適切であろう。けれども一九二六年の北米浚渫会社事件の審決の立場は前述もしたように必ずしもそうでないようにもみえる。すなわち「裁判拒否」の概念を裁判手続にのみ限定した狭義のもの（但しその概念は国際法上のものであって、国内裁判所が決定するものではないことを明らかにしているが）として理解しているようにみえるからである。

いずれにせよこの場合、伝統的見解に従えば、外交的保護権によって請求される紛争の主題は国際法（条約）の違反であり、その被害法益は被害者に関して生ずる国家の権利であって個人の契約上の権利ではない。訴訟上の請求も従って現状回復ないし損害賠償というような「給付判決」の請求形態をとることは原則的になく、将来に対する自国民一般の権利の保障を求める外交的要求（satisfaction, 二〇〇一年・ＩＬＣ「国家責任」条文三七条、三〇条(b)、参照）を除けば、訴訟上の請求の性格としては国際法や条約の解釈或いは事実の確認を求める「宣言判決」のそれとならざるをえないであろう。たとえば被告国家による裁判拒否の事実の確認或いは契約の廃棄や契約条件の一方的修正が国際法に違反することの確認を求める請求が請求の基本型となろう。前記の北米浚渫会社事件判決が、請求の基礎は私的契約の構造にはなく国際違法行為のそれにあると述べ、かりに請求の基礎が私的契約に求められる場合があってもそれは偶然的なものであって原則では決してない。政府はしばしば特定ケースでの自国民の一人のために損害を回復することよりも、国際法の原則の維持により大きな利益をもっているのである、と述べたの[5]はこのことを意味するのである。こうして国家対国家の問題に事案の性格が移った以上、私的契約上の紛争解決手続は何の関係もなくなるのである。

ところで右にみたような私人の損害に対する具体的救済の請求とは概念的に別の、国家的利益に関する「宣言判決」の制度――但しその「宣言」が私人利益救済のための法律的前提となるべき目的をもっている――は、一九二六年の上部シレジアにおけるドイツ人の利益に関する常設国際司法裁判所の判決（本案）の中で明らかにされ、戦後は一九五九年に国際司法裁判所で審理されたインターハンデル事件で原告スイスによって主張されている。詳しく述べるとこうである。上部シレジアにおけるドイツ人の利益に関する事件では、原告ドイツは被告ポーランドが一九二二年のジュネーヴ条約に違反していることの確認を求めこれが肯定されたのである。[6] インターハンデル事件では、スイスは主要申立（principal submission）として米国によって接収されたインターハンデル社の資産の返還を求めるという個人損害の回復請求を行った。そして宣言判決の要求として出されたスイス・米国間の条約に基づく仲裁裁判付託の義務に関する確認請求は代替的申立（alternative submission）にすぎなかったため、訴訟の真の目的は会社資産の返還にあるとして、宣言判決の請求は裁判所によって棄却されたのである。[7]

しかし右の二つの判決は、宣言判決の場合には、ローカル・レミディ・ルールの適用を必要としないことを明らかにした点に意義があるのである。ただしカルボ条項の問題に関していえば宣言判決の請求は、国内救済手続の完了後に、「裁判拒否」という国際法違反の行為があったかどうかの確認宣言を求めることを請求主題とすることになる点で相違があるであろう。

（1） L.M. Summers, The International Law of Peace, 1972, pp. 106～107.; E.J. de Aréchaga, op. cit., p. 593.
（2） A. Verdross, Die Sicherung von ausländischen Privatrechten aus Abkommen zur Wirtschaftlichen Entwicklung mit Schiedsklauseln: Zeitschrift für ausländisches öffentliches Recht und Völkerrecht, 1958, S. 651.; Annuaire de l'Institut, 1956, pp. 47～48.
（3） ICJ Reports, 1959, p. 27.
（4） I. Brownlie, Principles of International Law, 1973, p. 530.
（5） G.H. Hackworth, Vol. V, p. 642.
（6） PCIJ, Series A, No. 7, p. 19.
（7） ICJ Reports, 1959, pp. 27～29.

㈤　司法手続による外交的保護制度の保護法益は国益か私益か

ところで右の見方は、国家の権益と個人の利益とを救済手続過程で完全に分離することを意味する。一つの理論であろう。しかしこの理論に疑問があるとすれば次の点であろう。一つは外国人の待遇に関する実体面での国際標準ないし人権標準の形成を断念し、もっぱら抽象的、一般的な国際法義務の存否に関する議論にとどまる傾向をもつという点である。二つには在外自国民の保護という個人の具体的被害の救済を目的として形成され且つ今日でもその機能を営んでいる外交的保護制度の実体からあまりにも遊離した理論構成となるのではないかということである。

たとえば後者についての裁判判決の実際はこうである。インターハンデル事件に関する国際司法裁判所の判決は、「米国内裁判所におけるスイス会社の訴訟と本国際司法裁判所におけるスイス政府の訴訟は、その主要な申立てにおいて同一の結果すなわち米国で強制管理に付された財産の返還をめざしている[1]」と述べて、国際裁判所における訴訟の保護法益が国家の利益ではなく、まさに個人の利益であることを明らかにしているのである。わけても国内的救済原則の適用が要求される国際訴訟では、訴訟の主題はその実質目的からみるかぎり、個人権益の救済以外にないことが明らかなのである。「裁判拒否」を根拠とする国際請求も、それが国内的救済の不十分、不完全さから生ずるものだけに、国際法違反の国内裁判による損害の救済とは、実際上けっきょくにおいて個人の権利の救済が目的とされざるをえないであろう。

もとよりすでにみたように、国際司法手続において外交的保護権を行使して個人の代りに行う本国の訴訟は「国家それ自身の権利」を主張するのであって個人のそれではないという見方が、国際裁判でくりかえし主張されてきたことは事実である。たとえばマヴロマティス事件（一九二四年）とホルジョウ工場事件（一九二八年）に関する常設国際司法裁判所の判決やノッテボーム事件（一九五五年）に関する国際司法裁判所の判決がそうである[2]。

しかしこれらの判決わけても戦後におけるそれを丹念に読むならば、判決でいう請求の国家的性質とは、ノッテボーム判決もいうように、「その国民の一身に関して（in the person of its subjects）国際法の尊重を要求する国家の権利を主張している」[3]（傍点広瀬）のであるし、またインターハンデル事件判決でいうように、国家は外交的保護権を行使する場合に「その国民の権利が国際法違反の行為によって、他国において棄損されたと主張する国民の言い分（訴訟事由）（the cause of its national whose rights are claimed）をとりあげている」[4]（傍点広瀬）のである。つまり外交的保護権によって国際裁判手続の上で請求される損害賠償の性質は実際の保護法益に関するかぎり、被害個人の損害そのものなのである。この点を見落としてはならないであろう[5]。

　こうしてみると、ホルジョウ工場事件に関する常設国際司法裁判所の判決は今日、見直しの必要があるように思われる。同判決では請求上の権利をドイツ政府の権利として理解し被害ドイツ人会社の権利としてはとらえていない。「個人が被った損害は国が被る損害と同じではない。それは国に対して支払うべき賠償の便宜的尺度を提供しうるだけである」と述べているのである。しかしこの判決が他方で次のように述べている点にも注意しておかなければならないだろう。「不法行為の償いが、国際法に違反する行為の結果として被害国の国民（nationals）が被った損害に相当する賠償に存しうることは、国際法の原則である」。「国際法は、一国が他国に対して前者による国際法違反の結果として後者の国民がうけた損害の賠償金を直接その国民に与えるように国際裁判所に対して要求する権利を付与することを妨げるものではない[6]」と。

　ここでは国家的権利の侵害が個人権利の損害額によって測定され、賠償金の支払い先が被害個人（会社）の銀行勘定への直接振込という形をとることが国際判決で肯定されているのである[7]。たしかに判決のいうように国家の損害と個人の損害とは性質的、範域的に異なるものがある。しかし国内的救済原則が適用される事案では、それが国際的請求の対象となった場合には、その保護法益は国内的救済手続に付託されていた場合と同様に個人の権益であるとみるべきであろう。右のホルジョウ工場事件の判決は実質的にそれを肯定しているとみるべきなのである。

　こうしてみてくると、外交的保護制度における請求上の保護法益を明確に個人法益そのものに限定する方向にふみ切ることが、外交的保護権の濫用を防止することに役立つのであり、且つまた外交的保護権が国民の人権保護に積極的に活用されるという点で、現代国際法上でも有意義な制度となりうるように思われるのである[8]（本書第一章二参照）。一九世紀のレッセ・フェールの経済政策と主権的自由の国際社会観の下で成立した「転化」の理論、すなわち自国民の被害を契機として国家の権益の拡大に奉仕した干渉的外交保護の擁護論から、ヴァッテルの「同化」の理論すなわち国民自身の損害をそのまま国家の損害として把握し、それを形式的に国家の権利の間接的侵害として理解する立場への回帰がこうして果されることになるであろう。そして更に今日の人権保障の国際体系の枠組の中で右の国家責任原理を再構成するならば、国民の人権侵害はそのまま直接に個人権利の侵害として国際法上で理解されることになるであろう。こうして個人（自国民）損害の発生を起点として始まった国籍国家の国際訴訟は被害個人に対する直接の損害賠償等の救済が可能な仕組みとして把握され、国家の外交的保護はそのための手続的権利（権限）にすぎないとみる方がむしろ妥当と解される国際社会の構造が形成されるであろう。但し国益即ち国民一般の利益保護を当該外交保護権行使上の訴訟事案に盛り込むことは可能で、「再発防止」請求はそれである（ＩＣＪラグラン事件判決、参照）。

（1）皆川洸『国際法判例集』有信堂、一九七五年、四九七〜四九八頁。
（2）The Mavrommatis Case (1924), PCIJ, Ser. A, No. 2, p. 12.; The Chorzow Factory Case (1928), PCIJ, Ser. A, No. 17, pp. 27〜28.; The Nottebohm Case, ICJ Reports, 1955, p. 24.
（3）The Nottebohm Case, op. cit., p. 24.
（4）The Interhandel Case, ICJ Reports, 1959, p. 27.
（5）前掲、拙著『現代国家主権と国際社会の統合原理』三五六〜三六七頁。E.J. de Aréchaga, op. cit., p. 578.
（6）The Chorzow Factory Case, op. cit., pp. 27〜28. 皆川洸、国際法判例集、前掲書、四五三〜四五五頁。
（7）Ibid.
（8）J. Charpentier L'Affaire de la Barcelona Traction devant la Cour International de Justice, Annuaire Francais de Droit International, Tom. XVI, 1970, p. 316.

四　紛争解決手段としての仲裁の性格

外国人と国家との間の契約上の紛争につき、最近の傾向として国際「仲裁」など国内法上の通常の裁判手続と異なる方法を選択することが当事者間で合意されることが少なくない。一九六六年（発効）の投資紛争解決条約で定めた投資紛争解決国際センター（ＩＣＳＩＤ）の常設が意味するところは、その規定自体では「投資紛争の調停及び仲裁のための施設を提供」（第一条(2)、傍点広瀬）したにとどまるが、しかし前提として調停、仲裁の機能を営む調停委員会や仲裁裁判所の活動を予定していることとである。国家責任に関するアマドール条約案第二一条も、損害を被った外国人が直接、国際請求を提供できる機関の設置を当事者の協定によって合意できると規定している。[1]こうした私人の国際的請求を仲裁等の特別機関へ付託させるという紛争解決のシステムは、契約当事者たる私人をその限度で国際法上の主体たらしめる効果をもつ。いいかえれば、トランス・ナショナルな性格を国際法に与えることになるのである。同時にそれは、私人の権益の侵害を国家対国家の利害関係の中で追及し救済しようとする伝統的な外交的保護の制度を不要とする機能をもつ（投資紛争解決条約第二七条一項。但し仲裁機関の判断に紛争当事国が服さなかった場合を除いている）。こうした仕組みはしかし司法手続を通じての国家の外交的保護機能を個人の被害権利の救済という目的に限定しようとする「人権標準主義」の立場と原理的になじむといえよう。なぜなら保護法益はいずれも個人権利の侵害の救済にあるとみられるからである。こうして最近では、私（法）人と国家との契約（コンセッション協定など）で、契約から生ずる紛争は仲裁（arbitration）の手続によって解決するという、いわゆる「仲裁条項」が挿入されることが少なくないのである。

ところでこの仲裁の性格が国際法上の仲裁裁判に属するものか或いは国内法上の仲裁手続を意味するかが論議の対象となることがある。[2]この種契約が基盤に置く主要な適用準拠法の観点から判断して、即ち準拠法として関係国に

「共通の法原則」や国際司法裁判所規程上の「法の一般原則」が指定される傾向がある点からみて、国際法上の契約としての性格をもっていることをまず注意しておかなければならないだろう。もっとも厳密にいえば、国内法公序（ordre public）に相当する或いは優越する契約条件の効力が認められないかぎり、準拠実体法だけでは国内法上の契約か国際法上の契約かを最終的に決定できない要素があることも確かではあるが。しかし次の点をも考慮する必要がある。一九五八年のクエイトと日本のアラビア石油会社とのコンセッション協定第三三条が「仲裁裁定は最終的且つ決定的で両当事者を拘束する」という規定をおいているように（サウジアラビアと日本アラビア石油会社間の協定第五五条も同様）(3)、国家のみがもつ終審裁判権の権能の放棄を契約当事者間で合意する形式がとられることが少なくないことである。この規定が国内救済原則の放棄を意味する（逆カルボ・クローズといえるかもしれない）とすれば、仲裁方式がまさに国際法上の司法的解決手段であることを意味しよう。

のみならず右のアラビア石油会社のコンセッション協定では、仲裁のための裁定人の構成につき合意が得られないときには、国際司法裁判所長の指定によって決するという規定がおかれている。これは（私的）契約当事者とは別の私人の本国による手続上の関与を事前に予定したものとみるべきであろう。従って一般にいう国際法上の仲裁裁判と同じ機能を与えられたものとみてよいであろう。一九四九年のシリアと中東パイプライン会社（The Middle East Pipelines Comp. Ltd.）間の石油譲許協定第二三条二項が「仲裁手続は仲裁のときにおいて国際司法裁判所がとっているものに従う」と規定しているのも同趣旨であろう。また国家間投資協定で「投資紛争解決条約」（一九六五年）上の調停や仲裁の手続を援用する場合（たとえば一九七七年の日本・エジプト間の投資協定一一条、参照）は、投資紛争解決国際センターの権限（たとえば同条約三〇条による理事会議長の調停人の任命や、三八条による仲裁人の任命）が当事国間で承認され、調停上の勧告に妥当な考慮を払いまた仲裁判断の拘束力を紛争当事者を含めて承認しなければならないことになっているのである（同条約、前文、五三条一項）。

右のことからも理解できるように、自国企業の海外投資については、本国政府が常に何らかの関与を行っているのが今日の大勢である。たとえば投資保護協定という国家（政府）間協定の法的枠組を前提として、自国企業が外国と投資契約を結ぶことが一般であり、従ってそこからSubrogation（代位）の制度が承認されているとみてよいのである。また国内法上でもホーム・ステートによる自国企業の海外投資に関する危険（カントリー・リスク）負担上の投資保証制度を整備しているのが普通であり、補助金の制度をもつ国もあるのである。また企業本国はいつでも自国企業の海外投資の制限や禁止の法的措置をとりうるのである。こうしてみると、実質的にも自国企業による海外投資活動について本国は一定の法的関与を行うことが通常であるとみなければならないだろう（R. Dolzer, New Foundation of the Law of Expropriation of Alien Property, A.J.I.L., Vol. 75, No. 3, 1981, p. 576.）。

ところで、私人（企業）と外国国家との「仲裁」契約を実効化するための基本条約として二国間の通商（航海）条約があるが、最近は海外投資が活況を呈すると共に、二国間（或いは地域間）の投資保護協定（最近は自由貿易協定や経済連携協定もある）が締結され、投資者の投資に関する法的保証制度が整備され、投資紛争の解決のため国際仲裁が選択されることが一般的になっているのである（二〇〇〇年現在で、二国間投資保護協定は一七四カ国間で一八五七件にのぼっている）。

こうしてみると、私的契約に挿入された「カルボ条項」が一定限度で国際法上の効力を認められるとするかぎり、「仲裁条項」もまたそうした機能をもつとみるのが論理的であろう。もっとも国家責任に関するアマドール条約案（一九六一年）第二一条（被害者外国人が請求を提起する権利条項）二項のように、仲裁等への付託につき外国人は本国の同意を必要としないと明記されている場合は、たとえば投資紛争解決条約加盟国は条約への加入と同時に、また二国間投資保護協定を締結した場合は締結時に、自国民の渉外契約上の紛争に関し裁判管轄上の最終権限を放棄したものとみるべきことになろう。

もとよりすでにみたように、コンセッション協定の中には紛争解決の方式として国内的救済のみを指定し本国の外交的保護の放棄を規定する場合もかつては少なくなかった。しかしだからといって救済方式の国内管轄上の専権を理由としてそうした契約が完全に国内法上のものであるというふうにいいきるわけにもいかない。なぜならばカルボ条項の国際法上の有効性の審査を通じ、国際法の基準によって右契約の効力が評価されることがあるからである。実際の国際慣行をみても、事案の審理に国際法を適用すべき義務を負っている国際裁判所は、国際法廷という場においてしばしば国内契約の有効性を審査し、国際法の違反に対して国家が責任を負うべきことを判示しているからである。たとえば前記の北米浚渫会社事件に関する米・メキシコ請求委員会の審決は、「外国人は国際法の規則の下で(under the rules of international law)、(カルボ条項の)約束を合法的に(lawfully)行うことができるか。当委員会はそれは可能であると考える。……個人が自国政府の手をしばる試みはたしかに無効であるが、しかし個人の合法的契約を破壊する干渉上の権利を本国に認めている国際法の原則はないからである[4]」と述べていることに注意しておこう。

こうしてみると、問題は国際法が契約自体や契約の準拠法とどのような関係をもちそれに対してどんな効力を及ぼしているかのそれであろう。ジェニングス(R.Y. Jennings)も、国籍がそうであるように契約についても国内法に準拠して成立した権利が、国際法によって一定の評価と判断をうけうることを肯定して次のように述べているのである。「当事者自治の原則からして、契約当事者が指定した契約の準拠法は尊重されなければならないし、国際法がこれにとって代る(supplant)こともできない。しかしまた契約の一方当事者たる国家が自己の国内法を変更する権利があることも承認されなければならない。そして国内法の変更によって生じた契約の違反を救済するために国際法が介入すること(incursion)が禁じられているわけでもない。その意味では国際法は契約やその準拠法に対して形容的作用の法(adjectival law)としての役割を果している[5]」と。これは私的契約上の権利や財産、利益でも一定の場合に国際法上で直接に保護される客体となりうることを認めた意見である。たとえば一九〇二年の The Company General of the Orinoco 事件に関するフランス・ベネズエラ間の仲裁裁判や一九三七年の Ina M. Hofmann and D. H. Steinhardt 事件に関する米国・トルコ間の仲裁裁判でも次のような判示が既になされているのである。「国際法を適用すべき義務のある国際裁判所は、しばしば契約義務の不履行を含む事件に判決を下した。こうした判決は国際法に基礎をおくもの（there is a basis in the law of nations for such awards）と考えられる。もしそうした基礎がないとすれば国際法を適用すべき国際裁判所は判決を行う正当な権限がなかったと考えなければならない。……契約上の権利は財産である」[6]と。このことは、私的渉外契約上の仲裁条項によって設置された仲裁機関が、国内仲裁手続を意味するのではなく国際法上のそれであるとみる見方に有力な根拠を提供しよう（但し仲裁手続がウォークするためには一定の国家機関の関与や国際機関の承認のプロセスを必要とするが）。

ところで多くの学者は契約が準拠法として国際法や法の一般原則を指定している場合には、右契約を国際的次元に位置づけるべきことを認めている。ブラウンリーの表現によれば「当事者による国際法の選択は国際的場に契約を位置づける（to place the contract on the international plane）というのである。[7]"Transnational Law"の成立といってよいだろう。そしてこうした契約の、国際法による規制（契約の国際的性格）の存在は、少なくとも契約の一方当事者たる相手国家もその主権的権力行使の立場の上から承認しているとみなければならないであろう。なぜならば譲許契約締結後の事業運営で、ホスト・ステートは公権力に基づく許認可行為を通じて、右（私的）契約の有効性を前提的に承認しているとみなければならないからである。かつて一九三〇年のシュフェルト事件（the Shufeldt Claim）に関する米・グァテマラ仲裁委員会の審決は、グァテマラ政府が過去六年間に主権的行政作用に基づく許認可を原告に与えて、コンセッション協定上の金銭的支払いを原告シュフェルトに要求しそれから生ずるいっさいの利益を享受していたことは、たとえそれに対して議会の承認が与えられていなかったとしても契約の有効性を承認していたことを意味する。こうした見方は国際法の原則に適うものであると述べているのである。[8]いわんや紛争解決方式として国際仲裁を選択した場合にはその契約を国際法（正確にはトランスナショナル・ロー）上の契約として決定的に性格づけることになるといってよいであろう。[9]

（1）投資紛争解決条約には、当初、一部のアラブ諸国（エジプト、モロッコ、スーダン、チュニジア）を除いて、ラテン・アメリカのすべての国が未加入であった。しかし開発のための外国企業の投資が必要とされるに及んで、残りのアラブ諸国とラ米諸国の加入が急増した。たとえば、クェート（一九七九）、サウジアラビア（一九八〇）、パラグアイ（一九八二）、コスタリカ、エルサルバドル等である（G.R. Delaume, ICSID Arbitration and the Courts, A.J.I.L., Vol. 77, No. 4, 1983, p. 803.）。

（2）太寿堂鼎は、右の「仲裁」を国内法上のものとしている。太寿堂鼎「国内的救済原則の適用の限界」法学論叢七六巻一・二号、一九六四年、七五〜七六頁。

（3）アラビア石油会社編『石油利権協定』一九五九年、四八〜四九頁。

（4）G.H. Hackworth, Digest of International Law, Vol. V. p. 642.

（5）R.Y. Jennings, State Contracts in International Law, B.Y.I.L., Vol. 37, 1961, pp. 181〜182.

（6）G.H. Hackworth, Digest., Vol. V, p. 619.

（7）I. Brownlie, Principles of International Law, 1973, pp. 533〜534.; D.P. O'Connell, International Law, Vol. 2, 1970, pp. 977〜984.

（8）G.H. Hackworth, Digest., Vol. V, p. 621.

（9）外国私企業とホスト・ステート間の国際契約の基礎には、通常、私企業の所属する国家（国籍国）とホスト・ステートの間に「投資保証（保護）協定」が存在する。このことも投資紛争上の解決メカニズムに国際的性格を与え、契約を非国内法化させる要因となる（川岸繁雄「リヴィア・コパー・アンド・ブラス会社事件」神戸学院法学一一巻四号、一九八一年、一四八〜一五一頁）。

第六章　国際法における責任理論の系譜
——過失責任理論の限界と客観責任理論による再構成

一　過失責任理論の学説上の系譜

一般に、国家に違法行為上の責任が帰属するためには、国内法（私法）上のそれと同様に、故意または過失の存在を条件とするのが伝統的立場だとされている。たとえば近代国際法における国家責任原則として、ローマ法上の「なんぴとも、自己の過失なくして他人の行為に責任を負わない」という原則を導入したグロチウス（H. Grotius）は、明確に「不法とは、人が共通にまたは一定の資格により、しなければならないことに違反する作為または不作為における過失（culpa）をいう。こうした過失によって損害が生じた時、自然法によって損害を賠償すべき義務が生ずる」(1)と述べている。この見方には国家に人間と同等の団体人格を認める自然法観が背景にあることを忘れてはならないが、たとえばグロチウス後に出たプーフェンドルフ（S. Pufendorf）は、人間も国家も生来的に自由であることを前提にした上で、理性的に選択された自然法の妥当性を肯定し、国家に対しても「自然的自由の状態」をその出発点においているのである。(2)

そうした自然的自由の行動準則から生れる過失責任主義の観念は、アンチロッチ（D. Anzilotti）(3)等の一部の学者からの批判はうけたが、その後も伝統的国際法の中で、一定の影響力をもち続けてきたといえよう。今日でも、人間的自由の思想を基盤に、新たな装いを過失主義に注入して、それを国家責任原理にもちこむ学説がある。たとえばラウターパクト（H. Lauterpacht）がそうである。ラウターパクトはいう。「過失を責任理論から除去しようとする絶対責任主義（the principle of absolute responsibility）の主張は、国家を、国家に代って行為する構成要素としての個人から分離して、形而上的存在化するもので妥当でない。つまり過失の要素を国家責任帰属の要件から除去することは、個人から隔離し区別された国家概念を醸成することにしか役立たないのである。こうしてみると国家の責任は、国家の機関たる個人の権限内の行為に関して生ずるものだから、そこでは「過失」の存否が決定的要素となる」と。(4)

このような見方に対しては、後にも明らかにするように、第一に、個人の自由意思を背景とした行動と、国家という組織体の権限作用との認識的区別がなされていない点で疑問が出されうるし、基本的には、組織体の権限行為上の責任原理としては「絶対」（客観）責任の原則が本質的であること（過失責任主義の延長としての無過失（結果）責任主義とは概念的次元が異なる）を見落とした議論であるという批判が出されるであろう。また第二には、個人という行動主体の自由な意思決定とその主観的心理作用に責任帰属の原点を求める私法上の過失（主観）責任原則が、産業活動の活発化と危険の造出という新しい社会状況の展開を前にして、「責任の社会化」の必要に迫られ、「結果」責任原則の導入をはからざるをえない立場に立たされている現状を見落としているということである。いいかえれば国家の責任原則については、右の意味で次元的に別でありながら、二重の意味での「客観責任」の原則即ち「絶対」責任と「結果」責任の観念を前提としなければならない構造的条件をもつと共に、そうした新しい社会的発展の段階に入りつつあるということを見逃してはならないということである。また絶対責任や結果責任主義（以上を統轄して客観責任主義と呼称したい）の立場の方が、被害者救済の面で、より個人の尊重に役立つ機能をもちうることを右の見解即ち過失（主観）責任主義は見落としている点でも問題があるであろう。いいかえれば過失主義は免責期待主義で、むしろ国際法上で国家の無過失・無責任の機会を増大し（公務員の「選任」に過失がないと主張することによって国家への責任帰属を免れる。但し伝統的国際法でも「国家は国内法を理由として責任を免れることはできない」のが原則であり、二〇〇一年のＩＬＣ「国家責任」条文第三条もそれを明記している）、ラウターパクトの批判する国家の無答責形而上化を逆に促進する機能さえもっていることを見落としてはならないであろう。なお絶対（客観）責任主義によって被害者の社会的救済を確実にすることは、加害者（加害企業）の加害責任を放免することを意味せず、加害公務員に対する国の求償権の行使の他、加害企業に対する通常の民事・刑事手続による賠償と刑事責任の負課は国内法上で当然ありうる。

ところでオッペンハイム・ラウターパクトは、過失主義の立場からなお次のようにも述べている。二〇世紀に入ってから今日までの若干の国家慣行と学説を検討すると、「現代の国際法学者の中では、絶対責任理論（the theory of absolute liability）を排し、国家責任を過失（fault）に基礎づけようとする傾向が強まって」おり、「他国を侵害する一国の行為は、それが故意ないし悪意または過失（culpable negligence）がなければ国際不法行為とはならない」のであると。(5) たしかに第二次大戦後の国家実践の中でも、たとえばチュニジアにおけるイタリア人財産の損害賠償事件に関する一九五九年の仏伊仲裁委員会の審決がいうように、「フランス政府は、悪行を客観的に認定された自国公務員の選任につき、（選任時においては）それをア・プリオリに正当化しうる状況があったことを何ら主張しなかった」として、後にもみるように今日では理論的にみて批判の多い公務員〝選任上の過失〟（culpa in eligendo）の理論を肯定しているのである。(6) ここではなお過失主義が国家責任帰属理論として採用されているといってよいであろう。

しかしこうした見方に対しては、国際法の原理構造と裁判判決や国家慣行上の実証面から強い反論がある。この点については後に詳述するが、さしあたりブラウンリー（I. Brownlie）の次の批判をとりあげておこう。彼は、右のオッペンハイム・ラウターパクト或いはイーグルトン等の学説が、国家責任の基礎に故意（dolus）過失（culpa）をおくグロチウス派の流れをくむ有力説であることを認めながら、しかし国際法学者の多くは、(7) 国家責任を論ずるさいに故意、過失を問題にすることがないとしている。裁判判決についても、限られた少数の判決だけが過失主義を採用しているにすぎず、それも、反乱とか、私人や裁判官の行為によって被った特殊な損害の場合のように「特別な文脈に於て（in a particular context)」法が要求する行為基準の場合に限られているとしている。その例として、米・英間のHome Missionary Society（ホーム伝道協会）事件に関する一九二〇年の仲裁判決が、「政府は暴動鎮圧にさいして過失がなければ反乱者の行為に対して責任を負わない」(8)と述べた判旨や、Chattin事件に関する一九二七年の一般請求委員会の審決が、横領の罪に問われた原告に対するメキシコ裁判所の審理が「きわめて不誠実で公平な人間なら誰でも認める公的行為の不十分さがある」(9)と述べたことをあげている。——もっともこの後者の判示は傍論にすぎず、後述（本章、三㈥）するように、「裁判拒否」上の国家責任は不公平な判決そのものから結果し、裁判官の意図とは関係がないはずである。——そしてさらに判決や学説が「過失」(fault, faute) という用語を用いている場合でも、多くの場合、それは「法的義務の違反」ないし「違法行為」そのものを意味し、違法行為者の心理状態や主観的意思に言及しているわけではないと述べている。結論として、行為と結果との間の因果関係が証明され、結果が義務違反を構成するかぎり当然に責任が帰属するという、いわゆる「客観責任」(objective responsibility) の原理が妥当すると述べ、(10)その実証例として、一九二三年に設置された米・メキシコ間の一般請求委員会で審理されたNeer事件やRobert事件、(11)Caire事件(12)の判決をあげているのである。(13)

（1） H. Grotius, De Jure Belli ac Pacis, 1625, II, xvii, I.

（2） S. Pufendorf, Elementorum Jurisprudentiae Universalis Libri Duo, I, 3, 7.

（3） D. Anzilotti, La Responsabilité Internationale des États à Raison des Dommages Soufferts par des Étrangers, Revue Générale de Droit International Public, 1906, pp. 287～291.

（4） H. Lauterpacht, International Law Being the Collected Papers of H. Lauterpacht, Ed. by E. Lauterpacht, Vol. 1, The General Works, 1970, pp. 399, 402.

（5） L. Oppenheim–H. Lauterpacht, International Law, Vol. 1, 8 ed. 1955, §154, p. 343, n. 1.; 同旨、H. Lauterpacht, The Development of International Law by the International Court, p. 88.; Private Law Sources and Analogies, pp. 134～143.; C. Eagleton, The Responsibility of States in International Law, 1928, pp. 209, 215. またジュプュイ（P.-M. Dupuy）は、高度危険産業活動の活発化に伴って形成されつつある無過失責任主義（une responsabilité sans faute, déculpabilisation）は、危険を社会的に分散させ（la socialisation des risques）、不法行為者の道義感覚を麻痺させる傾向があるから過失主義を再生させ、不法行為

に対する抑止機能を復活させるべきだと述べる（P.-M. Dupuy, La Responsabilité Internationale des État, 1976, p. 10.）

（6）Recueil des Décisions de la Commission de Conciliation Franco-Italienne, Fasc. 6, p. 210.

（7）ブラウンリーの引用として、Borchard, 1 Z, a. ö. R.u. V. (1929), SS. 224～225.; Schwarzenberger, International Law,i, (3rd ed.), pp. 632～641.; Guggenheim, ii, p. 52.; Starke, 19 B.Y.I.L. (1938), p. 115.; Basdevant, 58 Recueil des Cours., (1936,IV), pp. 670～675.; Cheng, General Principles of Law, pp. 218～232.; Meron, 33 B.Y.I.L. (1957), pp. 93 et seq.

（8）6 (1920), Reports of International Arbitral Awards (R.I.A.A.), p. 44.

（9）4 (1927), R.I.A.A., p. 282.

（10）4 (1926), R.I.A.A., pp. 61～62.

（11）4 (1926), R.I.A.A., p. 80.

（12）5 (1929), R.I.A.A., pp. 529～531.

（13）I. Brownlie, Principles of Public International Law, 1979, pp. 436～439.; 島田征夫等訳『ブラウンリー・国際法学』成文堂、一九八九年、三八二～三八四頁。

二　コルフ海峡事件判決の検討

さて国際司法裁判所は、この問題すなわち国家責任帰属の要件につき、どのような見解をもっているのか、これを検討してみよう。一九四九年のコルフ海峡事件判決は、責任帰属理論について一定の見解を示したといわれている。すなわち同判決は、国家責任に関して過失理論を適用したのかどうかが問題となったのである。前記のオッペンハイム・ラウターパクトの見解によれば、コルフ海峡事件判決は、「過失なきところに責任なしの原則を肯定した教訓的先例であり」、過失責任原則の現代国際法における有効性の重要な証例であるとしているのである。

その理由をオッペンハイム・ラウターパクトは次のように説明する。「損害が、一国の領域内で発生したというそれだけの理由で、その国は被害国に対して責任を負うことはない、とこの判決は明示している。すなわち判決は次のように述べる。『アルバニア領海で発見された機雷が爆発を引きおこし、イギリス軍艦がその犠牲になったというそれだけの事実から、アルバニア政府がこの機雷敷設を知っていたという結論を出すことができないことは明らかである。……この事実（広瀬注・領域内における国際不法行為発生の事実）は、それ自体としてかつ他の事情とは無関係に、一応の責任（prima facie responsibility）も挙証責任の転換をも正当化するものではない』（ICJ Reports, 1949, p. 18.）。このように判示している。」オッペンハイム・ラウターパクトは、こうした判決の理解を根拠に国際司法裁判所は過失責任主義を適用したとみているのである。(1)

しかしながら、判決の趣旨をそのように読むことができるであろうか。これが問題である。右のコルフ海峡事件に関する国際司法裁判所の判決にみられる国家責任の要件に関する理解をどのように分析し位置づけるかは、今日における国際不法行為の理論的解明において重要な意味をもつように思われる。すなわち伝統的国際法における国家責任帰属要件としての故意・過失の理論が、現在でも無条件で生き続けているのかどうか、換言すれば国家の領域管轄権行使に関する国家機関の故意・過失の存在が、違法行為による損害に対して有責性を認定する場合の条件とされうるのかどうか。その問題を判断する手がかりがそこにあるからである。右にみたように、オッペンハイム・ラウターパクトはそれを肯定し、むしろ積極的に過失責任原理の今日的有効性を主張する重要先例として引用した。

しかしながらこの分析の結果はきわめて疑問である。なぜか。第一は、オッペンハイム・ラウターパクトの引用している判決部分、すなわちアルバニア領海内でのイギリス軍艦の触雷事故は「それだけの事実から、アルバニア政府がこの機雷敷設を知っていたという結論をだすことができないことは明らかである」という判示は、「この事実はそれ自体として……一応の責任もまた挙証責任の転換をも正当化するものではない」という後段の文章と読み合わせてみたとき、これを「客観」（結果）責任原則の否定として理解する立場がでてくるかもしれない。(2)しかしだからといってそれは「客観」（結果）責任原則を直ちに否定することに導く意味までもっているわけではない。いわんや「過失」責任原則の援用を当然に意味するとみる立場を支持するわけでもない。なぜなら判決はアルバニアが機雷敷設の事実を承知していたことを、別に一定の状況証拠から因果律を適用して推定しその不法行為責任を肯定したからである。そこでは後で（第三で）みるように、いわゆる「事実推定則」が証拠法上の原則としてのみ限定的に援用され、従って故意過失という責任帰属のための行為者の主観的（心理的）条件は全く問題とされていないのである。わけてもアルバニア政府による機雷敷設の事実を「知らなかった」という抗弁は「ア・プリオリにありそうもない」[3]として拒否され、「知らなかった」ことに過失があったという議論は全くなされていないのである。

第二に、通常、過失責任原則の前提となるとされる「相当の注意（due diligence）義務」についても判決は当然のことながら全くふれていない。すなわちまず領域管轄権をもつアルバニアが機雷の敷設についての事実を「知り」うるために、一定の――クリロフ裁判官の少数意見でも指摘されたように、この内容を確定するためには国際基準か国内基準かの問題が論議されなければならないが――積極的な注意義務が要求されたことがないのである。このことは、一九五八年の「領海および接続水域に関する条約」第一五条二項で、「沿岸国はその領海内における航行上の危険で自国が知っているものを適当に公表しなければならない」と定めただけで、原案にあった沿岸国が無害通航の確保のために「とりうる手段を用い、かつ領海が他国の権利に反するために使用されないようにしなければならない」との規定が不採用となり、積極的に無害通航を確保すべき義務が削除されたことでも証明される[4]（一九八二年採択の「国連海洋法条約」二四条二項も、一九五八年の「領海及び接続水域条約」一五条二項と同文）。もしこうした規定が条約中に設定されるならば、それによってはじめて特別法的に事故防止の領海管理義務（国家責任を伴う）が発生するであろうが、この場合でも原案規定文言の「とりうる手段を用い、…しなければならない」は、「適当なすべての措置をとる義務」という客観責任主義の導入とみなければならない性格のものである。即ち国際法上で一般的に「過失」を国家の責任帰属条件とすることにコルフ海峡事件判決を援用することはできないのである[5]。いいかえれば、領海に関する今日の実定国際法は機雷敷設の事実を了知するかどうかを領海管理に関する沿岸国の権限上の裁量行為として理解し、義務行為としては理解していないのである。従ってそこには事実の了知に関する国家責任成立上の因果関係がもともとないのである。――ヒギンズもオッペンハイム・ラウターパクトの過失責任論（注(1)参照）を批判して、「判決は單にアルバニアが了知していたことを通告しなかったことを国際義務の違反としただけで、責任を生じさせるのは国際法の違反の存在だけであり、fault の存在ではない」「唯一の責任帰属要件は causality である」と述べている（R. Higgins, Problems and Process: International Law and How We Use it, 1994, pp. 160〜161. 同旨、I. Brownlie, System of the Law of Nations: State Responsibility, pt. 1, 1983, pp. 38〜46.——

こうしてみると、無害通航確保のために必要とされる沿岸国の危険公表義務の履行のさい前提とされる危険を「知ること」（knowledge）とは、知る「義務」ではなくて、公表、通告義務の前提となる構成事実《タートベシュタント》（Tatbestand）であるにすぎない。更に問題となるのは、アルバニアが機雷敷設の事実を了知していたことを、公表、通告しなかった点について有責とされたさい、「注意義務」の違反があったかどうかが議論されたかである。そうしたことも全く論議の対象とされていない。まず判決は、危険を「知っていたことから生じる義務（広瀬注・通報義務）は当事者間で争われていない」と述べたあと、この（通報）義務の淵源を「人道の基本的考慮」、「海上交通自由の原則」、「自国領が他国の権利に反する行為のために利用されるようなことは許さないすべての国の義務」という「一般に承認された法の原則」に求めている。[6][7] つまりこうした（確立された）国際義務の履行のための、国家機関の特定の行為に必要な相当の「注意義務」とは何かというと、それは国際法上では公務員個人の主観的（心理的）意思作用——その場合にのみ故意・過失論の適用の場がある——としてのそれではなく、国家組織そのものの客観的、構造的な仕組みのそれとして理解しているのである。その意味で、アレチャガ（E. J. de Aréchaga）がこうした要素を pre-existing obligation の性格をもつと述べたのは意味のある指摘である。[8]

いいかえればこうした場合、あえて国家機関の「過失」の問題——〝選任〟の過失か、〝監督〟の過失かはともかくとして——として説明しようとしても、それは単に不作為による国際法違反が生じた場合の論理的、形式的前提としての価値しかもたないといってよいであろう。[9] だからこそ、コルフ海峡事件判決は危険の通告について、その義務を履行するについての物理的、時間的不可能の事情が存在したかどうかを検討しただけで、すべての国への一般的通告は困難であったとしても、少なくとも「危険区域周辺の船舶については警告のために必要な措置をとることを妨げなかった」として、あえてそれを行わなかったアルバニア政府の「この重大な不作為は、アルバニアの国際責任を伴うもの」と判示したのである。(10) ここでいわゆる物理的、時間的不能という不可抗力の要素や戦争、内乱等の特殊事情に基づく免責は、「絶対」責任原則や「結果」責任原則の中でも普通に認められる例外的責任阻却事由であって、この判決が「相当の注意」を基礎とする過失責任原則を採用したとする根拠とはならないのである。むしろ逆にアルバニアによる危険の不通告という重大な不作為が意図的（故意）であったことを言外に肯定したものとみてよいであろう。(11)

コルフ海峡事件判決での第三の問題点は、コモン・ロー（イギリス法）上の"Res ipsa loquitur"（物そのものが語る）の原則の適用に関してである。いわゆる「事実推定則」（présomption de fait）との関係である。原告イギリスが請求上の法的根拠としてこの原則を援用していることに注意する必要があろう。レビイ（D. Lévy）がいうように、過失理論と結合してこの原則を理解するとすれば、それは「通常の場合、一定の状況が加害者に過失の過誤（une faute de négligence）がなければ、被害者に損害を発生させるはずがないことを推定させうる」原則をさすものとみてよいであろう。(12) しかしレビイのいうような意味で過失概念と連結して「事実推定則」を理解するとした場合には、右コルフ海峡事件判決は、クヌデク（Jean-Pierre Queneudec）のいうように、この原則の適用を少なくとも国際法上の原理としては否定しているようにみえる。(13) なぜなら同判決は、前述もしたように、「アルバニア領域内でイギリス軍艦が犠牲となったという、それだけの事実からアルバニア政府がこの機雷敷設を知っていたという結論をだすことは不可能である」と述べ、また「国がその領土または領海に支配を及ぼしているというだけで、その国はそこでおかされたいっさいの国際不法行為を必然的に知っていたとか、または当然知っていたはずであると結論することもできない」と述べているからである。(14)

つまりここでは、領海に対する一国の領域管轄権の行使という事実や或いは領海内の機雷原による触雷という被害事実から、ただそれだけの根拠で、一定の事態（機雷敷設の事実やそれによる触雷という不法行為の存在）を右の国の政府が、事前に且つ当然に（ipso facto）「承知」していたように推定することをしていないからである。換言すればこの判決では、オッペンハイム・ラウターパクトのみるような「（知らなかったことに）過失がなければ責任もない」という過失責任原則への連結を意図しているとは到底いえず、従って過失責任原則の前提となる相当注意義務の基準や内容について何ら論じていないことからもわかるように、アルバニアの国家機関としての「了知」の問題を法的義務としての「承知」（機雷敷設の事実を領域管轄権行使と管理責任上の行為の結果として承知すべきであったこと）ではなく、単なる事実行為としての「了知」（知っていたという事実）として理解したにすぎないのである。だからこそ、「この事実は、それ自体としてかつ他の事情とは無関係に、一応の責任（prima facie responsibility）もまた挙証責任上の転換をも正当化するものではない」[15]と述べて、いわゆる故意、過失論を基礎とした責任帰属の原理――いわゆる「無過失」責任論も同系の原理――とは無関係であることを示したのである。

ソレンセン（M. Sørensen）は、この点につき、判決が『了知している場合には（knowingly）他国の権利に反する行為のため、その領域が使用されないようにするすべての国の義務という一般的かつ十分に承認された原則がある』と述べていることを根拠に、「領海内の機雷の存在を承知すべき義務」（L'obligation de faire connaitre l'existence d'un champ de mines dans les eaux territoriales）まで存在するように主張している。[16]しかしこれは誤りである。なぜなら判決のいう「一般原則に基づく」義務とは、機雷原の存在を了知した場合に生ずる事後の告知（通告）義務であることを明示しているからである。

このようにみてくると、アレチャガが、次のように述べているのは的確な見解であると思われる。すなわちこの判決における反対意見の中で、クリロフ（krylov）（I.C.J. Rep., 1949, pp. 71～72.）、アゼベド（Azevedo）（ibid., p. 85.）、エッカー（Ečer）（ibid., pp. 127～128.）裁判官らが過失責任原則の適用を明確に主張して多数意見（判決）に異論をとなえたことでもわかるように、判決自体は本事案での国際責任を過失責任原則か結果責任原則かいずれかに依拠することを決定しようとしたのでなかったことは明らかである。[17]換言すれば、この判決は過失責任原則の適用を必要としなかったと同時に、結果（無過失または危険）責任原則の適用をも必要としなかった——不可抗力理論をも判決は採用していない——ことは、一国領海内での外国軍艦の触雷被害という事実から領海管理国に当然に不法行為上の責任を帰属させなかった（それ自体として、……一応の責任もまた挙証責任の転換をも正当化しないと判示している点に注意）ことからも明らかといえよう。正確な理解としては、国家の管轄権限行為に関し不作為による国際法上の義務の違反に対して、国家機関の故意・過失という心理（意思）的状況とは無関係に、損害賠償責任を課したものであって、いわば国家機構体の「絶対」責任——過失、無過失責任原則とは次元の異なる組織体の構造的責任原理——のそれであるといってよいであろう。前述したように、この事件の申述書の中で原告イギリスはコモン・ロー上の「事実推定則」の適用を主張した。すなわち損害を発生せしめた目的物（機雷）の唯一、排他的な管理権を領海国アルバニア（被告）が独占しているのであるから、被告が不法行為上の責任を免れうるためには、管理権行使について何らの過失も存在しないことを被告側が積極的に証明すべきであるという、いわゆる挙証責任の被告への転換を行うべきが妥当であるというものであった（ICJ., pleadings, vol. iv, pp. 480ff.）。もしこのイギリスの主張が認められたのであるならば、結果（無過失）責任原則の採用の方向に裁判所が一歩ふみ切ったということもできたであろう。しかしながら、判決はそれを否認したことに注意しなければならないのである。むしろ次元と構造の異なる別の責任原理（主権国家体制という国際社会構造を前提とした「絶対」責任原則）の適用問題として、当該事案を認識し理解したとみるべきなのである。

つまり同時に判決が次のように述べていることに注意しておかなければならないであろう。「一国がその国境の範囲内で及ぼす排他的領域支配は、その国が承知していたことを証明するのに適当な証拠方法の選択に対して影響を与えずにはいない。この排他的支配の事実により、国際法違反の犠牲となった国は、しばしば責任がそこから生ずる事実につき直接、証拠を出すことが不可能な状態におかれる。従ってその国はより自由に事実の推定（inferences of fact）や情況証拠（circumstantial evidence）に依拠することが許さるべきである。この間接的な証拠方法はすべての法体系において認められており、その利用は国際判決例によって容認されている。それが互につながれる、そして論理的に同一の結論に達する一連の事実に支えられているときは、とくに証明力をもつものとみなさなければならない」[18]（傍点広瀬）と述べている。このことは、「事実推定則」が直接、責任帰属原理上の実体法理論としてではないが、立証という手続法上の理論として、すなわち事実確認のための証拠法上の方法則（証拠方法と証明力に関する原則）として採用されたことを意味しよう。

もとより「事実推定則」は、前述したレビイの見解にもみられるように、たしかに古典的国際法においては、国家の「過失」責任理論を構成するさいに援用されている。すなわち責任帰属理論として、違法行為を行った公務員の選任上の過失という論理的連結概念を導入する必要に迫られたさいに、損害の発生という事実からその論理的前提として公務員選任上の過失の存在を擬制する原則として主張されたことは確かである。[19]

しかし、コルフ海峡事件判決では、故意・過失の責任条件とは無関係に、単に立証上の方法としてのみの Res ipsa loquitur（物そのものが語る）原則の適用を認めたのである。従ってこれは「挙証責任」が原告から被告へ転換するのではなく、立証責任はあくまで原告に負課しつづける一方、証拠が相手方によって独占され或いは被告の排他的管轄内に存在するため、収集が困難であることにより、直接、証拠の提出が不可能な場合に認められる立証方法上の原告負担の軽減の原則であるといえよう。[20] たとえば判決もいうように、「惨事前後におけるアルバニア政府の態度と、アルバニア沿岸から機雷敷設を監視する可能性に関し」、アルバニア政府が事件発生前の一九四六年五月以来、コルフ海峡に対し警戒怠りなかったことの確証として、外国船舶の右領海通航に関する国連安保理事会でのアルバニア代表の宣言や、アルバニア政府の外交覚書の存在をあげ、更に事件直前におけるイギリス軍艦や国連救済機関所属の輸送船に対する沿岸からの発砲の事実をあげて、「当事者は、機雷原が最近敷設されたばかりであったことを一致して認めているから、機雷敷設作業は、この区域がアルバニア当局側のきびしい監視の対象であった期間中に実施されたものと結論しなければならない。この確認によって、アルバニア政府の知らなかったという主張は、ア・プリオリにありそうもないことになる」[21]、という論理的帰結を導いているのである。このことはこの原則の適用が証拠方法と証明力に関する厳格に証拠法（law of evidence）上のものであることを示しているといえよう。つまり事実推定則が単に因果律上の一原則として適用されたにすぎなかったことを意味するのである。

こうしてみると、コルフ海峡事件判決からみるかぎり、「事実推定則」に基づく過失責任原則の援用はとうてい認めることができない。また一般的にいっても、レビイのいうような事実推定則に過失原則をからませた場合の過失責任理論とは、原告に生じた損害が被告の作為・不作為以外の行為を原因としたとは論理的に考えられない情況証拠がある場合、被告の「過失」を推定する方法であって、被告の作為、不作為から直接導かれうる被告の「責任」という法的メカニズムに機械的に「過失」概念を結合させたものであるにすぎない。いいかえればこの方法は「過失なければ責任なし」とい過失の実際的な証明を前提とし、それがなされたあとで責任が帰属するという私法上の原則とは理論的意味が異なるのである。つまり「過失」を国際法の分野を含めたいっさいの不法行為上の責任帰属決定のさいの絶対的枠組条件と前もって決めておいた場合の事後的、技術的な観念操作上の道具にすぎない。だからここでは「過失」という価値判断（事実判断でなく）の前提となるべき「注意義務」の内容や基準の適用は、意識的に除外されざるをえなかったのである。

こうしてみると、事実推定則上の過失責任原則とは、「過失」の存在を自動的、機械的に推定する手法にすぎず、責任帰属のためのいわば論理的前提としての用語たる「過失」の構築を試みているにすぎないといえよう。従って不法行為の責任帰属要件としての過失責任原則が通常内包している意味、つまり「過失の積極的存在の証明なければ責任なし」というプリンシプルとは異質・無関係といえるのである。いいかえれば、被告の不作為による義務違反が被告の「過失」という主観的意思（心理）作用の欠陥から起ったものであり、しかもそれが「過失」と認定されるためには、「相当注意」という一般人を標準とした相対的基準から逸脱していることを論証する必要のある本来の過失責任原則の性格・機能とは全く次元が異なるものであることを見落としてはならないであろう。

（1）　L. Oppenheim-H. Lauterpact, op.cit., p. 343.

（２）E.J. de Aréchaga, International Responsibility, in "Manual of Public International Law, by M.Sørensen," 1968, p. 537.
（３）皆川洸『国際法判例集』有信堂、一九七五年、四三七頁。
（４）名島芳・東寿太郎「コルフ海峡事件」高野雄一編著『判例研究・国際司法裁判所』東京大学出版会、一九六五年、一九頁。B. N.Boland, Vessel Traffic Services and Liability for Oil Spills and Other Maritime Accidents, Col. J. of Trans. L., Vol. 18, No. 3, 1980, p. 499.
（５）J.Stark, Imputability in International Delinquency, B.Y.I.L., 1938, p. 114.; E.J. de Aréchaga, op. cit., p. 535.
（６）前掲、皆川洸『国際法判例集』四三九頁。
（７）なおコルフ海峡事件判決のように、国際裁判所が国家行為の違法性を判断する根拠として「人道の基本原則」や「自国領が他国の権利を侵害する行為に利用されない義務」のような「法の一般原則」から国家の具体的義務を演繹するのは疑問であるとして、いわゆる意思主義（国家責任理論での主観説、過失主義とつながる）の立場から、コルフ海峡事件に関するＩＣＪ判決を批判する所論がある（西村弓「国家責任法における違法性の根拠」上智法学論集四三巻四号、二〇〇〇年、四九～五七頁）。即ち原則的法源にすぎない「人道法」のような一般原則を根拠に「（領海への機雷敷設の）了知」という事実認定や通航船舶への危険回避のための「通告義務」という具体的な実定法義務を導き出し、アルバニアへの責任帰属を肯定した判決（多数意見）は恣意的であり、それが可能とされるためにはより明確で詳細な国家間の具体的合意（たとえばＩＣＪ判決後に制定された一九五八年の領海条約第一五条二項のような規定）がなければならない、ということのようである。しかしこうした認識には、実定法規範とは何かについて、またそうした規範を前提とした国家責任の成立プロセスに関し、大きな誤解があるように思われる。なぜならば、コルフ海峡事件判決もいうように「急迫した危険を通告する」義務は、（平時においても）『人道の基本的考慮』や『海上交通自由の原則』或いは『領域が他国の権利の侵害に使用されないよう管理する義務（sic utere tuo ut alienum non laedas）』などの「一般的且つ十分に承認された原則に底礎」するものであり、従って危険の通告義務はこうした原則の当然のコロラリーであって、紛争当事国間にも争いのない規範義務だからである（前掲、皆川洸『国際法判例集』四三九、四五〇頁注(b)）。
　またニカラグア事件に関するＩＣＪ判決でも、「反乱団体（コントラ）を使そうしない外国の義務は、ジュネーヴ条約のような実定の交戦人道法だけから由来するものではなく、当該条約が定礎する「人道法の一般原則」からも演繹されるのである」（ICJ Reports, 1986, para. 220., 傍点広瀬）。また「ジュネーヴ人道法条約からの脱退は人道法原則の適用免除を帰結するものではない（マルテンス条項）のである。そしてこの立場はコルフ海峡事件判決で示されたルールの反映である」（para. 218.）と判示していることに注意しなければならない。こうした条約以外の「法の一般原則」を具体的事案に適用（解釈を含む）する責務が紛争解決のための機関としての国際裁判所には課されているのである（ＩＣＪ規定三八条一項(c)）。裁判所のこうした職能は、決して論者の批判するような「義務外在的要素」に基づく（司法権に属さない）恣意的な立法作用ではないのである。

更にまた国家責任法における「客観説」の立場は、決して「事前に定式化された（条約や慣習法で明確且つ詳細に規定された）義務の客観的違反から機械的に（裁判所による法規の解釈適用という思考作用を必要としないで）責任が生ずる」というような硬直的な認識を前提とした責任理論ではないのである。いわんや国家への責任帰属の要件としての「注意義務」とは――そうした観念要件が必要だとしても――、たとえばコルフ海峡事件判決では行為国の主観的（主体的）意思作用として理解されているのではなくて、領海管理上の義務即ち「危険水域に向って進んでいる船舶に対して直ちに警告するため、必要ないっさいの措置をとることであり、……しかしアルバニアは惨事防止に必要な措置を全くとらなかった。この『重大な不作為』はアルバニアに国際責任を発生させるものである」。このように判示しているのである（前掲、皆川洸『国際法判例集』四三九～四四〇頁。傍点広瀬）。この点を見落としてはならない。つまりここではそうした義務の不履行（危険の不通告）によって損害（英艦の触雷事故）が発生したという「因果関係」の存在を肯定して、アルバニアに責任を負荷したと言ってよいのである。そこには国家責任帰属上の「主観説」の入りこむ余地は全くない、といわなければならないだろう。

（8）E.J.de Aréchaga, op. cit., p. 536.

（9）K.Strupp, Les Régles Générales du Droit de la Paix, Recueil des Cours., Tom., 47, 1934, p. 564.; M.Sørensen, Principes du Droit International Public, Recueil des Cours., Tom. 101, 1960–III, pp. 228～229.

（10）前掲、皆川洸『国際法判例集』四四〇～四四一頁。

（11）以上の点からみても、コルフ海峡事件判決を「相当注意」義務を背景に過失責任主義との関係で論ずるのは適当でない。たとえば山本草二「現代国際法における無過失責任原則の機能」国際法外交雑誌六九巻二号、一九七〇年、一三～一七頁、同「環境損害に関する国家の国際責任」法学四〇巻四号、一九七七年、一七～一八頁の論旨は、その点で誤りであろう。右の論文は、この事件で「注意義務」違反が認められたとしているが、注意義務の内容が機雷敷設の事実の了知に関するものなのか、知りえた事実を通報する義務なのか、区別がはっきりしていないし、また領土と領海という領域の物理的性質の違いから注意義務の内容に差をつけて過失責任原則の機能の相違を論じたりしているが、どのような学理的意味があるのか理解困難である。また山本草二『国際法における危険責任主義』東大出版会、一九八二年、一二五～一三九頁も同様で、コルフ海峡事件判決の批評に、今日ではＩＬＣも採用していない「実施・方法の義務」、「結果の義務」、「特定事態発生の防止義務」という義務の三分類にこだわり（「結果」と結びつかない「実施・方法の義務」などありえようはずがないのだが）、意味不明の説明に陥っている点が問題だろう。

（12）D. Lévy, Responsabilité pour Omission et Responsabilité pour Risque en Droit international Public, Revue Générale de Droit International Public, 1961, p. 758.

（13）J.P.Queneudec, La Responsabilité Internationale de L'État pour Les Fautes Personnelles de Ses Agents, 1966, p. 99.

（14）前掲、皆川洸『国際法判例集』四三六頁。I.C.J. Reports, 1949, p. 18.

（15）前掲、皆川洸『国際法判例集』四三六頁。
（16）M.Sørensen, Principes du Droit International Public, Recueil des Cours., Tom. 101, 1960–III, p. 196.
（17）E.J. de Aréchaga, op. cit., p. 537. ブラウンリーもゴルディも共に、コルフ海峡事件判決を過失原則とは関係なくアルバニアに損害賠償責任を認めたと述べている（I. Brownlie, op. cit., p. 426.; L.F.E. Goldie, A General View of International Environmental Law. A Survey of Capabilities, Trends and Limits, Recueil des Cours., Colloque, 1973. The Protection of Environment and International Law, 1975, p. 71.
（18）前掲、皆川洸『国際法判例集』四三六頁。
（19）J.P. Queneudec, op. cit., p. 98.
（20）Y. Cripps, A New Frontier for International Law, Int'l and Comp. Law Quarterly, Vol. 29 Pt.1, 1980, pp. 18~19. なお"Res Ipsa Loquitur"原則につき、中谷和弘「国際裁判における事実認定と証拠法理」松田幹夫編『流動する国際関係の法』国際書院、一九九七年、二三四〜二三五頁。
（21）前掲、皆川洸『国際法判例集』四三六〜四三七頁。

三　国際法上の責任理論としての客観責任主義の妥当性

ここで国際法上の不法行為責任に関する故意・過失の問題につき、もう一度、理論的に深く掘り下げて検討し直してみよう。

㈠　国内における国の権力行為に関する絶対責任

一般に国内法の分野では、私法上の不法行為責任の帰属要件として過失原理が採用されているのが通常である[1]（たとえば日本民法典七〇九条、参照）。また日本の国家賠償法にもみられるように、国または地方公共団体の公務上の行為に関して生じた損害に関する責任についても、公務員個人が「職務を行うについて」「他人に損害を加えたとき」には、私法原則と同様に、「故意または過失」が当該公共団体に賠償責任が帰属する場合の要件とされている（第一条）。しかし公の営造物の設置管理に基づく損害賠償責任については絶対責任原則が採用されている（第二条一項）

ことに注意しなければならない。すなわち次のように規定しているのである。「……公の営造物の設置または管理に瑕疵があったために他人に損害を生じたときは、国または、公共団体は、これを賠償する責に任ずる」（傍点広瀬）と。ところでこの場合、「瑕疵」の内容について、その客観的基準が問題となるが、一般には、不可抗力（財政負担能力や時間、技術等の理由による社会的制約を含め）の例外的場合を除き、損害の発生と営造物の設置管理行為との間に因果関係が認められれば十分であり、そうした営造物の設置と管理上の行為について、関係公務員に具体的な「過失」があったかどうかは問題となりえないことに注意する必要があろう。[2]

国家賠償法第一条に規定された公務員の加害行為上の責任についても、理論的にみると、故意・過失という行為者の主観的、心理的側面から責任の帰属を決定する方法は、公務であっても「営業」のような通常、私人行為と同質の現業労務行為に関する場合、たとえば国立病院医師の診察行為に関し問診を怠ったことに〝過失〟があったため、有責とされたケースのような場合、或いは現場の個人的裁量の要素の大きい公務員の権限作用については妥当しよう。

国際法の分野においても、たとえば海洋における船舶衝突上の刑事、民事裁判管轄権は原則的に加害船舶の旗国または船長等責任者の本国に排他的に認められるが（たとえば国連海洋法条約九七条）、損害賠償等の責任の帰属を決定する準拠実体法も同様と考えられ、一国の領海内での事故については事故（不法行為）の発生地法である領海国法となり（lex loci delicta commissi の原則）、「過失」の適用があるかどうかも事故発生地の国内法の定めるところとなる(I.Brownlie, Causes of action in the Law of Nationa, B.Y.I.L., Vol. 50, 1979, p. 35.)。従ってこうした場合、不法行為責任上の「過失」(fault) 観念の適用が国際法上も肯定される場合がありうるが、それは一次規範としての国際条約で関係国の国内法を準拠実体法として指定しそれに送致したためであり、しかも右特定国法が国際法の規準から逸脱している場合は、国際法規が優位することになる。——米国では一九七二年の The Ports and Waterways safety Act 等の国内立法で、Vessel Traffic Services を設立して航行の安全と災害防止のための規制を行っている。この規制下で船舶衝突や油流出事故による損害が発生した場合に、船長、船主の私人責任の他、水先案内人や航行規制官等沿岸国国家機関（現場公務員）の行為から生じた沿岸国の国家責任の成立に関し、negligence の存否を責任帰属の要件或いは責任額分担の法定要素とすることがある。しかしこれも国内法（民法、行政法）上の責任帰属原則上のもので、国際法上で「過失」条件を一般的に国家責任帰属の要素としていることを意味しているわけではない。国際裁判上の案件となった場合は、せいぜい local remedy 原則の適用があるだけである——。

ところで、国内法上の許認可の決定や監督権の行使など公的機関の組織体系上の（権力）行為に基づく加害責任については、別に考えなければならない要素がある。この場合には、「過失」という公務員個人の主観的意思作用すなわち不法行為を起す心理的条件（a psychological qualification of the delict）は、責任帰属を決定する場合の要件とは本来なりえない。なるほど現場公務員が不法行為責任を問われるさいの相当注意の欠如、つまり一般平均人を基準とした注意義務基準の相対的具体化という作業はたしかに「過失」責任主義が成立するための基礎であろう(3)。しかし組織権限行為を律する義務基準すなわち客観化された組織体義務の内容は、一般人の行動基準とは性質が異なる。そこでは個人の心理的要素は直接介入する余地がない。そうした客観的絶対義務の不履行という事実が、そしてそれだけが公的権限行為に対して責任を帰属せしめる要素である。そこに国家の権力行為が、客観的な義務違反と損害発生の事実のみから責任の帰属を可能とし必要とする「絶対責任」原則の本質があるのである。こうしてみるとケルゼンの言葉をかりれば公的機関の組織権力作用については、不法行為時の心理状態に責任帰属の重点をおく fault の概念ではなく、不法行為そのものというべき negligence の概念によって責任原理が説明されるべきであろう(4)。——もっともブラウンリーは negligence を culpa すなわち「過失」そのものとして用いている（I. Brownlie, Principles of International Law, 1973, op. cit., p. 422.）——。

（1） J.M. Kelson, State Responsibility and the Abnormally Dangerous Activity, Harvard International Law Journal, Vol. 13, 1972, p. 197.; F. Harper and F. James, The Law of Torts, Vol. 2, 1956, p. 785.

（2） 昭和四七年の大阪府大東市で起きた集中豪雨による水害訴訟で、大阪高裁は五二年一二月の控訴審判決で次のように判示した。

まず当該河川の未改修部分から溢水の「危険」のあったことを、損害の発生という事実から因果的、演繹的に推定してこれを肯定した。これは、事故発生時において危険を予測しえなかったことに過失がなかったという過失主義の原則を全く顧慮しなかったことを意味する。第二に、そうした「危険があるとき、客観的に必要とされる最低限の期間をすぎても、まだ改修しないとき、管理者はその責任を問われる」として、一定限度の不可抗力に基づく免責事由は例外としてこれを肯定したが、しかし被告（国、大阪府、大東市）の抗弁、すなわち、時間、技術、財政的裏付けという一般に認められている範囲の理由から工事が遅れたという主張は認めず、また改修の前提となる立ち退き交渉に手間どったという理由も正当化できないとして、過失責任原則の中核とみられる管理行為に通常要求される程度の相当注意義務では不十分であることを明らかにした。伝統的な反射的利益論を却け、裁量権の範囲を縮小した判決といえる（判例時報八七六号、一六頁）。また原田尚彦「水害と国家賠償法二条との関係―大東水害訴訟最高裁判決を契機にして―」、ジュリスト八二一号（一九八四・四・一五）三〇～三五頁は、次のように述べる。河川についても、河川管理者が人工的に附加した施設に欠陥があった場合は、「営造物責任三原則」（最高裁昭四五・八・二〇判決）でいう無過失責任が、不可抗力の場合を除き、適用される。また「設置・管理の瑕疵とは管理者側の客観化された注意義務の違反という解釈が妥当である」と。更にまた二〇〇〇年一一月、名古屋地裁は、名古屋南部複合大気汚染公害訴訟で、大気汚染と原告住民の公害病との因果関係の存在を肯定した上で、発生源となった被告企業については操業継続上の「過失」責任を認める（故意は否定）一方、共同被告となった国については自動車排ガスに基づく公害防止のための沿道対策も、前提となる調査をも怠るという被害防止策の不十分性（国道管理責任の不履行）を指摘し（そこには故意、過失論はなく、単なる不作為の認定のみ）、両者に対して損害賠償責任を認める判決を下した（二〇〇〇・一一・二七、朝日、日経新聞）。更に二〇〇一年三月、札幌地裁は、豊浜トンネル国家賠償訴訟で、トンネル崩落事故の犠牲者に対して、トンネル内の非常通報設備の周知不足により、崩落前の通報で被害を回避できた可能性があったにも拘わずそれを怠った「管理の瑕疵《カシ》」を根拠に、賠償責任を認める判決を下した（二〇〇一・三・二九、朝日新聞）。一九四九年のコルフ海峡事件に関するＩＣＪ判決と同種判決といえよう。

（3）安藤仁介「国際法上の国家責任にかかわる『過失』の実態」『京大法学部創立百周年記念論文集第二巻』有斐閣、一九九九年、三〇四～三三五頁）も、多くの国際判例を根拠に、現場行政機関の行為の場合を除き（三三三頁）、立法、司法、行政の国家機関の行為に関する国家責任は過失論ではなく客観責任論による説明が妥当だと述べる。

（4）H.Kelsen, General Theory of Law and State, 1961, p. 66.

二　高度危険事業と国の結果（無過失）責任・総論（その一）

ところで最近では、高度に危険な事業活動（abnormally dangerous activity）が活発化するに伴い、第一に事前の合理的で十分な注意によっても防止不可能な損害を発生させうる可能性が生まれ、第二にこうした損害が発生した場合、人命や財産或いは自然環境等に従来とは比較にならない広汎な程度と規模および範囲において、回復不能の結果を招来する可能性が出てきたことに注意しなければならないであろう。たとえば航空・宇宙事業や原子力、ダム（水力）、電気、ガス事業或いは鉱物資源採掘事業では、一定地域の住民の身命や財産に対して多大の損害を及ぼす可能性が大であるだけでなく、大気、水、土壌等、環境一般の破壊をもたらす可能性をもつ危険事業の性格をもっているといえるのである。のみならずその最大の環境破壊現象として、事業活動の他、それに加えて人間の生活一般に由来する気候変動（温暖化）の状況が発生しつつあり、その結果としての地球環境の保護が緊急の人類的課題として浮上しているのである。

そこでこうした事業活動の活発化と人間活動の広域化が進むにつれて、私法上の「過失」責任原則が放棄され、事業主体或いは生活主体たる私（法）人と管理主体たる国に、生ぜしめた結果に対して行為者の過失の有無に関係なく、厳格に責任を帰属させる、いわゆる「結果」（無過失）責任ないし「厳格」責任体制の構築が要求されるようになったのである。この責任原理は、沿革的には、個人の意思自由を基盤とする過失原則の延長上（到達点）にあり、私法上の民事責任理論としてみるかぎり、営業ないし生活主体は受益と共に危険もまた負担すべし（自由は責任を伴う）という「危険」責任の法理に基くということができるであろう。更に受益概念を拡大しかつ被害救済の実効性を確保するための、損失の社会的分担（loss distribution）理論や国家による有効保証責任論が登場することにもつながってきたのである。しかしこうした責任原理は少なくとも国家の組織体権限作用に固有の「絶対」責任原理や主権国家並存の国際社会構造の論理的帰結としての絶対・客観責任原理とは、理論的次元も沿革的趣旨も異なることに注意しなければならない(1)。

こうして産業活動の活発化に伴い、環境汚染問題がクローズアップされるに従って、「受益者負担」の原則は「汚染者負担」原則（polluter pay's principle: P.P.P.）として登場することになったが、これは汚染の事前防止の措置と発生した損害に対しての賠償に関して、前提条件なしに企業或いは国はいっさいのコスト（経済外的な社会的必要経費）を負担すべきことを予め承認する立場が要求されるようになったことを意味するのである。結果責任原則の表明といえよう。たとえば一九七四年の経済協力開発機構（ＯＥＣＤ）理事会の決意にそれが明示されているのである。[2]

また一九七二年のストックホルム人間環境宣言は、原則21と22でそれぞれ「予防」と「救済」の別々の段階での関係国の責任（21は responsibility、22は liability）を客観的な違法状況にのみ基づき負課するよう求め、損害の事前防止義務（原則21）と損害発生後の賠償等の救済義務（原則22）の存在を明示したのである。一九九二年の気候変動枠組条約についても同様の構想の下で絶対・客観責任主義での国家責任体制の構築を要求したと言えるのである。[3] こうした国家責任の帰属に関する基本観念は、原理的性格と成立上の沿革こそ異なれ一般の国家責任の成立基準としても採用され、二〇〇一年のＩＬＣ「国家責任」条文一、二条にも規定されることとなったのである。即ち「国家の国際義務の違反（a breach of international obligation）を構成し、国際法上で当該国家に帰属する（atributable）すべての作為（action）不作為（omission）の国際違法行為は、当該国家に国際責任（international respsibility）を負課する（entails）」と。そこには違法行為の成立や責任の帰属に関しての故意・過失論は、二次規範としての国家責任論の枠組の中にはいっさいないのである。

更にまた一九七八年以来、ＩＬＣの検討項目として審議されている「国際法によって禁止されていない行為から生ずる損害に関する国際責任」（International Liability for Injurious Cosequences Arising out of Acts not Prohibited by International Law）条文の法典化案は、副題として「危険活動による越境損害防止」（Prevention of Transboundary Harm From Hazardous Activities）条文として審議され始めたことからもわかるように、討議の中心は損害発生後の賠償問題よりも損害発生の事前防止に置かれているといってよいだろう。そのための「防止義務」の内容は「相当注意」（due diligence）という漠然とした心理的表現ではなく、より明確で客観的評価の可能な「すべての適当な措置をとること」（take all appropriate measures）という用語に変更されたのである（二〇〇一年の五三会期で採択された最終案の第三条）（山田中正「国際法委員会第五〇会期の審議概要」国際法外交雑誌九七巻六号、一九九九年、五七〜五八頁。「国際河川の非航行利用に関する条約」も同じ。）。(4)

――ここで一例をあげておこう。(a)国際河川であるキャロル河（the Carol）にフランスが水力発電所を建設することから生じたスペインとの紛争で、原告スペインは右工事による水量減少を恐れ、右河川の自然状態の変更を禁止した仏・西間のバイオンヌ条約追加議定書の条項違反を主張し出訴した。いわゆるラヌー湖（Lac Lanoux）事件の仲裁裁判である。一九五七年の判決で、裁判所はまず「どのような注意がなされても偶発的事故は起こりうるであろう。しかしそれは今日、世界のどこででも同種事業がひき起こす通常の危険とは異なる特別、異常な危険であるという証明はない。流量回復のための技術的保証は十分満足できるものである」と判示してスペインの請求を却けた。これはかりに損害があっても一般人が通常受忍すべき範囲の苦痛は負担しなければならないとの趣旨を述べただけであって、「過失」責任主義に言及したわけではない。しかも判決は、最後に次のように述べて環境保全の問題に関し、下流国と上流国間の特別条約上の沿岸権を法的根拠に、「結果」責任原則を採用することを明らかにしたのである。すなわち「キャロル河の右の工事は、スペインに損害を与えるであろう水質の変化即ち化学的成分変化や温度変化などの汚染をひきおこすであろう。こうした主張であればスペインはその権利の棄損を申し立てえたであろう」と（12 (1957), U.N.R.I.A.A., p. 303., A.J.I.L., Vol. 53, No. 1, 1959, pp. 160〜161., R.G.D.I.P., 1958, p. 107.）。即ちここで理論的に注意すべきは、工事によって起こりうる水質の変化など予見しうる損害を事前に防止するための「適当なすべての措置をとる」ことが、国家の責任であり義務であることを明らかにしたことである。いわゆる「相当の注意」の客観化、具体化（客観責任主義）の認識がみられるということである。国家責任の対象が事後の救済（損害賠償）でなく、損害の事前防止に移っていることを示したといえよう。

――(b)　ガブチコヴォ・ナジュマロシュ計画事件（ハンガリー対スロヴァキア）では、国際司法裁判所は一九九七年の判決で、ハンガリーの条約違反（ハンガリーが受けもった分流工事の一方的停止行為をＩＣＪは条約違反として損害賠償責任を肯定）から生じた損害を軽減（mitigate）するために行われたスロヴァキアの VariantC 計画上の工事の一方的実施は、それ自体としては、もしそれを行わなかった場合に生じたであろう損害は賠償の対象とはならないという意味で、被害国の一定の義務行為といってよいが、しかし条約自体は有効性を維持し続けるから、VariantCの稼動によるドナウ川の分流開始とドナウ本流の水量減少という結果の発生があった以上、それは均衡を欠く措置となり、国際法上で違法であるとして、スロヴァキアにも賠償責任があるとした（判決、パラ八〇）。そして更に次のように判示している。「裁判所は、環境保護の分野においては損害がしばしば回復不可能であるだけにその防止が必要であると考える。新しい科学的知見から生じる現在及び将来世代の人類への危険が意識されてくるにつれ新たな規範や基準が発展し、これらは過去二〇年間に多くの文書の中で定められてきた。こうした新しい規範や基準は、国家が新たな活動を企図する場合だけでなく、過去に開始され継続している活動についても適切に考慮されなければならない。『経済発展を環境保護と調和させるこのような必要性は、持続可能な発展（sustainable development）という概念で適切に表現されている』」（ICJ Reports, 1997, para. 140.; 酒井啓亘「判例研究・国際司法裁判所・ガブチコヴォ・ナジュマロシュ計画事件」国際法外交雑誌、九九巻一号、二〇〇〇年、六二～七二、七六頁）と。

　ここでは国際環境法上の国家責任帰属の要件としては、まず違法性の判断基準として一定の客観基準が存在すること、また加害国の国家目的や意図を根拠とした主観《サブジェクティブ》的過失主義によって責任帰属の有無が論ぜられることはないことを明確にしているのである。――

のみならず原子力事業や宇宙活動等の若干の危険事業については、その事業に対する許認可と監督上の権限をもつ国家に対しても、間接（代位保障上の）または直接（連帯債務上）の「絶対」責任を課す立法がめだつようになったのである。事業主体たる私（法）人がいっさいの事業結果に対して負うべき危険負担を、統治体としての国の権限上の組織体責任によって、別の次元から二重に担保し危険防止と被害者救済を実効化しようとしたものである。そしてこの場合予想される危険や損害のトランスナショナルな性格にかんがみて、その防止義務と損害が発生した場合の賠償責任については、国際条約上で画一的基準が合意され、それがまた国内法に導入されるという方式が一般化しはじめているのである。たとえば一九六二年の「原子力船の事業者責任」条約の第三条二項では、〝事業主体〟の損害賠償責任に基づく賠償金支払いに対して、国が保証責任（代位責任）をもつことが規定されており、更に一九七二年の「宇宙打上げ物体から生じた損害に対する賠償責任条約」では、もはや事業主体そのものではなく、国家が直接の絶対賠償責任を負う規定（二条）を設けたのである。

この場合の国家責任の性質は、グロチウス以来つとに主張されている黙示的国家加担説（theory of implied State complicity）による説明が妥当するように思われる。(5)なぜならば、国家は事業主体たる私（法）人と同一レベルの法的手続上での共同責任を負っているからである。——この場合、事業主体と国家が負う責任の性質がそれぞれ「結果＝無過失」責任のそれと、「絶対」責任のそれというふうに本来異質のものであることは問題ではない。——また右の「原子力船の事業者責任条約」でいう国家の代位保証責任は、オッペンハイム＝ラウターパクトのいう代理責任（vicarious responsibility）とは異なる——なぜならオッペンハイム＝ラウターパクトのいう代理責任とは、在住外国人に損害が発生した後で、国家に課された行政ないし司法上の救済義務に違反があった場合に、それから生ずる別の次元の責任についてこの概念を用いているからである。(6)——が、言葉の本来の意味での vicarious responsibility ということができるであろう。

それではこうした高度に危険な事業活動に対する規制のメカニズムは何なのか。この点を検討する必要があろう。それは過失責任原則が本来依拠する「予見可能性」や「相当注意義務」の理論が、もともと責任免除或いは責任緩和（過失相殺論はその一つ）のための理論として機能している事実を、(7)まず第一に理解しておかなければならないであろう。つまり「私法」の原理的枠組の中で法的に対象としうる個人責任の仕組みが、本来、一般人の「責任能力」を前提としていたからであり、且つそれで十分であったからである。しかし不特定多数の人と財産に広汎な危険を発生せしめる事業活動については、こうした責任緩和剤的機能をもつ「過失」原則の枠組は排除されなければならない。注意義務の内容を一般人を基準とした相当程度のものから、危険防止に客観的に必要な限度という高度の水準にまで引上げ（「適当なすべての措置をとること」）、更に被告が責任を免れうるためには、そのための立証責任を自らが負担するという挙証責任の転換が要求されるようになってきているのである。つまりそれによって特別に加重された危険防止責任を事業者に要求したものとみてよいであろう。

また同時に許認可と監督の権限をもつ国家に対しても直接または間接の絶対責任を帰属させようとしたのも、危険防止と損害賠償に関する重層的な社会的責任分担の必要性がとくに高いと判断されたからである。従ってここでは受益者すなわち危険負担者は単に事業主体のみではなく、社会、国家そのものということになるであろう。こうしてみてくると、高度危険事業に関する国家の「絶対」責任の原則は、権力組織体の構造的責任原理の性格を一方においてもつと共に、他方において危険の受益者（汚染者）負担という沿革的枠組の中での「結果」（無過失）責任原理としての性格をもつという二重性を帯びることになったといえよう。総括して客観責任（objective responsibility）原理と呼ぶのが妥当であると筆者（広瀬）は考えている。(8)

（1）　ケルゼンは、個人の意思自由を基礎としてはじめて成立する過失責任（responsibility based on fault）原理を近代法上のものとして把え、損害回避のために必要な措置をとるよう個人に注意義務を課していなかった原始法（primitive law）上の絶対責任原理（absolute responsibility）とを区別し、対比させる。しかし同時に、彼は読書に夢中になっていた母親がその幼児を溺死させたケースを設定し、母親の意識と子供の死との間には何らの心理的連関はない（従って malice も fault もない）が、監督を怠った場合、通常（normally）、事故の危険を予期すべき客観的状態があったのにそれに気がつかなかった（従って negligence がある）から責任を負わなければならないとして、これを原始法上の絶対責任とは別の絶対責任として理解する。しかし一方で、彼は損害を回避するため通常必要とされる注意義務を果した場合には、損害が発生しても責任を免れるのが近代法上の過失主義の建前であると述べている（H. Kelsen, General Theory of Law and State, 1961, pp. 66～67.）から、右の母親のケースも過失責任主義の枠組の中で有責であるというふうに説明しうるように思われる。問題はむしろ、今日では、通常の注意義務を履行した場合になお発生した損害に対して責任を帰属せしむべき「結果」ないし「厳格」責任の原理の導入と、それとは次元の異なる国家や公的機関の権力作用に伴う不法行為上の「絶対」責任原理のそれを、伝統的過失主義と対比して検討することであろう。

（2）　OECD Council Recommendation on the Implementation of the Polluter Pay's Principle, Adopted on 14th Nov. 1974, OECD Doc, C (74) 223 of 21 Nov. 1974, International Legal Materials, Vol. 14, 1975, p. 234.; R.B. Bilder, Settlement of Disputes in Field of International Law of Environment, Recueil des Cours., Tom. 144, 1975–I, p. 214.

（3）参考論文として、兼原敦子「地球環境保護における損害予防の法理」、国際法外交雑誌九三巻三・四合併号、一九九四年、一六一～一六九頁。
（4）加藤信行「ＩＬＣ越境損害防止条約草案とその特徴点」、国際法外交雑誌一〇四巻三号、二〇〇五年、三七頁。
（5）H. Grotius, De Jure Belli Ac Pacis II, xxi, 2.
（6）L. Oppenheim-H. Lauterpacht, International Law, Vol. 1, 8 ed., p. 365.
（7）J.-P. Queneudec, op. cit., p. 95.
（8）「絶対」責任とか「厳格」責任とか「結果」責任とかいう場合の用語の定義は学者の間で必ずしも統一されていない。それぞれの言葉を interchangeable に使う学者も少なくない。ゴルディは、ウィンフィールドの所説（P. Winfield, The Myth of Absolute Liability, Law Quarterly Review Vol. 42, 1926, p. 37.）を引用しながら、Rylands v. Fletcher 判決後に発展した責任原則は、「絶対」（absolute）責任のそれでなく、「厳格」（strict）責任のそれであるという。そしてその区分を例外の場合にのみ認められる免責理由の内容に求め、「絶対」責任は「厳格」責任に比してより制限的であるとする。そして「絶対」責任の例として一九六〇年の「原子力領域における第三者責任条約」第九条をあげる。その規定によれば、被告が主張しうる免責事由として、「武力紛争」と予想しえない「重大な自然災害」という極めて制限された「不可抗力」の場合のみをあげている。これは Rylands v. Fletcher 判決のそれとは違うというのである（L.F.E. Goldie, Development of An International Environmental Law—An Appraisal, in "Law, Institutions, and The Global Enviroment", ed. by J. L. Hargrove, 1972, pp. 133～134.）。

(三)　国際法の構造的特色に基づく国の絶対責任
――「相当注意」義務から「適当なすべての措置をとる」義務への転換

こうした沿革からみると、国内私法上の発展傾向としては、伝統的な過失責任原理から始まり、新たに特定の危険事業が導入されるにおよんで、注意義務の極限化が要求され、その延長線上に、「結果」（危険）責任原理が導入されるに至ったという見方が正確な認識であろう。しかしながらここで注意しておかなければならないことは、国家（公共団体）の公法上の責任体系としては、そうした過失責任原則→無過失（結果）責任原則という私法体系上の責任の性格的移行状況を、私法と公法の機能や構造の異質性を無視し、そのまま導入してアナロジャイズするわけにはいかないということである。なぜなら前述もしたように、国（公共団体）の営造物責任については、当初より「絶対」責任原理が確立されているからである。この建前は、「高度に危険な事業活動」の展開という最近の科学技術上の発展や産業社会化の状況とは無関係である。それとは別次元の国家の権力機能に伴う責任の全面的な社会（国家）的負担という構造的性格から由来したものである。また国際法原則としては「主権国家」の平等並存という国際社会の構造的特色に基づく原理的要請（国家行為の国際的違法性は国内法上の合法性とは無関係というマキシム）に定礎しているのである。

つまりこういえよう。過失責任原則の成立基盤には、もともと行為者と被害者間に意思自由を基礎とした対等の立場に立つ契約関係が成立する場合に成り立ちうる原則であるという共通の認識があることである。また違法と合法の両行為について、通常人の判断能力を基準とする自由意思に基づく選択的決定が可能であり、その行為によって損害をこうむる被害者側にも対応上の自由選択の余地がある（過失相殺が可能な場が原理的に存在する）というような条件の下にのみ成立が可能であったことを見逃してはならない。それに反し、国家的行為が一定の権力的支配と、それに対する受け手の一方的服従の関係を前提として成立し、且つ権限作用が事前に設定された法的基準（規則）の枠の中でのみ可能とされていることを忘れてはならないだろう。因みに国際社会では、「過失相殺」論の適用可能な違法行為と責任体系が関係国間で成立可能な条件とは、加害国の先行違法行為とそれに対する被害国の対応措置（作為、不作為）が直接の因果関係をもつ一元的状況に収斂すべき場合に限られる（ラグラン事件に関するＩＣＪ判決）。しかし一般には同一関連事案でも違法と責任の体系がそれぞれ別個の二元的ダイコトミーの関係で理解され、「過失相殺」観念の適用がない場合が少なくない（ガブチコヴォ・ナジュマロシュ事件に関するＩＣＪ判決）。

さて右でいくらかふれたように、国内法上の公法的責任原理の立脚点は、主権国家体制を背景とした国際社会の次元における国家の違法（国際法違反）行為上の責任体系の考察にさいしても見逃しえない類似性をもつといってよいだろう。のみならずそれに主権をもつ国家間の関係規律という国際社会特有の条件が加味されている。こうして一次規範としての国際慣習法や条約で明示されたきわめて特殊な例外的国家行為に関する過失責任原則の採用の場合——たとえば外国人保護に関して内国民待遇を与えるべき条約のある場合、その国の警察官に通常要求される注意義務の違反（＝過失）によって、当該外国人に対する私人の加害行為を制止しえなかったという不作為に対する国家責任などの特殊例にみられるように、国家責任の成立につき、現場（on the spot）官憲としての一個の人間の心的事実に重要な関係をもたせる必要がある場合——を除き（そしてこれは、日本の国家賠償法第一条の公務員の故意、過失に基づく不法行為責任と類似のレベルで論じえよう）、後に詳述するように、国家の不法行為責任の理論には、原則として「過失」原理の導入は不要であり無意味なのである。何となれば国際社会における国家行為とは、条約の締結という立法作業にこそ国家意思の始源的自由は認められるけれども、かくして成立した条約（や慣習法）上の国家行為は法規によって規定され、法規によって命令される権限行為にすぎない（過失の客観化効果をもたらす）からである。こうして伝統的学説が国際社会の構造や体系の異質性を見落とし、国内私法上の「過失」責任原則を安易に類推的に導入したために、且つまた損害発生後の事後救済に関心が置かれ、事前防止の観点からの考察はせいぜい「外交上の公館や使節の不可侵」という伝統的分野にとどまっていたために、結果的に理解の不足をもたらしたというべきなのである。

　国際法上の国家の違法行為責任の問題につき、ここではとりあえず二つの基本要素をとりあげておこう。一つは国内問題不干渉原則に支えられた「主権」の存在であり、二つは国家の国際法違反行為は「国家」という組織体の国際法上の権限行為に伴って生ずることが一般であるということである（国内法上の国家機関の不法行為責任が、「職務を行うについて」即ち「職務上の『作為』『不作為』について」のものであることに相当する）。

　右の要素についてより詳しく検討してみると、たとえば「いかなる国も国際法上の義務を免れるために自国の国内法の規定を援用することはできない」という有名な常設国際司法裁判所の意見[1]（ダンチッヒ裁判所の管轄事件に関する一九二八年の勧告的意見）が、国際法上で確立された原則[2]であることと無関係ではない。これはつまり国家主権と不干渉原則によって隔離され保障された国内法の独自性は、それ自体で国際法上の不法行為責任の成立をさまたげることはできないとの趣旨である。――たとえばブラウンリーは、「裁判拒否」という一定の国内法上の国家機関行為に対する国際法上の用語概念を根拠として国家責任の成立が決定された実際上のケースはなく、国家の具体的な作為、不作為に基づく国際義務の違反の存否だけが問題とされたという（I. Brownlie, Causes of actions in the Law of Nations, B.Y.I.L., Vol. 50, 1979, p. 30.; 同旨、H.W. Briggs, The Law of Nationas, 2 nd ed., 1953, p. 679.）。条約の国内法効力に関する「変型」理論を採用する国で、合法的な国内法行為と国際法違反による責任の発生の論理は別段矛盾することではないのである。――また具体的には国際不法行為をもたらした一国の国内法制定手続に関与する公務員の「過失」の存否が、その国の（国際）違法責任を発生させる上で何らの要素にもなりえないことをも意味するものである。

しばしば主張される「相当注意（due diligence）」（の欠如）という概念も、国家間関係においては国家機関たる公務員個人の主観的心理（心因）状況のそれとは無関係に理解されているだけでなく、国家行為の基準原理として特定化（国内標準主義における国内法制化）ないし客観化（国際標準主義における国際法制化）されて、国家機関の個々の意思や主観のレベルでの過失の性格から独立の規範的存在として規定されるようになっているのである。換言すれば、それは免責抗弁としての過失主義の根拠としてではなく、責任を帰属させる義務不履行の内容そのものとして理解されているのが実際の状況である[3]（一次規範としての条約中に due dliligence 条項が明示的に挿入されている場合でもそれは「適当なすべての措置」として客観化。たとえば、一九七七年のジュネーヴ条約付属第一議定書、五七条、一、二項。）。こうして、前述もしたように（第六章二参照）コルフ海峡事件のＩＣＪ判決で、領海管理権をもつ沿岸国は、外国船舶の無害通航権を保障するために、知りえた危険を通告する義務があり、それを怠った（不作為）結果、損害を与えた場合には――因果関係の存在を認定――、その事実により当然に責任を負担すべきことが明らかにされているのである。そこには「過失」という違反者の心因状況が責任条件として入りこむ余地はない。損害をひき起した「不作為」が国家や国家機関のどのような主観的意図や心理から発生したかは、責任帰属問題とは関係がないのである。対外的に違法な損害を発生させたその国の作為、不作為の存否だけが問題なのである。つまりその国の（対内、対外上）の作為、不作為と直接（相当）因果関係をもつ国際義務の違反という事実があることと、それに基づいて損害が発生することをもって、その国への国家責任の帰属は完全且つ十分なのである。

こうしてＩＬＣ「国家責任」条文（二〇〇一年）第三六条一項も「国際違法行為について有責の国家は……それによって生じた損害（the damage caused thereby）に対して賠償の義務を負う」と規定し、同条文第二条が定めた国家の国際責任成立（帰属）の要件としての国際義務の違反と損害の発生を結びつける連結素として「因果関係」（causality）の存在という観念を導入しているだけなのである（同条文三一条二項も同旨）。

この見方は、「テヘラン米国公館職員人質事件」に関する一九八〇年のＩＣＪ判決によっても証明されている。即ち右判決では、外交関係条約二二、二九条で定める外国公館と職員への侵害防止のため「適当なすべての措置をとる特別の責務を有する」との規定を援用し、イラン政府が「不作為によってこの義務の履行を怠り国際規範に違反し損害を発生させたことに有責である」ことを認定して人質の即時解放と損害の賠償義務を宣告したものである（皆川洸「資料・テヘランにおける合衆国の外交職員及び領事機関職員に関する事件」国際法外交雑誌七九巻四号、一九八〇年、六七〜九九頁）。要は、イランに国家責任を発生させたかどうかは①問題となる行為の帰属性（imputability）と②その行為の国際義務違反の存在という二つの基準で決定すべきであることを明示し（para. 56）、――この点は、ＩＬＣ「国家責任」条文第二条(a)(b)で規定する「国家の国際違法行為の要件」と同じ。――「不作為」（inaction）によってイラン政府は外交関係条約等の国際法義務に違反し（paras. 57, 63.）、暴徒による大使館占拠、公文書略奪及び公館員の不法人質行為を放置して米国に損害を発生させたと述べ（因果関係の存在を認定）、更に革命指導者ホメイニ師によって大使館占拠後に行われた強い反米アジテーション（米国大使館が米国のスパイ行為と陰謀の中心であり、前国王を引渡すまで占拠を続けよ、との言明）が暴徒による「大使館の占拠と人質行為の継続を国の行為に変質させた（paras. 73, 74. 傍点広瀬）とまで判示して、違法行為責任の国家帰属性を明確にしたのである。反面、判決は、占拠事件前のホメイニ師の反米言動、たとえば前イラン国王やイスラエルに対する米国の支援への強い非難や「全力を尽くして米国とイスラエルに対する攻撃を拡大することは、イスラム神学生の使命である」という言明については、暴徒学生による米公館占拠と人質という違法行為の発生とは直接の因果関係をもたない（因果関係の remote 性の肯定）としたのである。そしてまた暴徒は、米公館襲撃時にイラン国の“agent”としての地位は有しておらず、「国に代って行動した」ことも証明されていないとして、その責任のイラン国への帰属を否定したのである（para. 58.）。――因みに、ＩＬＣ「国家責任」条文第八条は、「個人及びグループの行為が国家の行為（an act of a State）とみなされる」条件として「その行為が事実上（in fact）、国家の instracticns, directian 又は control の下に行われたこと」と規定しているから、このテヘラン事件判決は、この規定からみればかなり厳格な適用であったといえるだろう。――

なお判決は、右のイラン政府の懈怠や不作為の原因が「単なる不注意（mere negligence）や防止のための適当な手段の欠如ではなく」「いかなる適当な措置をも全くとらなかった」ことで発生した違法行為損害であることを認定している（para. 63.）ことにも注意すべきだろう。即ちこの判示は、国家責任帰属要件に「相当注意」（due diligence）といういわゆる主観的・心因的要素は不用であり、すべて客観的要素（事実）によって決定されるべきことを明確化したとみてよい趣旨のものだからである。結言すれば「相当注意」から「すべての適当な措置をとること」への転換を意味するものである。そしてこの認識は既に早く一九四九年のコルフ海峡事件に関するＩＣＪ判決にみられる（本書第六章二注(7)参照）が、その後右のテヘラン米国公館職員人質事件判決を経て、最近では一九九八年のＩＬＣ「越境損害防止」条文第三条の採択のさいにも採用され、また「国際河川の非航行利用に関する条約」にも採用されているのである（なおテヘラン事件判決の直接根拠となった一九六一年の外交関係条約では、国際慣習法で確立した事柄の重要性から「特別の」責務と規定して防止措置の内容を強化する表現がとられている）。

更にまた人道法（交戦法規）の場合にも、住民被害の事前防止の立場から右の趣旨と同様の規定が置かれている。即ちジュネーヴ人道法諸条約追加第一議定書（一九七七年）第五七条がそれである。その一項では「軍事行動の実施に当っては、文民……に対する攻撃を差し控えるよう不断の注意を払わなければならない（constant care shall le taken)」(傍点広瀬) と規定し、「相当注意」義務の存在を明示した。しかしここで注意しなければならないことは、右の規定の趣旨、目的は攻撃のさいの攻撃軍の道義的、心理的な基本的心構え即ち心因という法外在条件を示したにすぎず、法内在条件としての義務規範としては同条二項に明確に規定されたように、「攻撃については次の予防措置をとらなければならない。……攻撃目標が文民……でなく軍事目標であること……を確認するために、なしうるすべてのことをおこなわなければならない」(傍点広瀬) という「適当なすべての措置をとる」義務として明定されていることである。こうしてみると、「相当注意」の概念は一九二九年のハーバード草案もいうように (A.J.I.L., Vol. 23, 1929, Suppl., p. 187.)「明確に定義づけられていない基準」(即ち法外在条件) ということになるだろう。

要約すればこういえよう。主観的 (心因的)「過失主義」から「客観的事実主義」への転換が理論構成上で要求されているということである。このことは前記のＩＬＣ「越境損害防止」条文 (二〇〇一年) 第三条で、より進歩した客観化合意がなされていることを指摘することで今日の人類社会の要求状況を示すことに繋がろう。即ち「越況損害」の「防止」義務 (従来は "due diligence" の義務というふうに主観的表現でくくられていた) とは、「いかなる場合にもそのリスクを最小化するための適切なすべての措置をとる」義務 (傍点広瀬) であると明記されると共に、その義務の具体的基準として原則として「国内基準」ではなく先進文明国間で共有されている「国際基準」であるとしたのである (但し発展途上国については経済的社会的負担が不適切にならないような配慮は行うが、経済的レベルを理由に当条文の義務から逃れることはできないとされる)。ここには、環境問題を含む越境損害の防止のための二一世紀的「人権標準」主義の提唱がみられるといってよいだろう (臼杵知史『「危険活動から生じる越境損害の防止」に関する条文案』、同志社法学六〇巻五号、二〇〇八年、注釈第三条(1)～(14))。因みに行為者 (国) が「適当なすべての措置」を行ったと認定されたにも拘わらず、なお損害が発生した場合には、客観的な「因果関係」の存在が認められないとして、行為者 (国) は責任を負わされることはない、ということになることも承知しておこう (右注釈、第三条(7)。不可抗力理論と同様)。その点では、高度危険事業に伴ういわゆる「無過失 (結果) 責任」論とは別種、異質である。

以上のことについて、フェアディアー（P.-H. Verdier）は、二〇〇一年のＩＬＣ「国家責任」条文第二条(b)が、「(作為、不作為による）国家の行為が国際義務の違反を構成するならば、国際違法行為（internationally wrongful act）となる」と規定し、更に第一二条で、「国家の国際義務の違反は、その国が負っている義務に合致しない行為があればそのことだけで成立し、その起源や性格は無関係である（regardless of the origin or character)」（傍点広瀬）と規定していることを根拠に、国家責任の第一のルールは国家が自己の負う国際義務の違反を防止するために due diligence を尽くしたかどうかに拘わらず、違法行為があればそのことだけで「絶対的に有責である（"absolutely" liable for breaches of international law）と結論していることに注意しておこう。(4) たしかに右条項についてのＩＬＣのコメンタリー(3)では、「起源に無関係」というフォーミュラは「国際義務のすべての源泉（all possible sources）に言及したものであり、換言すれば国際義務を創出するすべての過程（all processes for creating legal obligations）に言及したものである」（傍点広瀬）と述べているから、「義務を創出するすべての過程」には義務の発生を左右する故意、過失が想定されているとみることもできよう。従って「そうした過程上の現象は無関係」と言い切っている点が重要なのである。もっともＩＬＣの右条文は第二条(a)で別に、「(行為が）国際法上で当該国家に帰属する（is attributable to the State under international law）ならば」と規定し、国家への責任帰属の条件を一般国際法に委ねているようにも解される。即ち国際法違反性の(b)と責任帰属性の(a)とをそれぞれの構成要件上で区別しているとみることができるかもしれない。なるほど責任帰属（attribution）の要素を主観（体）的（subjective）な性格のものと把え、逆に義務違反の要素を客観的（objective）性格のものとして、両者を分離して考える議論はありうる。即ち違法（義務違反）の成立（構成要件）を行為者（国家機関）の意図（intention）や了知（knowlege）という主観（体）的要因――客観的要因でなく――に基づかせる議論はある。たとえば「侵略」とか「重大人権侵害」というような重大な国家違法行為については、その禁止条約自体の中にそれが明記されていることがあることを見落とせないだろう。一九七〇年の友好関係宣言では、「他国の領域に侵入させる目的をもって、武装集団を組織……することを慎む」（傍点広瀬）と規定し、違法行為の構成要件として行為者（国家）の行為上の「目的」や「意図」を重視しているし、一九四八年のジェノサイド条約では、「集団殺害」の定義（構成要件）として、そうした行為者の「故意」や「意図」の存在をあげている。しかしながらこれは二次規範としての国家責任成立上の一般的要件とはいえず、一次規範上の条約条件即ち「特定の条約そのものの目的（object, purpose）や性質」に他ならず、いわば客観化ないし相対化された（objective）違法化条件であり、いわゆる事件毎に論じられるべき違法成立上の或いは責任発生上の「過失主義（culpa, negligence, fault, want of due diligence）という主観主義的条件（suljective element）とは全く異質であることである。ＩＬＣ「国家責任」条文第二条のコメンタリー(3)も、この立場をとっているといえよう（同旨、R. Higgins, International Law and How We Use It, 1994. 初川満訳『ヒギンズ国際法』信山社、一九九七年、二四六頁参照）。

　ところで違法行為によって「損害」が発生するという場合の「損害」の意味については議論がある。第一に、国有化や財産収用のように、国の領域管轄権の行使というそれ自体合法的な（lawful per se）国家行動によって外国（人）に損失を与えた場合には、責任を負わなければならないとしても、それは具体的な物的損害（material damage）が発生した場合だけに限られる（トレイル・スメルター事件にみられるように、領域管轄権の合法使用から結果的に発生した権利濫用上の損害もこのカテゴリーに含まれる）。しかし公海上における他国船舶の意図的撃沈（I'm alone号事件）や領海内での外国軍艦による強制掃海作業（コルフ海峡事件）のような、それ自体で国際法上の違法（unlawful per se）を構成する国家行動の場合には、抽象的、形式的損害（moral injury）にとどまる場合でも国家責任が発生することを認めざるをえない。――ＩＬＣ「国家責任」条文第三一条は Reparation（償い）の項目を置き、「国際違法行為から生じた損害（injury）に対して有責国は完全な償い（full reparation）を行う義務がある」（一項）とした上で、「損害（injury）は物的なもの精神的なものを問わず（whether material or moral）国家の違法行為から生じたいかなる損害（any damage）をも含む」と規定し、moral damage についても責任の帰属と、それに対する「償い」の必要を明示したのである。――従ってこの場合の責任解除の方法としては、コルフ海峡事件判決にみられるように賠償金の支払いというよりは（イギリス軍艦の触雷被害に関しアルバニアに対してなされた賠償金の支払命令とは別）、裁判所による違法の宣言（イギリスの干渉行動に対する違法の確認）をもって十分とする場合があろう。[5]――コルフ海峡事件の判決で国際司法裁判所は、アルバニア領海内での英国軍艦の機雷掃海作業を無害通航権の行使としては正当化しえず、大国の力の政策（une politique de force）としての違法な干渉（l' intervention）を構成するとして、アルバニアの主権の侵害を認定した（全員一致）。そして「この認定はそれ自体として適当な満足（satisfaction）を構成するものである」と判決し、損害賠償を伴う法益侵害とは区別した（前掲、皆川洸『国際法判例集』四四八～四四九頁）。またスレブレニッァ虐殺事件に関するボスニア対旧ユーゴ（セルビア）の訴訟で、二〇〇七年のＩＣＪ判決はセルビアによるジェノサイド条約第一条の「防止」義務の違反を認定するだけにとどめたが、これも宣言（確認）判決による satisfaction の一形態と考えられている（本書第一章三㈤及びＩＬＣ「国家責任」条文、三七条参照）。――

こうしてみるといずれにしても、国家やその機関である公務員の過失、故意という主観的、心理的要素は、責任帰属の要件として何ら必要でないことがわかる。国際社会では、国内法と国際法の二元構造を背景として、国家の機関としての個人の故意・過失（国家賠償法等の国内法ではそれを有責要件として明示している場合があるが）に基づく国際義務の違反がみられても、国家機関個人の違法責任の問題としてではなく、国家そのものの責任問題として理解するのが原則である。従って国内法上の故意・過失という個人的心理状況は国際法上の責任帰属条件として、原則的には（国際刑事法上の個人科罰の場合の情状酌量要素として利用される例外的場合を除き）法的な意味をもたないのである。

こうした見方は、外国ですでに古くショーエン（P. Schoen）やアンチロッチ（D. Anzilotti）により、かなり明確に指摘されている。ショーエンによれば、国家機関の権限内の行為については当然結果責任（Erfolgshaftung）（広瀬注、正確には「絶対責任」）であるが、権限外の行為もそれが国家機関の行為と認められるかぎり、国家に過失を求めることはできないから、同様に結果責任で論じる以外にないとするのである。ただ私人行為の場合には過失の条件が認められるが、国際法上の国家責任の問題として理解する場合には二元論にならざるをえないというのである。[6]アンチロッチは、「過失」は言葉の本来の意味では「心理的事実としての意思の或る状態」を指すものと理解しなければならないから、それは「一個の人間に関係づけられるかぎりでのみ」適用されうる概念である。従ってシュトルップの見方（K. Strupp, Das Völkerrechtliche Delikt, 1920, SS. 45〜60.）、すなわち国家機関の「不作為」による違反行為については、とくに法規中に違反行為の要件が定められていないかぎり、過失原理が妥当するという見解は妥当でないことになる。なぜならシュトルップのいう「過失」（「不作為」と同義に使用）の意味は、アンチロッチからみれば本来の過失とは異なる意義で使用されているにすぎないからである。つまりアンチロッチは実定国際法上、不作為を行った国家の機関に過失がなくとも国家の責任は成立するというのである。(7) 日本でも水垣進は、その著『国際法に於ける国家責任論』（昭和一三年）の中で、右のアンチロッチの立場を支持している。(8) ベルリア（G. Berlia）も、過失という心理的考慮が国家機関の責任帰属の要素として必要であるのは、せいぜい下級機関の行為のように具体的事案について、現場公務員の個別判断の裁量が可能な場合に限られると述べているのである。(9)

もとより前述したような宇宙活動や原子力事業のように高度に危険な事業活動について、国家が直接、間接の損害賠償責任を絶対（absolute）ないし厳格（strict）責任の形態で負課されるようになったのは、たしかに事業者（operator）たる私（法）人の責任原理として、私法上の例外としての結果（危険）責任原則が導入された最近の産業、技術活動の発展と対応するものである。その意味で、そしてこうした危険事業の発達という新しい現象への対応という意味においてのみ、そのように言うことができたにすぎない。たとえばゴルディ（L.F.E. Goldie）のいうように、「国内法では、正義と社会政策上の要求が産業事故に対する厳格責任（strict liability）原理の発展と拡張を導いたが、同様に国家間の増大する産業活動による損害の相互関係的発生が国際法上でも類似した責任原理の採用を必要ならしめるようになった」のである。(10)(11)

もっとも今日では越境損害をひき起こす transboundary な活動について、「適正注意基準」（an optimal care standard）ともいうべき法外在的な行動準則が強調されるようになり、従来「事後賠償」方式に要求されていた国家責任成立の厳格な法基準とは次元を異にする「実態的、主体的な国家間協力方式」(substantive cooperative regimes)が、広域の多辺的公平利用と環境保護のための管理法則として採用されるようになってきている。たとえば一九九七年の「国際水路の非航行利用条約」や若干の国際河川の管理に関する沿岸国協定に、それが情報交換と協議と交渉の義務(非司法的)の形で実現されており、また気候変動枠組条約などにみられるように、大気汚染源の特定し難い損害の防止(予防)のためには、損害賠償という事後責任負課の法原則である「故意・過失」論はもとよりのこと、「絶対責任」理論の活用による問題処理方策さえも妥当でなく、経済的損益上の責任負課方式としての「不遵守」手続なる新たなフォーミュラが考案され、規制の履行を確保する非司法的方法が定着しつつあるのである(M. B. Akehurst, International Liability for Injurious Consequences Arising Out of Acts Not Prohibited by International Law, 16 Netherland Yearbook of International Law, Vol. 3, 1985.; 加藤信行「ＩＬＣ越境損害防止条約草案とその特徴点」、国際法外交雑誌一〇四巻三号、二〇〇五年、三九～四二頁。高村ゆかり「国際環境法における予防原則の動態と機能」、国際法外交雑誌、同上、一～二八頁)。

ところで右のゴルディの見方が、国際法上の「国家責任」の基本原理が、過失責任原則から無過失(結果)責任原則へと移行したというように、国家責任の本来の性格が沿革的には「過失」原理から始ったとみる立場を意味するならば、やはり誤りであろう。国家の不法行為責任は主権国家体制が確立された近代国際法の枠組の中では、グロチウスのような自然法観に基づく国際法理論を構築する場合は別として、実定法(実証主義)理論として把握するかぎり国際社会の構造的特質からして原則として絶対責任ないし客観責任のそれであったといわざるをえないからである。

(1) ダンチッヒ地域に居住するポーランド国民の取扱い(ダンチッヒ裁判所の管轄)に関する一九二八年の常設国際司法裁判所の勧告的意見。P. C. I. J., Series A/B, No. 44, p. 24.

(2) 一九七七年に国連国際法委員会(ＩＬＣ)で採択した「国家責任に関する条文案」(Draft Articles on State Responsibility)第四条や、ハーバード大学が一九六一年に作成した「外国人の損害に対する国家責任に関する条約案」第二条二項および第三条二項にも同趣旨の規定がおかれている。また二〇〇一年のＩＬＣ「国家責任」条文第三条、三二条また条約法条約第二七条も同様である。

この点で、一定の条約や国際慣習法上の義務を国内裁判所等の国内管轄権によって義務的（強制的）に実現（執行）する機能を、dédoublement fonctionnel（役割分担機能）として捉え（G. Scelle, Le Phénoméne Juridique du dédoublement fonctionnel, im "Rechtfragen der Internationalen Organisation: Festschrift für Hans Wehberg, 1956", S. 324.）、今日では一般的に受け入れられている概念の重要性を再認識する必要があろう。但しこの概念を「国家権限の二重機能（dual function）」として理解し、国家は国内、国際の二重機関的性格をもっているというふうな平板なとらえ方をする立場に対しては強い批判がある。たとえばフリードマン（W. Friedmann）は次のように述べる。「こうした「国家権限の二重機能」的理解は、国内裁判所や国際法を解釈する国家官僚の政策動向と、国家政策の国際法への従属を要求する国際秩序の政策動向との緊張関係を隠閉することにしかならない、きわめて安易な解釈である」と（W. Friedmann, The Changing Structure of International Law, 1964, p. 148.; 同旨、拙著『二一世紀日本の安全保障――新たな日米同盟とアジア――』明石書店、二〇〇〇年、三一八頁）。

（3）I. Brownlie, Principles of Public International Law, 5th ed., 1998, pp. 840〜841.

（4）P.-H, Verdier, Cooperative States: International Relations,State Responsibilify and the Problem of Custom, Virginia Journal of Int'l Law, Vol. 42, No. 3, 2002, p. 853. なお、フェアディアーは、彼が過失責任論を否定し「絶対責任」論を国家責任の本質と主張する根拠に、国際社会の構造的特色としての主権国家の並存状況を置き、次の四つの理由をあげている。①国際社会では negligence の存否を決定するプロセスが存在しないこと、②証拠が加害国の手中にあること、③合意がなければ国際管轄権が設定できないこと、④国際義務の違反はほとんど意図的なものであり、国内での過失システムを担保している社会的注意の最大限活用（optimization）のシステムを欠いていること、つまり国際社会では対抗措置として一方的報復の跋こ状況があること、をあげている（P.-H, Verdier, ibid., p. 854.）。

（5）G. Handl, Territorial Sovereignty and the Problem of Transnational Pollution, A.J.I.L., Vol. 69, No. 1, 1975, pp.65〜67.

（6）P. Schoen, Die völkerrechtliche Haftung der Staaten aus unerlaubten Handlungen, 1917, SS. 43〜63.

（7）D. Anzilotti, Lehrbuch des Völkerrechts, 1929, Bd. 1, SS. 386〜394.

（8）水垣進『国際法に於ける国家責任論』有斐閣、一九三八年、六六〜八一頁。

（9）G. Berlia, De la Responsabilité internationale de l'Etat, Etudes en l'Honneur de Georges Scelle, in "La Technique et les Principes du Droit Public," Tom. II, 1950 p. 885.

（10）L.F.E. Goldie, Liability for Damage and the Progressive Development of International Law, Int'l and Comp. L.Q., Vol. 14, 1965, p. 1240.

（11）「注意義務」論に関する我が国の論文として、本文中に引用したものの他、左記のものを参照されたい。湯山智之「国際法上の国家責任における『過失』及び『相当の注意』に関する考察（四・完）」、香川法学二六巻一・二号、二〇〇六年、第四章。薬師寺公夫「国際法委員会『国家責任条文』における私人行為の国家への帰属」、山手治之・香西茂編『国際社会の法構造：その歴史と現状』東信堂、二〇〇三年、二九四〜三二一頁。同「越境損害と国家の国際適法行為責任」国際法外交雑誌九三巻三・四合併号、一九九四年、七八〜一一〇頁。兼原敦子「国際違法行為責任における過失の機能」国際法外交雑誌九六巻六号、一九九八年、一〜四六頁。山本草二「国家責任成立の国際法上の基盤」国際法外交雑誌九三巻三・四合併号、一九九四年、一七〜二八頁。

(四)　高度危険事業の発展と国家責任理論の新展開・総論（その二）

最近の科学技術と産業の飛躍的発展に伴う高度に危険な活動に関する国家責任については、客観責任原理の根拠に別に新しい要素を加えたということができよう。すなわち、一つは国家の領域管轄権に基づく許認可と監督上の権限に、危険産業活動が負うべき「結果」責任に対応し且つ平行して新たな国家自体の「絶対」責任が課せられることになったからである。それは損害の発生に対して直接的な責任である（単に国内法上で被害者救済のための司法・行政上の法的手続を保障するというような間接的義務ないし責任ではない）。責任形態としては、私人（私企業）の主たる債務ないし賠償責任に対する代位或いは保証の形態をとる場合であっても、加害行為に加担した意味をもつ。従って直接の加害行為者たる私企業と同一レベルの「結果」（危険）責任を負うことを意味する。ここでは国家がその権限作用の構造的特質から当然負担すべき「絶対」責任のそれと、高度危険活動に関して負担すべき「結果」責任のそれという性格的に異質の責任原理が複合して成立することになったのである。従ってこれを総合して「客観」責任（objective responsibility）と呼称するのが妥当のように思われるのである。

——「責任」の意義を金銭的な損害賠償の方法を中心として理解すれば“Liability”の用語が妥当であろうし、政治的社会的な解除方法を含め、広く且つ多角的に理解すれば“Responsibility”の用語が妥当であろう。また、「客観」責任原則を導入した場合でも、損害賠償額の範囲については必ずしも無限でなく有限責任という賠償額のシーリングを設定することは可能である。たとえば一九六三年の「原子力損害に対する民事責任条約」第五条一項や一九六二年の「原子力船の運航者責任条約」第三条一項がそうである。――

こうしてみると、右の国家の負担する「客観」責任とは、ゴルディの観念を利用するとすれば次のような性格のものとなろう。損害の発生と国家の管理・監督上の権限作用（領域管轄権に基づく高度危険事業に対する主権的監督権）との間に因果関係の連鎖が直接的でなくとも、責任を源にまで遡って（tracing back of liability）結びつけるいわば“channelling”のそれである。そしてその立法政策上の趣旨は何かというと、国内法では社会的に災害の多い高度危険事業活動を禁止する十分な強制力があるが、国際法ではその特質である許容的、任意的規範としての性格からみて右の事業活動を国際的に禁止しうる実効性に乏しい。従って右危険事業の「事業者」とそれを監督する国家に対して厳格ないし結果責任を課すことによって、事業者の加害行為に対する心理的抑制力たらしめると共に、国内法に基づく禁止措置という法的強制力の発揮をも期待し利用することができるからである。(1) たとえば一九六三年の「原子力損害に対する民事責任条約」では、事業者にその過失の存否とは無関係に、発生した損害に対して厳格責任を課す（四条一項、二条一項）と共に、施設国に対しても事業者が損害賠償上の必要資金に不足した場合、一定限度（第五条で五百万ドルの上限を設定しているが）の支払い保証債務という監督（許認可）責任を課したのは、これを意味しよう。

――発展途上国に対する先進国の経済協力の一環として民間投資の促進をはかるために、私（法）人による海外投資上の経済権益の損失を本国がカバーし保証するシステムが国内法上で確立される傾向にある。私人リスクに対する国家保障という、これも一種の責任の“channelling”といってよいであろう。そうした国内保証体制を前提に、最近の先進国と途上国間の「投資保証協定」では、たとえば投資受入国の国有化による私人投資家の損失補償を本国政府が行った場合は、満足した私人のクレイムに関して国家が代位権（subrogee）を取得し、改めて右私人の本国が相手国政府に対して請求を行うことができるシステムがとられるようになっている。これもまた補償請求権上の私人と国家の channelling といえよう。もっとも一九六五年に世界銀行の後援で締結された「投資紛争解決条約」では、右の趣旨を盛込んだ原案が途上国の反対で削除された経緯がある（池田文雄『投資紛争解決法の研究』アジア経済研究所、一九六九年、一二一頁）。

この"channelling"の考え方は、最近世界銀行が途上国に資金貸付を行う業務に、できるだけ民間商業銀行の参加を勧誘するためとられた政策にも採用されている。すなわち商業銀行との間で世銀は商銀の途上国融資を保障するため、民間商業銀行の資金貸付行為と次の二つの点でリンクを設定する協定を結んでいる。一つは、商銀と途上国間のローン契約に途上国が違反した場合には世銀は自己と途上国間のローン契約上の資金貸付を停止することを認められるという、いわゆる「相乗り義務不履行条項」(cross-default clause) を途上国との貸金協定に設けることである。これによって借用国の債務の履行を世銀が間接的に強制できることになる。二つには、世銀は商銀の途上国に対するローン協定上の貸付債務を借用国たる途上国に対して直接負うことはないが、商銀の振出した手形を保証する形で貸付金額の支出に対して channelling の役割を果すことにしているのである。これによって間接的ではあるがローン契約の全額に対してスムーズな供給を保障し、途上国の開発計画の中断や遅滞を資金供給の面から惹起せしめないよう配慮をしているのである (L. Nurick, Financing of Development: Current Techniques and Proposals, Proceeings, of the 71st Ann. Mtg., Amer, So. of International Law, 1977, p. 37.)。

ところで最近、高度に危険な事業活動 (ultra-hazardous activities) に関する国家責任の問題が、他の一般の違法行為に関する国家責任論と区別して国際法上で特別に意識してとりあげられるようになったのは、前述したように科学技術の発展や巨大化或いは、産業活動の国際化 (transnational activities) と、それに伴う損害や汚染の国境を越えての拡散 (transboundary injuries or pollution)、更には地球環境への一般的影響の問題が深刻化し、従って条約や宣言等による環境保護のための国際的規制と責任体制の確立が重大視され始めたからである。

従来の国家責任論の系譜の中では、私人の違法行為に対して国家がどのような場合に、国家自体の違法責任を負担せしめられるかの問題は、私人と国家の二つの行為を分離した形で論ぜられるのが通常であったのに対し、極度に危険な事業活動に関しては、事業主体たる私（法）人の活動への国家の全面的な介入、監督機能とそれに伴う責任体系への直接的な国家的関与（間接保証責任の形でか、直接連帯責任の形態でかは問わないが）の問題が提起されるようになったのである。しかしこうした最近の特徴的傾向についてもすでに古く先例がなかったわけではない。後述のトレイル・スメルター（Trail Smelter）ケースはこの例である。

　高度に危険な事業活動に関する国家責任の問題がクローズ・アップされた第二の理由は、伝統的な国家責任の法理がいわゆる「在外自国民の外交的保護」の制度の中で生まれたということと関係がある。つまり外国に居住しその外国の領土主権上の権限行使によって損害をうけた場合にのみ国家責任の問題が発生し、且つそのさい被害者の本国の外交的保護権の手続的介入を経てはじめて救済が国際的レベルで可能となるというものであった。そのさい国内的《ローカル》救済原則《レミディ・ルール》の適用があり、従って迅速かつ公正な救済が必ずしも確保されえないという例が少なくなかったのである。こうしてトレイル・スメルター事件にみられるように、典型的な公害被害の場合、損害の発生源が他国領域にあり国境を越えて自国および自国民（在外ではない）に被害が発生したというトランス・バウンダリーな形態をもつ、いわゆる「越境損害」状況に対しては、その救済に関しこの制度は原則として無力であったのである。[2] この問題を解決するには、一つは後述するようなＥＣ（ＥＵ）体制の中でとられているように、管轄国内裁判所を加害地、被害地のいずれでも原告が選択できるようにすることと、更にかつて（西）ドイツの裁判所の判例に顕著にみられたように、準拠実体法を被害者に有利に選択できる方法を考慮すべきことである。[3] 第二にはやはり、国境を越えて損害を及ぼす高度に危険な事業活動については、その事業主体がかりに私（法）人であっても、許認可と監督の権限をもつ国が損害の発生に関する訴訟の相手方としての当事者資格をもって登場しうるシステムが定立される必要があるということである。この場合には私的訴訟のみならず、被害が国家的規模のものでありパブリック・ニューサンスの性格をもつ場合には、むしろ国家対国家の国際法に基づく国際訴訟上の救済が必要であろう。つまり、そこでは国際的レベルで損害賠償や差止命令等の救済措置をうるために、ローカル・レミディの手続を必要とせず且つ外交的保護の観念も必要としない共同体法的な救済原理と責任体系を構築する可能性と必要性があるのである。トイレル・スメルター判決は、伝統的な方式を維持しながら、右の新しい観点をとり入れているといえよう。

（1） L.F.E. Goldie, Liability for Damage and the Progressive Development of International Law, Int'l & Comp. L.Q., Vol. 14, 1965, p. 1221.; International Principles of Responsibility for Pollution, Colum. J. Trans. L., Vol. 9, 1970, pp. 308～309.
なお"channelling"の用語は、欧州経済協力機構（OEEC）が一九六〇年七月二九日に採択した"The Convention on Third Party Liability in the Field of Nuclear Energy"の"The Explanatory Memorandum"にみられる（OEEC Doc. C (60) 93 (1961), 8 European Year Book 233 (1960), quoted in "Goldie, A General View of International Environmental Law, Recueil des Cours, Colloque, 1973, op. cit., p. 74.)

（2） K. B. Hoffman, State Responsibility in International Law and Transboundary Pollution Injuries, Int'l & Comp. L.Q., Vol. 25, Pt. 3, 1976, p. 511.; H. Mosler, The International Society as a Legal Community, Recueil des Cours, Tom. 140, 1974–IV, p. 170.

（3） S.C McCaffrey, Pollution of Shared Natural Resources: Legal and Trade Implications, Proceedings of Amer. Soc. of Int'l Law, 71st Annual Meeting, 1977, pp. 56～61.

(五)　国家責任の性格——国家責任帰属要件としての「過失」の無意味性

さてそれならば、国内法上の国家機関の行為（作為、不作為）が国際義務違反の事実を生じた場合、責任がその国に帰属するための要件として故意・過失という主観的ないし心理的要素に関する考察を原則として必要としないという結論につき、もう少し論証しておこう。前述（第六章三(三)参照）もしたように、国内管轄権上の事項に関して外国は不干渉の立場を要求されているから、一国の国際義務の違反がその国の立法・行政・司法の各機関の権限上の行為に関して生じても、——たとえば国際義務を履行するための国内立法措置をとらなかったために国際義務の違反が生じ、相手国に損害が発生した場合、——当該国家機関の国内法上の過失の存否を論証すること自体が、不干渉原則に反することになるのである。[1] つまりここでは国際義務の違反があり、それに基づき相手国に損害を発生させたという客観的事実だけで、賠償等の国家責任の成立に必要且つ十分な要件が満たされるのである。

国家機関の権限行使上の故意・過失という主観的要素は国際的レベルでは全く問題とならないのである。[2] クヌデクが公務員の「選任上の過失」（culpa in eligendo）という観念を導入することは実定的見地からは全く無意味であるとしているのも、この趣旨からである。[3] 国際法上の国家責任論でいう責任の性格は何かというと、それは国内法上で特定の機関の責任たとえば立法機関の責任であるとか或いは特定の国内法令や措置が違法で無効であるとかという、国内機関の行為の評価を直接、国際的場にまで持ち込むいわゆる一元論の形で論ぜられることは原則としてないのである。国際義務違反の事実に対しての国家としての対外的全体（集団）責任が成立するだけである。従ってそうした国際（対外）レベルとは分離された形で国内法のレベルでは国際法違反の国家機関の行為が有効性を維持しうることにもなるのである。国際法と国内法の二元論の立場がここには現れている。――だからこそ G. Scelle の "dédoublement fonctionnel"（役割分担機能）論の必要性が一元論の立場から強力に主張されているのである。――

もとより、たとえばヨーロッパ共同体（ＥＵ）の法秩序にみられるように、ＥＵの委員会や裁判所の決定が国内法に優越し加盟国国内法のレベルでも履行が確保されなければならない（たとえばＥＥＣ条約第一六九条）という新しい共同体秩序の形成も存在する。こうした場合には、伝統的国際法上の国内管轄権不干渉の原則も一定限度で放棄されたことになるから、違法回復上の責任形態として、国内法措置の無効という機関的個別責任の原理が導入される機会と場もあるだろう。国際（共同体）義務の違反に対する単なる政治責任か契約違反上の責任のそれ（国家主権並存を前提とした二元的秩序上の責任）ではなく、統一法秩序内での一体法（一元）的責任の形態が確保されることになるのである。もっともこの場合でも機関（構成国）責任については、国内法令の無効或いは共同体決定の優越的国内実施という形での救済（対応）がはかられるだけであるから、別に申立人に損害賠償上の権利が存在するならば、当該国内機関（＝公務員）の故意・過失を論議する必要なく構成国に責任が帰属することに注意しなければならない。現場公務員の作為、不作為上の心理的要素にウェイトをおいて責任の帰属を考えるべき分野とは異なる国家の組織体権能上の責任の性格がここにはある。

右の論点は、国内行政機関と司法機関の行為についても基本的に維持されうる。第一に、国家の行政機関（と司法機関）は、国内法で付与された権能の限界の中で権限を行使するから、その権限の行使について違法に外国人に損害を与えたならば、その事実により且つその事実という客観条件の存在だけによって国家責任が発生する。(4) たとえば通商航海条約で規定された内国民待遇や最恵国民待遇を与えなかったため生じた外国人の不当（不平等）待遇上の損害は、行政機関の作為、不作為の結果として当然（ipso jure）に条約上の義務違反を構成し関係外国人に加えた損害を構成する。従ってそれは国家が外国人に対してもつ領域主権上の権能行使に伴う国際法上の（外国人保護）義務に違反した結果生じた損害であって、あくまで国家の権限行使の枠組みの中で発生するものである。この点で個人意思の自由を基礎に、禁止法規に違反しないかぎり行動の自由を原則的に保障されている私人の場合とは違法責任の基礎と枠組が異なる。個人責任の場合は、たとえば契約上の責任原理にみられるように故意・過失の存否を責任の軽減・免除の要素として導入しているのは、あくまで「行動の自由」（自由意志に基づいてのみ成立する契約観）が原則だからである。

（1） H. Mosler, op. cit., p. 173.

（2） D. Anzilotti, Corso di Diritto Internazionale, 4 ed., 1955, p. 445.: E.J. de Aréchaga, op. cit., p. 535.

（3） J.-P. Queneudec, op. cit., pp. 98～99.

（4） 日本の国家賠償法（一九四七年）第一条は「国の公権力……の行使に当る公務員が、その職務を行うについて、故意又は過失によって違法に他人に損害を加えたときは、国が、これを賠償する責に任ずる。」（一項）と規定している。この場合の「国」の賠償責任の性質について次の二説が有力であるが、いずれも無過失ないし絶対責任の立場を明らかにしている。①代位責任説。田中二郎はいう。「本条による国の責任は、公務員の責任に代る責任、即ち一種の代位責任と解すべきで、公務員の選任監督者としての責任ではない」（田中二郎『新版行政法・上』弘文堂、一九七四年、一九〇頁）。②自己責任説。今村成和はいう。「民法七一五条とは規定の仕方が異なっている。ことに免責規定をおかず、国が公務員の行為について絶対的に責任を負うべきものとしていることは、単に公務員の不法行為責任を代って負担するというのではなく、公務員の行為に基づく責任を国が当然に負担しなければならぬ……ことを暗示する……。権力作用に基づく国の責任の性質を考えてみるならば、それが危険責任の最も典型的な場合である。」（今村成和『国家補償法』有斐閣、一九五七年、九三頁以下）。因みに同条二項は「公務員に故意又は重大な過失があったときは、国……は、その公務員に対して求償権を有する」と規定する。但しここでの「故意」「過失」は内部的な責任要件にすぎない。被害者に対する責任要件ではない。

㈥　国家機関の権限踰越の行為と国家責任

こうしてみると次のようにいえるだろう。かつて国際法の古典的学説の中に、「国内法上での権限踰越または上級者訓令に違反する」公務員の違法行為は国家に責任が帰属しないという見解があったことはたしかである。[1] しかし今日ではこうした見解は原則的に否定され、かりにあっても一定の条件の中でしか認められていないのである。たとえば国連国際法委員会（ＩＬＣ）が一九七七年に採択した「国家責任に関する条約」案第一〇条は次のように規定している。"The conduct of an organ of a State, if such organ having acted in that capacity, ... shall be considered as an act of the State under international law even if, in the particular case, the organ *exceeded its competence according to internal law or contravened instructions concerning its activity.*"（イタリック体・広瀬）。そして二〇〇一年のＩＬＣ「国家責任」条文でも第七条にほぼ同文の規定を置いている。即ち"The conduct of an organ of a State... shall be considered an act of that state under international law, if the organ...acts in that capacity, even if it exceeds its authority or contravenes instructions." と。且つこの条文のコメンタリー(1)では、これは「国家機関の unauthorised or *ultra vires* acts という重要問題を扱っている」と述べている。

国家実践を検討してみても、「国家機関としての資格で行動している」国家機関の権限踰越行為が、行為者の故意・過失に関係なく国家そのものに責任を帰属せしめている例は少なくない。たとえばケール（caire）事件に関する一九二九年の仏・メキシコ間請求委員会の審決は、メキシコ軍隊内の或る兵士グループによって夫が処刑されたフランス人妻の損害賠償上の請求を容認したが、その審決の中で、右グループが上級指揮官の命令なしにむしろ命令に違反して処刑を行ったことは確実であることを認めて、右兵士グループがメキシコ軍隊の一部を構成している事実により且つその事実だけで、いいかえれば上級指揮官に（監督上の）過失が存在したことを立証する責任を原告側に負

わせることなくして、メキシコ国家への責任帰属を認めたのである。(2)

こうしてたとえば一九二七年のハーグ法典化会議でも、「国際義務に違反する公務員の行為が、国内法上の命令に基づかなくとも、公的性格の外被の下で行われた（performed under cover of their offcial character）場合」に、損害が生じた場合の責任は国家に帰属することを規定したのである。(3) つまりこうした場合、公務員の権限踰越（ultra vires）の行為が国家責任を発生させる根拠は何かといえば、違法行為を行う権限（competence）は公務員にはないとしても、そうした違法行為を構成する事実行為が公務員の公的資格（capacity）、権威（authority）の外見（cloak）の下で行われ、且つ第三者が右の行為を国家責任（公務員）の資格の下での行為として通常みなしうる状況と形態の下で行われた場合は、その責任は国家に帰属するということになるのである。モスラーも次のようにいう。「各国の国内法の比較研究の結果からみていえることは、『単に国内法上の権限を踰越していることによって、その行為が公的性格を失うことはない』というのが一般原則である」(4) と。

この点は司法機関の行為についても同様である。一般に司法機関が外国人に対して訴訟の不受理や裁判の遅滞或いは不当、不公平な判決更には不法な逮捕状の発行等の行為を、たとえば裁判官の外国人への偏見や報復心理に基づいて行った場合、いわゆる「裁判拒否」（denial of justice）（本書第五章三㈠㈡参照）の問題が発生するが、国家に責任が帰属する要件としては、裁判拒否に基づき外国人に損害が発生することをもって十分である。つまり行政機関の場合と同様に、そうした違法行為を行った裁判官等の個人的な主観や心理的意図（故意、過失）は、国家に責任が帰属するかどうかを判断する材料としては無意味であり無関係なこととされているのである。(5) 一九三〇年のマルティニ事件に関する国際仲裁判決でも、「当該国内裁判所の判決の欠陥は裁判官の側における悪意を推定させるようなものであるかもしれない」が、「この場合においても決定的なのは、判決の客観的性質である」「心理的動機は何らの意味ももたない」と述べているのである。(6) アレチャガも過去の先例を検討しながら、国家の国際責任を決定するために、仲裁裁判所は損害をひき起こした個人の動機や心理状態（state of mind）を考慮することは一般にはなかった」と述べている。[7]

もっとも国家機関（公務員）の権限踰越の行為について、前記ハーグ法典化会議の条約案では次のような規定をおいて、国家の責任負担に一定の制限をおいている。すなわち「公務員の権限の欠如（the official's lack of authority）がきわめて明白であって、外国人がその事実に気づいたはずであり結果として損害の発生を回避しえたとみなしうる場合には、国家に責任が帰属しない」[8]と。この場合には、従って被害者側に「相当注意」を払う義務が課されることになるが、しかしそうした注意を払うならば損害の発生を防止しえたことが客観的に証明されることが必要である。ここには「相当注意」が行為者の心構え（法外在要件）として要求されているだけで、責任帰属の法的要件としては一定の客観的基準（国内標準か国際標準かは別であるが）に基づく損害防止上の具体的措置の履行が要求されているといわざるをえないのである。従って、公務員の権限踰越の行為であることに気づいても、抗拒不能で損害の発生を防止しえなかった状況であれば責任は問われないことになる。

また英・コスタリカ間の一九二三年のティノコ仲裁（Tinoco Concessions Arbitration）判決も注意しておこう。判決はこうである。カナダ王立銀行（英）によるコスタリカのティノコ大統領への金銭支払い（ティノコ政権が事実上政府として締結した契約の有効性を肯定）は、その使用目的が彼の個人用であって正当な政府支出への充当のためでないことは支出時に相当な注意を払うならば気づきえたはずである。従って損害の発生を防止しえたはずである。このように述べて裁判所は銀行の判断ミス（過失）を根拠にコスタリカ政府に対する返済請求を棄却したのである。[9] しかしこのケースは、国立銀行機関という現場公務員の行為に基づく責任の国家への帰属問題であり、通常の国内私法上の過失原則への送致適用が妥当なものとして、国際判決に反映されたにすぎない。更にここで注意しておかなければならないことは、このケースでいう注意義務とは加害者側のそれではないことである。すなわち何らかの形態での相当注意義務の欠如が被害者側にあったために損害が発生し或いは拡大したという。いわば相殺機能としての相手方の注意義務を肯定しているにすぎない。加害者たる国家自身の責任帰属要件としての「過失」原則の適用は全く要求されていないのである。――この種の被害者または第三者の「過失」又は「故意」により損害が発生拡大した場合の加害者側の責任の減免或いは相殺に関する規定は、ＩＬＣ「国家責任」条文三九条にもとり入れられている。そして「客観」責任原則を建前とする高度危険事業に関する損害賠償責任条約にもある。たとえば一九六二年の「原子力損害に対する民事責任条約」四条二項、一九六九年の「油濁損害に対する民事責任条約」三条二項、更に一九七二年の「宇宙物体によって引き起こされる損害に関する国際責任条約」六条がそうである。但しその挙証責任は賠償責任の減免を主張する被告（加害者）側にある。

のみならずこうした場合の「過失」の意味は、損害の発生に加担した相手方の作為、不作為（たとえば右のティノコ仲裁のケースでは調査の不完全）の代名詞にすぎず、そうした作為、不作為をもたらした国家権力機構の過誤（たとえば監督官庁の過失）という国家行政行為上の主観的意図や心理的要素が訴訟次元で問題になったわけではない。

　このようにみてくると、公務員の違法行為に基づく責任の国家への帰属に関し一部の学説で主張される「監督における過失」（culpa in advigilando）の観念は、責任帰属要件としては不必要な概念なのである。すなわち国際法の次元では、違法の成立についても、それに基づいて発生した損害に対する責任（responsibility or liability）の帰属についても、国家行為（原因）と結果（損害）との間に事実に関する因果関係の立証さえあれば原則として十分であり、不法行為者としての国や法人の機構的仕組みや、制度と機能の内在的事情の如何は責任帰属を決定する要件とはなりえないのである。いわんや国や法人の具体的行為者たる個人（公務員や従業員）の違法行為中の主観的意図や心理状態は、国際法上の責任帰属に何らの関係もないのである。クヌデクもいうように、「上級監督機関の監視上の相当注意の欠如（le défaut de diligence）は、国家責任帰属の要件としての過失（faute）の法的性質を規定する意義をもたず、むしろ違法行為とそれに基づく損害の具体的発生という客観的性格を帯びた存在として理解されている」のである。[10]

（1）P.L.E. Pradier-Fodéré, Traité de Droit International Public Européen et Americain suivant les Progrès de la Science et de la Pratique Contemporaines, Tom. 1, p.331.; J.C. Bluntschli, Droit International Codifié, Art. 446.; W.E. Hall, A Treatise on International Law, 8 ed., 1924, pp. 323〜324.

（2） French—Mexican Claims Commission, Decision of 7 June 1929; Estate of Jean Baptiste Caire (France) v. United Mexican States, 5 R.I.A.A., p. 530.

（3） E.J. de Aréchaga, op. cit., p. 548.

（4） H. Mosler, Liability of the State for Illegal Conduct of its Organs.; National Report and Comparative Studies, Beiträge zum ausländisches öffentliches Recht und Völkerrecht, Bd. 44, 1967, S. 756.

（5） L. Cavaré, Le Droit International Public Positif, 1961, pp. 337〜338.

（6） Martini Case (1930), R.I.A.A., Vol.2, p.987. 臼杵知史「国際法における権利濫用の成立態様(1)」北大法学論集三一巻一号、一九八〇年、六八頁。

（7） E.J. de Aréchaga, op. cit., p. 535. 同旨、G.D.S. Taylor, The Content of the Rule against Abuse of Rights in International law, B.Y.I.L., Vol.46, 1972–1973, p. 334.

（8） Aréchaga, ibid., p. 550.

（9） 1 (1923) R.I.A.A., p. 394.: T. Meron, International Responsibility of States for Unauthorized Acts of their Officials, B.Y.I. L., Vol. 33, 1957, p. 113.

（10） J.-P. Queneudec, op. cit., p. 99.

(七)　学説にみる過失主義批判

バドバン（J. Basdevant）はいう。「責任に関するそれぞれの法的システムに従って、過失という主観的要素を確認する役割と国際法規違反の行為という客観的要素を確認する役割とを区別すること」が必要である。「従って過失があったため国際義務に違反したという言い方は、区別さるべき二つの概念すなわち過失と義務違反の事実の混こうであって」国際法上の責任解明の方法としては妥当でないと述べる。(1) またグッゲンハイム（P. Guggenheim）も個別的な注意義務を「集団責任体制の中で客観化された注意概念に転化する（l'objectivation de la notion de diligence crée pour la collectivité）」ことが必要だと述べ、(2) 同様な趣旨からザナス（P. Zannas）も「国際義務の客観的違反という形態でのみ存在する過失を決定するのが注意（la diligence）にほかならない」と立論の逆転を主張するのである。(3)さらに国際判決をつぶさに検討したアレチャガも従来、判決の中に過失（fault）の用語が用いられる場合であっても、それは普通には義務の不履行（omission of duty）ないし不法行為（unlawful act）と同義に用いられていたと述べるのである。(4)

そして例外的にたとえば後述するような私人の行為によって外国人が損害をこうむった場合、裁量権をもつ警察官等の現場国家機関が損害の発生を防止する権限を十分に行使しなかった不作為の場合に、その不作為が現場警察官の意図や特定の心理状態に基づく恣意的性格のものであるとき、私法における個人の「相当注義義務」の欠如と同様の法的効果をその主観的意思作用に帰属させるのである。国際法上で国家責任帰属要件として（公務員個人の）故意もしくは過失の存在を前提とする限られた例外がこれである。(5)こうした場合、私人の違法行為への「加担」という形態で注意義務の欠如すなわち公務員（たとえば警察官）の「過失」という主観的心理作用が問題とされうるわけである。しかし事件の事前防止のための警察その他の行政機構更には事後救済のための司法機関の機能というような国家の機能的仕組みに基づく権限作用については、現場公務員の主観的判断の場合と異なり、責任帰属要件としての心理的原因を抽出することはできないのである。

なるほどこの場合でも機構や制度の充実度について、文明国共通の「国際水準」という物差しを責任帰属の条件として主張する見方がある。しかしこの場合でもその「国際標準」とは先進国家の水準を基礎にした文明国家の組織・機構の整備状況という歴史的に形成され客観化され固定化された形態として把握されているのであって、それを充たしていないという事実そのものに損害原因を求めているだけである。のみならず多くの発展途上国にとっては、右の「国際標準」は実現困難であるのみならず体制的にも選択し難い内容をもつと考えられている。だからこそ「国内標準」という彼らからの主張が出てくるのである。「国内標準」の方式であれば、主権的裁量と自由が承認されざるをえないから、国内法整備上の「過失」は原則としてありえないのである。こうして過失推定の前提となる一般に合意された平均水準という観念は主権的分割の体制で成り立っている国際社会には原理的には存在しえないといえよう。あるのは慣行の積み重ねから収斂定着した国際（文明）水準だけだということになるだろう。

このような趣旨から、スターク（J.G. Starke）も「違反された国際法の規則が特別に故意（malice）または過失（culpable negligence）を想定していないかぎり、故意・過失という一般に流動《フローティング》的な要素は責任帰属の要件として国際法上で存在しない」し、「むしろ国家責任法を基礎づける科学的、実際的考慮と矛盾する」と言いきっているのである。(6) 同様にラプラデルとポリティスも「近代国際法においては過失の理論は全くのアナクロニスム」であると述べるのである。(7)

因みに、Encyclopedia of pullic International law, Vol. 10, 1987（R. Bernhardt ed.）に掲載されている「過失主義」に関するM. Bedjaouiの議論を紹介しておこう（M. Bedjaoui, “Responsilility of States: Fault and Strict Lialility”（pp.358～362)）。ベジャウィはいう。国家への責任帰属理論には二学派がある。一つはthe school of “lialility for fault” or “subjective responsibility”であり、Oppenbeim, Von Liszt, Fauchille, Hershey Hatschek, H. Lauterpacht等らがこの派に属する。彼らはローマ法上の“culpa”の観念に依拠してsubjective faultの概念を組み立てる。またAccioly, Ago, Bourquin, Brierly, Cavaré, Dahm, Moreli, Redslob, Rolin, Salviori, Sperduti, Verdross等の学者も、程度の差こそあれ“fault theory”に好意をもっている。但し、彼らの中の若干は、「国際義務の不遵守（non-observance）」に極めて近い意味でfaultを理解し、“objective” construction理論を組み立てている。第二の学派は、the school of “causal lialility” or “objective responsibility”のそれであり、グロチウス理論への挑戦的性格をもつAnzilotti理論がその代表的主張といえよう。Brownlie, Delbez, Guggenheim, Kelsen, J. de Aréchaga, O'Connell, Sereni, Schwarzenbergerらがこの立場である。この理論は、「国家に帰属する作為、不作為によって生じた国際義務の違反（the breach of an international obligation caused by an action or omission attributable to that State）という客観的要件（objectivity）さえあれば、国家責任（the responsibility of a State）は発生す

る」というもので、「附属的な主観要因（an additional subjective facter）とその過失（fault）は全く不要である」とするのである。つまりこの“no-fault”theory では、国家の negligence 又は due diligence の欠如は、国際義務を遵守することの objective failure と equate されているというのである（広瀬注、因みにこの見方は、二〇〇一年のＩＬＣ「国家責任」条文の基本的姿勢であり、今日の国際法学界の主流を形成する観念といえよう）。

しかしベジャウィ自身は、第二の学派即ち「客観主義」学派に近い立場をとりながらも責任の帰属（attributability）と責任の範囲（the scope of the responsibility）の間には慎重な区別が必要で、裁判所の判例慣行でも fault に依存することは必要でなく、義務違反が立証されればそれだけで責任の帰属は肯定されるとしながらも、第二段階の作業として違法行為の結果の審理が行れる場合即ち責任の程度（the degree of liability）の評価（assessment）が必要となる場合には、fault の考慮が必要となることがありうるという。つまり repatation や satisfaction 等の sanction の具体的決定に際しては、fault の要素即ち国家の作為、不作為に意図性（malicious or wilfully harmful）の要素がどの程度存在したかが評価の対象とならざるをえないと述べているのである。つまりそこに不可抗力（force majeul）問題や偶然的要件（fortuitous event）の場合に生ずる責任軽減の考慮との関係（被害や責任の考量即ち「情状酌量」問題）が生ずるからである、と述べているのである。

更にベジャウィは、当時、ＩＬＣで Quentin Baxter が検討を進めていた“Liability for Activities not Prohibited by International Law and Ultra-Hazardous Activities”条文案をとりあげ、そこでは due diligence を必要とする義務違反の説明も必要なく、transboundary harm と国家の dangerous activity との間に causal link の存在さえ証明されれば、それだけで absolute liability が成立すると述べ、このことは既にコルフ海峡事件に関するＩＣＪ判決やトレイル・スメルター仲裁判決でも明らかにされていると述べているのである。またベジャウィは、“responsibility”と“liability”の用語は、広義では同義であるが、若干の学者は“liability”を“an obligation to provide reparation”と表現する場合にはより適切な用語であるとしている、と述べている。

（1）J. Basdevant, Règles Générales du Droit de la Paix, Recueil des Cours., Tom. 58, 1936-IV, p. 672.
（2）P. Guggenheim, Traité de Droit International Public, Tom. II, 1954, p. 54.
（3）P. Zannas, La Responsabilité Internationale de l'Etat pour les Actes de Négligence, 1952, p. 130.
（4）Russian Indemnity Case, 1912; Scott, Hague Court Reports, p. 297.; E.J. de Aréchaga, op. cit., p. 536.
（5）Lapradelle et Politis, Recueil des Arbitrages Internationaux, Tom. II, p. 713.
（6）J. G. Starke, Imputability in International Delinquencies, B.Y.I.L., Vol. 19, 1938, p.114.; Introduction to International Law, 8 ed., 1977, p. 339.
（7）Lapradelle et Politis, Note Doctrinale sous l'Affaire de l'Alabama, Recueil des Arbitrages., Tom. II, p.975.

四　私人の違法行為と国家への責任帰属の条件――「黙示的国家加担説」の再検討

さて最後に、一国内の私（法）人の違法行為について領土管轄権を持つ国家はどのような場合に責任を負うのかが問題となろう。一般に国際法上で（通商航海条約などを根拠として）、一国は自国領域内の外国人の身体、生命、財産に対して一定の保護義務を負うとされる。しかし国家機関でない私人が外国人の右の権利、利益を棄損した場合、国家はその侵害の事実から直接、責任（responsibility）を負う建前にはなっていない。ただそのような私人の侵害行為を防止するために、事前の行政、立法上の措置を講じる義務があることと、それにも拘わらず事故が発生した場合には、事後の「国内的救済」（行政措置もあるが重要なのは司法措置）を与える義務があるとされているだけである。従ってそうした義務履行のために、通俗的な用語を用いれば「相当な注意」を用いることは要求されるが、それを怠ることによって防止または救済の措置（適当なすべての措置）をとらなかった場合に、はじめて責任を負うものとされている。

しかしながらこの場合注意しなければならないのは、第一にすでにみたように、「相当注意」の概念が国の行政、立法、司法上の機構的仕組みや一般的な対応能力という基準で把握される場合には、「相当注意」を払ったかどうかの判断は、国の組織構造や統治機能という客観的実体を基礎にして理解されることになる。たとえば外国人保護のための国内法令が存在しないとか警察組織が弱体であるとか司法機関による裁判拒否があるとかというような具体的事実が存在することで十分である。ただもう一つの条件としてはそれに基づく一定の損害（外国人権利の棄損）が発生することが必要である。――たとえば、条約上の権利に違反する国内法規の制定という事実だけでは条約上の権利侵害を主張することはできない。一歩進んでこの法規の適用により具体的権利の侵害が実際に発生することが必要である（G.H. Hackworth, Digest of International Law, Vol. VI, p. 59.）。――これもまた客観的事実の存在として理解されることになる。従って損害と原因との間に「相当因果関係」の証明だけは必要となるのである。国家組織上の客観的実体（欠陥の事実）について関係公務員に「過失」があったかどうかという主観的要素は、責任帰属上の条件として独自の意味をもたないのである。

問題はただ右の国家組織の構成実体が責任を帰属せしめる違法性をもつかどうかの判断のさいに、「国際標準」か「国内標準」かの基準がもちだされるだけである。この場合「国際標準」は国際的に確立した一定の客観的実体としての性格をもつが、「国内標準」は、国家の自主的決定による制度としての相対的存在としての性格しかもたない。たとえば一九二〇年のHome Missionary Society 事件に関する仲裁判決は、「反乱防止のため政府武装力のあらゆる地域における完全な展開はどの政府にとってもほとんど不可能であり、政府は外国人の生命、財産の保険者ではありえない。……反乱鎮圧について過失（negligence）も善意の侵犯（break of good faith）もない以上、反乱者の行為に対して政府は責任を負わないというのが国際法の確立した原則である」[1]と述べたのである。ここでは治安維持のための警察機構や武装力の整備という統治制度の実体だけが判断基準として示されているのである。そして過失論が入りうる余地があるのはせいぜい個人犯罪や集団反乱の鎮圧――具体的には事前の防止（prevention）と犯罪行為中の制止（repression）の義務――に従事する国家機関の具体的行為という「特別の文脈」においてだけである。

一般論としてこういえよう。二〇〇一年のＩＬＣ「国家責任」条文に即してみよう。いわゆる反徒団体の活動（insurrectional movement）が一定地域で合法政府の統治機能を排除して政府権限を行使しているならば、その間の違法行為について既存の合法政府は責任を負わない。但し右の反徒団体が新政権の樹立に成功したならば（外交的承認の有無とは無関係に、a general de facto government の法的立場として）、それまで事実上、政府権限の一端を行使していたのであるから、つまり自ら犯した違法行為も国家行為とみなされるべきものであるから、自ら責任を負わなければならない（shall）。しかし逆に既存合法政権が勢力を挽回し復権した場合には、右の反乱者の不法行為を改めて国家帰属の行為として新たに自ら責任を負うことはできる（may であり shall ではない）。外国軍の占領の効果についても同様で、占領地域での違法行為の責任は占領国が負うが（一九〇七年のハーグ陸戦法規慣例規則四三条等第三款、参照）、合法政府が失地を回復し復権した場合については前記と同様である（平和協定によって別に定める場合を除く）。なお反徒団体の違法行為は合法政府が有効に政府権限を行使している限り、国内法（刑事、民事）上での責任を問われるが（国際法上でなく）、今日では国際人道法上の違法行為があれば国際犯罪として国際刑事裁判所等での（国際法上での）訴追をうけることになる（旧ユーゴ戦争犯罪法廷について、本書第一章三参照。以上について、ＩＬＣ二〇〇一年「国家責任」条文、九、一〇条とそのコメンタリー、参照）。

ところで国内の反乱活動を含む騒擾その他の危険状況がある場合に、外国人の生命や身体の安全或いは財産の保全について一般国際法（通常、二国間の通商航海条約に規定）による保護と保障の責務が居留国に課されている。この場合の居留国政府の防（制）止活動上の違法性判断の基準は、かつて国内標準か国際標準かによって成否が分れる対立があったが、一九八〇年のテヘラン米公館職員人質事件に関するＩＣＪ判決では、一定の国際（文明）標準を明示した。即ち外交関係条約上の「適当なすべての措置をとる特別の責務」というように、対象の特殊性から「特別の」という法適用上の強化条件は入っていたが、この条文義務を適用し、防止の成功した他所の米領事館のケースと比較したり、或いは同時に生じた居留米民間人の人質行為防止上の一般国際法義務違反の行為をも検討して、イラン政府側に故意に近い違法行為が存在したことを認定したのである（判決、パラ六三〜六五、六七）。つまりこれは、客観的な

「国際標準」が国家責任上の違法成立の判断基準となっていることを示す一証例とみることができよう。なお「国内法上の合法性は国際法上の違法性に影響を及ぼさない」というマキシム（ＩＬＣ「国家責任」条文三、三二条、参照）の実例をもこの判決は示しているといえよう。

さて第二には、国家が責任を負うべき国家機関の事前及び事中の相当注意の欠如による事故の発生ないし拡大と、事後の救済措置上の懈怠とに、責任理論上で分離が必要だということである。前者の場合すなわち現場国家機関による事前または事中のいわゆる「注意義務」（法外在条件）の欠如によって私人（加害者）による加害事件が発生し、損害が発生した場合には、「国の防止及び制止活動の不完全ないし欠陥」（とるべき措置をとらなかった）という、グロチウスの言葉をかりれば不法行為の「黙認」（patientia）[2]があったとみるべき状況が生じたといえよう。これはすなわち私人の加害行為への「黙示的国家加担」（implied State complicity）を意味するものといってよいであろう。何となれば加害行為の性質こそ違え、――国家については不作為による防止義務の違反であるが、私人については作為による通常の加害行為である。――被害（保護）法益は等しく個人の身体、生命、財産上の権利であるからである。同一の法益侵害を個人、国家の相互役割分担即ち共犯（complicity）によって行ったとみることができるからである[3]。従ってこの場合は私人の権利侵害の起因に関し責任を分担することになるのである。つまり被害者に対する損害賠償上の責任の成立に関するかぎり、私人の加害行為と同じレベルで国家もまた連帯債務を負うとみなければならないであろう。スタークは国家が責任を負うのは、私人の違法行為に〝関して〟（with respect to）であって、私人の違法行為に〝対して〟（for）ではないと述べたが[4]、事前防止義務および事中の制止義務の違反についてはむしろ〝対して〟（for）の観念が妥当しよう。従ってこの場合の国家責任の成立時点は、私人の加害行為により外国人の身命、財産の損害が発生した時点であり、損害賠償額も右の私人の具体的な損害額そのものである[5]。

この点で一九二六年のB.E. Janes 事件に関する米・メキシコ間の一般請求委員会の判決（4 (1926) R. I. A. A., p. 82ff.）は実証的意義をもつと思われる。この事件では米人ジェーンズがメキシコ私人によって殺害されたのであるが、メキシコ官憲は「犯人を逮捕するために急速で有効な措置をとらなかった」ために、逃亡した犯人は処罰されず、被害者の家族は損害賠償を得る機会を失ったことが判決で認められた。この場合、重要なことは判決が次のように述べたことである。「官憲が意図されていた私人の犯罪を了知していたにもかかわらず、事前の防止措置をとらなかった場合には（in cases of non-prevention）、いわゆる推定加担（presumed complicity）という説明が妥当しよう」（傍点広瀬）と。これは判決が、国内刑法の適用のある殺人などの通常犯罪の事前防止義務の違反についてだけ、グロチウス以来の伝統的な "implied complicity"（黙示的加担）の観念を肯定したとみられることである（ボーチャードは事前防止のみならず事後の犯人の逮捕と訴追並びに裁判による司法的救済についてのすべての過程について、国家機関の義務違反を私人犯罪への "加担" ととらえている（E.M. Borchard, Diplomatic Protection of Citizens Abroad, 1927, p. 217.））。

しかし見逃してならないことは、右の判決が犯罪後の犯人の逮捕や訴追等の行政措置並びに処罰に関する司法措置上の義務違反は、国際法上の国家義務違反（私人の犯罪は単に国内刑法の違反にとどまる）として性質的に区別さるべきであり、この場合には国内法上の違法行為成立要件としての故意・過失を論ずる必要なく、国際法上の義務違反の事実が立証されるだけで、国家責任が成立すると述べていることである。こうして損害賠償額は、殺害に対する賠償額として米国が請求した二万五千ドルは認められず、不逮捕、不処罰という国家機関の義務違反についてだけ一万二千ドルを認めたのである。[6] いわゆる「黙示的加担」説の意義と限界を明らかにした判決として注意しなければならないであろう。こうしてみると、国家機関による私人の通常犯罪に対しての事前防止（及び行為中の制止）義務違反については、私人と同じ私法及び刑法理論上の責任原則が当然適用されることになるから、いわゆる「過失＝相当注意」観念の適用も一義的には可能とされよう。右のジェーンズ事件判決でもそれが観取される。——ヒギンズも若干の留保を付しながらも、ほぼ同意見である（R. Higgins, Problem and Process: International Law and How We Use It, 1994. p. 153., p. 158, n. 34. この場合の due diligence standard は、Iran—U.S. Claims Tribunal（1987）での Short 事件判決でも肯定されたという。Ibid., p. 156, n. 23.）。しかしヒギンズは、一九八六年のニカラグア事件に関するＩＣＪ判決（ICJ Reports, 1986, p. 14.）を引用して、コントラ反政府勢力のニカラグアにおける軍事、準軍事の活動に対して、米国政府による effective control の存在が証明される限り、これは単なる私人の外国人に対する違法行為への加担責任とは異なり、内乱という国際法上の現象そのものへの関与を意味するから、その責任の米国への直接の帰属が認容され、それは due diligence test の適用とは全く無関係であると述べている（Ibid., p. 155.）。更に、ヒギンズは「ＩＬＣは作為（action）、不作為（omission）による不法行為上の国家責任を因果関係（causality）の存在のみを要件として肯定しており、そこには過失論はない」と言い切っているのである（Ibid., p. 161.）。——

しかし反乱、騒擾等の国際法上で直接の評価対象となる事態や現象については別に考えなければならない。たとえば前記一九二〇年の Home Missionary Society 事件に関する仲裁判決は、「反乱鎮圧に関し何らの過失（negligence）もない以上、……反乱者の行為に対して責任を負わない」と述べ、国の一般的な統治構造上の欠陥からくる責任とは区別して、具体的な外国人の権利侵害行為上の政府機関の防止義務の違反には過失原則を採用して私人と同様に責任の負担に歯止めをかける立場を明らかにしているのである。また一九二五年の the Spanish Zone of Morocco 事件に関する仲裁判決でも、「私人の加害行為に関して政府は責任を負わないという原則は、政府が一定の注意と警戒（a certain amount of vigilance）を払うべき義務をいかなる場合にも必要としないということを意味しない。たしかに国家は反乱・革命の行為それ自体に関しては責任を負わない。しかしそうした事件にさいして外国人を可能なかぎり保護する義務はあるから（広瀬注、一般の二国間通商航海条約でも、居留外国人に対する人命、身体、財産の居留国による保護義務は明記されている。たとえば日米通商航海条約二、六条、参照）、国家機関によってそのためにとられる措置或いはとらなかった措置に対して、国家は責任を負わなければならない」と述べて(7)、反乱者の外国人に対する加害行為が政府の現場機関の警戒（vigilance）の欠如から発生し、それによって損害が生じた場合は国家に責任が帰属するとしたのである。ここでは過失責任原則が生きているといわざるをえない。但し民衆の不法行動が単なる暴動の性格を越え、一部の政府権能を事実上行使して、直接国際法によって評価さるべき一定の状況に達した場合には、別次元の問題として、客観的な状況の成立が ipso facto に及ぼす新たな法関係の適用が要求されることになる。即ちそこでは国内法上の過失原則の適用はなく、客観的な防止措置の履行如何が国家への責任帰属の条件となるのである（一九八〇年のテヘラン米公館職員人質事件に関するＩＣＪ判決及び二〇〇一年のＩＬＣ「国家責任」条文九、一〇条、コメンタリー、参照）。

一九六一年に発表された「外国人の損害に対する国家責任に関するハーバード条約案」第一三条も、私人の刑事法上の違法行為（犯罪）に対して国家が防止措置（preventive measure）および、犯人の逮捕を含む抑止措置（detterent measure）を相当の注意（due diligence）の欠如によってとらなかった場合に国家責任が生ずるとしている。ＩＬＣがアマドール（F.V. García-Amador）を特別報告者として作成した一九六一年の国家責任に関する条約案の第七条三項に「国家は損害を与える行為をなした私人の逮捕にあたり、官憲の許しがたい過失があったため、外国人がその私人に対し損害賠償を請求する機会を奪われる場合に責任を負う[8]」との規定をおいたのも同じ趣旨からである（現場公務員の注意義務違反による作為、不作為上の国家責任帰属）。

一方、事後の「国内的救済」に関して、それを与えないために生じた国家責任上の不作為の性格を、グロチウスは同じく加担行為でも事前の加害行為への加担としての「黙認」（patientia）の概念とは形態の異なる「庇護」（receptus）として理解する[9]。すなわち加害者を訴追や処罰の対象としないとか、訴えた者に引渡さないという意味に把握するのである（ブライアリーも“complicity”とは区別して“condonation”（宥恕）として理解する（J.L. Brierly, The Theory of Implied State Complicity in International Law, B.Y.I.L., Vol. 9, 1928, p. 49.)）。問題はしかしこの場合の“receptus”の法的意味を私人の加害行為と同じ次元で把握すべきかどうかである。結論からいえばそうではないであろう。すなわち国家の救済措置上の懈怠は、すでに発生した私人の暴行行為と同じ法益侵害を生みだすものとして理解すべきではなく、まさにスタークのいう私人の違法行為に〝関して〟（with respect to）生ずる性格のものである。すなわち被害者の享受すべき国内法上の制度的救済という法益が与えられないという意味での法益侵害として認識すべきなのである。その意味では、私人の加害行為の発生を事前に防止すべき義務に関する違反は、国家の original responsibility を惹起するが（保護法益も私人の生命、身体、財産上の利益）、事後の（司法的）救済手続に関する義務違反（たとえば犯人の不訴追や不処罰などの司法拒否）は、性格の異なる別の国家責任すなわち国家の secondary responsibility を発生させるとみるべきであろう。もとよりこの secondary responsibility は決してオッペンハイム・ラウターパクトのいう vicarious responsibility つまり外国人に対する領域管轄権を基礎とした加害自国民にとりかわる代理責任ではなく、あくまで国家自体の直接の義務違反上の責任であり、司法的救済の拒否行為そのものも国際法上で違法の国家の "original act" なのである（J.L. Brierly, op. cit., pp. 48〜49.）。——もっとも右のオッペンハイム・ラウターパクトの見解も、領域管轄権国が被害外国人に対して負う事後の救済義務を怠った場合には、それまで存在していた vicarious responsibility が original responsibility に転化することを認めているが（L. Oppenheim—H. Lauterpacht, International Law, Vol. 1, 8 ed., p. 365, §150.）——

その意味で、前述した一九二六年のジェーンズ事件に関する一般請求委員会の審決が、外国人に加えられる損害を二種に分け、「犯人によって与えられた損害は、ジェーンズの死によってジェーンズの親族に加えられた損害であるが、政府の義務不履行によって与えられた損害は殺人犯の不処罰の結果としての損害である」[10]（傍点広瀬）と明示し、従って賠償額の算定根拠も別であるとしたのは注目されよう。田畑茂二郎はグロチウスの黙示的国家加担説を本来別個の次元にある私人の行為と国家の行為を「加担」という概念で同一レベルにもちこんだとして批判する。[11] たしかに前述したように "receptus" の観念に関してはそういえよう。しかし問題は "patientia" を含む「加担」の二形態において、被害法益が相互に異質であることを見抜くことこそが重要であり、私人による加害行為の事前防止に関する国家義務の違反の性質はまさに私人の不法行為そのものへの「加担」とみてよく、事後の救済措置に関する国家的怠慢（不作為）は私人の不法行為への「加担」というよりも、国家の独自の加害行為とみるべきであろう。

——右の趣旨からみると、アゴー（R.Ago）案を基礎にして一九七七年に作成され、八〇年に国連国際法委員会（ＩＬＣ）

が採択した「国家責任に関する条約案」第二二条の含む建前には若干の疑問がある。同条は、「ローカル・レミディ完了の原則」を、既に行なわれた違法な国家行為（patientia）に基づく損害を救済するための「手続」として理解せず、違法の成立即ち国家による国際法上の義務違反の成立のための「実質（実体）的条件」として理解しているようにみえるからである。事後救済上の義務違反、即ち"receptus"に関するかぎりでは妥当な見方であろうが、"patientia"即ち事前の防止義務違反についてはそうはいえない。同条は国家機関の義務違反行為が上級機関又は司法機関によって原状回復又は賠償ないし補償（賠償、補償という金銭的救済方法を equivalent result と呼んでいるが）の方法によって救済が与えられなかった時点で、はじめて国際的な違法（義務違反）が成立すると考えているようである。ここではまず〝加害〟行為者としての行政機関と〝救済〟機関としての司法府の機能を区別していない点で、文明国で通常みられる権力分立制の機能を無視しているが、第二に問題となるのは、司法府による"denial of justice"という国際法違反行為（救済手続上の国際法違反）と、行政機関の外国人に対する具体的、直接的義務違反行為とを混同している点である（同旨、R. Higgins, Problem and Process., op. cit., p. 153.）。〝ローカル・レミディ完了〟後、国際裁判手続によって審理される場合、賠償額や利子の算定基準ないし時点を考慮しただけでも、義務違反の成立時点は行政機関による違法行為によって具体的に"injury"が発生した時点であることは明らかであろう。なお欧州人権委員会が一九七一年のアイルランド—英間の欧州人権条約第三条（非人道待遇の禁止）違反事件で、現場の英下級公務員の暴行行為についての国家責任成立と、委員会の管轄権を肯定しうる前提として国内的救済手続が実質的に放棄されたとみなされうる「国家レベルでの違法行為に関する公的許容」があったかどうかの問題とは別であるとして、後者を「手続的な行政慣行」上の機能であると判示したのも右趣旨を物語ろう（M. O'Boyle, Torture and Emergency Powers under European Convention on Human Right., A.J.I.L., Vol. 71, No. 4, 1977, pp.689〜693.）。

このようにみてくると次のように結論せざるをえないと思われる。第一に、国家は私人のように法制度前に（前国家的に）まず自由人としての位置づけを与えられる存在と異なり、国際法上で一定の制約に服すべき法的実体として承認され、その主権的権限行使の枠組の中で、——counterpart として責任が付随する——対内、対外の権限上の行為を行っているとみるべきこと。第二に、国家の国内統治組織の構成や機能は国家の固有の権限に基礎をおくもので、外国は国際義務の履行に関してその国の国内組織機能上の不充実について、その国に干渉することができないということ。この二つの前提から、国家はその国内法によって認められた権限の行使から生ずる結果に対して、直接に責任を負わなければならないのである。「絶対責任」というべき客観責任主義がまさにこれである。

こうして条約の締結も外交関係の維持も外国人の取扱いもすべて国内法上の権限に基づくものであるから、その権限行使について生じた国際義務の違反とそれによる侵害の事実は、国際法の次元では国内法上の内部的法律関係のありようとは原則的に切り離されて、その事実だけで国家への責任帰属が肯定されうるし、またそうでなければならないのである。国内法で責任帰属の条件として通常要求される不法行為者の主観的意思作用や心理のありようは、国際法上の国家の責任帰属の条件としては無意味且つ不必要な概念なのである。ジェーンズ事件判決が、「政府はその司法的義務の不履行が国際不法行為を構成することが証明されれば、それだけで有責を宣告されうる。国内刑事法や民事法上の故意・過失の理論はここでは適用がないのである」と述べたことはこれを意味する。[12] そうした意味でたとえばモスラーも次のように述べている。「国内法の分野では、不法行為の形態をまず種別し、それに対応して異なった責任の結果を対応させている。しかし国際法では、責任それ自体の問題や或いは違法行為の結果そのことから出発して理論構成することが必要である[13]」と。

一九六一年の「外国人に対する国家責任に関するハーバード条約案」は、「違法な作為および不作為の範囲」という項目（Section B）の中で、外国人の不当な逮捕、抑留、差別待遇、裁判拒否、財産収用、契約や譲許の違反や廃棄をあげて（五～一二条）、過失の有無ないし注意義務の欠如の問題とは無関係に国家の（客観的）責任を肯定しているが、これは右の国家責任理論の沿革的趣旨を背景にしたものなのである。しかし第一三条で、外国人に対する私人の犯罪行為に対しての国家の防止と抑止の義務（不法行為者の逮捕を含む）の違反については、それが国家責任を帰属させるための条件として「相当注意（due diligence）義務」の基準を採用していることと比較して、前者が国際法直接性、後者が国際法間接性（国内法上の対処を介在させる必要がある）の相違がある点で注意する必要があろう。

（1） Home Missionary Society Case（1920）, 6 R.I.A.A., p. 44.

（2） H. Grotius, De Jure Belli ac Pacis, II, XXI.; 同旨の立法作業として Art. 11, Para. 2 of the Draft Articles on State Responsibility, submitted to the ILC by R. Ago, Special Rapporteur, in "Recent Codification of the Law of State Responsibility for Injuries to Aliens," 1974, by F. V. García-Amador, L.B. Sohn and R. R. Baxter, Annex 1, p.537.

（3） H. Mosler, The International Society as a Legal Community, Recueil des Cours, Tom. 140. 1974-IV, p. 177.

（4） J.G. Starke, Imputability in International Delinquencies, op. cit., p. 112.

（5）「国家加担」説をめぐって我が国で若干の議論がある。小畑郁「国際責任論における規範主義と国家間処理モデル——法典化史の批判的考察——」（国際法外交雑誌一〇一巻一号、二〇〇二年、二三頁）と、西村弓「国際法における個人の利益保護の多様化と外交的保護」（上智法学論集四九巻三・四合併号、二〇〇六年、二九七～二九八、二九〇頁）がこれである。小畑は、H. Triepel の所説を援用し、彼が国家加担説を否定して国家機関による領域内外国人に対する違法行為責任を当該国家の領域管轄権上の義務違反（機構的瑕疵）から生ずるものとみることによって、それならば個々の義務違反に対する夫々の関係国家の個別的な外交的保護権の行使とは観念的に乖離してしまい、説明上の困難を生ずると批判したのに対し、西村もその批判を肯定しつつも、国家実践上は個別国家による外交保護制度を通じての個別的国家責任の追及と認容するほかない、と指摘する。

問題はこうであろう。中世の私的復仇制度から近代の外交的保護の制度へと市民損害の責任追及の方式が転換した背景には、神聖ローマ帝国崩壊後の近代主権国家系（modern sovereign States system）の形成という一六世紀以後の歴史的背景があった。即ち「それぞれの領土におけるそれぞれの君主」という領域国家制と結びつく君権絶対主義の成立とそれに基づく「家産国家」観の形成が、主権要素としての領域（管轄権）と人民（管轄権）の君主主権への帰属（付属物）性を創りあげたのである。そして後者の人民管轄権は「国籍」を媒介とした対人主権として、自国民の利益保護を標榜しつつ、しばしば対外干渉権としても機能しながら、相手加害国の責任追及の手段となった。本国（国籍国）の外交的保護権が即ちこれである。換言すれば居留外国人に対する一国の領域管轄権上の義務違反とその責任を追及する被害外国人の本国の外交保護権は近代国際法上の制度観念として矛盾するものではなく、両立し補完しあうものである。なお、一七世紀以後に発生した英国市民革命（クロンウェル革命）やフランス革命に代表されるブルジョワジーの台頭と citoyen の観念の成長により、ヨーロッパ公法（国際法）地域に民主主義の制度理念が萌芽し始めた一八、九世紀に於ても、領土主権と対人主権を中核とする国家主権の体制は微動することなく、わけても非ヨーロッパ地域とその住民に対するしばしば外交的保護権の行使を通じての抑圧と干渉のいわゆる帝国主義政策は絶えることはなかったといえよう（こうした近代国家主権の歴史的性格について、拙稿「国際社会における国家主権の歴史的考察」、明学・法学研究一〇号、一九七二年、四六頁以下、参照)。
(6) A.J.I.L., Vol. 21, 1927, pp. 367, 371.
(7) 2 (1925) R.I.A.A., p. 642.
(8) 安藤仁介「自国領域内で外国人の身体、財産がこうむった損害に対する国家の責任」に関する法典草案」京大教養部法政論集三号、一九六九年、一五六～一五七頁。
(9) H. Grotius, op. cit., II, XXI; Art. 11, Para. 2 of the Draft Articles on State Responsibility, by R. Ago, in"Recent Codification of the Law of State Responsibility"op. cit., p. 357.
(10) A.J.I.L., Vol. 21, 1927, pp. 367, 368.
(11) 田畑茂二郎『国際法Ⅰ』法律学全集55、有斐閣、一九七三年、四一八頁。
(12) A.J.I.L., Vol. 21, 1927, p. 367.
(13) H. Mosler, op. cit., p. 171.

五　国家責任成立の要件

(一)　客観的要因、主観(主体)的要因の区別と並置は意味があるか

国際法上、或る国に一定の行為について国家責任が成立するための条件とは、(a)その国の特定の行為者(機関もしくは機関たる個人)に国際義務(国内法上の義務として導入されているかどうかは問わない)の違反があり、(b)それにより他の国或いは国際社会一般に「損害」が発生し(或いはその可能性が生じ)或いは「法益(権利)侵害(棄損)」[1](たとえば実害は発生しないが領海の侵犯行為や環境保護上の予防義務の違反など)が生じた場合に、(a)(b)間に「相当因果関係」(sufficient causality)が存在することである、という観念が今日では通説である[2](二〇〇一年、ILC「国家責任」条文、一、二条、参照)。

要約すれば、国際義務の違反行為とそれに基づく損害が発生し(第一要件)、その行為と損害との間に相当の「因果関係」が存在すること(第二要件)によって、当該国家に国際責任が帰属するということである。すなわちここで

は当該国家の「故意・過失」という「主観（主体）的要因（条件）」は責任帰属の有無（国家責任の成立）の（直接の）判断材料とはされていないということである。また被害国が損害賠償や原状回復等の救済を求めて自己に生じた請求権を行使し、加害国の責任を追及するかどうか、或いはまた国際社会の対世的（erga omnes）利益の確保を求めて第三国通報等の「申立権」（たとえば各種の人権保護条約にみられる個人申立権や第三国通報権の行使或いは環境保護条約上の「不遵守手続」にみられる締約国一般に認められた申立権）の「行使」があるかどうかは、加害国の国家責任の成立とは別（次元）の問題である。(3)

㈡　因果関係と相当注意義務

右にみたように国家責任成立の要件（第二要件）としては、国際義務の違反行為とそれにより発生した「損害」または「法益侵害」の間に「因果関係」（causal link, causation）が存在しなければならない。ただし国際義務の違反を「防止」する（損害の発生を事前に防止する行政措置としての「予防」の義務は、環境問題が重視される最近の国際社会での重要な規範観念であるが、損害発生後の自力救済を含む損害軽減の措置や原状回復更には損害賠償等の司法的救済措置をとる）ために国家は「相当注意」（due diligence）を払うべき義務（obligation ではなく duty）があることは広く認められている。

既に詳述したように、この「相当注意義務」の「懈怠」がしばしば「過失」という用語概念で表現されているのであるが、これは国家実行上、行為者（国家）の主観（主体）的意思（心理）作用として理解される内面状況を意味するのではなく、「適当なすべての措置をとるべき義務（obligation）」の「不履行」という客観的に確立された基準（国際基準か国内基準かの問題はなお残っているが、今日では人権侵害や重大犯罪については、客観的な国際基準即ち文明国水準が国際判例等で確立しつつある）に基づいて判断される具体的な作為（action）・不作為（omission）上の義務違反の状況として把えられているのである（二〇〇一年のＩＬＣ「国家責任」条文第二条のコメンタリー(4)、参照）。

またそうした場合、国家に国際的に（客観的に）要求されている作為・不作為の義務の履行があったにもかかわらず損害（法益侵害）が発生した場合は、「不可抗力」（force majeure）として当該国家の国家責任は問われない（免責）のが一般的理解である（内乱、騒じょうのさいの政府免責の例）。しかしこのことはいわゆる「過失責任主義」（主観説）の理論的正当性を当然に意味するものではなく、「不可抗力」事由による「免責」の概念は、因果関係論を軸とする「客観責任主義」（客観説）により十分肯定されるのである（不可抗力による損害発生は、行為者の行為と相当因果関係がない。ジェノサイド条約の適用に関するＩＣＪ判決（二〇〇七年）でも、ジェノサイド防止のための「適当なすべての措置をとった」かどうかが責任帰属の条件であり、それが「相当注意」義務の履行を意味し、従って虐殺防止を如何なるコストを払っても絶対的に確保すべき義務まで要求しているわけではないと述べている（ICJ Reporis, 2007, para. 430.)）。従って「因果関係」が客観的に証明される国家行為に基づいて損害（法益侵害）が発生した場合にのみ、当該国家に責任が成立するという見方が「責任帰属」の理論としては最も説得力があると言えるのである。つまり「相当注意」義務の（不）履行は、国際義務の（不）遵守（不遵守＝違法行為の成立）という国家責任成立の第一要件にもともと内包されていると言えるのである。

ところでこの「因果関係」は一般には「相当因果関係」（causalité adéquate, sufficient causality）として理解されている[4]。たとえば一九五六年のフランス対ギリシアの灯台仲裁裁判で、ギリシア政府によるフランス会社の立ち退き命令とその後の火災によるフランス会社財産の焼失損害について、ギリシアの国家責任を問いうる「連鎖関係」（causal link）があるかどうかが問題となったが、判決は「被告ギリシアの注意義務の検討は不毛であり、因果関係の証明で判断すべきであって、本件についてはギリシアに帰責するとみるべき因果関係は存在しない[5]」として、ギリシアの責任を否定したのである。

ここでは「因果関係」の存在を、「相当注意」（due diligence）義務等の行為者の主観的、心理的要因よりも重視する立場が明確にされている。もっとも因果関係が「相当」であるかどうかの判断基準はなお内容的に不明確な点が存在する。個別ケースによって論ぜられなければならないであろう。しかしたとえばＩＬＣの初期の「国家責任」条文草案では、一九二八年のドイツ対ポルトガル間のナウリラ（Naulilaa）事件に関する仲裁裁判判決を引用し、「予見可能性」（predictability）の存在を必要とし、場合により、特定国家の行為と発生した損害との間の「明確で断絶のない因果関係」（clear and unbroken causal link）の存在（一九二三年の米・ドイツ混合請求委員会の行政決定）が「相当」性の概念内容として呈示されているのである(6)。

こうしてみると「（相当）因果関係」が国家責任の帰属要件として重視されなければならないとしても、「因果」の「因」すなわち違法行為（義務違反）を発生させた原因——それに基づく因果の連鎖として生じた結果が国家に責任を帰属させることになった原因——としての（欠落した）「相当注意」（義務）の性格について十分な検討が必要となる。

一般論として言えば、たとえば外交関係条約（二二条）で規定されている特別法上の「加重」防止（予防）義務（「侵害を防止するための適当なすべての措置をとる特別の責務」）のような場合を除き、国家は自国在留の外国人を不当な（民衆の）暴虐、加害から保護すべき一般的義務を国際（慣習）法（多くの二国間通商航海条約で明文化。たとえば日米通商航海条約、二、六条）上で負っている。しかしそれは「相当注意」観念を通じて外国人への加害の防止に努めることが国家に要求されているにとどまる。従って正確に言えば後述のように、「相当注意」というような主観的表現ではなく（或いはそれにとどまらず）、右の外交関係条約（二二、二九条）の規定のように、「防止のための適当なすべての措置をとる（特別の）責務」というように、或いは日米通商航海条約での相手国国民の身体、財産の保護態様の規定のように、「国際法の要求する保護及び保障よりも少なくない……保護および保障を受ける」（二条一項、傍点広瀬）、そしてまた「周到な考慮を払い」、（注広瀬、法外在的条件としての「相当注意」を意味する）、「法令に従っての み行う」（六条二項、傍点広瀬）というふうに、法の定める客観的基準が「相当注意」という行為国の主観（主体）的意思の内容として措定され、適用を要求されているのである。

こうしてみると、「注意」義務の実体は法的には「適当なすべての措置をとる」義務という客観的態様での判断評価が可能で、しかもそれを必要とする条件と考えるべきであろう。そして「相当注意」基準を援用したとみられるほとんどの国際判決がそうした実体をもっているのである。(7)

従って一国の内乱・革命の状況の中で、外国人に加えられた民衆（反乱団体）などによる加害については、当該国家の責任は当然には成立しない。(8) なぜなら平時における居留外国人に対する通常の国家（政府）の保護（秩序維持）義務は、この場合その履行のための客観的社会条件を欠いているからである。内乱等の一定の国内騒擾の状態は、国内刑法ではなく国際法の直接適用の必要のある事態である。一九七〇年代末から八〇年代にかけてのいわゆるホメイニ革命の騒乱によって発生したイラン在留米国人の身命・財産上の損害に対する賠償問題で、イラン–米国請求権裁判所が取扱った事案は大部分がそうしたケースであった。ただし反乱者が勝利し新政権を成立させた場合には、彼らが反乱行為中に特別に外国人を攻撃対象とした場合に限って、新政権は国家責任を負うものとされたのである。たとえばショート事件（Short v. Islamic Republic of Iran）に関するイラン–米国請求権裁判所は、ホメイニ派の革命防衛隊の行動により米国人ショート氏に与えた損害につき、革命団体が有効な防止策（適当なすべての防止措置）をとらなかったことに「相当注意」義務の欠如、不履行を認定し、政権を獲得したホメイニ政権を有責としたのである。(9) ここでは「適当なすべての防止措置」と「相当注意」は性格次元こそ異なれ、実質的に同義の内容をもっている。

またホメイニ・イラン革命は、指導者によって強硬に表明された反米宣伝が、イラン在留米国人への民衆や革命防衛隊の暴虐の原因となったことは明らかであったから、これを損害発生との因果関係上でどう取り扱うかが問題となった。しかし同裁判所は、米国人被害に関するイラン国新政権への責任帰属について、法律的な「因果関係」の認定に関しては、そうした指導者の行為（ホメイニの反米声明）を重視してリンクさせる（暴力行為の教唆、容認行為とみる）ことはしない基本的姿勢を維持したのである。——この点は一九七九年発生のテヘラン米国公館職員人質事件に関するＩＣＪ判決も同様であった（ICJ Reports, 1980, para. 59.)。——

こうした判決の立場は、それ自体、私人行為が国家に帰責する場合の論理は、因果関係を中心として論ずべきで、その責任帰属（attribution）の認定には因果関係（causation）の有無が重視されるべきことを主張したものと言ってよいだろう。ただ指導者の声明（の内容）からイランに損害発生上の国家責任を帰属させるには、結果に対して原因が遠隔（remote）である（直接ないし相当の因果関係がない。別言すれば、あるとしても法外在的条件としてある）としたにすぎない。――因みに、二〇〇一年のＩＬＣ「国家責任」条文八条が、国家帰責の行為として、国の指示、命令、コントロールの存在をあげていることに注意。――

ところで右のイラン―米国請求権裁判所の事案では、若干の判決では、ホメイニ政権による民衆等の不法行為の黙認状況を重視し、次のように判示して因果関係の存在を肯定し、イラン国を有責としたケースもある。ここでは「相当因果関係」における「相当」性の概念を理解するさいに見逃せない見方が潜んでいるように思われる。すなわち「ホメイニ師の革命防衛隊はイラン国の公式機関ではなかったが、彼らが国家のために事実上活動していることが証明された場合には、革命防衛隊の教唆に基づいて行われた暴徒の加害行為についてイラン国は有責である（"their actions were attributable for…"）。証拠によれば、革命防衛隊はホメイニ革命政権の了知と黙認の下に（with the knowledge and acquiescence of the revolutionary government）政府権限を行使したことは明らかである」と。(10)

またヒギンズはニカラグア軍事活動事件に関するＩＣＪ判決を引用して、ニカラグア反政府団体のコントラの活動が米国の責任に帰属する（attributed to）かどうかは、右のコントラ活動に関し、ニカラグア政府によって申立てられた国際的違法行為を、米国が有効にコントロール（effective control）していたかどうかが証明されるべきだとして、客観的な因果関係の存否を責任帰属の要件としており、それはいわゆる「相当注意基準」（due diligence test）では全くない、としていることに注意しておこう。(11)

更にキャロン（D. Caron）は次のように述べて、因果関係（causation）を責任帰属（attribution）論の軸に置く議論を、前記ショート事件に関するイラン―米国請求権裁判所の判決での Bower 裁判官の少数意見を引用しながら展開している。すなわち「ホメイニ師の一連の反米声明が暴徒の行動に影響し、それがショート氏の出国の強制という結果を生じさせたもので、ショート氏の事実上の強制出国とイラン国政治指導者の声明との間には、予見しうる（foreseeable）原因と結果の関係（a cause and effect relationship）があったとみるのが合理的である[12]」と。

こうしてみると、政府或いはその主要な指導者の声明等による国家の「意図ないし目的、動機」は、ブラウンリーの言うように、「故意」の証拠となりうることがあるし、「計画的な意図の存在は、義務違反の立証に役立つと同時に、損害との間に相当因果関係がない場合にも影響を及ぼすことはある。のみならず犯行の意図は懲罰的損害賠償をも時に正当化する[13]」のである。

つまりこのことは次のことを意味すると言えよう。国家の政策には当然、「意図や目的、動機」が存在するが、それ自体が違法成立の独立の条件であったり或いは責任帰属を考慮するための要因となるわけではない。換言すれば国家政策（立法・行政行為）の目的や意図、動機は、通常、「故意」を意味するものであり、それによって相手国に損害を与える加害行為は、免責理論上の「過失」の証明とは無関係に当然に（ipso facto）国家責任を生ずる。従って国家（政策）行為の「目的や意図」は過失主義理論の妥当性を説明する論拠になるわけではなく、せいぜい「因果関係」（「直接」因果関係か「相当」因果関係かを区別する議論はあるが）認定上の一要素となるにすぎない（或いはまたせいぜい賠償額の算定に影響することがあるだけにすぎない）。こうしてみると要するに、国家政策の「意図や動機」は責任帰属を認定するさいの間接的資料や情状酌量的背景（周辺要素ないし法外在的条件）を提供することがあるにとどまるということになろう。

さて「相当注意」（due diligence）義務の観念は、伝統的国家責任論では、たしかにその不履行ないし履行の懈怠がもたらす損害（法益棄損）に対して、義務違反国の国家責任が成立するかどうかの判断材料として重要な要素をもつとされてきた（たとえば前記イラン–米国請求権裁判所のショート事件判決でも「相当注意」基準が判断ベースにはあった）。

五　国家責任成立の要件

一般に環境保全関係の条約では、損害の発生の「防止（prevention）」（ないし予防＝precaution）が重要な法（条約）目的となるだけに、関係国による損害防止（予防）のための「相当注意」を払うべき義務履行が特別に要求されることが少なくない。もとよりその上で、損害発生後において、生じた損害の除去や軽減更には必要な場合における賠償の解決のためにも、「防止ないし予防」措置とは異質の「相当注意」を払うべき義務があるとするのが一般である。

しかしながらそうした「相当注意」の実体は、単なる関係国の政策的「姿勢」すなわち主観（主体）的概念上の内的意思（心構え）を指すのではなく、より具体的で国際的に確立された客観的基準上の外的行為内容として、文言的にも措定されているのが条約上ないし国家実行上のあり方である。

たとえば「国際水路の非航行使用の法に関する条約」（一九九七年）では、「河川沿岸国はその領域内の国際水路を利用する場合には、他の沿岸国に重大な損害を惹き起こさないよう防止（to prevent）のための『適当なすべての措置をとらなければならない』（shall...take all appropriate measures）」と規定し、更に損害発生後は「相当な注意を払って」（having due regard）という文言を置きながらも、「損害の除去、軽減及び必要ならば賠償問題の審議のために『適当なすべての措置をとらなければならない』」と規定しているのである（七条一、二項。二重括弧広瀬、以下同じ）。また「国境をまたぐ水路及び湖沼の保護と使用に関する条約」（一九九二年）でも「締約国は水の汚染の防止、規制、軽減のため『適当なすべての措置をとる』」こと（一、二条）と規定し、更に「有害廃棄物の国境を越える移動及びその処分に関するバーゼル条約」（一九八九年）でも、締約国は廃棄物の発生を最少限にするために「適当な措置をとる」（四条二項）ことを要求しているのである。――その他、同種の多くの規定が環境保護関係の条約、宣言にはある。たとえばオゾン層の保護のためのウィーン条約」（一九八五年）二条一項、人間環境宣言（一九七二年）第七原則（海洋汚染防止―「すべての可能な措置をとる」―）がそうである。なお同宣言第四原則では「野生生物を含む自然保護に『重大な考慮』を払わなければならない」と規定して、心構えとしての「相当注意」概念を利用しているが、それはこの分野（自然保護分野）では特別な場合を除き、国内法制の整備を中心として各国の自主的な問題解決の方向を重視しているからであろう。――

以上みたところから明らかなように、「相当注意」という主観的要素は「適当なすべての措置をとる」義務の前提として理解されているにすぎないことに注意する必要があろう。従って国家責任帰属を認定する開始原因（initiating cause）としては、客観的に認定される法的基準（国際基準か国内基準かの問題は別として。因みに二〇〇一年のＩＬＣ「越境損害防止」条文案第三条では、「適当なすべての措置をとる」と規定する一方、その基準を途上国への一定の配慮を容認しながらも、原則的に「国際基準」としている。コメンタリー、三条、(9)(13)）に基づいて妥当性が判断される「適当な措置」をとったかどうか、という国家の外的行為そのものに集約されると言ってよいのである。従って「相当注意」という一般的、抽象的な文言が条約や裁判判決文に取り入れられていても、それは「とらなければならない必要で可能な（適当な）措置」の前段階としての当該国の「心構え」（配慮要求）にすぎないのである。こうして「相当注意」の客観化がここには明白にみられるのである。

たとえば日米通商航海条約第六条二項の外国人財産の保護規定でいう、「捜索や検査は占有者の便宜に『周到な考慮を払い』」の意味も、その具体的内容は「法令に従ってのみ行う」というふうに客観的行為態様として措定されているのである。また外交関係条約では、公館の不可侵に関して「接受国は、公館を保護するため、適当なすべての措置を執る特別の責務を有する」（二二条二項、傍点広瀬）と規定し、且つ外交官の身体の不可侵に関しては、そのための「すべての適当な措置をとらなければならない」（二九条）と規定しているのである（領事関係三一条三、四項、四〇条もほぼ同じ）。つまりここではいわゆる「相当注意」義務の内容を（「相当注意」の語を用いずに）、国際的に（慣習的に）確立した客観基準として理解する概念上の立場を明らかにしていると言えるのである。

このことは一九八〇年のテヘラン米公館職員人質事件に関するＩＣＪ判決でも明らかにされていると言えよう。すなわち判決は次のように判示しているのである。「イラン政府が、公館、職員、文書を保護するため『いかなる適当な措置』も全くとらず、この襲撃をそれが完了する前に止めさせまたは阻止するため『いかなる措置』もとらなかったことを証明している」(判決、パラ六三)と。他方、同種の他の若干の事件については、右のＩＣＪ判決は、「イラン当局は、迅速かつ有効に介入し、必要な措置をとり」、「遺憾の意を表明する書簡を送り」「同種事件の反復防止のための保証を与え」「損害賠償の意思をも通告した」(パラ六四)と(広瀬注、「遺憾の意を表明」以下の文言は、イランによる自国の国家責任解除の手段、すなわち「サティスファクション」の表明とみるべきもの)。ここでは「相当注意」という概念の代りに、責任帰属の要因として具体的な「国家措置の履行」を明確にあげているのである。[14]

以上のようにみてくると、次のように結論することができるように思われる。すなわち「相当注意」(主観説の要素と解する見方が一般)の概念は、「適当なすべての措置をとる」(客観説)の概念で代替することが『責任帰属』の問題を考えるさいの的確な説明表現であるということである。従って国際法上で要求されている「適当なすべての措置」をとったにもかかわらず、損害が発生した場合には責任は帰属しないということになろう(ただし高度危険事業や環境保護上での特別法関係では「結果ないし厳格責任」主義の適用があるから別)。因果関係の不存在が推定されるからである。逆に「適当なすべての措置」をとらなかった場合には、それは義務違反(違法)を構成し、当然に(直接因果関係上で)一定の「法益侵害」をもたらし、もしくは「相当因果関係の連鎖を経て」(国家責任成立の第二要件の充足を経て)責任帰属を肯定すべき「損害」の発生(国家責任成立の第一要件の充足)が認定されるということになろう。

㈢　「意図、目的及び動機」論

わが国には一部の議論ではあるが、国家責任成立の要件として、国家行為の「意図や目的ないし動機」という主観(主体)的要因を重視し、いわば「過失主義」の立場から「客観責任主義(客観説)」を批判する論作がある。すなわちテヘラン米公館職員人質事件やニカラグア軍事・準軍事活動事件、或いはコルフ海峡事件に関するＩＣＪ判決を引用して(ミスリーディングな理解と思われる)、ほぼ共通の論拠により客観説批判を試みている。国際的には重視される議論ではないが一応その主張を要約し問題点を指摘しておこう。

(a)　すなわち次のように述べている。「(或る)国家の作為・不作為が（その国に国家責任を帰属させるとする場合に、それが）所定の動機・目的と適合して行われたかどうかを根拠としてその合法性を認定するものが少なくない。たとえば、国有化・収用・徴発にさいしては、公益・安全・国益の根拠または理由に基づくことが、武力行使のうち、侵略については他国の政治的独立に対するものとし、自決・自由・独立を強制的に奪われた人民についてはつねに無条件に武力行使を容認するなど、目的を特定した基準を定めている。」「国際裁判所も、国家が適用法規を遵守したかどうか、その程度を認定するにさいして、国家の作為・不作為の決定にいたる意図・動機を検討し分析している（コルフ海峡事件及びテヘラン米公館職員事件に関するＩＣＪ判決）」[15]。

しかしながら、こうした議論の当否は別として、それが何故、国家責任帰属の法理としての主観説（過失主義理論）の正当性を裏づける根拠となるのだろうか。国家の行為にはどんな行為にも必ず目的や動機、意図が存在する。しかし前述したように、そうした国家の主観（主体）的意思そのものが、当該国家の主たる或いは独立の責任帰属要件となるわけではない。たとえば外国人財産の国有化や収用の措置は、政治的復仇や報復を「目的」とすれば違法となるのであり（I. Brownlie, Principles., 1979, op. cit., p.441.）、合法行為となるためには「公共目的」がなければならないことも明らかである。しかし合法性を担保する「公共目的」性の存否は、国際社会で客観的に確立している収用ないし国有化に関する基準――補償の方法や価額を含め、国際（先進国）基準か国内基準（恒久主権観念に依拠）か、の問題は別に存在する。ただしグローバリゼーション（市場経済化）の進行する最近の国家実行は、近年の多くの国際協定にみられるように国際基準の方向で収斂する傾向がでている（中川淳司『資源国有化紛争の法過程』国際書院、一九九〇年、一六二～一九三頁、特に一七七頁、参照）。――に合致しているかどうかで判断されるのであって、国有化（収用）に関する国有化（収用）国の「声明」や「宣言」或いは「法規」等による国家意思や目的の表明によって判断されているわけではない。

また或る国の発表する武力行使の「目的」が合法（自衛）、違法（侵略）を判断する材料の一つとなりうることはあっても、その武力行使の正当（合法）性の判断は、行為国による対外声明等の国家意思の表明（主観的意図の表示）で決定されるわけではない。そうではなく武力行使の客観的態様から国際基準に従って正否の判断をされるだけである。たとえば日本の武力行使による満州国の強制分離と独立国家の形成は、日本の行動の「目的」や「動機」が日本の声明通り「少数民族の独立」であり「五族協和」であっても、――そしてその後の日中間の全面的武力紛争を含め、連盟規約で禁止された「戦争」の用語を用いず「事変」と称して合法性を主張したとしても、――その法的当否（違法行為に基づく日本への国家責任の帰属の有無）は、右の日本の国策的意図や主張で決められるのではなく、客観的に国際基準に従って認定される(た)のが、国際法秩序の歴史であり現状である（極東国際軍事裁判所の判決)。

フォークランド紛争（一九八三年）でのアルゼンチンによる該諸島の武力奪取の行動は、「目的」が非植民地化（民族自決権の行使）にあったとしても、「武力行使」の法的評価は、非植民地化のための手段方法として今日（国連憲章下で）国際社会に確立している法規範（第一次規範としての武力不行使及び紛争の平和的解決義務規範）によって行われた（アルゼンチンの実質的「侵略」を認定した）のである（一八九二年四月三日の安保理決議。拙著『力の行使と国際法』信山社、一九八九年、三二九、三三三～三三三頁、参照)。ここにも不法行為国の「意図、動機、目的」を違法性の認定の根拠としたり、それを責任帰属の有無の判断材料とする立場は全くない。

テヘラン米公館職員人質事件に関するＩＣＪ判決の理解についても同様である。既述したように、裁判所がイラン・ホメイニ政権に大使館員抑留（人質）に関する責任を認め、職員の即時解放と損害賠償を決定した理由は、外交関係条約でイラン国に課せられている公館と館員の不可侵権を保障するための「適当なすべての措置をとる」（特別の）義務の違反にあり、且つそれだけで必要且つ十分であるとされているのであって、そうした条約所定の義務（侵害の防止義務）を怠ったホメイニ政権の「意図、動機」が責任帰属の条件とされたことは全くないのである（IJC Reports, 1980, paras. 62～68.)。

(b)　ニカラグア軍事・準軍事活動事件に関するＩＣＪ判決の理解についても同様である。たとえば次のような議論がある。「ニカラグア事件でＩＣＪは、武力行使に関する国際法や不干渉原則に対する違反を認定するにあたり、特定の内容をもつ目的や動機を検討している。武力行使については、ＩＣＪは、地雷の設置、武力攻撃、コントラの軍事化及び軍事教練が、武力による威嚇或いは武力の行使に該当するとした。この認定に際してＩＣＪは、それらが、『ニカラグアの領土保全或いは政治的独立を侵す目的』によるものであり、また同国領域に『侵略する目的』によるものであること、集団的自衛権の行使には該当しないことを確認している。不干渉原則については、ニカラグアは、米国の『ニカラグア政府の転覆をはかる』という特定の内容をもつ目的を強調したと」述べて、ＩＣＪ判決は、国家の違法行為に特定の「目的、意図」が潜んでいることを前提にした考察をしているとして、国際裁判所の立場は、違法行為国の主観（主体）的意思を国家責任帰属の要件としている（主観説、過失責任主義の立場を肯定している）とみているようである。

そして次のように結論する。「たとえば、イラン大使館襲撃事件の第一段階におけるイランの義務違反の認定や、ニカラグア事件における、米国の不干渉義務違反、武力行使禁止原則の違反、人道法違反の認定にみるように、国家の目的や動機・意図的要因・行為の相当性などの要因は、義務違反の認定において、不可欠の機能を果たしている。これは国際法規則自体が、国家の主観的裁量を許容する方法で義務を規定しており、また、特定の目的や動機を要件とするように、義務を規定していることの結果である。いいかえれば、義務違反を『国際義務の要請と国家の作為不作為との客観的事実のずれ』とし、これを『違法性』の唯一の意見とした客観説は、そもそも国際法規則の現実には適合しない論理なのである。」と。

しかしながらニカラグア事件判決でのＩＣＪの立場（米国に違法行為責任の帰属を認めた論理）は右とは全く異なる。たとえば「米国が集団的自衛権を援用したことは、……非難された活動のある部分が米国に帰属すること（imputability）を承認する（recognition）意味をもつ」（ICJ Reports, 1986, para. 74.）と述べたが、この判決の意味するところは、ニカラグアが主張する米国の一定の不法行為が事実として（裁判所により）認定された場合には、それだけで

（その事実そのことにより）米国に責任が帰属することを、米国が自己の集団的自衛権を援用したことにより自認したことを意味する、としただけであって、米国の集団的自衛権の主張（援用）という米国の政策目的（米国の行動の意図、動機）が米国への帰責の要件となることを述べたわけではない。

また「米国がニカラグア反政府団体コントラを創設したとか、米国が直接的かつ決定的な戦闘支援を行ったとみることはできないが、米国当局がコントラへの大幅な資金援助及び装備供与、組織化、訓練を行ったことは立証（establish）されている」（ibid., para. 108.）。こうした米国の行為は、「コントラの武装化と訓練については武力不行使（武力脅威禁止）規範の違反を構成するし、また単なる資金援助は武力不行使規範の違反とは言えないとしても、不干渉原則の違反とはなる」と決定したのである（ibid., para. 228.）。つまりこれは、ニカラグアの政治的独立や領土保全という法益の侵害が米国により行われたことを事実と証拠に基づいて認定し、それにより直接、米国への責任帰属を決定したものであって、米国の当該行動上の国家（政策）目的や意図、動機が帰責の要件とされたのではないのである。

更に「ニカラグア内水への機雷の敷設、ニカラグア港湾や石油設備及び海軍基地への若干の攻撃については、そうした作戦が米国の要員との密接な協力（close collaboration）の下に行われた事実がある。従ってその事実により米国に責任が帰属する（imputable）ことは明らかである」（ibid., paras. 106, 227.）と明確に述べている。ここでもニカラグアへの武装攻撃（ニカラグアの法益侵害）とそれによる「損害」の発生に、米国の「軍事協力」が「相当因果関係」をもつことを認定した上で、米国に対する（損害賠償上の）責任帰属を肯定し決定したのである。

また次のようにも判示している。米議会へのレーガン報告書（一九八五年）を始め米国政府当局の言明を検討する限り、米国がニカラグア政府の転覆はともかくとしても、同政府の政策変更を目的として行動していたことは証明されている（ibid., para. 240.）。問題はニカラグア政府の転覆をめざす「反乱団体コントラへの支援（反乱団体の組織、訓練及び物的、資金的援助）を通じて」（by its support of the contras.）、本来ニカラグアの主権的決定の自由に委ねられるべき国内問題に強制（coerce）を加えて干渉したことは明白に証明されている（clearly established）ことである」（ibid., paras. 241, 205, 191.）と。この論旨は、加害国（米国）の行為の性格分析のために加害国（米国）の政策上の意図（目的）を検討はするが、違法の成立と責任帰属の認定については「事実」（反乱団体への物的、人的な支援内容）によって判断されることになる、と述べているにすぎない。つまり反乱団体コントラへの（米国の）援助という外形的徴表（その実状況）の価値判断（合法、違法の）を行う場合の一材料として、米国政権の当該政策目的や行動意図が参照されているにすぎないのである。つまり反乱団体コントラへの援助行為は、米国のニカラグアへの「故意」の（意図的）干渉であるとして、その違法性格の重大さを強調するために、米当局の政策目的を明確化したにすぎず、それ以上でもそれ以下でもないのである。

(c)もう一つ。国際裁判所が国家行為の違法性を判断する根拠を、法の一般原則や慣習法を基礎とした「人道法」というような一般的、抽象的規範から演繹するのは疑問であるとして、いわゆる「意思主義」（明確な国家意思の表明に、法的拘束の淵源を求める立場で、国家責任論での主観説、過失主義の肯定へとつながる）の立場から、コルフ海峡事件のＩＣＪ判決を批判する所論がある。すなわち右判決では、原則的法源である「人道」原則を背景に、領海への機雷敷設の「了知」という事実を根拠にして通航船舶への危険回避のための「通告」義務（実定法義務）まで導き出している。しかしこれはいわばＩＣＪの恣意と言わざるをえない。このように判決を批判するのである。つまり危険の「通告」義務の存在は、その義務の明確な条約規定化（たとえばコルフ海峡事件後に締結された一九五八年の領海条約一五条二項）がなければ、実定的には肯定できないという主張と言えよう。

しかしこうした認識には、第一に実定法規範（一次規範）とは何かについて、第二にそうした規範を前提とした国家責任の成立のプロセス（二次規範）に関し、大きな誤解があると思われる。なぜならば第一の問題についてみれば、コルフ海峡事件判決も言うように、「急迫した危険を通告する」義務は、「平時においては戦時よりもいっそう絶対的な」「人道の基本的考慮」や「海上交通自由の原則」或いは「領域（海）が他国の権利の侵害に使用されないよう管理する義務（sic utere tuo ut alienun non laedas）」などの「一般的かつ十分に承認された原則」に底礎するものであり、従って「危険通告」義務とはこうした原則の当然のコロラリーであって、「紛争当事国でも争いのない規範義務である」からである（前掲、皆川洸『国際法判例集』有信堂、一九七五年、四三九、四五〇頁注(b)、参照）。コルフ海峡事件判決はこのように述べて「人道法原則」の一次規範性を積極的に肯定しており、この立場はニカラグア判決でも肯定されている。すなわち「反乱団体コントラを使嗾してはならないという外国（米国）の義務は、ジュネーヴ人道法条約（のような実定の交戦人道法の規定）だけから由来するものではなく、当該条約が底礎する人道法の一般原則（the general principles of humanitarian law）からも演繹（derive）されるのである（ICJ Reports, 1986, para. 220.)。「ジュネーヴ人道法条約からの脱退は人道法の原則の適用免除を帰結しない（広瀬注・いわゆるマルテンス条項）のであり、この立場はコルフ海峡事件判決で『人道の基本的考慮（elementary considerations of humanity)』と呼んだ規範を反映するルールである」(ibid., para. 218.) と、コルフ海峡事件判決を引用して判示してもいるのである。

こうした実定の条約規定以外の「法の一般原則」或いは「慣習法規範」を具体的事案に適用する（解釈作業を当然に前提する）責務が、紛争解決のための機関としての国際裁判所には課されているのである（ＩＣＪ規程三八条一項(b)〜(d)）。国際裁判所のこうした権能は、決して義務法外在的要素に基づく（司法権に属さない恣意的な）立法作用だというわけにはいかない本来の職務なのである。

第二には、国家責任法における「客観説」の立場は、決して「事前に定式化された（条約や慣習法で明確且つ詳細に規定された）義務の客観的違反から機械的に（裁判所による法規の解釈、適用という思考作用を必要とせずに）責任が生ずる」（カッコ内・広瀬）というような硬直的な認識を前提とした責任理論ではないのである。また国家への責任帰属の要件としての「注意義務」とは――そうした観念要件が必要だとしても――、たとえばコルフ海峡事件判決では、行為（沿岸）国の主観（主体）的意思作用として理解されているのではない。そうではなくて「排他的な」領域（海）管理権という権利に伴う当然の沿岸国の義務内容として（積極的な無害通航を確保する義務まではないとしても）、海上交通の自由原則（無害通行権の基盤）という歴史的な慣習法規範の最小限の確保措置として理解されているのである。つまり「了知した危険の公示」義務という、沿岸国がとるべき具体的措置内容として明示されたものなのである。――そしてこの沿岸国がとるべき「可能で必要な措置」内容は、「航行上の危険で自国が知っているものを適当に公表しなければならない」という規定文言で、コルフ海峡事件後の一九五八年の領海条約一五条二項にとり入れられ、一九八二年の国連海洋法条約第二四条2にも導入されたのである。――こうしてここでも国家の「注意義務」は、客観的に確立した基準として把握されているのである。つまりここではそうした義務の不履行（危険の不通告）によって損害（英艦の触雷事故）が発生したという「因果関係」の成立を確認しただけで国家責任の発生を肯定しているのである。そこには国家責任帰属上の「主観説」の入りこむ余地は全くない、と言わなければならない(16)。

最後に、違法行為に関する国家の意図（intent）の存在を責任論における「主観説」（故意・過失論）を裏付ける例として、ジェノサイド条約（一九四八年）の「集団殺害」の定義（第二条c）規定を引用する見方もあるかもしれない。しかしこれも既にみたように、「ジェノサイド」罪の性格上、犯罪の構成要件《タートベシュタント》として特別にこの概念を指定する必要があったからで、換言すれば特殊な一次規範上の条件にすぎない。決して二次規範としての「国家責任」法理上の基本観念としての位置を占めうる要素ではないのである（ILC「国家責任」条文第二条のコメンタリー(3)、参照）。現に旧ユーゴ内戦時のスレブレニツァ事件で、「集団殺害」行為上の「国家責任」を問われた旧ユーゴ政府（セルビア）に関する判決で、ICJは「集団殺害」の認定に客観的事実の判断だけで、ジェノサイド条約規定の適用を肯定したのであり、特別の「意図」の存在証明を要求してはいない（本書第一章一㈣参照）(17)。

（1）この場合の責任解除の方法としては、損害が発生した場合と異なり、陳謝、関係者の処罰或いは再発防止策の構築等、いわゆる「サティスファクション」が一般的である（I. Brownlie, Principles, op. cit., 1979, pp. 457〜461.）（島田征夫等訳『ブラウンリー国際法学』成文堂、一九八九年、三九七〜四〇一頁）。R. Higgins, Problems, op. cit., p. 163.; ILC Yearbook, 1973, Vol.II（2）, p. 182 and note 97.; Ibid., 1990, Vol.I, p. 144.; P. Reuter, Le Dommage Comme Condition de la Responsabilité Internationale, Estudios de Derecho Internacional: Homenaje Miaja de la Muela, 1979, p. 84.; B. Graefrath, Responsibility and Damages Caused: Relationship between Responsibility and Damages, Recueil des Cours., 1984-II, p. 34.; 湯山智之「国際法上の国家責任の機能変化――損害の填補から合法性確保へ――」法学(東北大)五九巻四号、一九九五年、四八九～五〇六頁。

(2)　ＩＬＣの初期の「国家責任」条文案は、「帰属」(attribution) 要素を「主観的」(subjective) と呼び、義務違反 (breach of obligation) 要素を「客観的」(objective) と呼んだことがある (ILC Yearbook, 1973, Vol. II, p. 179, para. 1.)。しかし二〇〇一年の「国家責任」条文ではこの用語法を取りやめた (第二条コメンタリー(3)、参照)。ところでヒギンズはＩＬＣのアゴー (R. Ago) 原案 (ILC Yearbook, 1970, Vol. II, p. 187.) で使われていた "subjective" (主観ないし主体) element の用語に疑問を呈し、"attributability" (帰属性) の用語で定義すべきだと述べる。また今日のＩＬＣ「国家責任」条文の立場は「過失」(culpa) を国家責任成立の要件とはしておらず、生じた「結果」に対する「因果関係」(causality) の証明が唯一の要件とされているにすぎないと述べている (R. Higgins, Problems., op. cit., pp. 149, 161.)。

(3)　ヒギンズも国際義務の違反に対する救済としての賠（補）償請求権の行使や対抗措置の実施は、国家責任の成立とは別問題だと述べる (R. Higgins, Problems., op. cit., p. 162.)。

(4)　植木俊哉「国際組織の国際責任に関する一考案（七・完）」法協一一〇巻一一号、一九九三年、一一三、一四七頁。

(5)　12 (1956), R.I.A.A., pp. 217～218.; Int'l Law Reports, Vol. 23, 1956, pp. 352～353.; I. Brownlie, Principles., 1979, op. cit., pp. 439～440. (島田征夫等訳、前掲書、三八五頁)。

(6)　植木俊哉「国家責任に関する条文草案注釈（一）――ＩＬＣ暫定草案第二部～第三部及び附属書――」法学（東北大）六二巻二号、一九九八年、九八頁。

(7)　ホメイニ革命発生後のイラン国内での米国民間人の被害に関して損害賠償問題を審理した「イラン―米国請求権裁判所」の判決――たとえば Short v. Islamic Republic of Iran, Iran-U.S.Claims Tribunal (1987) ――がそうであり、そこでは "due diligence" 基準は国際法上の客観的保護態様で示されている。

(8)　本書第六章四参照。また若干の異見を含めて、丸山珠里『反乱と国家責任』国際書院、一九九二年、二四、五七、二三八～二四〇頁。

(9)　Short v. Islamic Repubic of Iran (1987), 16 Iran-USCTR 76.

(10)　Yeager v. Islamic Republic of Iran (1987), 17 Iran-USCTR 104.; 二〇〇一年ＩＬＣ「国家責任」条文、第八条に該当するとみられよう。ただし同様の証拠と資料に基づきながらイラン国の責任を否定した判決もある。たとえば Rankin v.Islamic Republic of Iran (1987), ibid., 135.

(11)　R. Higgins, Problems., op. cit., p. 155.

(12)　The American Society of Int'l Law, Proceedings, 84th Ann. Mtg., 1990, pp. 68～69.; キャロンは次のようにも述べる。「混

雑した劇場で観客の一人が「火事だ」と冗談で叫んだことで、多数人が、出口に殺到して死傷者が出た場合に、直接の死傷原因は殺到者自体の行為であっても、「火事だ」と叫んだ者に損害賠償上の責任が帰属するとみるのが合理的だろう。「火事だ」と叫んだ者の行為と死傷という結果の間には『予見しうる連鎖（chain）がある』からである。もとよりこの国内法上のアナロジーをそのまま国際法上の国家責任原則に適用はできないが、しかし国内私法上の法の一般原則（general principles of law）は、ラウターパクトも言うように（H. Lauterpacht, Private Law Sources and Analogies of int'l Law, 1927, p. 134.）、国際法上の国家責任分野でも重要な役割を果たしてきた。イラン・ホメイニ政権の度重なる反米声明が、米民間人に出国強制の「直接で唯一の」要因でなくとも、"a significant contributing cause" ではあった」と（ibid., pp. 70～71.）。

（13）　I. Brownlie, Principles., op. cit., 1979, pp. 440～441.（前掲、島田征夫等訳『ブラウンリー国際法学』、三八六頁）。

（14）　ICJ Reprots, 1980, paras. 63～65; 金子大「『相当の注意』と国家責任に関する研究ノート」、法学新報一〇二巻三・四号（佐藤由須計先生退職記念号）、一九九五年、三二三～三四〇頁も、テヘラン米大使館員人質事件のＩＣＪ判決には「相当注意」への言及が全くないことを、ＩＬＣ「国家責任条約」（草案）が同様に「相当注意」概念を論じていないこと（前掲、植木俊哉「国際組織の国際責任に関する一考察」（七・完）、一九九三年、一三〇頁、注(8)も同旨）との関連で有意味のものとする。もっとも、テヘラン事件のＩＣＪ判決もＩＬＣ草案も、「相当注意」観念で説明する薬師寺公夫「越境損害と国家の国際適法行為責任」、国際法外交雑誌九三巻三・四号、一九九四年、七八、一〇〇～一〇六頁、も参照のこと。

（15）　山本草二「国家責任成立の国際法上の基盤」、国際法外交雑誌九三巻三・四号、一九九四年、二七頁。

（16）　ネルボ（P. Nervo）は次のように述べる。「伝統的国際法では核爆発が一国の領域内か公海で行われた場合、損害の発生防止のために『あらゆる手段での予防措置（conceivable precaution）』をとる限り、補償義務を負うことはない。」「事故（原因）と損害の間の因果関係（a causal link）の証明責任は被害者にあるが、fault ないし negligence を証明する必要はない」と（ILC Yearbook, 1957, Vol. I, p. 156.; V.P. Nanda and J.C.Lowe, Nuclear Weapons and the Ecology: Is International Law Helpless to Address the Problem? in "W.M.Evan and V.P.Nanda eds., Nuclear Proliferation and the Legality of Nuclear Weapons, 1995", pp. 266～267.）。

（17）　詳細は、拙稿「国家責任帰属に関する国際法理論――因果関係と相当注意そして過失――」明学・法学研究七〇号、二〇〇〇年、参照。

第七章　社会の産業化、技術化状況の進展と（国家）責任原則の新展開

一　序論――社会的変動と責任理論の多面的発展

すでに明らかにしたように、高度に危険な事業活動（abnormally dangerous activities）に基づく損害の発生に関し、いわゆる危険責任（liability for the created risk）、厳格責任（strict liability）或いは絶対責任（absolute liability）と呼ばれる責任体系上の新しい原則が主張されるようになってきている。社会の産業化と技術化の傾向が進むにつれて、こうした客観責任（objective responsibility）の観念に基づく法原則はますます重要な意味をもつようになると思われる。

更にもう一つ検討しなければならない問題が、近年急速に人類的規模での取組みを必要とする状況を、国際社会全体に覆い被さり始めている。気候変動を伴う地球環境の問題の発生である。ここには既に出現しつつあり今後も拡大深化することの十分予見される人類の生存に危険な結果への人類的対処の問題がある。従ってここでは、危険の深化をどのように防止するかという人類的視野からの予防（prevention）の仕組みを構築することが主要な作業となるが、その場合に今日なお牢固として存在する主権国家体制という国際社会の枠組の中で、どう機能的にそれを実現してゆくかという現実的なプロセスを考案することが我々に課された責務であるということである。ここでも「客観責任」の原則を基盤とした国家義務の負課という法的仕組みが重要となるが、事柄の性格上、被害発生後の被害者（国）の

（司法的）救済ではなく、事前の日常的行政（国内、国際）措置による損害の防止や危険の抑止に力点を置いた監視と制裁（合意内容の遵守強制）の仕組みの構築が重視されざるをえないのである。

ところでまず右でいう「客観責任」原則について、もう少し敷衍しておこう。この観念はその基礎概念につき国内法の分野では比較的早くから判例上で確立され成文法にも取り入れられてきたといえる。[1] そして国際法の次元においても国家主権並存社会における領域管轄権の相互調整機能を営んだ「権利濫用禁止」という法の一般原則の形態で、原則的に了解されていたといえる。また個別的具体的ケースについてはコモン・ロー上の「ニューサンス（nuisance）」の法理の適用でしばしばみられ、或いは河川共同利用というような地域的限定のある特別法上の「隣接権」の形態でも「客観責任」原則が具体化されてきた。さらに最近の産業と技術の飛躍的な発展状況に対応して、たとえば民間航空、宇宙活動、原子力産業の諸分野のみならず船舶油濁規制や海底開発等の各方面に亘ってこうした客観責任原則が条約規定の中に取り入れられつつある。もっとも国際法の分野では法主体の性格的相違と事業内容の相違から、後にもみるようにそれぞれの場合に若干の責任形態の異質性をみせてはいる。

しかし概して右の諸事業に関する条約規定の傾向的建前として、一つは国家責任の形態に多面性が要求されるようになったことと、二つには条約上の直接の責任主体として事業者（operator, owner）が指定され伝統的な国家間関係における State responsibility の概念よりもむしろ Civil liability という民事法体系の考え方に重点が移されるようになってきている。従って国家の責任もその法的枠組の中で処理されて、たとえば事業者の賠償責任を補完する民事法的性格が強く出ている（たとえば、「原子力損害に関する民事責任条約」上の国家の保証責任はこれ）ことを見逃しえない。こうして一九六〇年から六三年にかけて作成された原子力損害に関する四つの民事責任条約や一九六九年の油濁損害に関する民事責任条約或いは一九七〇年代の始めに主要な石油会社とタンカー所有者によって締結された幾つかの責任協定が、環境紛争に関する紛争解決システムとして国際的機関よりも関係当事者の国内裁判所の管轄を優先させているのも、右の civil liability 観念の現れといえるかもしれない。[2]

さて社会の産業化と技術化の状況は、国際責任法の分野で次の二つの重要な前提的問題点を提起することになった。一つは、事業が予見し難い高度に危険な損害を発生させる可能性をもたらしたこと。二つには、損害の範囲が人的、物的、環境的にトランス・ナショナルな広がりをもつ可能性を生んだことである。「危険の社会化」(socialisation des risques) 現象がこれである。この点からみれば、後述のトレイル・スメルター判決が主権的権利（領域管轄権内の企業活動権を含む）の濫用を禁止しながらも、訴権をもちうる被害の範囲を他国の領域主権内の権利、利益に限定したかにみえることは問題を残したといえよう。すなわちトランスナショナルな或いはトランスバウンダリーな汚染損害は、海洋や大気のような人類共同の res communis の領域と財産に対しても拡がりつつあるからである[3]。その意味で一九七二年の人間環境に関するストックホルム宣言 (the Stockholm Declaration on the Human Enviroment) が、領域管轄権内の活動が他国領域のみならず、「国家管轄権を越えた地域」の環境に対して損害を与えた場合の責任をも規定し (principle 21)、更に海洋汚染防止について特別に principle 7 の規定をおいたことは、海洋における生物環境の条件の悪化に多くの国が重大な関心を示していることの現れであるといえよう[4]。つまり今日の環境保護に関する国際法上の責任理論が、すでにトレイル・スメルター判決の時代のような国家の関係の中だけで（被害者も加害者も国家であり、保護さるべき法的利益も国益で、訴権も具体的損害をうけた国家のみが保持）把握されるのではなく、より広く人類共同体という国際社会全体の利益を基礎に再編成されなければならないこと（国際社会の「一般的利益」のための第三者訴権の肯定を含む）を示しているといえるのである[5]。

こうしてみてくると、以上の分析から次の結論がひき出せるように思われる。第一に、被害者の保護と救済のために、国家が直接、間接に一定の責任を分担する「責任の社会化」(socialisation de responsabilié) の必要が生ずることになったことである。第二には、産業の技術的高度化に伴い、挙証が被害者（一般市民）側に事実上困難となる一方、産業（企業）側にもその技術能力の水準や事業活動についての心理的、主観的意図を考慮して責任の帰属の存否を決定するという伝統的な過失原則の観念を無意味とするような、社会的費用の企業負担を責任原理上当然視する大衆的雰囲気が生まれたことである。損害賠償責任の「受益者負担」ないし「汚染者負担」の原則（P.P.P. 原則）がこれである。「責任の社会化」の第二の意味即ち責任の社会的性格化がここにある。

この点をより詳細に検討すると、新たに二つの社会的責任観上の原則が登場してくるのを見出しえよう。一つは企業活動から生ずる環境損害（汚染）を、従来は〝経済外的事実〟（externality）として一般社会に還元し、生産コストに組入れていなかったいわばGNP的指標に基づく経済観念が支配的であったこと。しかし今日ではそれを発想的に転換し、企業の自己負担として経営上の生産コストとして算定することを要求されるようになったことである。たとえばライン河上流沿いのフランス領内にあるカリウム鉱山から流出する塩のため、下流のオランダ領内の園芸農業が被害をこうむったいわゆる The Reinwater Foundation 事件では――ヨーロッパ共同体裁判所は「民商事事件に関する国内裁判管轄と判決の執行に関する共同体条約」第五条三項の「有害事件の生じた場所の裁判所」が管轄するという規定の意味を「行為地」（フランス）と「被害地」（オランダ）のいずれの裁判所をも原告は選択しうる意味に理解し、被害地であるオランダの国内裁判所の管轄権をも肯定したのだが――もし上流にあるフランスのカリウム生産業者に廃物（塩分）処理の費用負担責任がないとすれば、フランスはその分だけ低価格でカリウムの輸出が可能となるに反し、下流のオランダ園芸農業は、ライン河の水質汚染をもたらした塩分除去のための費用を自己負担しなければならず、園芸農産物の生産価格はそれだけ割高となり、この点でフランスに有利にオランダは不利に、商業貿易上の国際的な不公正競争を生み出すことになる。こうした問題点が指摘されたのである。[6] ここでは環境汚染に関する社会的責任として汚染の防止と発生した損害に対する賠償責任に関して事業者（企業）負担の原則が導入されると共に、それが国際通商貿易上の不公正競争（unfair competition）の防止というガット（GATT）原則とも結びつく新しい責任観念であることをも呈示したのである（朝日新聞、一九八〇・一・六、参照）。因みに二〇〇一年のILC「危険活動から生じる越境損害の防止」条文案は、ストックホルム宣言、原則二一を基礎に、危険（損害）の「起源国」に損害防止のための第一次責任を負課していること（一、三、六、八、一〇条、参照）を注意する必要があろう。

また二つめとして、「責任の社会化」の概念は被害者救済重視の立場を明確化することになったことである。その点で損害賠償責任の法原則に、一つは挙証責任の転換理論、二つには客観責任論という二つの新しい方向性を導入することになったといえる。前者は「過失の立証」（la preuve d'une faute）が困難であっても発生した損害と事業活動との因果関係さえ立証されれば「過失の推定」（présomption de faute）ないし責任の推定（présomption de responsabilité）を可能とするという原則である。それだけ被害者救済に一歩を進めたことになる。しかしこの原則ではなお過失または責任の推定から免かれるために加害者（被告）側に無過失または無責任を積極的に証明せしめうる余地を残していることを見落としてはならない。いわゆる挙証責任の転換の法則がそれであり、これは原則として過失主義のカテゴリーの中での責任原則であるといえよう。しかしそうではなく、トレイル・スメルター原則や前記の原子力損害に関する民事責任条約或いは宇宙物体打上げによる地上損害に関する賠償責任条約等のいくつかの国際協定が定めた責任原則とは、過失の存否（立証）とは無関係に、損害の発生という事実から直接に責任の帰属を肯定する客観責任（responsabilité objective）原則を採用したことを見逃してはならないであろう。またかりに「過失の推定」や「責任の推定」という認識プロセスが、絶対ないし危険責任主義の単なる論理的（法技術的）前提として主張されるだけであるならば、それは被告側に免責のための無過失の挙証を許容する趣旨ではないから、客観責任原則のカテゴリーの中にある理論といってよいであろう。(7)

（1） J.M. Kelson, State Responsibility and the Abnormally Dangerous Activity, Harvard International Law Journal, Vol. 13, 1972, pp. 201〜211.
（2） S.C. McCaffrey, Pollution of Shared Natural Resources: Legal and Trade Implications, Proceed. of the Amer. Society of Int'l Law, 71st Annual Meeting, 1977, p. 60.
（3） A.L. Springer, Towards a Meaningful Concept of Pollution in International Law, Int'l and Comp. L.Q., Vol. 26, pt. 3, 1977, pp. 536〜537.
（4） L.B. Sohn, The Stockholm Declaration on the Human Environment, Harvard International L.J., Vol. 14, 1973, pp. 463

〜464.

（5） R.E. Stein and J.L. Hargrove, International Environmental Protection; Policy and Legal Aspects, Proceed. of the Amer. Society of Int'l Law, 71st Annual Meeting, 1977, p. 52.

（6） S.C. McCaffrey, Pollution of Shared Natural Resources, op.cit., pp. 57〜58, 61.

（7） "socialisation des risques" と "socialisaiton de responsabilité" の概念について、Pierre-Marie Dupuy, La Responsabilité International des États pour Les Dommages d'Origine Technologique et Industrielle, 1976, pp. 10〜11. 参照。

二　国内判例の研究

さて高度に危険な事業活動から生じた損害に関する危険責任ないし厳格責任の原則については、国内裁判所の判決の中にリーディング・ケースと目される先例がいくつかある。のみならずこうして確立された国内法の一般原則は後にみるトレイル・スメルター事件に関する仲裁判決の中でも国際法上の一般原則としても受容されているのである。そこでまずこの趣旨での原則を明らかにした英・米の二つの国内判決をみておくことが必要であろう。

㈠ Rylands v. Fletcher 事件に関するイギリスの判決（The Court of Exchequer, 1865; The Court of Exchequer Chamber, 1866; The House of Lords. 1868.; W.L.Prosaer and Y.B. Smith, Cases and Materials on Torts, 3 rd ed., 1962, pp. 661〜669.）

原告ライランドは地主から借地権を得て、その土地の地下に埋蔵されている石炭の採掘業を営んでいた。被告フレッチャーは製粉業者であり同じ地主から原告の石炭採掘場の近く（近接しているが隣接地ではない）の土地を借り、製粉工場に水を供給するための貯水池を建設した。貯水池に水がはられた後、間もなく地下漏水事故が発生した。漏水は原告の石炭坑道に流れ込み損害を与えた。漏水の原因は貯水池の下底に廃坑となっていた旧タテ坑があったため地盤が軟弱だったからである。一八六一年、原告はリバプール地区裁判所に提訴した。すなわち被告は発生したいっさいの損害に対して有責であるから賠償を行う義務があると主張したのである。

一八六五年の第一審（In the Exchequer）判決は、まず被告が貯水池建造を委任した請負人につき審査し彼が建築有資格者であること。従ってその業者選任行為に何らの過失がなかったこと。また貯水池の下底に泥炭をつめたまま放置されていた旧タテ坑は、一般の記憶を超えた古い時代に廃坑となったもので、貯水池建造請負人がその存在に全く気がつかなかったことに過失がないことを認めたのである。もっとも廃坑の存在を発見できなかったため、逸水防止のための特別の水圧負荷設計を行っていなかったことにつき、結果からみて〝事実上〟（in fact）、相当注意（proper care）を行使しなかったであろうことは推定された。こうして以上の事実にかんがみて第一審判決は過失責任原則を基礎に次のように述べて原告の請求を棄却したのである。「本件において、発生した損害は直接的（immediate）なものでなく間接（mediate）ないし結果的（consequential）なものであるから不法行為（trespass）は存在しない。被告の行為は合法的且つ合理的なものであるからニューサンス（nuisance）はないといえる。被告が有責であるためには過失（negligence）がなければならないという原則は、動産に関する場合と同様に不動産上の損害についても適用されなければならない（しかし本件において被告に過失はないのである）」と。

しかしながら一八六六年の控訴審（in the Exchequer Chmber）判決では、この見方を基本からくつがえし、被告に損害賠償上の責任を課したのである。その判旨をみてみよう。「被告が有責であるためには原告は損害の発生が被告の義務不履行（default）の結果であることを証明しなければならない。……一般に次のことが大方の意見として承認されている。すなわち被告は自己が管理する土地に設備、装置を施し或いは有体物を維持する場合、その内容物が流出或いは移動して近隣の第三者に損害を与えないよう相当な注意を払わなければならない義務がある。しかしながら問題は、こうした状況の下で法が彼に課している施設や物体維持上の義務とは、彼が自己の危険において負担すべき絶対責任（an absolute duty to keep it in at his peril）によって保証さるべき義務のそれか、或いは第一審判決のいうようにすべての合理的且つ十分な注意を払うこと以上に出ないか（a duty to take all reasonable and prudent precautions……but no more）のいずれかである。

第一の立場に立った場合、自己の土地において危険物を維持し管理した場合の責任の意味は、その保守管理に失敗し危険物を逸出させたために起こるいっさいの自然的結果（natural consequence）に対して責任を負うということである。第二の立場すなわち義務の範囲に限界を認める立場に立つならば、過失の証明なしには（except on proof of negligence）責任を課せられないということであって、通常の注意や技術上の熟練度によっては発見しえない（ordinary prudence and skill could not detect）かくれた欠陥から生じる危険物の逸失に対しては何らの責任も負わないことになるのである。ところで第二の過失責任原則の立場に立った場合には、廃坑の発見不能とそのために逸水防止に不十分な構造の貯水池しか建造しなかったことに関して注意の欠如があったことが証明された場合、工事請負人と同様に被告もまたそうした工事上の注意を怠った請負業者を雇用（選任）したことに関し過失があったということになるのかどうかという問題が付随的に起こるであろう。しかしわれわれの立場は第一の結果責任の立場をとる。すなわちわれわれは、自己のために自己の土地に、もしそれが逸失すれば他人に損害を与える可能性のある施設を維持する場合には、自己の危険において（at his peril）そうすべきであると考える。従って物の逸失が生じた場合にはその自然的結果のいっさいの損害について一応の責任を負わなければならない（is prima facie answerable for all the damage which is the natural consequence of its escape）と考えなければならない。もとより被告は原告の義務不履行（default）が逸水の原因であることを証明するか或いはまた逸水が不可抗力（vis major, or the act of God）の結果であることを証明すれば免責されるであろう。しかし本件にはこの種の免責事由が存在した証拠はない。上述の一般原則は原理的に正当なものと考えられるから、たとえば囲いを越えて逃げた隣人飼育の牛によって牧草や作物を食べ荒された農家や隣人の便所の汚物によって汚損された穴倉の所有者、或いは近くで操業するアルカリ工場の煤煙や有害蒸気によって健康を侵された住民の立場にも同様の法理が適用される。もとより自然に土地に存在したものでない人工的物件を設置しても、他人に損害を及ぼすことなくその逸出物を自己の財産（土地）内に封囲することが可能であるかぎり、そうした行為は合理的且つ正当であろう。しかし本件はそうではなかった。こうしてみると、われわれの立場からみるかぎり、被告は彼が雇用し選任した工事請負人の注意と熟練の欠如に対して責任を負うべきかどうかという問題は考慮の余地がないことになろう」。以上が控訴審判決の趣旨であった。一八六八年の上告審たる貴族院（The House of Lords）の判決も同様であったのである。

こうしてこの判決は、危険責任ないし厳格責任原則の適用を明らかにしたリーディング・ケースとなったが、そこにみられる理論構成は国際法上の損害賠償責任原理として重要な示唆を与えるものであった。後のトレイル・スメルター事件判決でも明らかにされているように、法理上重要な点が二点あると思われる。一つは、第三者に損害を与える可能性のある危険度の高い事業活動について、それが本来は自己の財産権の行使に関するものであり、損害や危険を自己の財産権内の処理範囲にとどめうるならば適法の行為であること。すなわちいわゆる一般の違法行為とは異なり、いわば国内法および国際法の一般原則として確立されているとみられる「権利濫用」（abuse of right, abus de droit, Rechtmissbrauch）（禁止）原則の適用上のケースであることである。つまり所有権の内在的制約を示す古くからの私法上の格言でいえば、“sic utere tuo ut alienum non laedas”（他人の物を害せざるように自己の物を使用せよ）の原則が妥当することである。(1)

この原則はコモン・ロー上ではニューサンス（nuisance）の法理にとりいれられ、たとえば、Heeg v. Licht 事件に関する一八八八年のニューヨーク控訴院の判決は、被告が花火製造業を営み、その所有する火薬倉庫の爆発事故で周辺にある原告財産に損害を与えたことにかんがみ、それはプライベイト・ニューサンスを構成し、すでに存在する多くの判例にみられると同様に“sic utere tuo…”のマキシムに基づいて損害賠償の責任があるとした。即ち合法的に財産を所有する者でも特別の目的のためにその所有権を行使することによって他人の権利に損害を与える場合にはその権利の享有を抑制しなければならないと述べたのである。また花火の製造と火薬の保持はそれ自体で当然にニューサンスを構成しない（does not necessarily constitute a nuisance per se）が、しかし工場の位置や周辺の環境、常時保有される火薬の量等の事情を基礎に判断すれば、そうした危険物の存在から結果する原告の損害は、被告の不注意（carelessness）や過失（negligenece）の存在とは無関係にプライベート・ニューサンスを構成し被告に損害の賠償責任を発生させる。こうして「合法的に事業に従事する当事者は過失がなければ責任を負わない」という原則は、右のような危険物によるニューサンスの場合には適用がないのであると（W.L. Prosser & Y.B. Smith, Cases and Materials on Torts, op. cit., pp. 757〜759.）。大陸諸国のシビル・ロー・システムでは（近隣性条件を含む法技術上の限界はもっているが）いわゆる「相隣関係」（la relation de voisinage, Nachbarverhältnis）の法理の中で処理さるべき不法行為のそれといえよう。従って本来は固有の権利の行使であるから法理的にいって、その行為から直接的に第三者の権利侵害を惹起することはない。損害があっても常に間接的、結果的なものである。この点についてたとえばアレチャガは、「宇宙活動や原子力事業から生ずる損害に関する絶対責任理論の共通の特色が、この種の損害発生事業が危険（dangerous）ではあっても不法（unlawful）ではない」ということであると述べている。(2) しかし他人に損害を与えた場合には、不可抗力の場合や被害者自体の行為に起因する場合を除き——不可抗力や第三者起因行為の理由によって結果責任を免れるためには、その挙証責任を被告が負担しなければならないが——右権利行使のいっさいの自然的結果——この因果関係の挙証責任は原告にある——に対して有責とされるのである。

この点は国際法上の国家責任理論にも重要な示唆を与える。すなわち一つは領域管轄権に基づき国家が自国領域内での操業を許可し合法的に活動している企業の行動からトランス・ナショナルな汚染損害が生じた場合の許認可権並びに監督権限をもつ国家への責任帰属を肯定する（絶対責任原則）理論的武器となろう。二つには、加害者たる企業（事業主体）が、本来合法的活動の範囲内での行為であっても、発生した損害に対しては過失の有無にかかわらず危険もしくは厳格責任を負うべきことをも要求したものといってよい。高度危険事業に対する国家と企業の複合的、補完的な「客観責任」分担の新しい法観念のプロトタイプが、右事件の判決を基礎づけた理論的枠組の中には存在するのである。モスラーも次のように述べている。「責任（responsibility）とは権利の対応物（the counterpart of rights）であり、個人や法人が合法的に行為できる活動分野とその活動から生ずる損害との間のバランスを意味している。国際法の文脈でいえばこのプリンシプルはすべての国家は国際社会のメンバーとして、その主権的権限の行使の結果（the consequences of exercising their sovereign authority）に対して責任があるということなのである。……（国際社会のメンバーという）この実定的地位（positive status）とその行動結果に対する責任を負うべき義務は一枚のコインの両面としてみなされる」と。(3)

——因みに大陸法ではどうであるか。西ドイツの法制では、州政府により操業を許可されている工場からの排出物によって周辺が汚染された場合、被害者はその法的救済手段として操業の停止命令を請求しる権利は与えられていない。汚染減少のための施設改善命令の請求か、それが実際上の効果をもたない場合は損害賠償の請求しか認められていないのである。わけても隣接権の概念にはそうした救済上の限界が法技術的に存在する。またドイツ民法典では今日でも不法行為責任について最大限に過失主義が採用されている（電気、ガス、鉄道事業についての特別法での厳格責任の法制化はあるが）。しかしフランス民法典では、自己の管理する人と物から生ずる不法行為上の責任の帰属に被告の過失の証明は必要とされていない(4)（一三八四条）。

こうしてたとえばドイツ国内法上で合法的に操業している工場の活動から生ずるトランス・バウンダリーな公害の規制について、フランス領内の被害者が操業停止を含む実効的な規制を得るために、ドイツ法は必ずしも有効でないことが問題となったのである。そこでヨーロッパ共同体法は管轄裁判所の被害者による選択を可能としたが（前記 Reinwater Foundation case 参照）、更に最近ではドイツ国内裁判所もいわゆる Günstigkeitsprinzip（相隣関係原則）を採用し、外国人被害者に対して、ドイツ法以外の自己に有利な外国実体法（たとえばフランス法）の選択を認める立場を明らかにしている。これによって環境汚染という国境を越えた一定地域のリージョナルな損害の救済について、法的基準の調整と統一をはかる工夫がなされるようになったのである。しかし右のことはＥＣ（ＥＵ）内の共同体秩序の中の問題であるから比較的に解決の得易い基盤がある。しかし一般にはそうはいかない。トランス・フロティアな環境汚染問題を解決するために、こうして被害者による特定国内裁判所への私的訴訟では必ずしも実効的でない点が一般的にはあるのである。裁判管轄権の問題と判決の他国領域における執行の問題或いは事案に適用さるべき準拠実体法の問題がこれである。こうしてみると、国際法を基礎とした国家間の交渉や国際裁判の方式がより有効であることをやはり見忘れてはならないであろう。その意味で後述するトレイル・スメルター事件に関する仲裁判決は重要な先例といえる。(5)──

右にみた第一点と関連するが、第二の問題点は、結果責任、客観責任の理論的立場をとる場合には、違法行為者の「選任」、「雇用」に関しての過失の存在を構成する必要がないことである。相手方に損害を発生させうる権利の行使は法理上ありえないから、いかなる権利でもその行使については相当注意義務を課されるのは当然である。しかし問題は他人の権利を棄損し損害を発生させてはならないという一般的義務の履行を怠った加害者側の心理的要素すなわち注意義務の欠如に関して、その評価基準に一定の内容的限界を設け免責の事由となしうるかどうかである。それを肯定した場合にはじめて「過失」原則が導入されることになるのである。しかしながら本件 Rylands v. Fletcher 事件判決は、「権利濫用」の法理を基礎に結果責任原則を適用した。すなわち「権利は義務を伴う」、「受益者は損害も負担すべし」(polluter pay's principle) の基礎観念を背景に、自己の利益のために (for his pleasure or for his profit) 社会に危険物を導入する者は、結果として「作られた危険」(the created risk) に対して、その活動プロセスにどのような「過失」が存在するか否かに拘らず常に有責とされたのである。

国家が国民の快適な生活確保のため、それ自身危険を内臓する営造物、施設の管理運営につき「絶対責任」(賠償の国民的負担) を負わされるのも同様の理由からである。「危険の社会化」と「責任の社会化」現象がすなわちそれなのである。のみならず国家機関や公務員の権限が本来、国民集団への奉仕を目的とするかぎりその濫用に基づく被害については、それが国家制度を維持することに伴って「作られた危険」であるだけに、営造物管理責任と同様に国家制度による便益享受者たる国民自身が損害賠償を含む責任もまた負担すべきだという「結果責任」の原則が適用さるべき余地は十分にあると思われる。──この点でフランス行政法における〝職務の欠陥〟(faute de service) と〝個人的誤行〃（faute personnelle）の二つの概念の区別を国際法上の観念にとりいれて論じたカバレの所論参照のこと（L. Cavaré, Le Droit International Public Positif, 1961, pp. 337〜338.）。——

ここに所与の権限の枠内での制度的ないし機構的活動に関して、責任の無条件絶対的帰属を予定せざるをえない背景がある。意思自由を背景とする個人の行為に、故意・過失の主観的要素が責任帰属の条件とされるのと異なる点があるのである。国際社会における国家責任の構造については、さらに他国の国内組織への不干渉、不介入の原則を中心とした別次元の条件が加わる。国家行為に関する責任帰属の要件に「過失」の導入を無意化する要素がもう一つあるのである。国内法上の公務員「選任」の過失や「監督」上の過失の観念が、いっそうリモートな意味しかもたなくなるのはこの意味においてである。また「過失の推定」が国家への責任帰属に関する単なる論理的、形式的前提にしか過ぎなくなるのもこの意味においてである。

（1）L. Oppenheim-H. Lauterpacht, International Law, Vol.1, 8 ed., p. 346.
（2）E.J. de Aréchaga, op. cit., p. 539.
（3）H. Mosler, op. cit., p. 172.
（4）J.M. Kelson, op. cit., pp. 202, 208〜211.
（5）S.C. McCaffrey, Pollution of Shared Natural Resources; op. cit., pp. 59〜60.

㈡　Rogers v. Elliott 事件に関する米国の判決（Supreme Judicial Court of Massachusetts, 1888; Prosser and Smith, Cases and Materials On Torts, 3 rd ed., 1962, pp. 760〜762.）

原告ロジャースは日射病で極度の神経過敏症を呈していた。そのため、通りを挟んで向い側にある被告教会が日曜のミサのさい打つ鐘の音でしばしば痙《けい》れん状態を起こす病状にあった。そこで原告は被告教会に対して打鐘の中止を要求した。しかし被告はそれに同意しなかった。原告の訴えは打鐘により生活妨害が生じたのでそれに対する損害賠償を請求するというものであった。判決はヒューマニティの考慮から原告に同情を示しながらも、その請求を棄却したのである。その理由は次のとおりである。

「教会のならす鐘の音が、近隣に居住し或いは通行するすべての人の健康や快適さの感情に対して重大な悪影響を与えるのであれば、それはパブリック・ニューサンス（public nuisance）を構成し、それに対しては公訴提起（indictment）による救済を可能とするだろう。またそれによって、健康や財産に被害をうけた個人はプライベイト・ニューサンス（private nuisance）として損害賠償（damages）を請求することもできるであろう。……人口の密集した地域社会では通常ならば正当な方法での財産権の利用も、多かれ少なかれ近隣にある他人の身体的利益や財産に対して何らかの影響を及ぼす。従ってもし問題が提起された場合には、右の権利の行使が一定の環境の下で合理的であるかどうかが審理されなければならない。」「この場合、ニューサンスが成立しうるためには、教会の鐘の音が近隣住民の人間としての通常の快適感情（the ordinary comfort of human existence）に重大な影響を及ぼす程度かどうかが決定的要因となる。神経病者の過敏症という特異基準をもちだして決めるわけにはいかない。そうでないと法的権利はいつも不安定な状況にさらされることになるからである。」「こうしてみると、財産利用に関する法的権利が正当に行使されているかどうかの判断は、通常人の経験（the experience of ordinary people）を基準として決められるべきで、これはちょうど過失（negligence）が一般人の通常の注意を基準として決められるのと同様である。」「なるほどたしかに原告の病状からみてヒューマニティの考慮上、原告は音響にさらされる場所におかるべきではなかったが、しかし被告の打鐘行為に恣意性や明白な悪意があったというふうには認めることができない。従って原告の請求は棄却される。」このように判示したのである。

ここでの問題点は二つある。一つは前述の Rylands v. Fletcher 事件判決がいわば特定個人に対する私《プライベイト》的ニューサンスの典型例上の原則を示したのに対し、本判決では不特定多数者に対する公的《パブリック》ニューサンスの成立要件とそれが生じた場合の救済方法を明らかにしたことである。すなわち公訴提起（indictment）という訴追方法によって、因果関係の立証を含み公的機関によって一般公衆の利益を保障するシステムがとられうることを明らかにしたことである。

同時に被害者は私的ニューサンスの救済をも可能とされ損害賠償の請求ができることである。この点はトレイル・スメルター事件で、米国が被害を一部地域住民のプライベイトな利益侵害としてではなく国家的損害として把握し、米国自身が原告として国際仲裁上の訴訟当事者としての立場に立ったことと法理的連関をもつものとして注意しておきたい。またパブリック・ニューサンスの法理は公海上での核実験差止請求事件についても、紛争上の保護法益の点で国際社会全体の利益を訴訟利益概念として主張できるかどうかの論点と関連して類推適用の可能な法理となろう。

ところでいくつかの工場から吐き出される煤煙によって周辺地域住民にパブリック・ニューサンスがひき起された場合、被害を分割し各工場（企業）ごとの排出煤煙を特定して責任帰属上の因果関係を決定することは技術的に困難である。各工場の排出する煤煙は空中で混合し、累積されるからである。カナダ国境沿いの米国領で操業している三つの米国企業の工場から排出される煤煙で損害をうけたカナダ住民によって提起されたMichie v. Great Lakes Steel, et al 事件で、米国の巡回控訴審裁判所と連邦最高裁判所は、一九七四年の判決で被告側に共同行動（common design or concert of action）の意思を必要とすることなく、コモン・ロー上のニューサンスの法理を適用して、加害行為に対して被告は共同し且つ個別に（jointly and severally）責任があるとして、約十一万八千ドルの損害賠償の支払いを命じたことがある。この場合ニューサンスの法理は、加害者を加害手段に関して特定《スペシファイ》することを要求しない点で、被告の行為と損害発生に関する因果関係上の挙証責任を原告側に対して軽減する意味をもっている点で、空気や水の汚染という数ケ国に起因するトランス・フロンティアな環境被害に対する有力な救済法理として機能する可能性をもっているといえるであろう。[1]

Rogers v. Elliott 事件判決の第二の問題点は、ニューサンスが成立するための基準として、いいかえれば加害法益（保護法益）の具体内容として一般人の平均的快適感情とか通常人の健康基準がもち出されたことである。この場合重要なことは「過失」論上の通常人の注意義務という（加害者側の）主観的、心理的基準をアナロジーとして引用しながら、これとは概念上で明確に区別し、「通常人の経験」という一般的客観基準を設定したことである。健康や不快感を科学的に決定しうる客観標準として設定し、それを侵害したかどうかをニューサンス上の不法性（権利濫用）認定基準としたのである。この点は国際法上の国家責任論の論議の中で外国人の待遇に関する領域主権国の（注意）義務の程度に関し、しばしば「国際標準」或いは「国内標準」という基準が提示されながら、それを客観的、具体的な義務内容として理解せず、それとは次元が別の右義務の履行過程上で起こる個別国家の担当個別機関による主観的意思作用として把握する見解があることに対して、一つの警鐘の意味をもつものとして見落とすことのできない点である。

（1）　495 F. 2d 213（6 th Cir. 1974）; Certiorari denied, 419 U.S. 997（1974）; Quoted in "S.C. McCaffrey, Pollution of Shared Natural Resources;" op. cit., pp. 58〜59.

三　国際法上の客観責任理論の法理的側面

こうしてみると、国内法における権利の濫用やニューサンスの法理の原理的性格或いは沿革的趣旨は、この法理が国家や私人のトランスナショナル（transnational）な或いはエクストラテリトリアル（extraterritorial）な行為に関する国際法上の責任理論としても、そのまま妥当しうる基盤をもっていることを明らかにしているといってよいであろう。その点からみても国家責任の法理が「客観」責任の法理すなわち「絶対」責任ないし「結果」責任の原則を基礎として機能すべきことが容易に理解されうるのである。

ところでこうした客観責任原則の適用される国家の国際不法行為と責任の具体内容については、態様上で三種類に分類できるだろう。

第一は国家の通常の国際義務違反の行為による加害責任である。その中でも直接、国家の対外行為に関して生ずる違法行為（たとえば武力行使）上の責任（一般形態としては積極的な作為による違反行為）と、国内管轄権行使に関して生ずる違法行為（たとえば在留外国人に対する通商航海条約上の保護義務違反がそれで、一般には不作為による違反の形態をとる）に関する責任の二種に分けることができよう。

第二は国家の権力（権限）作用に関し、特に国内領域管轄権上の行為に関して生ずるものであるが、領域外にある外国又は外国人の権益に対しても間接的な加害行為を及ぼした場合の責任である。この場合第一の類型（わけても在留外国人に対する不法行為）と異なる点は、外国又は外国人に対して直接には違法（国際義務の違反）を構成しないにもかかわらず、その行為に基づく間接的で且つ自然的な結果として――普通には「結果」の波及が一国の領域管轄内にとどまらず、トランスバウンダリーに拡大する点に特徴がある――第三国（人）の権利や利益を侵害した場合の責任である。被害の波及がトランスバウンダリーな点からみて、環境破壊という国際社会全体の法益（地域的には非国家領域たる公海、公空を含み、法益的には人権ないし人類的利益）を棄損することもあるのである。そうした場合の責任である。この場合の法理としては一般には「権利濫用」のそれが主張されるが、個別的には「ニューサンス」による不法行為理論の適用が妥当であろう（トレイル・スメルター事件判決がその典型例）。いずれも権利そのものに内在する制約を根拠とするものであって、法秩序の体系的性格とは関係なく承認さるべき「法の一般原則」とみてよいであろう。

――ラウターパクトは、「権利濫用」の理論は、国内法体系では具体的禁止規定に表現されて、その理論自体の果す役割は相対的に減少したが、立法過程がなお原始的段階にとどまっている国際法の分野では、わけても国際不法行為法の領域でなお重要な機能を営みうる、と述べている（H.Lauterpacht, The Function of Law in the International Community, 1933, Chap. XIV, especially p. 298.)。――

ハンドル（G, Handl）もいうように、主権平等原則を前提とする国際法秩序の中で、権利濫用禁止の原則は主権的権利を内在的に制約し拘束する法原則として重要な機能をもつのである。[1] つまり国家主権並存社会では領域管轄権の排他性は不干渉原則に支えられて国際法上の保障をうけるが、それは関係国家間に相互的な適用があるもので、一国の領域権限の行使は他国の領域権限の享有を棄損しえないのである。そこに国際法の一般原則としての「権利濫用禁止」則が機能する場があるのである。一九四一年のトレイル・スメルター事件に関する仲裁判決と一九四九年のコルフ海峡事件に関する国際司法裁判所の判決はこのことを判示したとキス（A.-C. Kiss）も述べているのである。(2)

デュプュイ（P.-M. Dupuy）も同様に、コルフ海峡事件判決——彼はいう。この判決は領海内を通航する軍艦に損害を与える方法で領域を使用してはならない義務を肯定した——や核爆発実験——放射能チリによって国境を接する国のみならず広く第三国と地球を汚染する——の例をひきながら、この種の国際法上の国家責任原則の基本は地理的隣接性という偶然的要素を法理適用上の技術的前提とする「隣接権」の法理ではなく、「権利濫用禁止」の一般原則に基礎をおく「領域の非加害的利用の原則」（principe d'utilisation non dommageable du territoire）に求められるべきであると述べている。そしてこの原則は隣接領域に被害を与えたトレイル・スメルター事件判決でも確認されており、それは「領域権限の排他的行使のコロラリーないし反面を構成する性格をもつ」ものであって、一般には“sic utere tuo ut alienum non laedas”（他人のものを害せざるように自己のものを使用せよ）という法格言に依拠するものであると言っている。(3)

こうしてみると一部の学説に(4)「隣接権（相隣権）（droit de voisinage）の法理によって国境を越えて隣国領域に損害を及ぼす不法行為を規律しようとする見解があるが、しかしこの理論は、「隣接関係」（la relation de voisinage）という地域的（地理的）限定性によって条件づけられる独自の利害共同体が存在する場合の特別法としてのみ法技術的に成立が可能とされてきたものである。たとえば、「オーデル河国際委員会」事件（The International Commission on the River Oder Case）に関する一九二九年の常設国際司法裁判所の判決でも、「沿河（岸）国の利益共同体（a community of interest of riparian States）の観念によって解決がえられ(5)」なければならないと、特別共同体の条件を前提として始めて隣接権（沿河権）の概念が成立しうるものと理解しているのである。(6)このことは、スペイン・フランス間の「ラヌー湖事件」（l'affaire du Lac Lanoux）に関する一九五七年の仲裁判決が、「下流国に重大な損害を与える態様で川の水質を変更することを上流国に禁止する原則がある」ことを認め、「上流国」と「下流国」間の特別な地勢的性質を隣接権成立の条件としていることでも明らかである。[7]

従ってこの隣接権の理論では、第一に大気や海水汚染のような公害排出源（施設や領域）に隣接しない遠隔の地域や公海における環境損害に対して有効な規制法理を提供できない技術的難点があるのである。[8] のみならず第二に、隣接権の法理は国際法上では一般に国際河川の利用に関する沿岸国の利害の調整という形態で認められてきたように、特殊偶然的な地理的条件の下での条約上の権利として設定されたもので特別な共同体意識の存在が前提となっていたことを見忘れてはならない。つまりハンドルのいうように、「隣接」の概念は領域権が行使される場合に考慮さるべき事実背景（the factual background）にすぎず、領域権を制約する独立の法規則ではないのであって、せいぜい「権利濫用」原則の一表現（適用対象）にすぎないのである。[9] 更にバーバー（F.J. Berber）もいうように、かりに隣接権の法理があるとしても、それは国際法の領域では「国家主権の制限を本質的にもつ」性格のものであって、明示的な国家間合意を前提としてはじめて具体化されうべきものなのである。[10] 従って国家主権の絶対性を構造原理とし〝共同〟体意識の存在しない一九世紀的分権国際秩序の中では一般法原則としては適用の困難な法理であったといえよう。[11]

もとより「隣接権」という偶然的な事実要素の存在を前提とし法技術的に特殊な条件をもつ概念ではなく、広義の「善隣関係」（good neighborliness）の法理として、或いはデュプュイのいうように、「国家間の隣接関係」（relation de voisinage entre Etats）という偶然的な地理的要素に支配される概念でなくより本質的な契約観に立つ国家間の「善隣国際法」（le droit international de voisinage）を意味する概念として[12] この理論を定義づければ、今日、国連憲章下で国家の「友好関係」の維持増進を目的とした、いわばコミュニティ・オリエンテッドな発想を必要とする国際法社会の法原則としての妥当性をもつことはできよう。——たとえば国連憲章第七四条は「善隣主義（good-neighborliness）の一般原則」を基礎に各国に社会的、経済的政策の採択を行うよう求めている。——そしてこの場合には「善隣関係」の法理はゴルディ（L.F.E. Goldie）のいうように、国家のみならず企業や個人についても等しく国際共同体の権利の享有に参加するすべての他者の権利を尊重すべき義務を国際法上で負うべきことの法理的根拠を提供するであろうし、世界人権宣言第三条に掲げられた「すべて人は生命、自由及び身体の安全に対する権利を有する」の規定を具体化する人権的概念として成長することをも意味しよう。——なお国際人権規約の「市民的、政治的権利規約」第六条一項は、「すべての人は生存する固有の権利を有する」と規定している。——しかしゴルディによれば右の意味での善隣関係の諸原則は今後の立法のガイドラインとしての位置になおとどまっており、国内、国際裁判所を拘束する実定法としての意味をもちえていないと言っている[13]。いわんや伝統的国際法における「隣接権」とは法的性格が全く異なることを見落としてはならないであろう。

　第三には、右の第二でみた法理の適用とも関連するが、最近の科学技術の発展やそれに伴う産業規模の拡大と事業活動の活発化に伴う現象としての危険度の高い事業に対して適用される「厳格」責任ないし「危険」責任の法形態がある。これは国家の主権的権限の枠組の中で国家の許認可に基づき営まれる事業であって、本来、適法の行為に由来する責任である。その点では第二の形態と同様である。また起こりうる危険に対して受益者負担の原則が妥当しうる社会的基盤がある点も第二類型と同じである。しかし国家の領域管轄権内の行動に限定されず、むしろ宇宙、海洋等非国家領域的空間で行われる国家行為（或いは国際機関行為）である点で第二類型と異なる。さらに重要な相違点は、在来型の産業活動と異なり、一旦、事故が発生した場合に生ずる危険の程度がかなりに重大性を帯びることが予想される高度危険事業活動であるにも拘わらず、その具体的内容や実体についての予測可能性（foreseeability）が不確実であることである。従って危険や損害の事前防止義務について客観的基準が設定し難いことである。危険防止のためにとるべき手段、措置に関する知識や情報に統一性、普遍性が乏しいことである。だから国家間でも危険内容の分析や防止手段について合意することが困難となるのである（たとえば、放射能廃棄物の深海海底投棄を考えよ）。合意が国家間でなされても、加盟国それぞれの主権的利益の余地を大きくとりうる解釈の可能性を残した条約として成立することが少なくないのである。たとえば一九八二年の国連海洋法条約第一九四条は「海洋環境の汚染の防止並びに軽減と規制のための措置」を掲げたが、その一項はそのための「自国のとりうる実行可能な最善の手段を用い、且つ自国の能力に応じて（the best practicable means at sheir disposal and in accordance with their capabilities）……すべての必要な措置をとる」と規定して、関係国の主権的裁量の働く余地の大きい、いわゆる制限条項（restrictive clause）として成立せざるをえなかったのである。(14)

また一九八七年に制定された「米国対外関係法第三リステートメント」は第二リステートメントとは異なり、〝環境法〟（the law of the environment）なる独立の章を設けて、新しい環境汚染防止の国際的要請に応ずる姿勢をみせたが、内容は微温的なものにとどまったといえよう。即ち、第一に、規制対象は国境を越えた汚染でも主として周辺他国の陸地と海洋水域への被害（transfrontier and marin pollution）に関してであり、すべての国に対するエルガ・オムネスの義務という発想はない。従って発生源として米国が国家管轄権上のコントロール権を全くもっていない大気圏外や極地（南極・北極）については周辺的問題としてしか扱っておらず、そこには人類的視野はない。のみならず予見される損害についても重大でないものに限定されている（“not to cause significant injury to the environment of another State or of areas beyond the limits of national jurisdiction”）。また防止義務の程度も実施可能な範囲（“the extent practicable under the circumstances”）に限定されているから、防止措置の中味は米国自作の主権的裁量に専ら委ねられている。そこに客観的な国際基準はない。なるほど汚染情報の「通告」と被害国との「協議」の義務（the duty to notify and consult）は必要とされている（Section 601, commentary e）が、その法的基礎を慣習国際法（contemporary customary international law）と国際法の一般原則（general principle of international law）に求めるだけで、いわゆる“sic utere tuo ut alienum non laedas”（他人のものを害せざるように汝のものを使用せよ）の格言が作動するだけと言ってよいだろう。(15)そして右に指摘した問題点の解決は一九七八年以来ＩＬＣで議題として取り上げられ、二〇〇一年に漸く結論を得た「越境損害防止」条文の法典化作業に委ねられたのである（後述参照）。

さてトランス・バウンダリーな行為の国際的規制について、国際合意の困難な問題点につき、もう少し敷衍しておこう。それはこうである。国家機能上の機密保持や事業体（企業）秘密という国家主権の不可侵性並びに競争的資本主義の利己的論理にも支えられて、いわゆる「注意義務」という伝統的「過失」原則上の主観的基準を容易に客観化しえない状況がなお存在していることである。しかるに高度危険事業はその発生被害の規模と永続的危険性につき相当な広汎性と重大性が予想されるだけに、危険の防止と損害の回復や賠償上の責任負担につき、事業体と国家との相互関係の如何が事前に具体的に明示されておく必要が十分に検討されるべき事業活動なのである。たとえば救済方法につき国家領域内の違法行為に関し通常要求されるローカル・レミディを経る必要があるのか、また国家が直接の被請求者とされうべきものなのかどうか、かりにそうだとしても国家対国家の国際法のレベルでの解決が直ちに可能とされるのかどうか、こうした問題があるのである。更にまた損害賠償につき、国家と事業主体が連帯債務を負うのか、或いは主たる債務者たる事業者（企業）に対して国家は従たる保証債務責任を負うにとどまるのか。また賠償額の範囲にシーリングを設け有限責任の原則を適用するのかなど、なお幾つかの問題点があるのである。これらが事前に合意されることによってはじめて高度危険事業に対する危険責任（厳格責任）、絶対責任即ち「結果責任」の原則が実効化されうるのである。第二類型上の既存の国際判例が示す責任原則でも、基本的部分についてはかなりの対応が可能であるが、右のような問題点を細部にわたって検討し具体的に条約の中に盛りこむことによって始めて実効的な国際法上の客観責任理論の確立が可能となるだろう。この点ですでにみた原子力事業や宇宙活動、油濁問題等に関するいくつかの国際条約の存在は重要な先例的意義をもっているといえよう。

（1）　H. Handl, Territorial Sovereignty and the Problem of Transnational Pollution, A.J.I.L., Vol. 69, No. 1, 1975, p. 56.

（2）　A.-C. Kiss, Problèmes Juridiques de la Pollution de l'Air, in "La protection de l'Environnement et le Droit International," Colloque 1973, Recueil des Cours., 1975, p. 158.; L'Abus de Droit en Droit International, 1958, p. 62. 同旨、J.G. Starke, An Introduction to International Law, 8 ed., pp. 101〜102.

（3）　P.-M. Dupuy, La Responsabilité International des États., op. cit., pp. 33〜37.

（4）　L.F.E. Goldie, Development of an International Environmental Law-An Appraisal.; in "Law, Institutions and the Global Environment," ed. By J. L. Hargrove, 1972, p. 129.; M. Sørensen, Principes du Droit International Public, Recueil des

Cours., Tom. 101, 1960–III, pp. 196〜198.; A. Verdross, Völkerrecht, 5 ed., 1964, S. 294.; J. Andrassy, Les Relations Internationales de Voisinage, Recueil des Cours., Tom. 79, 1951–II, pp. 93〜96. なお「隣接権」概念で不法行為責任を論ずる場合には、権利行使に伴う損害であることを理由に、過失主義の適用はなく当然に結果責任原則が適用されることに注意しなければならない（J. Andrassy, op. cit., p. 94.）。更に被害の救済方法としても、河川条約等事前の協定による合意が存在しないかぎり、事後の損害賠償上の救済しか原則として認められないのである（M. Sørensen, op. cit., p. 198.）。

（5）P.C.I.J. (1929), Series A., No. 23, p. 27.; 皆川洸『国際法判例集』有信堂、一九七五年、九〇頁。

（6）L.F. E. Goldie, A General View of International Environmental Law, A Survey of Capabilities, Trends and Limits, in "La Protection de l'Environnement et Droit International," Colloque 1973, Recueil des Cours., 1975, p. 67.

（7）Revue Générale de Droit International Public, 1958, p. 107.; M. Sørensen, op. cit., p. 197.

（8）A.-C. Kiss, Problémes Juridiques de la Pollution de l'Air, op. cit., p. 158.

（9）G. Handl. op. cit., p. 56.

（10）F.J. Berber, Rivers in International Law, 1959, p. 223.; Die Rechtsquellen des Internationalen Wasserrechts, 1955, S. 155.

（11）権利は常にそれが依拠する法秩序の社会目的によって規制されるとして権利概念の相対性を主張したH.C. Gutteridge, Abuse of Rights, Cambridge Law Jouranal, Vol. 5, 1933–1935, p. 27. 参照。

（12）P.-M. Dupuy, op. cit., p. 33.

（13）L.F.E. Goldie, A General View of International Environmental Law., op. cit., p. 68.

（14）R. Bernhardt, U. Beyerlin, K. Doehring, J.A. Frowein, Restatement of the Third: The Foreign Relaions Law of the U. S., 1987, A.J.I.L., Vol. 86, No.3, 1992, p. 614.

（15）Ibid., pp. 612〜614.

四　国際判例の研究

(一)　トレイル・スメルター（Trail Smelter）事件に関する仲裁判決（一九三八、四一年）

カナダ領ブリティッシュ・コロンビア州のトレイルにある民間溶鉱所（the Consolidated Mining and Smelting

Company 以下、トレイル・スメルターと略称）の操業から多量の亜硫酸ガスが発生し、下流のアメリカ領ワシントン州の農作物や森林資源に損害を与えた事件である。一九三五年、米、加両国は同事件に関する紛争解決のため、仲裁裁判所設置条約（オタワ条約）を結んだ。そこで決定を求められた事案は、㈠、一九三二年以後、トレイル・スメルターからの排出煤煙がワシントン州に損害を与えたかどうか。もしそうであれば賠償が支払わるべきかどうか。㈡、㈠が肯定的であるとして、トレイル・スメルターは将来ひき起こすであろう損害を防止するための措置をとるよう要求されるか。そしてもしそうであればその程度は何か。㈢、㈡の回答如何によるがどのような措置または体制が採用または維持されるべきか、であった（同条約第三条）。裁判所は一九三八年の中間判決と四一年の最終判決で、カナダに損害賠償上の国家責任と損害発生防止上の義務（煤煙制御義務）の存在を認めたのである。この事件に関する若干の論点をあげておこう。

　第一は手続面からの問題である。伝統的国際法で確立されている外交的保護制度適用の要件は原則として在外自国民（nationals abroad）に対する被害に関してであった。逆の面からみれば国家は自国領域内にある外国人（aliens）に対して国際法上で（通商航海条約などを通じて）保護義務を負っているから、外国人に対する自国領域管轄権内で生じた損害に関して一定の国家責任を負うものと考えられてきた。こうして一国が外交的保護権を行使しうるのは、被害自国民が相手国領域管轄権内に居住しそこで損害を受けるということが前提であったのである。その点で本件のように米国内にある米国民の人身、財産の損害が相手国たるカナダ領域に原因をもつ行為によって発生した場合に（すなわち行為地と損害発生地が国家管轄権を異にしている場合に）、米国の外交的保護権が当然に適用しうるものかどうか少なくとも当時においては問題があったのである。[1]——この点で、二〇〇六年のＩＬＣ「外交的保護」条文第一条（定義と範囲）は、外交的保護の国家手段を通常の外交活動（diplomatic action）に限定することなく、他国の違法侵害責任を問う他の平和的解決方法（other means of peaceful settlement）をもあげて、自国民被害者に対する外交的保護の機会の拡大をめざしていることに注意。北朝鮮による日本人拉致被害者の保護問題での日朝政府間交渉につき、本書、7、10頁、参照。

ところで国際間の環境損害事件について、大気や水の汚染を例にとってもわかるように、トランス・バウンダリーなケースが少なくないから、伝統的外交保護権の前提すなわち在外自国民の損害に対してのみ主権的保護の対象とするという観念は、トレイル・スメルター事件を契機として、十分な反省を求められたといってよいであろう。メロン（T. Meron）はこの点につき、the Finish Shipowners 事件や Ambatielos 事件に関する仲裁判決を引きながら、今日では一国は「自国領域外にある外国人についても、その外国人に対するその国の国際法違反の行為から生じた損害について国家責任の法が適応しうるように拡大されている」と述べている。[2] しかしホフマン（K. B. Hoffman）はそれが可能であるためには、発生した個人損害とそれを保護する国家の利益が単なる国籍上の紐帯という名目的性格のものにとどまらず、本件のように私的損害（農作物や森林財産の損害）が米国（の州）そのものの損害と同認しうるほどの規模と内容をもつといういわばリンクの十分性（enough of link）が存在することが必要であろうと述べている。[3] 大気や水のような環境汚染に特徴的な性質といえよう。

こうした保護法益上の個人と国家間の〝リンク〟の関係或いは同化性の観点は次の二点で重要な意味をもつ。一つは損害額の算定について、国家の抽象的な主権侵害上のそれを排除しえ、個人の具体的な人身、財産上の損害の総和に限定できることである。伝統的外交保護権が大国の小国に対する政治的干渉の手段として利用されてきたという周知の外交的保護権の歴史的機能に対する今日的制約の基盤を提供しよう。[4]

第二は私的請求の規模が大で損害の発生が継続的様相を呈し、常時の監視が必要な性状をもつ事案（環境破壊問題はその典型）については、単なる損害賠償（damages）の問題でなく工場の操業停止命令（injunction）を含めた国内規制措置の要求が、紛争の subject-matter とならざるをえない。従ってこれを実効化するためには私的請求から国家的請求への性質的転化が強く要請されることになるだろう。コモン・ロー・システムで発達した個人の損害賠償を中心としたプライベイト・ニューサンスとは異なるパブリック・ニューサンスの理論の展開はこれを裏付けているといえるのである。

この点につきメロンは「外交的保護に基づき個人に代って行う国家の請求は、通常の場合、金銭賠償（money damages）か財産返還（restitution of property）の形をとる。しかし国家の主権的利益（トレイル・スメルター事件ではワシントン州のStevens Countyの環境上の利益）保護のためにはこうした救済手段は実効的ではない。……こうした場合訴訟上の請求主題は国際法上での宣言的、差止命令的救済（declarotory and injunctive relief）のそれである」[5]と。従ってホフマンも、「トレイル・スメルター事件で仲裁裁判に付託される前に国際合同委員会（International Joint Commission）から出された勧告が、既存の損害に対する賠償の支払いだけに限られ、将来発生の予想される損害防止の問題を考慮しなかったことが米国が右勧告を受入れなかった理由である」と述べている[6]のは、まさに問題の核心をついたものといえる。

さて本事案は慣習上の（在外自国民を対象とする）本国の外交的保護権行使によってではなく、米・加両国のコンプロミによってはじめて米国の自国民に関する外交的保護の対象となったと考えられる（前記のＩＬＣ「外交的保護」条文、一条、参照）。――もっとも米国の国家自体の権益侵害の救済を求めたので、自国籍私人の外交的保護とは無関係との理解もできるかもしれない。――もう一つの重要な前提として国内的救済原則《ローカル・レミディ・ルール》がある。しかしながら国境を越えての複数国間にまたがる公的ニューサンスの事件では、――一般に公害や環境汚染訴訟がそうした性格をもっているが、――訴訟が被害者たる私人によって維持されなければならないとき、挙証面で純技術上の知識の欠如や情報の不足或いは相手国の閉鎖的領域管轄権と企業秘密保護制度等による相手国国内法上での立証素材の収集困難の問題、更には挙証に関する費用を含め一般的な経済的負担の問題が生じる。そこに訴訟維持上での重大な困難が発生するのである[7]。

ところで本件では一九三五年のコンプロミ（オタワ条約）で、米・加の国家間紛争として事案を取上げることを合意した。それによって本来ならば被害者たる私人に義務づけられるローカル・レミディ前置原則は適用されないこととなったのである。その理由の一つには、カナダのブリティッシュ・コロンビア州の裁判所ではいわゆる一八九三年の英貴族院判決によって「州外の土地に対する損害上の訴訟」について管轄権をもたないことが司法手続上の先例とされていたことがあげられる。つまりカナダ国内裁判所の法制度の中でローカル・レミディ原則による救済が有効に働くかどうかに疑問があったことである。その二つは両国間の交渉過程で被害者を米国ワシントン州スティーブンス地区の特定の私人（private persons）として規定せず、「ワシントン州に発生した損害」（オタワ条約の前文）といういわば米国内の不特定多数者のそれとして定義したことである。これは前述の Rogers v. Elliott 事件に関する米国国内裁判所の判決を検討したさいに明らかにしたいわゆる公的《パブリック》ニューサンスとして――私的訴訟としてでなく公訴提起の形で――事件が始めから構成されたことを意味しよう。請求の私的性格が国家的性格に転換されているのである。しかも両者は伝統的な外交的保護の場合には全く性質の異なる法益として理解されたのに対し、この場合には私的法益と公的法益とが実質的に一致し、前者の総体が後者であるという関係に立つことになったのである。

ところでこの点に関し議論がある。右訴訟の性格をあくまで私的権利の保護を基礎として理解し、ただそれと密接なリンクをもった国家的権利の保護とみるか（ヴァッテルの外交的保護論の個所で論じたように（本書第五章、一、参照）「同化」か「転化」かの問題はさておき）、或いは全く私的権利の保護とは無関係な国家（州）固有《プロパー》の権益（州有財産）の保護にあるとみるかである。もし前者の私的権利の救済であればカナダに本来ならば許されるローカル・レミディ原則の抗弁が被告カナダ政府自身によって「放棄」（waiver）されたことを意味しよう。(8) 後者の国または州の利益保護の立場をとれば、ローカル・レミディの原則はもともと適用の余地はなかったのである。オタワ条約がその前文で「ワシントン州の損害」と明示し、通例外交的保護権行使のさいに用いられる被害自国民「のために（in liew of）」とか「保護して（espousing）」という文言が入っていないのは、後者の立場を意味するとみるべきかもしれない。

さて次にカナダ自体に国家責任を帰属させる場合の若干の論点にふれておこう。判決は責任の帰属問題につき会社や州政府のそれについてはふれず、直接、カナダ国の責任を肯定し「カナダ（the Dominion of Canada）がトレイル・スメルターの行為に対して国際法上で責任を負うべきである」と述べているのである。そしてその責任の内容として「（トレイル・スメルター）会社の行為をしてここで決定された国際法上のカナダ国の措置に従わしめるべき義務」[9]のそれであるとしたのである。すなわち連邦国家制度をとるカナダ法制の下では、トレイル・スメルターに対して直接の管轄権をもつのはブリティシュ・コロンビア州であって国ではないが、判決はカナダに課された国際義務を免れるために国内法秩序や政治体制を援用できないという国際法上の原則（一九七七年ＩＬＣ「国家責任」条文案四条、二〇〇一年同条文三条、参照）を根拠にしたということができよう。

　ところでローカル・レミディの原則について再度ふれておきたい。この原則は本国が外交保護権能を行使して自国民の損害を国際的手段で請求する場合の前提として一般に理解されている[10]。しかし外国人の被害救済のために法廷地国の国内司法手続が実効的に機能しない状況があるとき、たとえば当該事案に関する裁判管轄権が法制度上または事実上で存在しないとき、或いは「裁判拒否」の可能性が明瞭に立証される場合には、ローカル・レミディ原則の適用はないと一般に考えられている[11]。この意味からいうと「ローカル・レミディ原則」とは個人損害の賠償に関する国家責任を追及する場合の単なるセカンダリー・ルールないし手続的性格のものにすぎない。従ってまた「裁判拒否」も既に成立している国家行為によって生じた外国人に対する具体的損害の救済手続上の新たな国際不法行為とみなければならない。つまり救済手続上の瑕疵なのである。国際裁判所でもローカル・レミディ原則に関する抗弁は、一般に「管轄権」問題として処理され、損害賠償等の「本案」とは区別されているのである[12]。換言すれば、被告によりこの原則上の抗弁が放棄されるか或いは裁判所によってこの原則上の主張が棄却されるならば、事案は国際的請求の対象となるのであるから、その意味ではそれだけのプロセスで消滅してしまう手続的主張にすぎないのである[13]。ヘズラー（T. Haesler）がローカル・レミディ原則が主張される場合の実際上の意味と狙いは「国家責任問題の議論を回避したいためである」[14]と述べているのはこれを物語る。こうしてローカル・レミディ原則が手続的性格のものであることを前提にして検討すれば、「裁判拒否」等の事由によるローカル・レミディ原則の適用停止とこれに基づく国際的請求手続の開始とは、まさに紛争の「主題」（subject matter）が個人被害法益の救済そのものであることを証明しているといえよう。[15] だから前述したように、ローカル・レミディが完了したかどうかの問題は通例、国際判例の「管轄権」紛争においていわゆる受理可能性（admissibility）の問題として、本案（merit）上の請求とは区別して理解され審理されているのである。

このトレイル・スメルター事件でも、カナダの州裁判所での審理を先行すべきだというローカル・レミディ原則を根拠とした抗弁がカナダ側から理論的には提起しえたと思われる。[16] しかしオタワ条約の締結によってそれを放棄した（とみてもよい）理由の一つには前述もしたように、カナダにおける裁判手続の中に、外国にある財産損害に対する管轄権不存在の先例が確立されていたからである。いわばローカル・レミディ原則の無効性（futility）ないし有効性欠如（inefficiency）があると考えられたからである。――この点で、ローカル・レミディの国際法ルールはもともと被告国家（損害発生地国）内にある外国人の損害に対してのみ適用がある原則であるから、被告国家外の領域で生じた損害に関する原告（国家）の訴えには適用がないという、G. Handle, The Environment : International Rights and Responsibilities, A.J.I.L. Proc. of the 74th meetings, 1980, p. 232. も参照。――

ここでローカル・レミディ原則の有効性欠如の問題についてヘズラーの見方をあげておこう。彼はアンバティエロス事件に関する仲裁判決やノルウェー公債事件に関する国際司法裁判所の判決にあるラウターパクトの個別意見を引照しながら次のようにいう。原告が国内的救済原則の実質的無効性を主張する場合にはその挙証責任は原告自身にあるとみるのが一般である。しかし同時にアンバティエロス事件に関する仲裁判決もいうように、（12 R.I.A.A., 1956, pp. 118〜119.）、国内的救済の制度が存在するといいうるためには、救済手段が形式的に存在するだけでは十分でなく実質的にも有効に機能していることが必要である。

そこでヘズラーは、外交的保護権による本国の介入を可能とする状況があるかどうか、すなわち相手国領域管轄権内で国内的救済原則が実際上十分な有効性をもっていないかどうかの態様につき、二つの場合を分けて考察するのが妥当だとしている。すなわち、①相手国立法（法令）によって外見上（on the face of it）明白に救済手段が奪われている場合と、②救済手段の外見上の欠如にも拘わらず、なおその存在が推定される合理的根拠がある場合、たとえば①の立法の場合にも国内救済手段が例外的に存在する場合が司法手続上でみられることがある。すなわち確立した判例によって一応、国内的救済原則の無効性が推定されるが、しかし判例変更の可能性が残され、そのためには相手国司法手続（下級審から上級審への上訴手続）を経た後でなければ明白となりえない場合があるからである。そして①については無効性の挙証責任は原告にあるが、②については裁判上の審級手続を経ることによっても判例の変更が不可能であるとの立証を外国人たる原告に課すことは困難を強いることになるため、むしろ逆に被告に右の場合なお国内的救済の有効性が確保されていることの挙証責任を負わせるべきが妥当であるというのである。つまりこの場合には挙証責任の転換が生ずると述べるのである。(17)

そして右の見解をトレイル・スメルター事件について適用すると、カナダのブリティシュ・コロンビア州裁判所が在外財産に関する管轄権を否定した貴族院判決という先例の存在にもかかわらず管轄権をもちえ、有効な救済手段として機能しうることを立証する必要がでてくるということである。つまりそれを確認するために枢密院（the privy Council）への提訴という手続が確保されているということをカナダ側が主張したいのであれば、そのことの立証が必要となるが、その立証上の責任は被告カナダが負わなければならないということになるのである。(18)（なお、裁判拒否と国内的救済原則については、本書第五章三を参照のこと。）

（1）K.B. Hoffman, State Responsibility in International Law and Transboundary Pollution Injuries, Int'l and Comp. L.Q., Vol. 25, Pt. 3, 1976, p. 511.
（2）T. Meron, The Incident of the Rule of Exhaustion of Local Remedies, B.Y.I.L., Vol. 35, 1959, p. 95.
（3）K.B. Hoffman, op.cit., pp. 539〜540.
（4）K.B. Hoffman, ibid., p. 537.
（5）T. Meron, op. cit., pp. 88〜89.
（6）K.B. Hoffman, op. cit., p. 539.

（7）K.B. Hoffman, ibid., pp. 513, 536～537.
（8）J.E. Read, The Trail Smelter Dispute, Canadian Y.I.L., Vol. 1, 1963, p. 225.
（9）3 R.I.A.A., 1949, pp. 1965～1975.
（10）T. Haesler, The Exhaustion of Local Remedies in the Case Law of international Courts and Tribunals, 1968, p. 24.
（11）M.M. Whiteman, Digest of International Law, Vol. 8, p. 771.
（12）Panevezys-Saldutiskis Railway Case, P.C.I.J., Ser. A/B, No. 76, 1936.
（13）A.O. Adede, A Survey of Treaty Provisions on the Rule of Exhaustion of Local Remedies, Harverd Int'l L.J., Vol. 18, No. 1, 1977, p. 15.; L.B. Sohn and R.R. Baxter, Responsibility of States for Injuries to the Economic Interests of Aliens, A.J.I.L., Vol. 55, No. 3, 1961, p. 546.; 皆川洸『国際訴訟序説』鹿島研究所出版会、一九六三年、一四五～一四六頁。太寿堂鼎「国内的救済原則の限界」法学論叢七六巻一・二合併号、一九六四年、六九～七二頁。
（14）T. Haesler, op. cit., pp. 26～27.
（15）拙著『現代国家主権と国際社会の統合原理』佑学社、一九七〇年、三六八～三六九頁。
（16）K.B. Hoffman, op. cit., p. 520.
（17）T. Haesler, op, cit., pp. 55～61.; アンバティエロス事件の仲裁判決につき、拙稿「アンバティエロス事件（管轄権並びに本案）」、高野雄一編著『判例研究・国際司法裁判所』東大出版会、一九六五年、九七～九八頁、注（1）参照。
（18）T. Haesler, ibid., pp. 60～61.; K.B. Hoffman, op. cit., pp. 532～535.

さて次にトレイル・スメルター仲裁判決について実体面から重要な論点を指摘しておこう。第一点は、この判決で援用された法原則すなわち「国内法および国際法で一般に確立された原則」に関する理論的意味についてであり、第二点は、それが国家責任理論上の「客観責任」（objective responsibility）とどうかかわりあっているかである。

まず一九四一年の判決は次のように述べる。「大気及び水の汚染に関しては、国際法の分野において指針（guide）として正当に援用しうる米国最高裁判所のいくつかの判決がある。つまり連邦の州際紛争または州間の準主権的権利に関する他の紛争を処理するさいに確立した先例は、国際法上で反対の規制がない場合には……国際的事件でアナロジーによりこれに従うことが合理的だからである[1]」と。国内法の原則を国際裁判の裁判基準として直接適用することを認めたものといえよう。もっともオタワ条約第四条で、本件紛争処理に関する裁判準則として、国際法、国際慣行の他、「米国における同種問題を処理するさいに遵守された法および慣行」の適用を規定していることも、直接的な根拠として見逃すことができないであろう。このように米国法の適用をコンプロミの中で規定した背景には、判決も述べるように「国際裁判によって取扱われた大気汚染事件に関し、当裁判所の注意を促したものは一つもなく、また当裁判所もその例を知らない。もっとも近いアナロジーは水汚染の場合であるが、これについても国際裁判所の決定は一つも発見されなかった」という事情があったことは確かである。non liquet（裁判不能）を避けるための方策として米国法の原則を考慮したものと思われる。(2) しかし同時に判決は、「大気汚染問題に関しては、米国の州間の準主権的権利を取扱う場合に米国において遵守される法がより明確であり、国際法の一般規則とも合致する（in conformity with the general rules of international law）」(3)（傍点広瀬）と判示していることも見逃してはならないであろう。

判決が国際法上で大気汚染に関する具体的先例がないとしながらも米国法の先例により確立された原則は、「国際法の一般原則と合致する」と述べたことは一つの矛盾であり、(4) オタワ条約第四条のコンプロミによって与えられた裁判所の権能を飛び越えているという見方さえあるのも一応の理由があろう。しかしこの点に関しては次のように理解すべきであろう。国際裁判上で具体的先例がないということは、決して事案について適用しうる国際法の一般原則がないことを意味しないということである。non liquet を避けるためにコンプロミの中に国内法原則の適用を明示するという事前の合意がかりになくても、当時既に常設国際司法裁判所の規程第三八条一項 c で明示していたように「文明国が認めた（国内）法の一般原則」の適用は、国際裁判上の準則としても否定しえないところだったからである。(5)「法の一般原則」は国家慣行や条約とは成立上の類型を異にするとしても、今日では国際法の一つの淵源として位置づけられていることは疑う余地がないからである。その意味で判決は「米国法の諸原則」と共に「国際法の諸原則に基づく（under the principles of international law, as well as of the law of the United States）」ことを明示して、いわゆる“sic utere tuo ut alienum non laedas” の原則を適用したといってよいのである。

さて判決は結論として、「事柄が重大な結果を伴い且つ侵害の事実が明白且つ人を納得させるに足る証拠によって立証されるならば、国際法の諸原則（the principles of international law）及び米国法の諸原則に基づき、いかなる国も他国領域または他国領域内の財産もしくは人に対して煤煙による損害を及ぼすような方法で自国領域を使用しもしくは使用を許す権利をもたない(6)」と宣言したのである。ところでまず右の判決の結論部分でカナダに責任が帰属するための事実要件として、「事柄が重大な結果を伴い（of serious consequence）」と述べていることの意味についてである。それは次の法的背景によるものであろう。すなわち権利濫用或いはニューサンスの法理（または場合により隣接権の法理）は、加害者の行為が本来、権利の行使としての性格をもち相手国（被害国）も原則としてその権利行使を否認できないという、相手（被害者）側における一定限度での生活不便を受忍する義務が存在することを前提としているからである。また本件のように単なる損害賠償にとどまらず操業の停止命令（injunction）や加害防止のための厳しい規制条件を課した上での操業許可という将来に対する規制を前提とした訴訟の場合には、関係者の利害の均衡性（the doctrine of equitable utilization）を尊重する必要が特にあるために生れた条件だといえよう。たとえば判決は決定が「衡平に基づき（in equity）」且つ「すべての関係者に公正な（just to all parties concerned）」規制であると述べているのである。事案の性格は単なる私的ニューサンスでなく公的ニューサンスのそれとして把握されているといってよいであろう。

但し右の条件は損害が部分的且つ限定的である場合には私的ニューサンスとして損害賠償を行うのみで免責しうることを明らかにしたものとみるべきかどうかが問題となろう。そうだとした場合、それならば「損害（結果）の重大性」とは何かについて検討する必要がでてこよう。またこの場合の「損害」ないし「結果」或いは「侵害の事実」という文言は現実に発生した損害（結果）だけを意味するのか、或いは損害発生の可能性をも含むのかが問題となろう。こうした問題点につきもし右の判旨が制限的に解釈される方向で適用され運用されるとすれば、大気汚染等の公害防止基準を示す判決としては弱点をもつことになろう(7)。この点で国際裁判所の役割として条約上の権利・義務に関する抽象的ではあるが有権的な解釈権能を意味する宣言判決（declaratory judgment）の制度がどのように機能するかが問題となろう。後述する核実験判決でもとりあげるが、グッゲンハイム（P. Guggenheim）は、合法的な国家活動によってひき起される国際的な環境への影響問題を、「実質的損害」の確実な証拠なしに、抽象的な宣言の形で審理することは裁判所の司法機能と抵触するとして消極的な態度を明らかにしている。[8] ハンドル（G. Handl）は、コルフ海峡事件における英艦の他国領海内の掃海作業のように、それ自体で国際法上違法（illegal per se）な行為と異なり（この場合には「損害」の証明の必要はない）、トレイル・スメルター事件のように、それ自体は国際法上で合法な（lawful per se）企業の国内活動の結果として他国に損害を生ぜしめた場合には、国家責任帰属の要件としては、提訴国による material damage の立証が必要であると述べる。しかし同時に現実の損害の発生はなくとも、単なる可能性（mere possibility）ではなくて確度の高い厳格な証拠によって裏付けられる（the strict requirements of evidence as to the probability）損害見込（prospective damage）の立証（M.M. Whiteman, Damages in International Law, Vol. 3, p. 1837. 参照）があれば、司法的判断の対象となしうると述べ、グッゲンハイムの右見解もそれを否定していないものと考えると述べている。[9]

この点で第二次大戦後わけても二〇世紀後半以降の国家実践の傾向も引例しておく必要があろう。一九六九年に採択された「油濁事故の場合の公海における干渉に関する条約」（The Convention Relating to Intervention on the High Seas in Cases of Oil Pollution Casualties）では、船舶事故により「重大な（油濁）損害が発生する可能性が合理的に推定される場合には（may reasonably be expected to result in major harmful consequence）」と規定して、「重大性」を条件にあげてはいるが、しかし公海上で当該船舶に対して加盟国は自国沿岸に対する重大且つ差し迫った危険（grave and imminent danger）と海洋汚染の脅威（threat of pollution of the sea）を除去するために必要な措置をとる権利を認められているのである。緊急で確実な損害発生の可能性を条件とはしているが、予防措置を重点においている点で、トレイル・スメルター判決を一歩進めたものといえよう。[10]

なお一九六九年（提案）の「清水を汚染から防止するためのヨーロッパ条約」（The European Convention on the Protection of Fresh water against Pollution）が、汚染に関する国家責任帰属の要件として“material damage”の存在を前提としている（U.N. Doc. A/CN. 4/274（vol. II）242, 244.）のに対し、一九七四年（提案）の「国際水路を汚染から防止するためのヨーロッパ条約（The European Convention for the Protection of International Watercourses against Pollution）」が被害発生後の損害賠償上の国家責任条項を合まず、もっぱら汚染防止を中心として組立てられていたことに注意する必要がある（G. Handl, op. cit., p. 68.）。

次にトレイル・スメルター判決が「侵害が明白且つ人を納得させるに足る証拠によって立証されるならば」と述べたのは、故意・過失という加害者の主観的意図や心理を問題としたのではなく、まさに被告の行為と損害事実との間に十分な因果関係が存在することを明確に立証しなければならないとしたものである。従ってそこでは「過失」責任原則成立の前提となる「相当注意」義務については全く問題とされていないし、その必要もないのである。(11)

また越境損害問題では一九六八年の米・カナダ間の「ガット・ダム（Gut Dam）仲裁裁判」判決をみておく必要があろう。ここでも国家（カナダ）の損害賠償責任を肯定する法根拠として、発生した損害と関係国（企業）の不法（義務違反）行為の間に「因果関係」が存在することが重視され、過失（fault）や不注意（negligence）に関する議論は不要で、「他国利益に対する重大な損害が発生すれば（汚染の敷居・入り口を越えるならば）、当該国家は損害を賠償しなければならない（liable）。即ち厳格責任（strict liability）の原則が妥当する」（臼杵知史「ガット・ダム仲裁裁判と国家賠償責任」、慶応大・法学研究、七五巻二号、二〇〇二年、一一五〜一一六頁。A.L. Springer, The International Law of Pollution, 1983, pp. 133〜136.; J. Schneider, World Public Order of the Environment: Towards an International Ecology Law and Organization,1979, p. 166.）というものであった。この事件はこうである。二〇世紀始め（一九〇三年）、カナダは米国との合意に基づき、両国にまたがるセント・ローレンス河にダムを建設した。その後一九四三年に更に米国の同意を得て水力発電用の転流を行ったが、セント・ローレンス河の水位が異常に上昇し、流域の米国市民の財産に重大な損害が生じた。一九〇三年の米・加間の原初合意文書には、ダム建設後の河の水位変化とそれによる損害の発生について「損害賠償」の義務が明示されていた。ダムは水害発生後、米国の同意を得て一九五三年に撤去されたが、両国は一九六五年に損害賠償問題の解決のため、国際仲裁裁判への付託合意を行った。仲裁裁判の中心論点は二〇世紀初頭のカナダによるガット・ダムの建設と約五〇年後に生じた水害との「因果関係」の存否であった。仲裁判決は「因果関係」の存在を原則的に肯定しながらも、個々の具体的な損害との因果関係の存否並びに一九〇三年合意に明記された賠償の人的・地域的範囲と賠償金額の確定は、両国の交渉による合意に委ねられた。一九六八年、カナダは米国に三五万ドルの一括（lump-sum）補償を支払うことで解決に合意し、仲裁裁判所はこれを確認する声明を出して事件は終了した。この事案でカナダの賠償義務の存在を専ら米・加間の先行合意（一九〇三年の原初合意と一九六五年の仲裁付託合意）に基づくものとし一般国際法原則には基づかないとの主張はあるが、疑問である。何故なら、前記トレイル・スメルター事件の仲裁判決（一九四一年）やスペイン・フランス間のラヌー湖事件仲裁判決（一九五七年）或いはコルフ海峡事件のＩＣＪ判決（一九四九年）など多くの国際判決で、一国の（不法）行為でそれと因果関係をもつ損害が他国に生じた場合は、前者は損害賠償責任を負うことが広く認容されており、そこには損害賠償に関する当事国間の先行協定の存在は前提とされていないからである。これが一般（慣習）国際法の原則であり、且つローマ法の法諺である“sic utere tuo ut alienum non laedas”の原則である。右判決はそれを表明した“opinio juris”なのである。なお環境保護に関しての義務履行を定めた責任（responsibility）を国家に課している条約等では、明確に賠償責任（liability）をも課している（一九八二年の国連海洋法条約、二三五条。一九七二年の人間環境宣言原則二二）。

更にまたケルソン（J.M. Kelson）も今日の高度危険事業に関する国家の「絶対」（客観）責任原則の重要な先例として、トレイル・スメルター判決をあげて次のように述べている。カナダが国家に固有の（原初的）責任（original State responsibility）を負わされたのは、カナダが「損害防止のための手段をとることを試みたかどうかが重要だとされたためではなく」、そこでは「過失や（企業の）所有形態の如何に拘わらず」、「カナダが自国領域内で高度危険事業の営業を許可したこと、しかもその領域使用の結果として他国に損害を加えたという事実だけで損害賠償上の責任のあることを決定されたのである」。「いいかえればいかなる国も他国に重大な危険を及ぼす事業活動に、その領域の使用を認めた場合には、自己の危険負担において行動するものとみなければならない(12)」と述べて、トレイル・スメルター判決に国際法上の「客観」（絶対ないし結果）責任原則適用の原型を求めているのである。わけてもこうした高度危険事業については許認可と監督上の権限をもつ国自体に直接に責任が帰属するChannellingの観念を肯定した点を注意する必要があるのである。そうした国自体に責任が帰属することにつき判決は次のように明示しているのである。「事業の事情を考慮して当裁判所は次のように考える。カナダ（the Dominion of Canada）はトレイル・スメルターの行為に対して国際法上で有責である（responsible in international law for the conduct of the Trail Smelter）。それ故、条約上の取扱いがどうであれ、ここで決定された国際法上のカナダ国の義務（obligation）に会社を従わせることがカナダ政府の責務（duty of the government of the Dominion）である(13)」と。ハンドル（G. Handl）も次のように述べている。「私企業の高度危険事業活動は、活動の行われる領域国家の許認可（State licensing）を経て行われるものであるから、許認可を与える国は事業活動に関し事前の通告（prior notification）と必要に応じてとられる協議（consultation）によって危険についての一定の知識をもつはずである。従って国は企業活動の実施について最終的な支配権（ultimate control）を有することになる。これは企業の事業活動に伴う領域外被害についても、国が直接に（directly）責任を負うことを意味する(14)」と。

ところで環境汚染問題と関連して本件を引用したバロスとジョンストン（J. Barros & D. M. Johnston）も国家責任に関する伝統的国際法が、「自国領域内の外国人に対する侵害についての国家責任を中心に論ぜられ、他国の権利に対する直接侵害に関する国家責任については極めて例外的にしか扱って来なかった」ことを認めた上で後者の限られた例の一つとしてトレイル・スメルター判決をあげている。そしてこの判決が環境損害（environmental injury）に対する国家責任のその後の国際法上の指針としての意味をもち、一九七二年の人間環境会議におけるストックホルム宣言の中にも導入されて、今日の国際共同体における環境保護上の法原則として定着することになったとして、その先例的意義を高く評価している。そしてトレイル・スメルター判決で明示された国際責任の原則は、「厳格又は絶対責任」（strict or absolute liability）のそれで「損害に対する責任は国際不法行為（international delinquency）すなわち他国に損失（loss）又は損害（damage）をもたらす一国の違法な作為もしくは不作為に基づき且つそれのみによって成立する。原告はその因果関係を立証するだけで十分である。従ってその者の国際不法行為上の責任が国家に帰属するとされる個人または機関に過失又は瑕疵（fault or negligence）があるかどうかは関係がないのである」[15]と明確に述べているのである。同様な意味でホフマンも同判決のうち、「いかなる国も事柄が重大な結果を伴い、……自国領域を使用しもしくは使用を許す権利をもたない」の部分をとりあげ、そこに明示された原則は国境を越えた汚染損害に関する国際法の実体的規則を明示したものとして高く評価している。[16]

しかしながら判決の中で述べられている「明白且つ人を納得させるに足る証拠によって立証」という条件は、挙証責任が被害者（原告）側に課されている点で、その後の公害訴訟上で援用される場合若干の問題点を残していたといわざるをえないであろう。[17] つまり高度危険事業による損害についてはその損害発生原因についての科学技術上の立証が被害者にとって（かりに被害者が国であっても）きわめて困難である場合が少なくないからである。[18] すなわち、加害者たる国家または企業の秘密保護体制に情報や資料の収集が妨げられることが少なくないし、また新しい技術知識に関する国家間合意も容易に得られないからである。従って地球的規模の汚染の防止や被害者救済の観点からみれば、原告の挙証責任の範囲は「一応（prima facie）のもの」――たとえば疫学的因果関係で十分で、病理学的因果関係の立証を必要としない――にとどめ、被告が汚染損害上の責任を免れるためには自ら因果関係の不存在を「明白且つ人を納得させる証拠によって立証」するという、いわば挙証責任の加害者側への転換がはかられる必要があろう。更にトレイル・スメルター判決にみられるもう一つの弱点は、前述もしたように「事柄が重大な結果を伴い且つ侵害の事実が明白且つ人を納得させるに足る証拠によって立証されるならば」という条件が、事後救済のみを考慮しているようにうけとられかねない点があることである。[19]

さて次の論点は、トレイル・スメルター判決が援用した国内法原則の性格についてである。米国最高裁判所の判例として引用されたState of Missouri v. State of Illinois事件判決（200 U.S., 496, 521.）では、原告がイリノイ河の汚染防止のための差止命令（injunction）を求めたのに対し、裁判所はそれを棄却したのであるが、しかしその判決の中でパブリック・ニューサンスに適用さるべき法原則を確認していることが注目されるのである。[20] すなわちトレイル・スメルター判決は右事件の米最高裁判決を引用して次のように述べている。『当裁判所（米最高裁）が介入すべきためには、事柄が重大性をもち（of serious magnitude）明日且つ十分に立証され（clearly and fully proved）なければならない。また適用さるべき原則は、相手方に対して払わるべきすべての配慮の後になお維持することのできる慎重に準備されたものでなければならない[21]』と。

更にまた工場煤煙による大気汚染問題に関する米国でのリーディング・ケースとして知られるState of Georgia v. Tennessee Copper Company & Ducktown Sulphur, Copper & Iron Company, Limited事件に関する米最高裁判決は次のように述べている。『州は安易に金銭的支払に代えて準主権的な諸権利（広瀬注・許認可権）を放棄するよう要求さるべきではない。……もし州がそうすることを選ぶならば右の州の諸権利に対する侵害が停止されるよう申立てることができる。……当裁判所（米最高裁）は、差止命令によって生ずべき損害を原告が苦情を申立てている損害に対して均衡のとれたものにすることについて、単一の政治権力に服する二人のうちいずれを勝たせるかを決定する場合に、州が有するのと同じ自由を有するわけではない。もとより衡平法が常に考慮に入れる事項を排除するものではないが。……自己の領域上の大気が亜硫酸ガスによって大規模に汚染されてはならないことは……主権者として公正且つ妥当な要求である。……ジョージア州がこのような請求権を提起することによって自州の市民に対して利益よりはむしろ損失を与えているのかどうかはジョージア州が決定すべきことである[22]』。

トレイル・スメルター判決が引用したこれらの米国内裁判所の判決はパブリック・ニューサンスの法理を背景とし

て、ルービン（A. P. Rubin）のいうように、ニューサンスの除去（abatement）よりも制限された救済（relief）の性格を多分にもっているといえよう。(23) こうしてみるとトレイル・スメルター判決が、右の米国最高裁判所の判決の基礎にある原則は、「衡平（equity）」であり「すべての当事者への公正（just to all parties concerned）」である、と述べている点にも留意しておかなければならないであろう。(24) すなわちトレイル・スメルター会社の操業の制限ないし停止の請求に関して、判決は「煤煙の規制に関する顕著な進歩が過去数年の技術革新によって可能となった事情を考慮し」て、操業の完全差止めではなく、操業を許可するカナダの利益をも考慮して溶鉱所運営に関する規制基準を決定したことを見落としてはならないのである。

なお以上にみた判決を導くにさいして米国連邦最高裁判所の判決と並んで、スイスにおける州際紛争に関するスイス連邦裁判所の判決を引用し国内法及び国際法上の一般原則を確認する根拠としていることも興味深い。なぜならトレイル・スメルター判決の示した国家責任原則が単に米国最高裁判決というコモン・ローの沿革をもつ一国の判例法原則にとどまらず、シビル・ロー・システムを含む広く「文明国の認めた法の一般原則」としての価値をもっていることを明示しようとした裁判所の意図をくみとることができるからである。いいかえればトレイル・スメルター判決の依拠する法原則は「国際法の一般原則」でもあることを明瞭にしようとしたものとして理解しうるからである。

このスイスの判例とは、次のようなものであった。すなわちソリュール（Soleure）州は、隣接州であるアルゴビア（Argovia）州がもつ鉄砲発射訓練場の使用によって自州の住民、財産に危険を及ぼされているとして、その施設の使用禁止を求めたのである。スイス連邦裁判所はこの主張を認め差止命令を出し次のように述べたのである。『主権的権利はそれによって他州の主権的権利の簒奪を認めていないだけでなく、他州住民が自己の領域を自然的態様で使用することや住民の移動する自由を棄損するような方法で実際上の侵害を行うことをもまた認めていない』と。この判決によりアルゴビア州は現存施設の改善プランを提出したがソリュール州はそれで満足しなかった。そこでアルゴビア州は、逆に施設改善後の訓練場使用の再開を許可するよう連邦裁判所に提訴したのである。裁判所の判決は次のように述べて今度は逆にこれを認めたのである。すなわち『すべての危険の可能性が絶対的に排除されなければならないとのソリュール州の主張は明らかにゆきすぎである』、『この地方は一般に平坦地であるから危険のすべてを除去することはできない。絶対安全な発射施設は山岳の谷間しかない。一方において鉄砲発射訓練施設を維持することはスイス連邦共同体の義務である。従って州境にある発射施設について要求さるべき注意（precaution）は州の中の施設に必要とされた通常の基準と同じでよい[25]』と。ここでは州の権利（準主権）行為に基づく他州への結果的な損害発生の事態が原則的に前者の責任に帰属する違法な行為である（従って損害が発生すれば賠償責任が生ずる）ことが明らかにされると共に、一方、その行為自体は本来主権的権限に基づく適法な行為であるから、その行為の禁止を絶対的に要求できるものではなく、利益の均衡を考慮しながら規制されることで十分であるという態度が明らかにされているのである。別の面からいえば権利行為であるからこそ、行為の結果に対しては絶対責任を負うべき論理的関係があるということになろう。判決にある『要求さるべき注意』基準も発射施設の設置許可と業務開始のための前提条件にすぎず、それを満した（と認定され従って許可された）にも拘わらず発生した損害に対して州が賠償責任を免れる根拠としての過失責任原則を表明したものではないのである。

このように権利行使から発生したトランス・バウンダリーな損害に対しては結果責任原則の適用があることは、トレイル・スメルター判決を「隣接権」（droit de voisinage）の法理で説明する学説でも明瞭に指摘されていることを見落としてはならないであろう[26]。もっとも「隣接関係」の法理でトランス・バウンダリーな環境損害の問題を把握し説明するためには、国際法上では従来たとえば国際河川の利用に関する場合のように、関係国家間で事前の条約の締結が必要とされてきた点も同時に注意する必要がある。隣接国間の利害調整のための条約が存在しない場合には一般原則としての隣接国の特別な権利というものは認められなかったといえるからである[27]。だからこそ事前の条約がない場合には国家は自国領域内（たとえば国際河川の自国領域部分）に特定の施設を行うことを制限されたり禁止されたりすることはなく、単にそれから発生した隣国への損害についての賠償責任を負うことで十分とされたのである[28]。平等

な主権国家間の関係規律として最小限の範囲で「権利濫用禁止原則」が適用されたにすぎないといえよう。(29)

前記のようにアンドラシイがトレイル・スメルター判決を法技術的に一定の条件を課されている「隣接権」の理論の中で把握しようとするかぎり、米加間の紛争解決のためのオタワ条約によって事前に（国際合同委員会の立場を引き継いだ形で）カナダの責任帰属を基本的部分で肯定したという理論構成をせざるをえなくなり、裁判所の判断が求められたのは賠償額の決定と差止命令の内容にすぎなかったという見方をとらざるをえなかったのは当然といえよう。(30)しかし判決の態度は「条約の規定はさておき（Apart from the undertakings in the Convention）」とわざわざ述べて米国最高裁判例等を引用しながらカナダの国家責任を一般国際法原則に基づいて肯定し、賠償額と規制措置についての決定を行うというものであったのである。しかも裁判所の審理は、まずトレイル・スメルター工場の煤煙が米国に流入して損害を引き起したという米国の主張と、煤煙の流入は認めながらも損害を引き起す原因とはなっていないというカナダの抗弁のいずれに正当性があるかという事実審理と因果関係の確定作業という基礎的部分から進められており、(31)これはオタワ条約というコンプロミそのものが、両国間の紛争解決のために始めて作られた事後的体制であることを示しているのである。従って既存の境界水条約の規定はいっさい援用されていないのである。なるほどトレイル・スメルター事件については米・加両国間に一九〇九年に締結された境界水条約の第九条の適用が全く不可能というわけではなかった。つまり同条項は境界水に関する紛争以外の紛争についても米・加国際合同委員会への付託を認めているからである。その意味では、そしてその枠組の中で事案が解決されるかぎり本事案についての適用法理を「隣接権」に求めることは決して不当とはいえなかったであろう。しかし仲裁裁判所に付託された事案は右委員会が一九三二年に賠償支払いを勧告した以後の損害に関するものであり、法的には全く別の事案として処理されたのである。従って仲裁訴訟の手続の中ではじめて合同委員会では行なわれなかった大気汚染に関する国家責任の法的基礎が議論されたのである。(32)

こうしてみると判決を基礎づける「法の一般原則」の性格は具体的には米国内法の原則としてのパブリック・

ニューサンスの法理であることは疑いがない[33]。そして一般的にいうならば文明国における法の一般原則としての「権利濫用（禁止）原則」のそれであり、そしてその二〇世紀的適用であり、古くはローマ私法における財産法原則として理解された“sic utere tuo ut alienum non laedas”のそれであったのである[34]。そしてそれは今日の国際司法裁判所規程第三八条一項Cに規定される裁判準則としての「文明国の認めた法の一般原則」を構成するものでもあるのである[35]。

——隣接権やそれを包摂したより広義の「善隣関係」(good neighborliness) の法理は、ラウターパクトによれば「不法行為に関する国際法の基本要素の一つ」である「権利濫用（禁止）原則」の重要な一部を構成するとされる（H. Lauterpacht, The Function of Law in the International Community, 1933, p. 298.）。しかしすべての権利がその機能する社会的文脈との関係で性格づけられなければならないとすれば、国際法社会でもその社会の基本体制や歴史的な秩序構造との関連を離れて、権利や法の特性を論ずることはできない。従って国際社会が一九世紀的な絶対国家主権の並存社会であるとすれば、そこでの主権的権利に対する制限は国家主権の平等性（sovereign equality）を根拠とした権利（主権）の内在的制約だけが肯定できる限度となろう。もっとも後述するハーモン・ドクトリン（Harmon Doctrine）にみられるように、領域主権の絶対性を貫ぬけば、主権を制約する国際法の規則はいっさいないということになる。しかしハーモン・ドクトリンにしても「主権」概念が法的性格のものであるかぎり、「法の一般原則」による規制まで否定するわけにはいかないであろう。そこに権利濫用禁止原則が一九世紀的国際社会でも「法の一般原則」として機能する余地があるのである（N. Politis, La Théorie de l'Abus des Droits, Recueil des Cours, Tom.6, 1925–I, pp.101, 108.; A. Kiss, Abus de Droit en Droit International, 1952, pp. 194〜196.）。すなわち相手国の主権的権利を棄損する仕方で自国の主権的権利を行使することはできないという一般的意味においてである。“sic utere tuo…”の原則も、まさにその意味での妥当性を主権的国際社会においてもっていたのである。

そうしてみると問題は、国連憲章を国際社会の構成原理としている今日においては、権利濫用原則や善隣関係の法はどのような性格の概念として再構成さるべきであろうかということである。答えはこうである。国家間の友好協力関係の積極的維持を目的原理として構成し直されたいわばコミュニティとしての（ソサィエティではなく）国際社会が今日、基盤的に成立しているとみることができるならば、この国際社会では「善隣性」概念が新たな展開をもって妥当しうる余地が十分あるということである。しかしこの場合でもこの「善隣性」の観念とはアンドラシイやデュプュイが正しく考察しているように、偶然的要素を基礎に締結された条約関係から成立する隣接関係（"relations de voisinage"entre Etats）のそれではなく、"le droit international de voisinage"と呼ぶべき国際共同体における善隣的友好関係法のそれなのである（Pierre-Marie Dupuy, La Responsabilité Internationale des Etats, 1976, p. 33.)。

そして後述の核実験訴訟に原告側の主張として現われたように、もし「国際社会の一般的利益」の保全のためにいかなる国も訴権をもちうることが認められる場合には、この善隣関係法はいっそう充実した形態をもつに至るであろう。ゴルディが善隣関係原則を世界人権宣言第三条の「生存権」によって基礎づけられる将来の人類社会における人権的基本原則として把握した（L. F. E. Goldie, Development of an International Environmental Law–An Appraisal, in"Law, Instituions, and The Global Environment", ed. by J. L. Hargrove, 1972, p.129.）のもそのかぎりで無意味なことではなかろう。

さらにハンドルが、環境を人類社会の共有物（res communis omnium; shared environment）として把握し、その汚染に対する国家責任の法原則が今日でもなおトレイル・スメルター判決にみられるように「領域主権」の概念のレジームの中にとどまっていることを認めながらも、近い将来の実定法（the future de lege lata）としては人権的観点（a human rights perspective）からアプローチされうる可能性を見通している（G. Handl, op. cit., p. 54.）のも、同じ趣旨に基づくものであろう。

言うまでもないが、絶対主権国家並存のシステムが維持されていた一九世紀的社会では、右の国際共同体における善隣関係法の成立する余地はなく、隣接権の法理も特殊な自然地理的関係を背景に特別の条約関係の存在を前提にして始めて成立しうる法観念でしかなかったといえよう。二〇世紀に入り国際社会が共同体的性格を帯びるにつれ、主権的合意を前提とした隣接権の枠組の中に、新たに地域共同体（たとえば今日のＥＵ）の観念がとりいれられ、具体的な条約締結前においても隣接国相互関係を規律する原則として登場する基盤が次第に作られつつはある。更にそれに加えて特殊な偶然的な地理的関係が特別に意味をもつ領域管轄権の相互調整の問題も別にでてきている。たとえば大陸棚の境界画定問題がそれである。海底への陸地の自然的延長という特別の地理的条件をもつ大陸棚に対する複数の沿岸国家間の相互関係がまさにそうであるといえよう。そこでは一九六九年の北海大陸棚に関する国際司法裁判決がいうように、関係国の合意に基づき機械的な等距離線ではなくて具体的事情を考慮した衡平を基準に境界画定が行わるべきことが判示されている。かつて国際河川の沿河国間に適用された伝統的な「隣接権」（事前の国家間合意を前提）概念の新たな適用がここに認められよう。しかし判決は結論部分で、一定地域での合同管轄・開発の制度を示唆してはいるが、基本は領域主権レジームの相互調整の枠から出ていないのである。一九七七年の英仏海峡大陸棚事件の仲裁判決も「等距離・特別事情の複合ルール」を衡平観念としているが、同じ観念枠組からのものであろう。

さて一九世紀において、リオ・グランデ河（the Rio G.rande）の分流問題で、下流国のメキシコから抗議をうけたさい、米国務長官ハーモン（J. Harmon）が一八九五年に発した有名なハーモン・ドクトリン（Harmon Doctrine）は、領域権の無制限の行使を主張し、河川の形態や水量ないし水質の変更を、その領域内で自由に行う主権的権利を制限する国際法はなく、あるとすればそれは政策的配慮からするコミティにすぎないと宣言したことがある。従ってこの見方からすれば、沿岸国の権利（riparian rights）が認められるのは、関係国間の政策的利益の一致から河川利用と水量と水質保全上の合意（条約）が成立した後のことであったのである（A.L. Springer, Towards a Meaningful Concept of Pollution in International Law, I.C.L.Q., Vol. 26, Pt. 3, 1977, p. 536. なおハーモン主義につき、月川倉夫「国際河川の水利用をめぐる問題―転流を中心として」、田畑還暦『変動期の国際法』有信堂、一九七三年、所収、一〇七～一〇八、一一五～一二〇頁、参照）。

二〇世紀に入り、主権国家の相互依存の関係が次第に強く認識されるようになると共に、右のハーモン・ドクトリンは無効化し、水利に関する沿岸国の権利が、「法の一般原則」としての領域主権に関する権利濫用禁止原則の一環として広く承認されるようになったといえるのである。トレイル・スメルター判決もそのラインの上にある。しかし、たとえば最下流国の河川利用状況が、流れ込み先の海という"res communis"の地域の汚染や環境変更をもたらす可能性がある場合に、国際社会や第三国が環境破壊防止のために訴権を認められるかどうかは今日、なお完全に実定的に確立したとはいえない面がある（後述、核実験判決と新海洋法秩序の項、参照）。こうして、トレイル・スメルター原則は今日でも十分な有用性はもっているが、それはあくまでも領域主権上の利益に対する損害を、請求権の領域主権的基礎を前提として解決しようとする「領域主権」のレジームの中での法理である（Trail Smelter Arbitral Tribunal, Decision, April 16, 1938, 3 R. I.A.A., p. 1918.）という重大な制約があることを忘れてはならないであろう。

（1）　3 R.I.A.A. 1941, p. 1964.
（2）　J.E. Read, The Trail Smelter Dispute, The Canadian Yearbook of Int'l Law., Vol 1, 1963, p. 227.
（3）　3 R.I.A.A., op. cit., p. 1963.
（4）　G. Handl, Territorial Sovereignty and the Problem of Transnational Pollution, A.J.I.L., Vol. 60, No. 1, 1975, p. 61.
（5）　前掲、拙著『現代国家主権と国際社会の統合原理』一七六～一八九頁。
（6）　3 R.I.A.A., op. cit., p. 1965.
（7）　R.B. Bilder, Settlement of Dispute in Field of International Law of Environment, Recueil des Cours, Tom. 144, 1975-Ⅰ, p. 205; G. Handl, op. cit., pp. 61, 74～75.
（8）　P. Guggenheim, Traité de Droit International Public, 1954, Tom. 2, pp. 164～165.
（9）　G. Handl, op. cit., pp. 65～69, 74～75; なお宣言判決を活用することによって政治行動に対する司法的統制を拡大しうるとみて、これを肯定的に評価する見解として、E.M. Borchard, Declaratory Judgments in International Law, A.J.I.L., Vol. 29, 1935, p. 492.
（10）　L. Juda, IMCO and the Regulation of Ocean Pollution from Ships, Int'l C.L.Q., Vol. 26, Pt. 3, 1977, p. 566.; A.L. Springer, Towrads a meaningful Concept of Pollution in International Law, I.C.L.Q., Vol. 26, pt. 3, 1977, p. 541.
（11）　L.F.E. Goldie, International Principles of Responsibility for Pollution, Columbia J. Trans. Law, Vol. 9, p. 307.; Liability for Damage and the Progressive Development of International Law, I.C.L.Q., Vol. 14, Pt. 4, 1965, p. 1230.
（12）　J.M. Kelson, State Responsibility and the Abnormally Dangerous Activity, Harverd Int'l L.J., Vol. 13, 1972, pp. 235～236.
（13）　3 R.I.A.A., op. cit., p. 1965.

(14) G. Handl, The Environment: International Rights and Responsibilities, A.J.I.L. Proceedings, 74th Annual meeting, 1980, p. 231.
(15) J. Barros and D.M. Johnston, The International Law of Pollution, 1974, pp. 74〜76.
(16) K.B. Hoffman, op cit., p. 516.
(17) R.B. Bilder, op. cit., p. 205.
(18) J.W. Samuels, International Control of Weather Modification Activities: Peril or Policy, in"International Environmental Law", ed. by I.A. Teclaff and A.E. Utton, 1974, p. 206.; 佐伯富樹「国際環境問題」『変りゆく国際関係』有信堂、一九七六年、二五六頁。
(19) A.L. Springer, op. cit., p. 538.
(20) 内田力蔵「水と空気の汚染による公的妨害についての合衆国の二、三の州際事件——ビキニ事件のための資料として」、ジュリスト九五号、二六〜三三頁、参照。
(21) 3 R.I.A.A., op. cit., p. 1964.
(22) 3 R.I.A.A., op. cit., p. 1965.
(23) A.P. Rubin, Pollution by Analogy: The Trail Smelter Arbitration, Oregon Law Review, Vol. 50, 1971, p. 270.
(24) 3 R.I.A.A., op. cit., p. 1965.
(25) D. Schindler, The Administration of Justice in the Swiss Federal Court in International Disputes, A.J.I.L., Vol. 15, 1921, pp. 172〜174.; J. Barros and D.M. Johnston, The International Law of Pollution, 1974, pp. 190〜191 (Trail Smelter Arbitration between Canada and the United States).
(26) J. Andrassy, Les Relations Internationals de Voisinage, Recueil des Cours, Tom. 79, 1951–II, p. 94.
(27) J. Andrassy, ibid., pp. 88〜89.; G.Handl, op. cit., p. 56.
(28) M. Sørensen, Principes de Droit International Public, Recueil des Cours., Tom. 101, 1960–III, p. 198.
(29) G.S. Goodwin-Gill, The Limits of the Power of Expulsion in Public International Law, B.Y.I.L., Vol. 47, 1974–75, p. 80.
(30) J. Andrassy,op. cit., p. 94.
(31) J. Barros and D.M. Johnston, op. cit., p. 182.
(32) A.P. Rubin, op. cit., p. 264.; G. Handl, Territorial Sovereignty., op. cit., p. 61.
(33) L. Oppenheim–H. Lauterpacht, International Law, op. cit., pp. 346〜347.; D.P. O'Connell, International Law, 2 ed., Vol. 1, p. 592.

（34）B. Kwiatkowekaは、トレイル・スメルター、ラヌー湖事件の仲裁判決（Lake Lanoux判決については、12R.I.A.A, 1957, pp. 281, 285. 参照）及びコルフ海峡事件のＩＣＪ判決を、"Sic utere…" 原則に基本的に依拠したものだと言う。しかしスメルター事件及びラヌー湖事件は、いずれも単一の汚染源と被害も隣接一国にとどまり、その点で今日の環境汚染が汚染源も被害国も多数で広範囲且つ長期のものという特色がある点で異なると言う。大気汚染がその典型だろう（B. Kwiatkoweka, Newzealand v. France Nuclear Tests: The Dismissed Case of Lasting Significance, Virg. J.I.L., Vol.37, No.1, 1996, p.185.）。

（35）トレイル・スメルター判決を理論的にどう説明するかについては、本文で述べた権利濫用法理や公的ニューサンス或いは隣接関係の法理の他、エクィティの理論の適用を主張する学説もある（C.W. Jenks, The Prospects of International Adjudication, 1964, p. 408.; G. Von Glahn, Law among Nations, 6 ed., p. 172.）。なおこれらの点につき、佐伯富樹「トレイル溶鉱所事件に関する一考察」、中京法学九巻一・二合併号、一九七四年、五六〜五九頁、参照。

（二）核実験に関する国際司法裁判所判決（一九七三、七四年）

次に核実験に関する判決を検討してみよう。オーストラリア及びニュージーランドとフランスの間で争われた核実験に関する事件について国際司法裁判所が一九七三年に行った仮保全措置の命令並びに七四年の本案に関する判決は、環境損害や高度に危険な事業活動に対する国際的規制がどのようなものであるべきか、且つそれに対する加害国の国家責任とは何かに関して第二次大戦後の重要な判例としての意義をもつといえよう。わけてもこの事案では将来の加害行為に関する差止請求が「仮保全措置」の段階と本案の段階でどのような前提と条件で可能とされ、またどのような範囲並びに程度において必要とされるかの問題が提起されている点で注目されるのである（被害後の損害賠償に関する国家責任の問題は本件では考察の対象とされていない）。

まず一九七三年の仮保全措置を裁判所が決定したときの判旨をオーストラリア対フランスの事案に即して分析してみよう。第一の論点は国際司法裁判所規程第四一条の仮保全措置（interim measure）がとられうる一般的条件と、自然環境の維持や人命、身体に関する健康上の利益という人権的法益――個別国家の権利や個人の財産権的利益とは概念的に区別される法益――の保護に関する場合と両者の間にどのような相違があるかという点である。訴訟の手続面からまず解明する必要があろう。裁判所の決定は、右措置についての管轄権（jurisdiction）の有無を判断するさい、狭義の管轄権（jurisdiction）と受理可能性（admissibility）の二つの側面から考察している。前者は被告フランスが国際司法裁判所の管轄権を受諾した宣言に付した「国防」問題に関する留保の解釈問題を含む裁判所が管轄権を行使しうる場合のコンプロミについてである。後者は原告オーストラリアが侵害をうけたと主張し従って保護さるべき法的利益（legal interest）が裁判所の審査対象としての性格を果して有しているかどうかのそれであった。

ところで裁判所の決定はまず仮保全措置の段階においては本案に関する管轄権（広義）の存在が最終的に確定される必要はなく（need not finally satisfy itself）、管轄権の基礎についての挙証責任は原告が負うことは否定しえないが、その立証の程度は「一応（prima facie）」のものでよいという一般論を述べている（I.C.J. Reports, 1973, paras. 17, 21.）。いわゆる"prima facie"原則の適用といえよう（米・イラン間のテヘラン米公館職員人質事件に関するＩＣＪ仮保全措置の決定（一九七九年）パラグラフ15も同旨。）。この"prima facie"原則の適用は、一九七二年の英・アイスランド間の漁業管轄権事件に関するＩＣＪ判決にもみられる。同判決は次のように述べている。「仮保全措置の要請について、裁判所はこれを指示する前に、事件の本案につき管轄権を有することを最終的に確認する必要はないが、管轄権の欠如が明白（manifest）な場合は、規程第四一条に基づいて行動すべきではない。……紛争両当事国から提出された文書の紛争付託に関する規定は、裁判所の管轄権が成立するかもしれない可能性をもった基礎（a possible basis on which the jurisdiction of the court might be founded）を提供するものと一見して（一応、prima facie）思われる……」と（ICJ Reports, 1972, pp. 15～16. 小和田恒「ニカラグァに対する軍事的活動事件――仮保全措置指示要請――」国際法外交雑誌八三巻六号、一九八五年、五〇頁。）。ところで右の核実験仮保全措置命令で注目しておきたいことは、管轄権の有無を判断する側面としての「受理可能性」の問題については原告側にいっそう有利な立証責任上の軽減を行っていることである。すなわち原告の主張する次の三つの保護法益（legal interests）については、その不存在を逆に被告側が積極的に立証しない限り、仮保全措置の審議を進行させる障害とはなりえないことを明らかにしているのである。決定は次のように述べている。「前記の請求が全く裁判所の管轄権の範囲外にある（fall completely outside）とか、または裁判所に請求書を受理する権限を与えるところの前記の請求に関する法的利益をオーストラリア政府は立証しえまいとアプリオリ（a prori）に仮定することはできない」（para. 23.）と。これは実質的にみて挙証責任の被告への転換を意味するいわば“a priori”原則の主張といってよいだろう。この場合原告が救済を主張する「法的利益」とはオーストラリアの請求書によると次のものである。①原告の領域が被告の核実験による放射性降下物により汚染されないという主権的権利、②陸及び海、空の環境が被告の核実験から生ずる放射性降下物によって汚染されないという原告も構成員である国際社会のすべての国の権利、③公海上の船舶及び公海上空の航空機に対する妨害と放射性降下物による公海の汚染から免れる公海自由の原則に関する原告の権利（para.22.）の三つであった。

こうして人身の安全や健康上の利益或いは環境保全上の利益については、その保護が緊急の必要性のある「仮保全措置」の対象となる法的利益かどうかの判断について、裁判所は少なくとも管轄権の存否を審理する段階においては、a priori に管轄権を肯定する態度を示したのである。しかしいったん管轄権を肯定したあと、仮措置の命令が必要かどうかという具体的な審理過程に入った段階では、侵害行為によって、仮措置を必要とするような「回復し難い損害（irreparable prejudice）」が生ずるかどうかの認定についてはフランスの実験によっても損害は発生しえないとの被告の主張を退けて、国連放射能影響調査科学委員会の報告を含む原告側の提出証拠を採用し、「回復し難い損害をひき起す可能性（possibility）を排除していない」（para. 29.）と述べているのである。つまり管轄権の有無の判断とは区別して仮措置の決定の場合に、改めて prima facie の立証原則を採用しているのである。この点は前述（トレイル・スメルター判決の検討で）したように、それ自体合法な（lawful per se）国家行為によって結果的に他国に損害（material damage）を与える可能性がある場合に、右国家が有責とされうる（被害国による差止請求が可能とされる）条件としては、単なる可能性ではなくて、確度の高い厳格な証拠によって損害発生の見込（prospective material damage）が立証される必要があったのと比べて、かなりに立証責任が原告に対して緩和されているといえよう。その理由としては一つには「仮保全措置」の緊急性があげられるであろうし、二つには「人権的利益」の損害の可能性が高い場合には特別の保護対象にされているからといえよう。

さて国際司法裁規程第四一条の仮保全措置が命令されうるのは、裁判所が「事情によって必要と認めるとき」（一項）であるが、その基準としてこれまでに（国際司法裁判所の発足以来）幾つかの判例の中で「回復し難い損害（irreparable prejudice）の可能性」の概念が呈示されすでに確立したものとみてよいであろう。すなわちその第一は一九七二年の英・アイスランド間の漁業管轄権事件であり、第二は本件であり、第三は一九七六年のギリシア・トルコ間のエーゲ海大陸棚事件のそれ（本件での仮保全措置の適用は否定されたが「回復し難い損害」概念の明確化には貢献）である。そして第四に一九七九年のテヘラン米公館職員人質事件もあげておこう。(1)テヘラン米公館職員人質事件に関するＩＣＪの仮保全措置では次のように判示している。「この事態の継続は、関係する人々を不自由、辛苦、激しい苦痛、また生命と健康の危険にさらし、こうして回復し難い損害の重大な可能性にさらしている」(Para. 42.) と。

ところで本件に関する裁判所の決定は「回復し難い」損害の内容を人命保護、身体の健康維持、環境保全という金銭的換価の不可能な法益或いは将来適当な手段によっても回復することのできない法益として把握し、そうした法益保護のためには損害発生の可能性（possibility）が「一応（prima facie）」存在するものと考えられるかぎり、実験の停止を要求する差止命令（injunction）を仮保全措置の訴訟段階で出しうることを明示したのである（右テヘラン事件の決定も同様）。

なお以上にみた核実験仮保全措置での裁判所の判断を挙証責任の面からみると次のような問題を含んでいることが理解されるだろう。すなわちもし仮保全措置に対する裁判所の管轄権（実質的には受理可能性）がないと主張したいのであれば、被告フランス側が右の原告請求の法的利益が存在しないこと、或いはかりにそれが存在しても被告の行為によって損害を与える可能性が全くないことを完全且つ明白な形で立証する必要があるということである。つまりこの場合は、訴訟手続上は本案に関する管轄権上の挙証の問題ではないにも拘わらず、しかし事実上は本案に関する管轄権の最終的不存在を立証する程度の証明力を必要とすることになろう。そこに住民の人命の安全や健康の維持更には環境保全のような人権的法益については、緊急の必要性のある仮保全措置という訴訟手続の段階に関するかぎり、原則として（ア・プリオリに否定されないかぎり）裁判所の管轄権を肯定するという態度が明らかにされているのである。"a priori"原則がこれである。逆にいえば生じうる損害が将来、金銭的賠償によって救済されうる性質のもの或いは適当な手段によって回復されうる性質のもの（"capable of reparation by a appropriate means"）（ギリシア・トルコ間の「エーゲ海大陸棚事件」に関する国際司法裁判所の決定（I.C.J. Reports, 1976, para. 33.））であれば、被告によるその旨の「一応の（prima facie）」証明によって仮保全措置の段階における差止命令の対象となりうる「法的利益」をもたないものとして管轄権（正確には受理可能性）を否定されることがありえよう。いわんや仮保全措置の命令を得られない事態が当然に起こりえよう。それを争いうるのは本訴（本案に関する請求）だけということになろう。たとえば「適当な手段によっても回復不能」な法益は原告ギリシアの請求には示されていないとして、仮保全措置の適用を棄却したエーゲ海大陸棚事件に関する一九七六年の国際司法裁の決定があげられよう（I.C.J. Reports, 1976, para. 33.）。

もとより仮保全措置が考慮される事情のうち、起こりうる損害が適当な手段によっても回復不能の性格をもつものは、決して環境とか人命、身体の安全、健康というような非金銭換価的価値内容をもつものだけに限られないであろう。たとえば、一九七二年の英・アイスランド間の漁業管轄権事件に示された国際司法裁判所の仮保全措置の決定の中には、一二浬外の公海における英漁船の漁業の自由という利益や、紛争を国際司法裁判所に付託する権利或いは紛争の悪化や拡大をもたらすおそれのある両当事国の措置の禁止というような利益も含まれている。たしかにこの仮措置の決定を促した法的根拠として一九六一年の英・アイスランド間の交換公文に規定された右イギリスの権利の承認——一二浬外の公海における英漁船の漁業の自由、アイスランドによる将来における漁業専管水域の一二浬外への拡張のさいの事前通告の必要と、それによる紛争発生の場合の国際司法裁の強制管轄権の承認——という特別な事情があったことは否めない事実であろう。しかし、公海における漁業の自由という利益についてみれば、それが将来「回復し難い」損害の性格をもつということはできず、むしろ金銭的賠償によって回復しうる性格のものといってよいであろう。この点で一九七三年の核実験に関する仮保全措置が、オーストラリアの主張した公海における船舶、航空機の航行の自由並びに公海における漁業その他の資源開発の自由を、仮保全措置の対象とすべき法的利益ではないとした（I.C.J. Reports, 1973, paras., 31, 22.）こととの相違を見落とすわけにはいかないのである。(2) そして七六年のエーゲ海大陸棚事件の決定はいっそうそうした立場を明確にしている。即ち仮保全措置が必要とさるべき「事情」とは何かという場合の基準として呈示された「回復しがたい損害」（irreparable prejudice）の概念は、次第に狭義の金銭的換価の不可能な損害を中心として理解されはじめているということがいえるであろう。(3)

もとよりエーゲ海大陸棚事件のさい提出された被告トルコの抗弁書にもあり且つ裁判所もそれを参考にしたとされているところの「回復し難い損害」の概念は理論的にみれば金銭的換価不可能の損害に限られず、より広義のものとして理解さるべきものであろう。すなわち「仮措置の求められている国のとる行為によって裁判所の判決の執行が不可能となる」（Turkish Observations, para. 20.: ICJ Reports, 1976, para. 18.）という右事件における裁判所の見解はそれを意味するものであろう。また七三年の核実験に関する国際司法裁判所の決定に付されたシン（N. Singh）裁判官の個別意見にもあるように、「仮保全措置を指示しなかったならば当事国の権利が、判決が出されたとき無意味化する」性質のものであるというふうに理解することも可能であろう。

一般的に言って、具体的な損害が発生しない段階でも、条約（国際法）義務の違反の状態は成立しえ、関係国は自己の法的利益（権利）の保全のための訴権は行使しうるだろう。損害（damage）の発生は国際法義務違反の基準ではなく、被害国に賠償を支払う義務（liability）の成立の前提にすぎない。つまり条約当事国には損害の発生を事前に防止するための規制措置をとる責任（responsibility）があるからである。いわゆる preventive function のそれである。そうした予防義務が正確に詳細化されることによって国際責任の客観化（objectivation）が達成されうるのである。今日、高度危険事業の広汎な展開がみられるに伴い、「危険ではあるが合法的な行為（活動）」とこうした行為（活動）によって「損害を発生させた場合の義務違反行為（活動）」との二分法（dichotomy）の立場が無意味化しつつあり、代って損害発生防止のための関係国間の「平和的協力（peaceful cooperation）」という調整作業の重要性が認識され始めているのである。(4)

そうした趣旨からすれば、英・アイスランド間漁業管轄権事件の仮措置決定にある「紛争を悪化または拡大させる可能性のある事態を避ける」(ICJ. Reports, 1972, para. 1.) という緊急の利益——イギリスの申立書の中に掲げられ、「紛争の主題」の一つとして提起されていた利益——保護の観念が国際司法裁規程第四一条の「事情によって必要と認めるときは」という仮措置適用上の条件内容として機能する余地があるということができるかもしれない。しかしこの事件は、被告アイスランドが既存（一九六一年）の英・アイスランド間で合意された交換公文で、原告イギリスの同意なしに一二浬外の公海に専管漁業水域を一方的に拡張することはできないこと、また漁業水域拡張に関して紛争が生じた場合には事案を国際司法裁の管轄に付託すべき義務のあることを明示していた事実を見落とすわけにはいかない。裁判所は原告、被告双方がこの合意文書の存在について争っていないことを確認している (ibid., paras. 16, 17.)。それだけに管轄権の有無を認定する場合の基礎に prima facie の立証基準が援用されていても、当事国間に事前の合意がある以上その確度はかなりに高いものということになろう。こうしてみると新しいアイスランドの五〇浬漁業水域拡張措置によって生ずるイギリスの権利の損害は、単なる漁獲上の物的利益上の（金銭換価の可能な）それにとどまらず、交換公文で合意された一方的国家措置の禁止並びに国際司法裁判所での事案の解決という、法の正当手続上の権利に対する侵害を含むものとして理解され、——たとえば一九七三年の管轄権に関する判決の中で、裁判所はイギリスが「紛争を国際司法裁に付託する権利を含むところの、一九六一年の交換公文に基づく自己の権利を留保した」と述べている（前掲、皆川洸『国際法判例集』五七二頁。）、——そこに最終判決までの間、緊急の権利保全の必要な事情が存在するものと判断することにかなりの合理性と客観性があったものと推定されるのである。テヘラン米公館職員人質事件の仮保全措置（一九七九年）でも、ＩＣＪは次のように述べている。「公館の占拠と外交職員の人質抑留は（イラン側の主張のようにイラン・米国間のこれまでの歴史的経緯からみて）、二次的ないし非中心的な事柄とみなすことはできない。……外交使節及び大使館の不可侵ほど根本的な必要条件はなく、……外交関係条約及び領事関係条約において今や法典化された、右の関係に固有の回避できない義務は必ず承認されなければならない」と（パラ、三七～四一）。ここでも単に人命確保の必要性のみでなく、確立した国際法上の権利義務に対する明確な保全の重要性が仮措置指示の目的として提示されているのである。

だからそこでは、かりに仮保全措置が「紛争を悪化させまたは拡大する可能性を避ける」目的からとられる場合でも、単なるその目的だけで（for the sole purpose）とられたのではなく、別に保全さるべき権利即ち法的利益の存在が前置されていなければならないことを意味したといえよう。ロゼンヌ（S. Rosenne）のいうように、「国際司法裁判所はその有する権限を国連の政治機関の利用し易いようにという見地から行使してはならないのであり、事件（incident）を防止するためにその管轄権が援用されてはならない」と述べた[5]のはこの趣旨からみて意味のない見方ではないであろう。核実験事件に関する仮措置決定の中でも、裁判所は関係両当事国に「紛争を悪化させまたは拡大するおそれがあるいかなる種類の措置もとらないよう」と命令している（ICJ Reports, 1973, para. 35.）。しかしその措置の目的はあくまでも「紛争の主題である権利」（「回復しがたい損害の生ずる」おそれのある法的利益であって、決定では「とくに、オーストラリア領土上に放射性降下物の堆積を引き起こす核実験を避けなければならない」と判示している）の保全（と、更に当事者のそれぞれの権利の保全）にあるとしたのである（ibid., paras., 20, 35.）。そして、「裁判所の判決は裁判所で争われている問題に関し、イニシアチブをとろうという考慮に支配されてはならないのである」（ibid., para. 20.）とはっきり述べて、裁判所の決定が政治機関による紛争解決の便宜的手段化することを明白に否定しているのである。

エーゲ海大陸棚事件では原告ギリシアにより、エーゲ海大陸棚の一定地域においてその主権的権利の帰属が確立されるまでの間、いずれの国も探査活動を停止するよう請求がなされたが、裁判所はギリシアの権利侵害の内容とされた係争区域におけるギリシアの主権的権利が、トルコの探査活動によって「回復し難い損害」をうけるような性質の利益ではなく、従って「紛争の主題上の権利」に対する侵害と、それを細目化した人工地震的探査方法による危険や当該地域の天然資源に関する情報のギリシアによる独占的確保という利益に対する侵害のいずれも「回復し難い」損害としては把握しなかったのである（ICJ Reports, 1976, para. 33.）。

このようにみてくると、仮保全措置によって保護さるべき「法的利益」は、それが侵害された場合「回復し難い」性格のものであるか否かに関しての具体的基準が、最近の裁判所の判決態度から判断するかぎり、次第に厳格且つ限定的、狭義のものへと移行しているようにみえる。かつて一九五一年のアングロ・イラニアン石油会社事件の場合においても、国際司法裁判所は仮保全措置の決定を行ったことがある。そのさい原告のイギリスはイラン政府に対して石油国有化法以前の状態においてアングロ・イラニアン会社が行っていた操業を維持することを求め、その操業の継続を妨害したり会社の財産を差押えたりまたは事態を悪化させるようなあらゆる措置を禁ずることを仮保全措置の内容として請求した。裁判所は右のイギリスの主張をほぼそのまま認め、「原状回復」を中心とした仮保全措置を指示したのである（ICJ Reports, 1951, pp. 90~94.; 杉山茂雄「アングロ・イラニアン石油事件」、高野雄一編著『判例研究・国際司法裁判所』東京大学出版会、一九六五、五七~五八頁。）。従ってこのときの裁判所の態度は、補償その他の方法により金銭的換価の本来可能な損害についても、仮措置の適用対象としていたといわなければならないであろう。また決定の主旨からも理解されるように原状に回復することが可能な損害について、まさにその原状回復の仮措置を命令したのである。この点も見落としてはならない。のみならず仮保全措置決定の前提としての管轄権の存否に関しては、今日、一般に基準とされている原告による prima facie の立証をすら全く必要としないという態度をすらうかがわせるものがあったのである。すなわち国際司法裁判所規程第四一条は、裁判所が「事情によって必要と認めるときは」とだけ規定しているから紛争の主題（本案）に関する管轄権の存否から独立して、自動的な管轄権の設定を可能としているという見方が当時においてはむしろ一般的であったことを見逃すことができないのである。現に裁判所の管轄権を認める理由の中に、イラン政府がコンセッション協定上の仲裁裁判を受諾することを拒否したことによって「裁判拒否」という国際法違反が生じたというイギリスの請求根拠を「全く国際裁判管轄の範囲外にあるということは、アプリオリに認めることができないので」(ICJ Reports, 1951, pp. 92〜93.) と述べて、いわゆる"a priori"の立証基準を狭義の「管轄権 (jurisdiction)」問題に適用していることもこれを意味しよう。いいかえれば、ここには紛争の主題(本案)における「法的利益」が存在するかどうかのいわゆる「受理可能性 (admissibility)」の判断は仮措置段階では不要であったのである。(6)

こうしてみると、一九六〇年代以後わけても七〇年代以降の裁判所の判例を丹念に調べてみると、国際司法裁判所規程第四一条の仮保全措置の適用について注目すべき三つの傾向が現れているとみることができるであろう。その一。仮措置により保全さるべき権利とはその権利に対する侵害が「回復し難い」性質をもつ場合にのみ右措置の決定を「必要とする事情」があるものと理解されていること。その点で、保全法益の内容が限定化される傾向があること。その二。そのための管轄権の存在については原則として原告側に prima facie の立証責任があり、それと無関係に仮措置の指示はできないこと。その点でも仮保全措置の適用手続は厳格化される傾向にあること。しかしその三として、環境破壊や身体、生命の安全に対する侵害という金銭的賠償によっては本来救済しえない価値をもつ権利——一九五四年に、米国はビキニ環礁における核実験によって日本の漁船第五福竜丸に与えた損害に対して見舞金 (ex gratia compeensation) を支払ったが、その中には乗組員の治療費や死者一名に対する金額も含まれていた。しかしこの金銭的支払いは、事後的で且つ他に救済方法がないための便宜的なもので、それによって人間の建康や生命に関する利益が金銭的償いによって本来回復可能の権利であることを証明したことを意味しない。——が原告によって保護さるべき紛争の主題上の権利として請求されている場合には、先験的《アプリオリ》に (論理上完全且つ明白に) 管轄権外にあることが推定されないかぎり、管轄権を肯定せざるをえないということである。いいかえれば、被告側が侵害や棄損の可能性が全く存在しないことを完全に証明しないかぎり（挙証責任の転換）管轄権（または受理可能性）の存在を原則的に肯定せざるをえない態度が明らかにされているといえよう。ア・プリオリの立証基準がこれなのである。

ところで次の問題は、核実験判決で仮保全措置の対象とされた保護法益は、原告オーストラリアの領域上に堆積する放射性降下物によってひき起される損害に限定されたことである（ICJ Reports, 1973, para. 30.）。すなわちオーストラリア住民の生命と健康及び遺伝上の損害並びに環境と資源に及ぼす損害に限定されたのである。原告の請求した他の法益即ち一般的な海洋資源や territorial sovereignty oriented ではない地球的規模での陸上、海洋、大気環境への侵害行為いいかえれば res communis としての国際社会全体のもつ共同利益に対する侵害と、オーストラリア自身がもつ航海、航空に関する自由の侵害の二点（para. 27.）については仮保全措置の対象から除外されたことである（para. 31.）。これはなぜかというと、後者についてみれば「公海の自由」が侵されることから生ずるオーストラリア自体の損害は、いわば物的損害として「回復し難い」損害とはみなされなかったことである。

前者についてみれば国際共同体のもつ環境保全上の法的利益についてこれを仮保全措置の対象から除外したことは、かつてバルセロナ・トラクション事件判決（一九七〇年）の中で、人権差別撤廃というような国際社会全体に対する各国家の義務すなわち erga omnes の義務の存在を肯定し（ICJ Reports, 1970, p. 32.）、更に一九六二年の南西アフリカの国際的地位に関する事件の管轄権の判定で、「人道的利益」については提訴国に訴訟で確保さるべき実質的な法的利益がなくても訴権の存在を肯定した態度と比べてやや後退したといわざるをえないであろう。その点では一九六六年の南西アフリカの国際的地位に関する本案判決が、人道的法益に対する訴権を第三国に認めることを否定し受理可能性を否認した態度と軌を一にするものといってよいかもしれない[7]。

もとより erga omnes の国際義務の承認は、その義務の不履行がある場合、それが司法的解決になじむ性格のものであっても第三国に対してまで国際司法裁判所への訴権を当然に認めることを意味しないという見解もありえよう。一九六六年の南西アフリカ（ナミビア）事件（原告はリベリア、エチオピア）に関する国際司法裁判所の判決がいうように、「若干の国内法制で認められている公共利益保全のための"actio popularis"（民衆訴訟）の制度は、現在のところ国際法には導入されておらず、規程第三八条一項(c)の「法の一般原則」とみなすこともできない」（JCJ Reports, 1966, p. 47.）という見方がありうるからである。たとえばビルダー（R.B. Bilder）がそうした見方を明らかにしている。(8) しかしながらポロック（A. J. Pollock）のいうように、ナミビアに対する南アのアパルトヘイト統治に関する国際世論のように、民族自決権のもつ内容が erga omnes の義務を国際共同体に課したものであれば、この問題に関する訴権を第三国に帰属きせる国際システムがすでに成立しているとみるのが妥当だという意見もあるのである。(9) 更にザイドル・ホーヘンヘルデルン（Seidl-Hohenveldern）のように、バルセロナ・トラクション事件判決で裁判所が erga omnes の義務の存在を肯定したことは、その義務違反に対する責任追及の手続においても当然に第三国の訴権を肯定するコロラリーを導くかもしれないとみる立場もある。(10)

この点では少なくとも次のようにいうことができるように思われる。すなわち国際社会全体の法的利益救済の手段は、それを国際司法裁判所を中心とした国連の司法手続の枠組の中で実現しようとするかぎり、現在のところ、国連の機関による「観告的意見」の要請（規程六五条）という方式を活用するのが、もっとも現実的で可能な手段であるということである（The Northern Cameroons Case, JCJ Reports, 1963, p. 30. 及びナミビアの国際的地位に関する国際司法裁の一九七一年の勧告的意見、更に最近では核兵器の合法性に関する一九九六年の勧告的意見、参照のこと）。わけても自国の直接の国家的利益が棄損されない限り国際社会全体の利益に対する侵害については、きわめて消極的な各国政府の立場からみて、そうした利益の救済と確保をはかるための機関は、国際的な組織に委ねる方がより実効的であるように思われる。ビルダーはその意味で、国連の環境プログラム（UN Environment Programme）に基礎をおき、非政府間組織（ＮＧＯ）による国内並びに国際裁判手続での訴権の確保をはかる方法を強化するよう——特別国際裁判所の設置など——提議しているのである。(11)

ただここで注目しておきたいことは、右核実験に関する七四年の国際司法裁判所の判決（本案）には、オニヤマ

（Onyeama）、ディラード（Dillard）、アレチャガ（Arēchaga）及びウォルドック（Waldock）の四裁判官による共同反対意見が付され、その中で国際社会全体に対する義務の違反に対しては、国際社会を構成するすべての国に訴権を考慮すべきであることが主張されていることである（JCJ Reports, 1974, pp. 369〜370.）。筆者（広瀬）も erga omnes の法的義務の存在が肯定されている今日、国際司法手続の中でこの実現を確保する方途が強化されなければ、この種の義務の国際的定着や発展は難かしいと考える。国家や国際機関や一定の国際団体に申立権を保障することが望ましいのである（ＩＣＪへの「勧告的意見」の要請については、最近ではＮＧＯ等の人権団体の請求権の必要が強調されている）。主権国家が並存し、各国間の国家利益の相違がきわめて大きい今日の国際社会だからこそ、右の第三国訴権がむしろ認められるべきだという意見もあるのである。すなわち環境汚染によって最も影響をうける国が、汚染源の国との政治的取引により別の国家的利益（経済的便益など）を得る代償として訴権を放棄したならば、国際社会の全体利益を救済するための第三国訴権が確保されている意味は小さくないというのである。[12]

このようにみてくると、国連（総会等）の勧告的意見要請の制度（ＩＣＪ規定六五条）と並行して各国の訴権も広く肯定する方向が立法的にはぜひ望ましいと考える。この点でたとえば重大人権の侵害防止に関しては、他国の義務違反行為に関して、関係委員会に対する通報権を違反国の事前同意宣言を前提としてではあるが、締約各国に与えている人種差別撤廃条約（一九六五年）第一四条や拷問等禁止条約（一九八四年）第二一条は注目さるべきだろう。また締約国のすべてに告発権を与えたジェノサイド条約上の国際刑事裁判手続（六条）は一つの参考となろう。この点で国際社会が独自の検察官制度を設け集団殺害や人道に対する罪、戦争という国際人道法の重大犯罪を告発、訴追する制度を設けた国際刑事裁判所の発足（一九九六年）は画期的なルール・オブ・ローの発展といえるだろう。更にＩＬＣの一九七七年の「国家責任に関する条文案」が、国際不法行為の中に国際犯罪（international crime）の概念を設け、その中に「海洋と大気の大量汚染禁止を含む人間環境の保護義務の重大違反」を入れた（第一九条三項Ｃ）ことがあることも注目に値する作業であった。——因みに筆者（広瀬）は、「国際法上の犯罪」（crime against international law）と「国際犯罪」（international crime）とを用語上も概念上も区別する。前者は「海賊」のように国際法上で各国に訴追と処罰の権能が認められている犯罪であり、後者は「ジェノサイド」などの重大人道犯罪のように、各国に対して刑事管轄権の義務的設定を要求している（「引渡しか訴追か」の選択は可能だが）犯罪である（たとえば、ジュネーヴ人道法条約、ハイジャック防止条約、ジェノサイド条約、拷問等禁止条約、ローマ国際刑事裁判所規程、等で指定されている犯罪）。本書、52頁注(6)、参照。——

そして右のＩＬＣの条文作定作業は、二〇〇一年の「国家責任」条文の第四八条（Invocation of Responsibilty by a State other than an injured State）に結実することとなったのである。即ち同条では、同一目的をもつ国家集団（a group of States）条約上の義務と国際社会全体（the international community as a whole）に対する義務のそれぞれ二つの義務について、構成国の義務違反行為があった場合、その違反行為の中止（cessation）と再発防止の保証（assurance and guaranties of non-repitition）並びに回復（reparation）義務の履行を被害国と受益国の利益のために（in the interest of the injured or of the benaficiaries）、いずれの構成国（any State）も加害国の責任を追及し（to invoke responsibility）それに対する請求権を行使することができる（may claim from the responsible State）ことを規定しているのである。この場合、賠償（compensation）の請求権は被害国のみがもつが、第三国としての他の構成国は等しく「関係国家グループ」の一員として、または「国際社会全体」の一員としての法的利益（legal interest）をもち、違法行為の中止や再発防止、現状回復の請求の他、権利確認の宣言判決（declaration）の請求も可能である。因みに「国際社会全体に対する義務」はエルガ・オムネスの義務（obligation erga omnes）より広義とされている。また「国家グループ」の集団的利益上の義務とは、たとえば「一定地域の環境保全や安全」（environment or security of a region）上の（条約）義務など、具体的には非核地帯協定や地域人権保護条約上の義務が想定されている。そしてこの場合の救済機関としては、地域人権裁判所や委員会等が予定されているのである。また「国際社会全体に対する義務」は侵略の禁止やジェノサイド等の重大人権侵害禁止などのユス・コーゲンス的義務として成立しており、その違反は国際犯罪として国連の政治機関や特定の司法機関による防止と制裁及び救済のシステムが既に機能しつつあることも注意すべきであろう（四八条のコメンタリー、⑵⑷⑺⑼⑾、参照）。

たしかにトレイル・スメルター判決で象徴されるトランスナショナル・ポリューションい対する国家責任上の法意義は、違法の成立についても、損害の発生についても、いずれも国家の領域主権の枠組の中でのものであったことは疑う余地がない。更に責任の帰属と救済手段についても領域主権的発想に支えられた限界を明白にもっていた。しかしながら右の核実験をめぐる国際法上の議論からみるかぎり、環境損害に関する国家責任の法理の新しい動向は、主権わけても領域主権の枠組にはとらわれない人権的パースペクティブによらなければ十分ではないことを示しているといえるのである。(13)

（1）Fisheries Jurisdiction Case, Interim Protection, ICJ Reports, 1972, para. 21.; Nuclear Test Case, Interim Protection, ICJ Reports, 1973, para. 20.; The Continental Shelf in the Aegean Case, ICJ Reports, 1976, para. 29.; 皆川洸「「テヘラン米国公館職員人質事件・仮保全措置」について（資料）」国際法外交雑誌七九巻二号、一九八〇年、パラ15、42。

（2）P.Lellouche, The Nuclear Test Cases: Judicial Silence v. Atomic Blasts, Harvard Int'l L.J., Vol. 16, No. 3, 1975, p. 620.

（3）L. Gross, The Dispute between Greece and Turkey Concerning the Continental Shelf in the Aegean, A.J.I.L., Vol. 71, No. 1, 1977, pp. 41〜42.

（4）B. Graefrath, Responsibility and Damages Caused : Relationship between Responsibility and Damages, Recueil des Cours., Tom. 185, 1984-Ⅱ, pp. 116〜117.

（5）S. Rosenne, The Law and Practice of the International Court, 1965, p. 426.; なおエーゲ海大陸棚事件に関して出された同様の問題に関し、L, Gross, op. cit., pp. 43〜45.

（6）M.O.Hudson, The Thirty-First Year of the World Court, A.J.I.L., Vol. 47, No. 1, 1953, p. 4.

（7）L.F.E. Goldie, A General View of International Environmental Law. A Survey of Capabilities, Trends and Limits, in "The Protection of the Environment and International Law," Colloquium, 1973, Recueil des Cours., 1975. pp. 106〜107.

（8）R.B. Bilder, Settlement of Disputes in Field of International Law of Environment. Recueil des Cours., Tom. 144, 1975-Ⅰ, P. 231.

（9）A.J. Pollock, The South West Africa Cases and the Jurisprudence of International Law, International Organization,

Vol. 23, No. 4, 1969. pp. 772～787.
(10) A.J.I.L., Proceedings., 65th Ann. Mtg., Vol. 65, No. 4, 1971, p. 342.
(11) R.B. Bilder, op. cit., pp. 231～232.
(12) L.F.E. Goldie, A General View of International Environmental Law. op. cit., p. 109.
(13) G. Handl, op. cit., p. 54; 一九七二年のストックホルム人間環境宣言の原則一、二及び四。P. de Visscher, La Protection de l'Atmosphere en Droit International, in "General Report Submitted to the 7th Congress of the International Academy of Comparative Law", 1966, p. 29; Dickstein, International Law and the Environment: Evolving Concepts, Year Book of World Affairs, Vol. 26, 1972, p. 250.

五　環境破壊に関する国家責任
——国際裁判所による司法的解決の役割（核実験判決と海洋法新秩序を手がかりとして）——

こうしてみると、右にみたような一般的利益のための訴権の存在が個別国家に認められるという方向で、erga omnesの国家義務の履行が確保されるよう国際司法手続が強化されることが立法論的に望ましいとしても、問題は核実験による汚染の問題を含めて一般にどの程度と範囲で大気、海洋、陸土における自然環境の維持についての国際的義務が今日確立されているかであろう。換言すれば環境汚染に関する国家責任論におけるプライマリー・ルールの確定のそれである。

まず核実験の違法性について考えてみれば、部分的核実験停止条約（一九六三年）の成立後における大気圏内、宇宙空間及び水中における核兵器実験の停止は、前記のフランスによる南太平洋における実験の強行（一九七四年）の例を除き（フランスもその後、停止の一方的宣言を発表）、核保有国によって確実に遵守され、違法性の国際慣習法上の義務としての定着は争いえないであろう。しかしながら、地下核実験についてはその合法性は今日の段階ではなお否定し難いところである。地下核実験を含む包括的核実験禁止条約（ＣＴＢＴ）は国連総会で一九九六年に採択されながらも、条約で発電用原子炉を持つ四四カ国すべてが批准しないと発効しないことになっており、未だ米国を含む一三カ国が批准せず（二〇〇八年現在）発効していない（核保有国で批准したのは、英、仏、ロシアの三カ国）。もとより地下実験の場合でもそれが許容されるのは、実験が自国領域内で行われ、放射能を空中に放出したり他国領域に対して損害を与えないという条件つきである。(1) この場合、「損害」の程度はトレイル・スメルター判決でみるかぎり「重大なもの」（of serious consequence）である必要がある。権利行使に付随する結果的損害として第三者の一定の受忍義務は認めざるをえないからであろう。ビルダーによればトレイル・スメルター判決が今日のトランスナショナル・ポリューションに関する国家責任の原理として若干の限界をもっているとすれば、この「重大性」条件による原則適用の限定性にあるという。(2)

もっとも放射性物質による汚染の性質、形態の高度危険性からみれば、放射性「残渣」はそれだけで「重大性」の条件を満たすものと考えるべきであろう。一九六三年の部分的核実験停止条約第一条b（実験を行う国の「領域外において放射性残渣が存在するという結果をもたらす」環境での実験禁止条項）はこの趣旨を明らかにしているように解される。核実験に関する国際司法裁判所の一九七三年の仮措置の決定と七四年の判決は、いずれも基本的に右の条件を暗黙の前提としたものと理解できる。七四年判決についてみてもフランスの大気圏内実験の一方的停止宣言の法的拘束力を認めて判決したのであるから、部分的核停条約と同じ法的効果を前提にしているとみてよいだろう。

大気圏内核実験については、その結果が他国の領域上の重要な権利を侵害し（material damage）或いはその可能性がある（prospective material deamage）場合――この場合にはトレイル・スメルター原則の適用があろう――を除き、違法性が完全には確立していないとみる見方があった。(3) フランス政府も核実験訴訟の全段階を通じて、空中核実験を禁止する一般国際法は存在しない、仏は部分核停条約の加入国ではないと主張したことがある。のみならず今日の国家責任の法理が被告による違法の形成も原告に生ずる損害の成立も共に領域主権制を基礎として構成されているとみるかぎり、領域主権内の権利行使として（或いは公海自由の原則に基づく国家主権の行使として）「それ自体合法的（lawful per se）」な行為は、相手方に実質的、物的損害（material damage）が現出するか或いは将来それの生ずる十分な蓋然性（probability）（単なる possibility ではなく）があることが立証されないかぎり、司法的救済をうけられないという見方もある(4)。その点で、条約や一般慣習国際法で定立されている「それ自体で違法（unlawful per se）」な行為については、国家の尊厳の棄損というような moral damage でも司法的請求の対象としうるのと性質が異なるという見方すらあるのである(5)。

しかし逆に核実験事件の原告（オーストラリア、ニュージーランド）のように、空中核実験の行為そのものを一般国際法上で違法であると主張し、その根拠を一九五七年、六二年及び七一年における大気圏内核実験への非難とその即時停止を要求した国連総会決議や、一九六三年の部分的核停条約の成立とその後の同条約への加入国の増加という国家実践過程、更には一九七二年のストックホルム人間環境宣言に表明された（原則26）国際社会の最近の法的意識に求めた意見もあるのである。つまりこの見解では核実験による個別国家の主権的利益への具体的侵害の問題とは別の核実験行為そのものの違法性、いいかえれば国際社会を構成するすべての国が、一国の大気圏内核実験の行為（加害）から自由である権利（A right of all States to be free from atmospheric tests conducted by any state）を慣習国際法上で確立した権利であるとみたためであろう（ICJ Reports, 1974, p. 360, Joint dissenting opinion）。

もとよりこうした点での opinio juris の認識と評価はかなりに難しいが、七四年の核実験に関する判決は、「先決問題」の審理過程の中で「紛争」の存在を否定し、右の争点を含む本案審議の実益がないとして原告の訴えを棄却したのである。つまり原告が求めた紛争の主題である「これ以上の南太平洋での大気圏内核実験は国際法の規則と両立しない旨判決し宣言すべきであり、……フランスがこれ以上そのような実験を行わないよう命令すべきである」（Application, para. 19.）というオーストラリアの請求は、いわゆる宣言判決（declaratory Judgment）を求める趣旨ではなく、請求の真の目的はフランスの実験を終了させることにあった（ICJ Reports, 1974, para. 30.）として、すでにフランスによる大気圏核実験を行わないという宣言がある以上、それに法的拘束を認める限り「紛争」は存在しなくなったと解すべきである。目的のための単なる手段にすぎない宣言的判決は、本訴訟では審議の対象となしえないと

いうものであったのである。(6)

しかしここで論議の対象となった「宣言判決」の制度を積極的に活用するかどうかは、環境汚染に関する国際法のプライマリー・ルールを確立するためには大きな意味をもつと思われる。なぜなら環境損害が、不特定多数の民衆に「回復し難い」性質の被害を与える傾向を強くもつだけに、「宣言判決」と事前の「禁止（差止）命令」の機能と価値が極めて大きいといえるからである。かりにその場合の条件として領域主権上の利益に対する「重要な（実質的）損害」の存在（見込）を立証する必要があるとした場合でもそうであろう。――もっとも右損害の将来の単なる可能性ではなく、明確な蓋然性の立証が原告に必要であるという見方は、高度危険事業における原告による立証技術の困難性や被害法益の人権的性格からみて、問題があるが。――

しかしより重要なことは、人類全体の利益のために、いいかえれば将来生ずる可能性のある回復困難な環境破壊を防止するために、大気圏核実験それ自体の国際法適合性が国際裁判所によって審議され判断されることは極めて重要なことであったと思われる。――この点で「核兵器使用の合法性」問題がＩＣＪに対する国連総会の勧告的意見の要請制度（ＩＣＪ規程六五条）を活用した行動によりＩＣＪの審理をうながし裁判所の意見が出された（一九九六年）ことに注意しよう。――本件についても、オーストラリアの請求主題はまさにそこにあったとみる立場から、宣言判決に関する積極説の立場を四裁判官の共同反対意見（ICJ Reports, 1974, pp. 312 et seq.）が明示していることに注意しておきたい。――I. Brownlie, Causes of action in the Law of Nations B. Y. I. L., Vol. 50, 1979, pp. 17, 38. も同旨。また「宣言判決」がＩＣＪ機能の一つであることは、一九六三年の「北部カメルーン事件」（カメルーン・英国）判決で明瞭である（深津栄一評釈、高野雄一編著『判例研究・国際司法裁判所』東京大学出版会、一九六五年、二六五頁。）――しかし宣言判決の判断を拒否した判決は、その理由の一つとして裁判所の機能にふれ、「司法的解決はたしかに紛争の或る状況において国際的なハーモニーを得るための方針を準備することができる。しかし同時に必要のない訴訟の継続はそうしたハーモニーへの障害にしかならないことがある」（ICJ Reports, 1974, p. 271.）と述べて、七三年の仮保全措置がフランスの実験中止宣言を導いたことを一方において肯定的に暗示しながら、他方、七四年判決が宣言判決を拒否した意味として、宣言判決がもつ紛争解決上の負の政治的機能を指摘したのである。

　実験の国際法適合性が審査されて、違法とはいえないという判断がかりに出された場合に、フランスは果して自主的に（一方的）中止宣言を行ったかどうか疑問であるとみる見方も確かにありえよう。また七四年の判決の直前にフランスは国際司法裁判所の義務的管轄権の受諾宣言の廃棄を通告した。裁判所は核保有国に対するそうした行為の連鎖反応をおそれたとみる見方もある[7]。フランスが留保したような国防等の主要な国家主権上の問題に関する司法的判断は避けるのが賢明であると考えたとみることもできよう。

　しかし一方、こうした裁判所の態度が大気圏核実験の合法性問題を未解決にしたことは事実であるし[8]、将来、軍縮問題の分野で訴訟を行うことを多くの国に勧誘する効果を失っただけでなく、逆に国防問題のような国家主権上の重要問題に関しては裁判所がその権限の欠如を告白したものとうけとられてもやむをえないものであったのである。こうしてこの判決は「国家主権の神聖な原則の不滅の優位性のあかしとしかならなかった」という厳しい批判もあったのである[9]。しかし、その後二〇年余を経て、前記の「核兵器使用の合法性」に関するＩＣＪの勧告的意見が出されたことは、なお人権価値を上廻る国家生存権価値を肯定する意見が根強く存在する状況をみせつけはしたが、国際的ルール・オブ・ロー確立のための「法の正当手続」（due process of law）の進展として評価すべきであろう。即ちこうである。「武力紛争法（jus in bello）に適用さるべき人道法原則（軍事目標主義、不必要な苦痛を与えることの禁止）に、核兵器の使用（並びにその脅威）は一般的に違反する（would generally be contrary to...）。しかし国家の生存という国家基本権（the fundamental right of every State to survival）が危険にさらされるという自衛の極度の必要が生じた場合は（in an extreme circumstance of self-defence）合法か違法かの明確な判断はできない」と（paras. 96, 97, 105E）（賛否は七対七の同数）。

　なお右の核実験判決が、一九七四年におけるフランスの実験中止宣言をいわゆる国際法上の「一方的行為（unilateral act）」として理解しながら、それが「全体としての国際社会を宛先」として「公に且つ拘束される意思をもって発表されるときは、たとえ国際交渉の情況の中でなされなくとも拘束力を有する。……宣言のいかなる事後の受諾もまた他国からのいかなる回答ないし反応さえも効果を発生するために必要とされない。そのような要件は、国により宣言がなされた法律行為の厳密に一方的な性質と両立しないであろうからである」。こうして「一方的行為としてなされる宣言が法的義務を創設する効果をもつことは十分に承認されている」と述べている(10)点は注目される。

国際法上の「一方的行為」の法的拘束力は、通常、国内法の一般原則としての禁反言――英米法上の estoppel 或いは大陸法上の preclusion または forclusion――原則から類推された意味と機能をもつものと考えられている。従って宣言という「一方的行為」そのものは宣言国の意思によって一方的に廃棄しまた終了することが可能である。しかし宣言を信頼して行為した第三国に損害を与えた場合は、賠償の責任はこれを負うという信義誠実原則上の法的義務を生じさせるものとして普通は理解されているのである。(11)判決も次のように述べる。「源泉のなんたるを問わず、法的義務の創設及び履行を支配する基本原則の一つは、信義誠実の原則（principle of good faith）である。信用と信頼は国際協力に固有のものであり、多くの分野におけるこの協力がますます重要なものとなりつつある時代においては特にそうである。……従って利害関係国は一方的宣言を確知しそれらの宣言を信頼しうるのであり、このように創設された義務が尊重されるように要求することができるのである」(12)と。なお禁反言《エストッペル》の法理については、北海大陸棚事件に関する一九六九年の国際司法裁判所の次の趣旨の判決がある。「西ドイツが条約の制度を受諾することを明確に且つ首尾一貫して表示しただけでなく、デンマークまたはオランダに、その行動を信頼しその不利益において立場を変更させたか、またはある損害を被らせた過去の行動、宣言のために、今となってその条約の制度の適用性を否認することを禁じられる」という条件がある場合には禁反言原則の適用があるというものであった。(13)

この点からみると、判決がフランスの一方的宣言に、(14)「条約と同じ取消しえない国際社会全体に対するコミットメント（nonrevocable treaty-like commitment erga omnes）」と述べて erga omnes の義務の性格を与えたことは、将来、フランスが核実験中止の政策を変更し新たに実験の計画を明らかにした段階で、国際法（一方的宣言のもつ法的義務）違反を示す「宣言判決」と更に実験の「差止命令」を裁判所に請求しうる法的根拠を提供したことを意味しよう。この点で単なる事後的救済（宣言取消しを許容し、単に損害が生じた場合に賠償の責任が生ずる）の法理としてのエストッペルの原則とは異なる強い効果を与えたものと考えられる。――因みに核実験による被害が具体的に発生した場合には、別にエストッペルの法理を借りずとも賠償請求は可能である。――判決が右のフランスの実験中止宣言の法的有効性を、その宣言の「実際の内容」と「国際的交際の安全と国家間の重要な信頼と信用の一般的枠組」という基盤素地の二面から考察して、「全体としての国際社会に対する」erga omnes の義務として把握した――判決はいう。「一方的宣言は裁判所外で公に且つ全世界に対して（publicly and erga omnes）なされたものである」「全体としての国際社会を宛先とするものであった」――ことは、将来これに違反した場合の訴権についても、すべての国家にその行使を肯定しうる余地が出てきたといえよう（二〇〇一年、ＩＬＣ「国家責任」条文、四八条、参照）。これはこの宣言の法的有効性をめぐって第三国との間に「紛争」が生ずる可能性のあることをも意味し、この場合、当事国間に紛争解決のための「交渉義務」が生ずることをも意味するであろう（国連憲章、三三条一項）。

この「交渉義務」の観念は、一九六九年の西独・オランダ、デンマーク間の北海大陸棚事件（I.C.J. Reports, 1969, paras. 85~87, p. 47.）と七四年の英・アイスランド間の漁業管轄権事件（ICJ Reports, 1974, p. 32.）に関するＩＣＪ判決、更に七六年のギリシア・トルコ間のエーゲ海大陸棚事件に関するＩＣＪの仮保全措置命令の中で明示されたものであるが――エーゲ海大陸棚事件の仮保全措置命令では、事前に発出された安保理決議三九五（一九七六・八・二五）を援用し、「両国間の緊張緩和のため、negotiating process を容易にするよう」要求している（ICJ Reports, 1976, para. 41.）――ビルダーはこうした判決を引用しながら、海の天然資源に関して関係国間に生じた紛争についてはそれを解決するための特別の交渉義務があるとする裁判所の要求は、海洋汚染の問題についても当然に適用があると述べているのである。(15) 現に七七年の海法洋会議の「非交式統合交渉草案」では、海洋環境汚染防止のための国際法の発展につき国家間の協力義務（States shall cooperate）を規定しており（一二三条三項）、それはそのまゝ一九八二年の国連海洋法条約に導入されたのである（一九七条、二〇〇条）。このことを見落としてはならないであろう。

環境保護のように、国際社会がそのための法的レヂームを形成する運動過程にある今日のような時代には、当事国に具体的な決定をまかせ、裁判所は単にそのための交渉義務を課するという態度にとどまることが、司法機能として有効である場合が少なくないであろう。ゲブレハナ（T.Gebrehana）も、当時（一九七〇年代）の海洋法上の問題をとりあげ、明確な国際規則のない事案やわけても政治、経済的性格の濃い国際紛争は、当事国間の妥協による交渉とそれによる問題の解決が有効だという（T.Gebrehana, Duty to negotiate, 1978, pp. 50〜57.; 後述、第七章七㈡みなみまぐろ事件と生物資源の保存、参照）。また裁判所が紛争の平和的解決を促進するための国連の機関としての位置づけをもっていることからみても、それ（交渉の義務づけ命令）は肯定されえよう。(16)

もっともこの「交渉義務」の性格と範囲についでは異論がないわけではない。たとえば一九六九年の北海大陸棚事件判決の反対意見の中で、モレリ裁判官は交渉の一般的義務については否定的意見を述べており、国連憲章第三三条の紛争の平和的解決の義務についても、「紛争の継続が国際の平和と安全の維持を危くするおそれのある」場合に限られ、そしてその範囲内でも交渉によって紛争の解決を求める絶対的義務を創設したものではないと述べている（I.C.J. Reports, 1969, pp. 46〜53.）。たしかに「国際の平和と安全の維持」という目的との関連で右の交渉義務を理解すべきことは、国連憲章第三三条を右義務の法的基盤とするかぎり当然であるといえよう。また判決もいうとおり、「交渉を始める義務は合意に到達すべき絶対的義務まで含んでいない」ことも、ピース・キーピング（紛争を武力紛争化しないことが主要目的）の枠組の中で右義務を理解するかぎり当然であろう。しかし北海大陸棚事件判決はなお次のように述べて「交渉義務」の性格を明らかにしているのである。すなわち、別の政治目的や利己的国家利益を実現するための単なる手段としてだけ交渉が行われるのであってはならず、紛争の実体的な解決のためのピース・メーキングな国家の努力義務でなければならないということなのである。なぜなら、当事国は合意がなされない場合においいて、一定の大陸棚画定方法を自動的に適用するための一種の先行条件として交渉という形式手続を経るのではなく、「合意に到達する目的で交渉をはじめる義務」であるとしているからである（ICJ Reports, 1969, paras. 85〜87.; 拙稿「民族自決権と国連の権能」明学・法学研究、一一号、一九七三年、五九頁）。

しかし同時に、裁判所は政治機関でなく司法機関であるという立場からの限界と共に責任もまた十分に理解しておかなければならない。そうした裁判所の機能的枠組の中でいえば右の「交渉義務」の概念も、次の二つの条件を前提しなければ意味がないと考えざるをえない。すなわち第一は、交渉の具体的内容は当事国の決定にまかせるとしても、基本的な法的ガイドライン（法枠組）だけは明確に設定しなければならないこと。――この点で、一九六九年の北海大陸棚事件のＩＣＪ判決は次の三つのガイドラインをあげている。①大陸棚は沿岸国陸地の natural prolongation でなければならないこと。②equidistance method も解決のための方法の一つであるが、他の方法も含め、単独又は複数の組み合わせをも検討しあらゆる条件を考慮に入れた equitable principles が画定方法とされるべきこと。③当事国は自己の立場の修正をも含む柔軟な態度で、meaningful な交渉を行う義務があること。（T.Gebrehana, op. cit., 1978, p.51.)。――従って、右の法的ガイドランと明白に抵触する当事国の一方的措置の有効性は、事案の審理の中で否認されることが当然にありうること。第二は、non liquet 防止のため、当事国間交渉がゆきづまった場合の最終的な決定権は裁判所に留保されているべきことがこれである。特殊な科学知識の必要性や資料収集上の便宜が当事国に独占されているということは、裁判所の法的判断を進めるさいの基本的障害とはなりえない。なぜなら関係国への資料の提出命令を始め、専門家への鑑定依頼、事実審査委員会の構成等の方法による技術的評価の手段がありうるからである[17]。のみならずそうした裁判作業を通じて、実定規則の存在しない新しい問題や、既存法の急速な無効化（法的効力の崩壊ないし死文化）現象がみられる時代（資源に関する一九六、七〇年代の海洋秩序をみよ）、しかも新法がなお形成過程にある状態のとき、具体的問題の処理を要請された場合に、司法機能の枠の中でという限定条件を無視するわけにはいかないけれども、新しい状況に適応した既存の法原則（法的ガイドライン）の創造的適用の役割を裁判所は果しうるのである[18]。しかし裁判所の管轄権の範囲は、あくまで法的基礎をもち司法的判断に適する（justiciable）問題に限られるから、たとえば国家間の純粋に政策的処理にまかすべき性質の問題については管轄権をもたないことは当然であろう。いずれにせよ「交渉義務」の観念は、すでにRailway Traffic between Lithuania and Poland問題に関する一九三一年の常設国際司法裁判所の勧告的意見でも認められているから、平和維持を基本理念とする今日の国際社会に――紛争当事国のみならず国際裁判所の司法機能の新しいあり方として――新たな責任形態を導入したといってよいであろう。

ここで、紛争解決の手段として被害国がしばしばとる対抗措置の問題をとりあげておこう。条約義務違反国に対する被害国の「対抗措置」（countermeasures）は、「国家責任」法のレジームの中では、厳格な限定性（条件）が要求されている（二〇〇一年のＩＬＣ「国家責任」条文、四九～五四条）。結論としていえることは、右でみた「交渉義務」の観念がレジームに深く底礎されていることである。このことは、ハンガリー・チェコスロヴァキア間の「ガブチコヴォ・ナジュマロシュ計画」（Gabčikovo-Nagymaros Project）事件に関するＩＣＪ判決（一九九七年）にも貫ぬかれている。同判決の基本姿勢ともなったＩＬＣ「国家責任」法上の「対抗措置」観念の至近の論議は、紛争当事国の「交渉」による平和的解決の重視とそれを導く原条約枠組への（事情の変化を考慮に入れながらも）原則的復帰（既存条約上の法的関係の回復）を第一義としていることである。換言すれば、「対抗措置」の目的は違反行為国に対する懲罰（punishment）即ち条約の終了や損害の賠償を求めることにあるのではなく、既存条約の義務履行の再開へと違反国をいざなう（induce）ことであり、そのための方法であると位置づけていることである（「国家責任」条文、四九条一項）。従って「対抗措置」としての自己に課された義務の不履行は暫定的性格のもので（the non-performance for the time being of international obligation）、あくまでも条約義務の有効性を前提とした措置に限られるのである（同、四九条二項）。そこに「国家責任」法の枠組の中での「対抗措置」の違法性阻却事由としての性格がある。その点でまた、条約の終了をも一方的に可能とする条約法条約第六〇条で規定された権利としての「対抗措置」とは異なる性格がある（もっとも、条約法条約でも、条約の「停止」にとどまる「対抗措置」の場合は、運用の再開を妨げる行為は禁止される。条約法条約七二条二項。「国家責任」条文、コメンタリー、第二章(1)(4)。因みにＩＬＣは「国際社会全体に対する（erga omnes）義務」の違反国に対する被害国以外の第三国のとりうる（entitled to invoke）措置を「対抗措置」とは呼ばず単に“lawful measures”としている（「国家責任」条文、四八条。第三国による訴権の行使とか経済制裁などがあろう。E.J.I.L., Vol. 12, No. 5, 2001, pp. 980～982.）。

ガブチコヴォ事件では、ハンガリーが環境への影響を理由に、チェコ・スロヴァキアとの間で結んだ一九七七年の条約条項（ドナウ川流域でのダムと発電所の共同建設計画）の一方的破棄という義務違反行為（自国領域におけるドナウ川の分流工事等の義務の一部放棄と停止）を行ったことに対して、スロヴァキアが「対抗措置」として自国領域内に代替工事（variant c）を策定し、そしてそれを完成し且つ稼働を開始して、結果的にドナウ川水量の激減を招来したことに関し、両国が合意提訴した訴訟で、ＩＣＪはハンガリーの計画放棄を条約違反とし損害賠償の責任があることを判決したが、スロヴァキアに対しても、ヴァリアントＣの策定と工事自体は国家責任法の枠内での「対抗措置」として違法とはいえないとしても（むしろ自国の損害緩和のための措置として肯定される。ＩＬＣ「国家責任」条文三一条、コメンタリー⑾）、別に建設した代替ダムの運用開始により、沿岸国として川の利用に平等な権利をもつハンガリーの利益を棄損したことは、「対抗措置」の条件であるproportionality（条文、五一条）に合致せず、従ってスロヴァキアはハンガリーに対して有責であり賠償義務があると判決したのである。しかし同時に、両国に対して既存条約の趣旨を尊重して再交渉することを求めた（以上、ICJ Reports, 1997, paras., 72～87, 110, 115, 135～147.）ことは重要な意味があったといえよう。

なおガブチコヴォ判決は、ハンガリーが既存条約の義務の一方的終了を「緊急避難」（necessity）の法理によって正当化したことに対し、この主張を否認し、「緊急避難」は「違法性阻却」事由として慣習法ルールとなっているが、条約義務の有効性を前提とした――但し休眠状態――概念で、「重大且つ緊急の危険からの国家の基本的利益を防護するための他に方法のない唯一の手段である」等の制約条件の具備がなければならず、そうした条件を充足しているかどうかの最終的判断権は援用国にはない。そして本件では、ドナウ川の生態系に重大な棄損を生ずる緊急の危険はない、と判示したのである（ICJ Reports, ibid., 49～58, 101.）[19]。

さてこうして環境保護に関する国際社会の共通利益の存在をいっそう明確に認識するために、一九七二年のストックホルム人間環境宣言が、「人間は現在と将来の世代のために環境を保護し改善するための神聖な責任を負う」（Principle 1）と宣明したことを見落としてはならないだろう。また一九七七年の海洋法会議でまとめられた「非公式統合交渉草案」（The Informal Composit Negotiation Text）第一九五条は、海洋環境の保護と保全のために、「国家はその管轄と管理の下での活動が、他の国とその環境に対して（to other states and their environment）汚染損害を与えないようすべての必要な措置（all necessary measures）をとらなければならない。また国家はその管轄と管理の下における活動や事故から生ずる汚染が、自国の主権的権利を行使する区域を越えて拡散しないようすべての必要な措置をとらなければならない」と規定して（傍点広瀬。この規定はそのまま、一九八二年の国連海洋法条約第一九四条2に導入されている）、陸上や空中及び船舶からの汚染物質の流出或いは投棄に対して、沿岸国（対領土主権作用）または船舶、航空機の登録国（対人主権作用）としての（汚染防止上の）国家責任を確認し課したのである。つまりその国家責任の性質は条文の文言からみるかぎり、「自国（対領土、対人主権）を他国の権利侵害のために利用してはならない」というトレイル・スメルター原則（sic utere... 原則）の表明であるといってよいであろう。

右の汚染防止の手段として、陸上、海底活動、投棄、船舶、大気等それぞれの汚染源に起因する汚染に分類して国内法令の設定義務が規定されているが、その基準は国際基準とされている（国連海洋法条約、二〇七、二〇八、二〇九、二一〇、二一一、二一二条）。そうした国際基準に基づく国内法令を制定しなかったために環境損害が生じた場合には、国家行為に帰因するもの（国内法令不整備による環境保護義務の違反）として、「国際法に従い」損害賠償の責任を有することになる（同、二三五条）。「国際法に従い」との規定がおかれたことによって、国家による「過失」が責任成立の要件になるのか、ならないのか、或いは「国際基準」とは何か等の問題については、条約自体では明文的に解決してはいない。すべてが国家間合意と国際慣行に委ねられているといえよう。――この点で「国連環境計画」（UNEP）が一九八二年に採択した「環境法ガイドライン」は注目さるべき作業である。それは国家管轄権の範囲内における海洋鉱物資源の探査と開発に関連する環境保護の問題を取扱っているが、汚染防止措置の構築に重点を置き、権限ある当局による許可の必要、環境アセスメントの実施、適切な環境モニタリングシステムの構築と実施を掲げ、国境を越える環境への影響に対しての十分な配慮、安全措置の構築と、更に賠償・補償の枠組の策定等を要請している。更にまたUNEPは、地域海計画により地域ごとの海洋環境保護のルールの作成を求め、たとえば一九八九年にはクウェートを中心にペルシア湾を対象とする「大陸棚の探査及び開発から生ずる海洋汚染に関する議定書」が採択されている。また西欧諸国による北東大西洋地域海計画は、一九九二年に「北東大西洋海洋環境保護条約」を採択し、汚染予防原則と損害賠償に関しての汚染者負担原則（PPP）の適用を定め、国連海洋法条約が要求する汚染防止と損害賠償に関する「国際法基準」の確立に一歩を進めているといってよいだろう（中谷和弘「海底鉱物資源の探査・開発と国際法」ジュリスト一三六五号、二〇〇八・一〇・一五、参照）。――しかしトレイル・スメルター判決が国際慣行の有力な先例であるとすれば、すでに明らかにしたように国内法令の不備を理由として汚染の責任を免れることはできないし、国際基準を満たす法令を具備していたとしても（従ってその限りでは汚染防止のための事前の国家義務を果してはいるが）、だからといってなお生ずる環境損害があった場合に当然に免責される趣旨ではなく、第二三五条1（国連海洋法条約）の規定するように「いずれの国も海洋環境の保護、保全に関する国際義務を履行する責任を負い、国際法に基づいて賠償責任を負う」とされ、このことは賠償責任が客観（絶対ないし結果）責任であることを、今日の実定国際法は予定していることを意味するものとみるべきであろう。(20)

また、自国の管轄下にある自然人または法人が引き起した汚染損害については、「その国家は迅速且つ妥当な補償もしくはその他の救済のために自国の法制度に従って救済しうる手段を確保しなければならない」（傍点広瀬、同、二三五条2）と規定して国内法に具体的な救済の手続と準則を送致している。これは「国内的救済原則」と「裁判拒否」の禁止――わけても迅速且つ妥当な賠償という基準を条約中に明記したことは単なる手続ではなく実質的な裁判拒否の発生を防止する効果をもつ――という国際法ルールを明文化したものといえよう。(21)従って事案が国際的救済手続に移った場合には、トレイル・スメルター判決の示すように、国際裁判所による救済（賠償額の決定や差止め命令等）に対して国内法に優越した拘束力が与えらるべきは当然であろう。国際法上の国家的義務が国内法に優越するからである。

但し国連海洋法条約では、たしかに環境保全上の法益享受者を「国家」として指定し、決して「国際社会」としては把握していない。この点を軽視してはならないであろう。また右にもみたように私人を直接、国際法上の責任主体として位置づけてもいない。しかし第二三五条3は「国家は損害賠償責任や損害の評価、補償に関する紛争解決のための基準（criteria）と手続（procedures）に関する国際法の発展について各国は協力しなければならない」との規定をおいている。これは今後、国家と個人の賠償責任の分担や、賠償額の国際基準の決定や評価のための機関の設置或いは一般的に紛争解決方式や手続（強制保険や補償基金等）について、訴権の第三国への帰属（actio popularis）更には国際行政機関の設置による汚染防止のための監視、監督のシステムの設定も協議されることを予定するものといってよいだろう。そうした国際的な司法、行政上の手続の充実をはからないかぎり、汚染防止と環境保護に関し国際社会の共通の法的利益という概念は実質的に完成しえないと思われる。またそうでなくては性質上本質的にトランス・バウンダリーないしトランス・ナショナルな波及効果をもち地球的規模の損害を発生せしめる汚染や環境上の問題を有効に処理することは難かしいと思われる。国家主権に優位する国際共同体の利益の観念を成熟させる必要性が今日ではきわめて高いのである。「国際的に共有された環境（international shared environment）」の観念の成熟が望まれるゆえんである。(22)

もっともここにもう一つ重要な問題がある。それは国際的に共（分）有された環境価値を保全するために、個別国家がその主権的権限を公海水域に拡張し行使できるパーマネントな制度を国内法によって一方的に設定できるかどうかのそれである。結論的にいうとそれは疑問といわざるをえないだろう。カナダは一九七〇年、北極海に汚染水域防止法を一方的に施行したが、その趣旨は海洋汚染防止という国際社会全体の利益を保全するために、現状として国際制度がない段階での国家による責任分担としての行為として、やむをえず（国際制度確立のための呼びかけを行ったが早急な実現が不可能と判断されたため）行ったものであるとした。そして性格的にも patrimonial な主権拡張ではなく functioonal で non-acquisitive なものであると、その正当性を主張したのである。[23] しかし主権的権限の公海への一方的行使が認められるのは、緊急避難的措置に限られ、——たとえば「公海上の船舶油濁事故の場合の介入に関するＩＭＣＯ条約」では、油濁事故をおこした船舶に対する事故後の焼却・撃沈行為が沿岸汚染という緊急の危険避止のため沿岸国に許容されている。——事前の検閲を含む恒常的な主権拡張は、国際合意による制度化を前提にしてはじめて可能であるとみるべきであろう。そうでなければ今日のように、主権行使に対して国際的なチェックがない状態で果して公海における航行の自由の阻害が起らないという保障があるかどうか疑問があるからである。——この点で、防空識別圏（ＡＤＩＳ）を沿岸国が自国の領空外に一方的に設定できるかの問題がある。いわゆる「隣接水（空）域」概念で容認できるという説もあるが、ＡＤＩＳの法益としての security ではあいまいで（自衛権の場合を除く）、容認は困難だろう。公海上空の一定空域における一時的な沿岸国管轄権（occasional exclusive use of highseas area）の設定は認められるであろうが（たとえばかつて公海での核実験でその上空の閉鎖が行われた）、半恒久的な管轄権の設定は認められない。単なる識別の要求だけなら航空の自由を侵害しないが、パイロットの訴追を含むような強制力をもつ管轄権の設定は認められない。民間航空機については沿岸国法令の侵犯があっても武力の行使は不可であり、また hot pursuit の権利も認められない（国連海洋法条約八九条、参照。K.Hailbronner, Freedom of the Air and the Convention on the Law of the Sea, A.J.I.L., Vol. 77, No 3, 1983, pp. 517~519.）。——もっとも右の主権的管轄権の拡張が、目的的には汚染防止という国際利益の保障にあるだけに、一定の正当性はこれをもちうるから、そのための国際制度の形成を促進する手段として実施されるかぎり、慣習国際法の成立を可能とする一つの端緒としての国家実践的意味はもちうるであろう。

右のような主権の拡張行使ではなく、逆に国家主権の自由に対する一方的抑制措置の法的効果についてはどう考えるべきであろうか。前述の核実験に関する国際司法裁判所の判決は、「国々はその行動の自由が制限されるべき宣言をするときは、限定解釈（restrictive interpretation）が要求される」と述べている[24]。これは主権国家並存社会においては主権のフリーハンドが原則的に保障さるべきであるという建前から、義務負担条項は限定的に解釈すべしという伝統的な条約解釈原則の延長線上での判旨のようにみえる。今日では逆に、国連の法制度における憲章規定の解釈原理としての「黙示的権限」（implied power）の法理が、機構法の解釈原則（安保理などの国連決議による個別国家の主権行使の制限）として一般的に受け入れられてはいるが、個別国家間の条約解釈の態度としてはなお主権的自由に優位性を認める限定（制限）的解釈の立場が必要であろう。——因みに、公海上の船舶（衝突）事故についての刑事管轄権は、加害船旗国又は加害船船長、船員の所属国がもち、（国連海洋法条約、九七条）、被害船旗国はもたない。その点で一九二七年のローチュス号事件に関する常設国際司法裁の判決での被害船旗国ももちうるとした公海での個別国家の主権的自由を広く認める立場は否定された。——しかし判決の趣旨は次のようなものであったと解される。すなわち一方的宣言により、独立国家が自らの主権的自由を制限し義務を負担し拘束される意思を表明したものかどうかそしてその範囲は何かを決定する場合には、主権意思の明白性を前提にしなければならず決して拡大解釈をしてはならないということを述べただけで、宣言の法的拘束性や負担した義務の性質や内容に関し一定のことが明白に確認される場合には、そう解釈する裁判所の権限を何ら拘束しないということを述べたものとみるべきだということである。

のみならず国家的自由（たとえば公海自由）の範囲は、国際社会の全体利益によって次第に制限される傾向を帯びていることも見落としてはならない。地球的規模での環境維持が今日の重要な国際共通利益であるとすれば、環境破壊を伴う主権的行動に対しては制約ないし否定の立場からの評価、解釈がむしろ必要であろう。その限りで、主権に有利な「限定解釈」原則もこの分野では修正をうけはじめているといえるであろう。国際社会が res communis の性格を帯びつつあるとの意味もそこにある。一九七三年の核実験事件における仮保全措置の決定で、裁判所がフランスの管轄権受諾宣言に付された「国防問題に関する紛争」の留保があったにも拘わらず、放射性降下物による危険をより重視して裁判管轄権の存在を肯定したのは、まさに人権的価値（享受者は訴訟面では原告国民に限られはしたが）に優位性を認めたからであった。その意味では、七四年の判決でふれた「限定解釈」の原則も判旨の中ではせいぜい傍論的なものであり、一方的核実験停止宣言の erga omnes の義務負担の性格に影響を与える効果は何らもちえなかったといえよう。

（1） R.B. Bilder, Settlement of Disputes in Field of International Law of Environment, op. cit., p. 210.
（2） R.B. Bilder, Ibid., p. 205.
（3） R.B. Bilder, Ibid., p. 210.
（4） C. Eagleton, Measures of Damages in International Law, Yale Law Journal, Vol. 39, 1929～30, p. 75.; M.M. Whiteman, Damages in International Law, Vol. 3, 1943, p. 1837.
（5） G. Handl, op. cit., pp. 66～68, 74.; P.Guggenheim, Traité de Droit International Public, Tom. 2, 1954, pp. 164～165.; 及び一九七二年のストックホルム人間環境宣言プリンシプル21に対する Governmental Working Group のメンバーによる留保と見解に関する報告をみよ（UN Doc. A/CONF. 48/PC. 12, Annex II.)。
（6） 皆川洸「核実験に関する事件」国際法外交雑誌七四巻四号、一九七四年、一九七五年、七一～八七頁参照。
（7） P. Lellouche, op. cit., p. 636.
（8） R.B. Bilder, op. cit., p. 212.
（9） P.Lellouche, op. cit., p. 635.
（10） 前掲、皆川洸「核実験に関する事件」一九七四年、八一頁。M. Akehurst, Customs as a Source of International Law, B.Y.I.L., Vol. 47, 1974―75, p. 3.
（11） A. P. Rubin, The International Legal Effects of Unilateral Declarations, A.J.I.L., Vol. 71, No. 1, 1977, pp. 1～30.
（12） 前掲、皆川洸、八一頁。
（13） 皆川洸『国際法判例集』有信堂、一九七五年、三七八頁。同旨論文として、I.C. McGibon, Estoppel in International Law, Int'l and Comp. L. Q., Vol. 7, Pt. 3, 1958. pp. 468～513.; O. Schachter, The Twilight Existence of Nonbinding International Agreements, A.J.I.L., 1977, Vol. 71, No. 2, p. 301.
（14） A.P. Rubin, op. cit., p. 28.

（15） R.B. Bilder, op. cit., p. 190.; 同旨、A.L.C. de Mestral, The Prevention of Pollution of the Marine Environment Arising from Offshore Mining and Drilling, Harvard International Law Journal, Vol. 20, 1979, p. 486. ここでは国連憲章三三条が引用されている。

（16）「交渉義務」の性格と背景について、杉原高嶺「国際司法裁判所の交渉命令の判決について」法学四〇巻四号、一九七七年、三六～六〇頁。

（17） クリプス（Y. Cripps）は、遺伝工学（genetic engineering）問題に関する災害発生の防止と損害賠償上の国家責任について、過失論を否定し危険責任論を基盤として論ずべきだとした上で、liability や compensation の決定機関として裁判所の他に、technical, expert evidence の作定と評価のための board の設置が不可欠だと述べている（Y. Cripps, New Frontier for International Law, I.C.L.Q., Vol. 29, Pt. 1, 1980, p. 19.）。

（18） アロット（P. Allot）は、北海大陸棚事件と漁業管轄権事件に関するＩＣＪ判決をとりあげ、次のように述べる。法を宣言すべき裁判所の司法機能と平和的手段で紛争を解決すべき当事国の責任の間の緊張関係を「交渉義務」という橋渡し役を挿入することで切り抜けようとした試みであると評価する。しかし同時に、合意によって到達すべき the "regime" character of the thing は明確化されているとして、漁業管轄権判決では「公海の生物資源に対する laissez-faire treatment は既に過去のものとなり、すべての関係国の利益のための保存の必要と他国の権利の尊重義務の承認」が明示された（ICJ Reports, 1974, pp. 3, 31.）と述べ、また北海大陸棚判決では、「本件でルールが存在しないとか、当事者の無制限の活動を許す状態は既にない」（ICJ Reports, 1969, p. 46.）と述べたとしている（P. Allot, Power Sharing in the Law of the Sea, A.J.I.L., Vol. 77, No. 1, 1983, p. 26.）。

（19） J. Crawford, J. Peel and S. Olleson, The ILC's Articles on Responsibility of State for Internationally wronglul Acts: Completion of the 2 nd Reading, E.J.I.L., Vol. 12, No. 5, 2001, pp. 979～985. また同条文案の「対抗措置」に関する R. Ago から J. Crawford に至る歴代の報告者の考え方の変遷について、岩月直樹「現代国際法における対抗措置の法的性質」国際法外交雑誌一〇七巻二号、二〇〇八年、七五頁、注（11）、参照。またガブチコヴォ・ナジュマロシュ事件のＩＣＪ判決の分析として、河野真理子「ガブチコヴォ・ナジュマロシュ計画事件判決の国際法における意義」世界法年報一九号、二〇〇〇年、九八～一二六頁、参照。

（20） A.L.C. de Mestral, The Prevention of Pollution of the Environment Arising from Offshore Mining and Drilling, Harvard International Law Journal, Vol. 20, No. 3, 1979, pp. 484～485.

（21） A.L.C. de Mestral, Ibid., p. 485.

（22） G. Handl, op. cit., p. 53.

（23） A. Gotlieb and C. Dalfen, National Jurisdiction and International Responsibility: New Canadian Approaches to International Law, A.J.I.L., Vol. 67, No. 2, 1973, pp. 233, 246.

(24)　前掲、皆川洸「核実験に関する事件」一九七四年、八一頁。皆川はいう。これは「義務を含畜する一方行為の縮小解釈」であると（同上、八六頁、注(15)）

六　高度危険事業に関する国家責任の法理・各論

(一)　国内法の立場——米国法を例として

国際法上で、高度危険事業に関する国家責任の法理を確定するためには、トレイル・スメルター判決をはじめ若干の先例で明らかにされたところの「文明国の認めた法の一般原則」（ＩＣＪ規程三八条Ｃ）が十分理解されていなければならない。すでにみたように、この種の損害賠償上の責任原理としては客観（絶対及び結果）責任原則が一般に確立している。そこでまず国内法制度の中で、この原則がどの程度と範囲で導入され適用されているかを明らかにしてみよう。典型的な米国の法制についてみると、米国法には高度危険事業に関する厳格責任原則を法制化した一九三八年のリステートメント第五一九款（Restatement ol Torts, §519.）及び一九六四年の修正リステートメント第五一九、五二〇款がある。三八年条款はすでに明らかにしたイギリスのコモン・ロー上の Rylands v. Fletcher 判決を基礎にしていることは疑う余地がない(1)。すなわち一九三八年のリステートメントは、加害者（行為者）が最大限の注意（the utmost care）を払ってもなお除去の不可能な危険から結果する損害に対しては、その規模、範囲或いは種類を問題とすることなく適用があるように解釈されていたからである(2)。

しかし六四年修正リステートメントではこれを改め、責任を負うべき損害に制限を設けると共に、そうした損害が発生した場合にその危険の性質の故に右事業をこの条款の対象とする高度危険事業たらしめる性格のものに適用があるとしたのである。しかし修正リステートメントの場合も三八年のそれと同様に損害の発生を防止するため最大限の注意を払っても、それは責任免除の理由となしえないとしたところに結果責任原則の表明がある。なお損害の客体は人身、動産、不動産とされている。しかしここでの重要な論点は、活動が高度に危険かどうかの判断基準をどうとらえるかにあった。修正リステートメントのコメントによると、危険発生の見込の程度（確率）は問題ではなく危険が現実に発生した場合、その損害が広範、大規模であり或いは程度の高い可能性をもつ場合に、修正リステートメントの厳格（結果）責任原則が適用される「高度危険事業」（abnormally dangerous or ultrahazardous activity）と考えられたのである。三八年リステートメントでは、「最大の注意を払っても災害を防止しえない」という通常の注意義務を超える面から高度の危険性を一般的に把握していた立場とは異なるアプローチの仕方である。つまり三八年のリステートメントで重視された「最大の注意」という行為者（事業者）の主観的意思と行為のプロセス上の問題は二義的となり、修正リステートメントでは、発生した場合の損害の内容、範囲、性質にウェイトをおく観点から、高度危険事業に対する結果責任原則の法理が組み直されたといえるのである。ここでは過失責任原則が機能する個人の自由活動の保障という社会基盤からの観点ではなく、被害者や一般大衆の社会的利益の防衛という見地を優先させた思想を背景にしたものとみてよいであろう。従って六四年リステートメントでは三八年のそれと異なり、パブリック・ニューサンスにウェイトをおいたアプローチといえよう。

こうして六四年の修正リステートメントでは、損害がアブノーマルであるかどうかは、危険事業の営まれる地域の環境との相対的関係の中で決定さるべきものと考えられ（修正リステートメント第五二〇款）――コメントによれば、Rylands v. Fletcher 事件で、もし貯水池が市街地域に設置されず、逸水した場合でも近辺に有価財産の存在しない田園地域であれば、環境との関係では決して高度危険事業の概念には含まれず厳格責任の適用はなかったであろうという。――、たとえば工場廃棄物の河川流出も、自然浄化作用の許容内での操業規模にとどまる場合は右の厳格責任原則の適用はなく、一般の過失責任原則が妥当することになるが、工場が増えたり操業規模が拡大されたりして廃棄物による累積被害がその地域一帯の環境の自然的サイクルを破壊する性格をもちはじめときには、発生すべき損害結果の性質を重視して責任原則の転換が行われることになるのである。(3)

しかも米国法で注目されるのは、フランス法（仏民法第一三八四条）では例外として肯定している[4]「不可抗力（cas fortuit, act of God, force majeure）」や「第三者原因」に基づく阻却事由（但し挙証責任は被告が負担）を退け、被害者（原告）側の故意、過失に基づく相殺原因を別にして、いっさいの結果責任原則上の負担を規定していることである（修正リステートメント第五二一、五二三、五二四款）。

（1）　J.M. Kelson, State Responsibiliy and the Abnormally Dangerous Activity, Harvard International Law Journal, Vol. 13, 1972, pp. 203〜204.
（2）　W.Prosser, Selected Topics on the Laws of Torts, 1954, p. 158.
（3）　J.M. Kelson, op. cit., pp. 204〜206.
（4）　A.Von Mehren, The Civil Law System, 1957, pp. 412〜413.

(二)　国際法の立場・最近の発展――基本責任と保証責任

国際法の分野でも最近多くの条約（多数国間条約）で高度危険事業に対しては、客観責任原則即ち結果（厳格）ないし絶対責任原則を導入するようになっていることはすでにみたところである。高度危険事業とは性質的に別の、一般の国家の国際法違反行為たとえば領海や領空の侵犯のような慣習国際法や条約の直接違反行為とか、またそれ自体は本来合法な国家の権限行為でありながら、国内法制の不備や国家機関の権利の濫用によって結果的に相手国（民）に損害を与える間接的な国際法違反行為（たとえば国有化を含む外国人の財産の没収）については、機構体としての主権的権限機能の特性を国内問題不干渉の原則並びに国際法秩序と国内法秩序の次元的相違という観点から、理論的に徹底するかぎり、個人の自由な心理に法的基礎をおく過失責任原則が機能し適用される場がないことが明らかにされているのである。

しかし高度危険活動に対する客観責任原則の導入は、むしろ別の理由に基づくものであったといえる。すなわち一つは生じうべき危険に対する受益者負担または汚染者負担の原則（ＰＰＰ）であり[1]、二つは高度の技術水準を要する事業活動の場合、危険防止のための注意義務の内容を客観的に確定することが技術知識上で困難であるのみならず、それについての国家間の合意をとりつけることも困難であることである。たとえば原子力損害に関する一九六〇年のOEC条約が結果責任原則を導入した理由を、右条約の作成準備にあたった欧州原子力機関は次のように述べている。「原子エネルギーがもつ従来経験のない新しい技術の観点からみて〝過失〟の証明は困難であるからである」と。(2)この点が、一般の国際法違反行為についても客観（絶対）責任原則の法理による説明を妥当とした場合との決定的な相違点である。もっともこれは「過失」基準を責任条件として排除する意味をもつだけであって、損害の発生と事業活動との間に因果関係が存在することの挙証責任が原告にあることまでを否定するわけではない。その点で、トレイル・スメルター判決でいう「明白且つ確信的な証拠」の原則は維持されることになる。但し、損害の性格によっては「明白、確信的証拠」による因果関係の挙証責任を被害者のみに課すことが、科学技術上の知識や情報収集の点で困難な場合が考えられるから、「蓋然的因果関係」を立証する一応の（prima facie evidence）責任だけを被害者に課し、逆に、因果関係不存在の挙証責任を被告へ転換することを考慮する必要が具体的ケースによってはでてこよう。トレイル・スメルター原則の修正がこの点では必要であろう。

三つは、高度技術に関する事業体の企業秘密や事業体所属国の国家的（軍事的）機密の保護の方針のため、被害者の立証上の困難が明白であることである。(3)以上の三つの理由が、高度危険活動による損害に対して社会的救済の緊急度が高いことを前提にして考えるかぎり、加害者に「客観」責任原則を適用する特別の必要性として存在しているのである。(4)

そこで問題の一つは、こうした高度危険事業による損害に対して導入された責任の内容と性格は果してどのようなものなのかをより詳細に分析することであり、問題の二つは、この場合に事業主体（通常は企業）とは区別される国家（事業体の所属国や活動領域国）の国際責任の性格は何かのそれである。

ところでまずこうした活動について客観責任（結果責任や絶対責任）の原則が適用されている状況を実証的に検討

しておこう。一九五二年の「外国航空機が地表上の第三者に与えた損害に関するローマ条約」では、「結果」責任とか「絶対」責任とか「厳格」責任という明示的な用語による原則の表明はないが、しかし第一条では「地表上で損害をうけた何人も、その損害が飛行中の航空機またはそこから落下する人ないし物によって生じたことを証明することのみによって（upon proof only that……）、賠償請求の権利を有する」と規定している。これは原告が蒙った損害の事実と被告の活動との因果関係を証明するだけで、いいかえれば被告に加害上の故意・過失が存在したかどうかは全く考慮の必要なく、賠償責任が航空機運航管理者（operator）に帰属することを意味するのである。しかし一九七一年に国連総会で採択された「宇宙打上げ物体による損害賠償責任条約」では、その第二条で明示的に「打上げ国（the launching State）は打上げ物体によって地表および飛行中の航空機に損害を与えた場合には絶対責任を負わ（absolutely liable）なければならない」と規定している――本書では「絶対」（absolute）責任の用語を「結果」又は「厳格」責任と区別して、国家の管轄権限行使という国家構造上の責任原則として用い且つそのように定義した。しかし、等しく行為者の故意、過失を責任帰属の条件としない「客観」責任の法理の中で把握すべき点においては異ならないので、「結果責任」と同じ性質枠組の中で取扱った。本書、一三四頁、参照。――

一九六三年に国際原子力機関（IAEA）加盟国が採択した「原子力損害に対する民事責任に関するウィーン条約」も、第四条一項で「原子力損害に対する（原子力施設の）運用管理者（operator）の責任は……絶対的である（shall be absolute）」と規定している。またこの一九六三年の原始力損害条約のモデルとなった欧州原子力機関加盟国による原子力損害に関するOEEC条約は、「絶対」責任の明示こそしていないが、前記一九五二年の航空機損害に関する条約と同様に、被害者による損害発生に関する因果関係の立証だけで原子力施設の運用管理者に賠償責任を負わせているのである（OEEC条約第三条）。更に一九六二年の「原子力船運航者の責任に関する条約」（ブラッセル条約）も、その第二条一項で同様の規定の仕方で、間接的に「絶対」即ち「結果」責任原則の採用を明らかにしている。最後に、一九六九年の「油濁損害に対する民事責任に関する国際条約」（油濁損害賠償条約）についてみると、絶対責任とか厳格責任或いは結果責任の用語こそ条文上で明示せず、単に「船舶所有者（the owner of a ship）は……船舶から流出し或いは投棄した油によって生じたいかなる汚染損害に対しても（for any pollution damage caused by oil）責任を負わなければならない」（三条一項）と規定しているのみであるが、しかし前者と同様に因果関係の立証のみで船舶所有者の有責が決定されることとされている。たとえば右の規定にひきつづく第三条二項で、第一項に掲げた責任原則の適用を免れうる例外は、「不可抗力」（force majeure）ないし「外的（第三者）原因」（cause étrangère）に基づく場合だけであることを規定したのは、まさにこの条約での責任原則が結果責任のそれであることを間接的に表明したものである。

結果（絶対）責任原則の適用除外事由として「不可抗力」または「外的（第三者）原因」を明示しているのは、航空機損害に関するローマ条約や原子力損害に関するウィーン条約およびOEEC条約でも同様であって、たとえば武力紛争や内乱等の社会的騒乱を原因とする場合や予測し難い重大且つ例外的な程度をもつ自然災害を原因とする損害については、これを免責事由として特別に承認している。こうした例外的な外的事件に基づく損害賠償上の責任は、単なる事業の管理責任とは異質のものとして理解すべきものであり、いわば共同社会としての国家が災害全体に対して行う救済の仕組みの中で考慮すべき性質のものだからである。つまり「絶対」ないし「結果」責任原則の作動する被害者対加害者関係の個別的な民事責任の方式とは別の保障システムの中で救済すべき性格のものだからなのである。[5]

こうしてみると、高度危険事業活動に対する損害賠償上の法理として「結果」責任原則が導入されたということは、前述もしたように、企業活動によって生じた損害は「受益者負担」或いは「汚染者負担」の原理の中で、企業経営上のコストとして消化すべきであることを前提にした議論でもあるから、逆の面からみると、結果責任原則の導入とひきかえに（代償として）企業経営の安全をはかる見地から賠償責任額の上限《シーリング》を設定するという有限責任の原則が採用されることともなったのである。たとえば、航空機損害に関するローマ条約第二条、原子力損害に関するウィーン条約第五条一項、OEEC条約第七条六項、油濁損害賠償条約第五条一、二項はそれを表明した規定である。[6]船舶運輸業や民間航空事業或いは原子力産業のように、（資本主義的）企業経営になじむ性格の事業についてはそうした歯止めをおかざるえないであろう。ローウェンフェルドとメンデルソン（A.F. Lowenfeld and A.I. Mendelsohn）はそうした有限責任原則の導入がなければ、たとえば航空運輸事業は資本にとって魅力のないものになろうと述べているのである[7]。――なお、「適当なすべての措置をとる義務」（相当注意義務）の完全履行は、それでも損害の発生を防止できない場合についてまで当事国に責任を帰属しえないことにつき、後述、第七章七㈠参照。――

また結果責任原則は、事業活動に由来する危険が環境との相対的条件の中で人身と物に対して深刻且つ広範な損害をもたらす可能性を前提として成立するものであるから、そうした重大結果を生まない事故たとえば宇宙打上げ物体相互間の接触や衝突その他の事故による打上げ物体自体の損害に対しては、国内民事法上の伝統的な過失責任原則が妥当することとなるのである（宇宙損害賠償条約三条）。

次に問題となるのは、右のような結果責任原則の適用の場で、国家がどのような性格と範囲において損害賠償上の責任主体として登場しているかである。国家責任と結果ないし絶対責任の法理的関係である。

航空機損害に関するローマ条約にみるように、航空機損害に関しては、賠償上の責任主体は運航管理者（operator）であって航空機登録国ではない。国は原則として責任を負わないのである。油濁損害賠償条約でも船舶所有者（owner）のみが結果損害賠償責任の帰属者として指定されていて、船舶登録国（旗国）の賠償責任についての規定はない。但し二〇〇〇トン以上の自国籍の油輸送船に対しては、国家は船舶所有者に対し保険の設定を出入港時において確保することを義務づけられている。しかしこれは国家が損害賠償責任上の主体となったことを意味しない。自国船舶に対する旗国主義上の特別の行政管理責任を設定しただけで、損害賠償上の具体的な債権債務の関係には関与しないのである。

こうしてみると航空機や船舶の輸送業務については、それから発生した損害に対して「運航管理者（企業）」が結果（厳格）責任の主体となることが条約上で確立しているが、しかし「国家」が損害賠償上で何らかの形での客観

（絶対ないし結果）責任を負うことは予定されていないことに注意する必要があろう。

しかしながら宇宙損害賠償責任条約と原子力事業関係の損害賠償責任条約についてはそうではない。たとえば一九七二年の宇宙損害賠償責任条約では第二条に「打上げ国（launching State）は地表及び飛行中の航空機に対して打上げ物体によって与えた損害を賠償するために絶対責任を負わ（absolutely liable）なければならない」と規定しているように、打上げ事業管理者が国家とは別の組織であっても、打上国自体に責任が帰属することを明示している。——しかし右条約第三条は、打上げ国どうしの地表以外の場所での衝突等による人的、物的損害が生じた場合については、加害打上げ国は“shall le liable *only if the damage is due to its fault or the fault of persons* for whom it is responsible.”と規定し、第二条と異なり過失責任をとっている。しかしリー（E.G.Lee）はこれに批判的で、第二条が絶対責任をとった理由がもともと被害国の挙証の困難性が、加害国の国家機密へのアクセスの不可能性と高度技術の欠陥についての証明の困難性にある以上、第三条についても同様で二条と三条を区別する必要はないという。なお右条約が、二条と三条というふうに責任体系上で分離したのは、打上げ物体が大気圏内で衝突する可能性をすべての打上げ国が暗黙に了解しているからであって、予測困難な危険ではないから一般の国内法上の民事責任原則（過失主義）を導入することにあまり違和感がなかったためだという。[8]もとより二条、三条のいずれの場合でも過失相殺による免責はありうる。——これは打上げ事業体がかりに企業であっても、宇宙活動の技術的特性（軍事技術の転用可能性）と財政負担上の基礎という実体からみて、直接の事業体たる企業（或いは国家とは組織的に別の公法人としての事業団体）そのものは従的立場におかれ、基本管理権と主要な事業内容決定権は国家に所属していることを前提としているからである。[9]従ってこの場合には、国家自体が国際法上の国家責任体系における損害賠償上の基本責任（original liability）を負担しているとみてよいであろう。即ち国家のみが有する領域主権上の行政管理権にとどまらず具体的な事業活動権をあわせ持っているからだとみてよいのである。従ってその責任理論も第三者（私人を含む）の不法行為（義務違反行為）に対して負う伝統的意味での State“responsibility”——義務と責任の主体を区別しうることについて H. Kelsen, Principles of International Law, 1966, p. 8. 参照——と国内私法原理上での損害賠償に関する“liability”を国際法の領域の中で、結合的に実現したものといってよいであろう。すでに述べた私人行為に対する「黙示的国家加担説」（グロチウスのいう“patientia”）が、より国家への責任帰属の方向で（即ち「黙示的私人加担説」という方がより的確であるほどに）再編成されているといえるかもしれない。その意味で損害賠償の請求手続についても被害者が相手国国家である場合のみならず、自然人、法人である場合でも、打上げ国の国内的救済《ローカル・レミディ》手続を事前に完了することを必要とせずに、被害者の国籍国が外交手続を通じて直接、打上げへの賠償請求を行うことを可能とする責任解除上のプロセスを予定しているのである（同条約、九、一〇、一一条一項）。

この点で同じく国家が損害賠償上の責任を負担しながら、性格上基本責任ではなく従的な保証責任（代位責任）を負担するにとどまる原子力事業関係の損害賠償責任形態とは異なるといえよう。後者についてみれば原子力損害賠償に関するウィーン条約でもＯＥＥＣ条約でも、更には一九六二年のブラッセル条約（原子力船条約）でも、損害賠償上の基本責任（original liability）は事業管理者（operator）が負担し、国家（原子力事業施設の設置国または原子力船登録国）は事業管理者が保険金または他の財政的保証によっても損害賠償額の支払いが不十分である場合にのみ、条約規定上の責任限度額の範囲内で残額の支払いを保証すれば十分であるとされている（ウィーン原子力損害賠償条約七条、OEEC Convention, Explanatory Memorundum, para. 49.; 原子力船条約三条二項）。従って被害者は、最初に加害者たる原子力事業管理者を相手方として損害発生地国（ウィーン同条約一一条一項）——原子力船の場合は船舶登録国と被害地国のいずれをも原告は選択しうる（ブラッセル原子力船運行者責任条約一〇条）——の管轄裁判所に対して提訴することを要求されることになるが、それによっても損害賠償の限度額までの完全履行（支払）が確保されない場合は、第二次的に事業許可国の保証債務の履行を、今度は右事業許可国の国内裁判所に請求しなければならないことになるのである。ここでは伝統的な主権免除（State immunity）原則即ち国内裁判所は外国国家に対する管轄権をもたないとする原則への配慮（国の商業行為上の責任とみなして国内裁判所の管轄権を肯定）と更にローカル・レミディの理論が機能しているのである。こうしてみると右の国家の債務は第二次的な（基本債務に対する）保証債務のそれといってよいであろう。たとえばウィーン原子力損害条約第七条一項は、「施設国（installation State）（事業許可国）は、保険の提供や他の金融上の保証によっても賠償額をまかなうに十分でないときは、規定上の上限を超えない範囲で原子力管理者の有責が証明された原子力損害の賠償に対する請求の支払を保証（ensure）しなければならない」と規定しているのである（ブラッセル原子力船条約三条二項も同旨）。

そうであるとすればこの例ではいわゆる「黙示的国家加担説」（私人の不法行為に対して負う"patientia"的国家責任理論）が実質的に表現されているとみてよいだろう（但し、ここでは高度危険事業の特質から国家機関の主観的心理状態を責任帰属の条件とする「過失」原則は放棄されている。その点で従来型の黙示的国家加担理論が現場公務員の過失を要件として成立していた点と異なる）。なお注意しておかなければならない点は、右の国内裁判所（たとえば被害地国の裁判所）の判決が、他の条約加盟国（加害国）の領域内（の裁判所）でも自動的に承認され且つ執行されることになっている（ウィーン原子力損害条約一二条一項、原子力船条約一一条四項(a)）ことで、これは国内審決の国際的執行を強化促進する意味をもつ個別条約上の規定として見落とせない。こうしてみると「基本責任」か「保証責任」かの相違はあるけれども、事業管理者とは区別される国家自体の損害賠償上の責任が、宇宙活動や原子力事業について条約上で規定されるようになっていることは、今日の高度危険事業に関する一般国際法上の規範意識を探り把握する場合に注目しておかなければならない点といえよう。

ところで右の場合注意しなければならないことは、国が負担すべき損害賠償額は具体的に被害者に生じた損害を基礎に算定されるのであって、国家管轄権に伴う監督（管理）義務（危険事業の許認可に伴う危険防止上の国家行政義務）の違反といういわば事業管理者（企業）の違法行為とは区別される国家自体の違法行為に基づくものではないということである。監督不行届というような国家の管轄権作用自体による違法な加害行為の性格は賠償額決定のさいに全く考慮されていないということである。――いわんや事業主体に対する損害賠償請求訴訟で施設国の国内裁判所の裁判拒否があった場合の損害は全く別問題として考慮に入っていない。――この点即ち損害賠償額の算定が被害者（個人、法人）に生じた具体的損害に基づき計算されるということは、伝統的学説が外交的保護権による保護法益を、しばしば国家自体の法益であって、被害個人の法益ではないという主張を展開してきたことに対する別面からの反証となるだろう。[10]

この点を宇宙損害賠償責任条約についてみると、同条約第一条(a)の「損害」の定義として「個人の生命の損失、身体的障害及びその他の健康上の損害、国家及び自然人並びに法人の財産に対する損害、国際的な政府間組織の財産に対する損害」と規定し、まさに私法上の法益そのものを国の法益として理解していることに注意しておかなければならないだろう。更に同条約の第八条では、国籍国は、「自国民（自然人、法人）の損害の賠償をうけるため」の請求権（外交的保護上の請求権）を行使できると規定し（一項）、請求権の内容を国家法益上の損害として擬性化する伝統的態度を放棄していることである。のみならず二、三項では、国籍国が請求権を行使しない場合は、損害発生地国や被害者が永住している国もまた、請求権を行使できると規定して、個人保護の観念をかなりに徹底させている。更に第一二条では損害算定の基準を「損害が生じなかった場合に存在したであろう状態に回復させるような補償」として把握し、ナショナル・インタレスト的な賠償内容としては理解していない。こうして高度危険事業から生じた自国民の損害救済上の外交的保護に関するかぎり、特定事案を国籍国が取りあげた以上、「外交的保護権の義務化」の状況が成立するとみざるをえなくなるだろう。

更にもう一つの問題点、すなわち右の国家の基本責任や保証責任の意味するものを考えてみよう。それはトレイル・スメルター判決の基礎にある「他国に損害を与える活動に自国領域を使用させることは認められない」といういわゆる領域管轄権そのものに由来する責任原理（観念）を一歩進めて――宇宙損害賠償責任条約では国家の直接の「基本」責任の形で、原子力損害賠償責任については「保証」責任の形態ではあるが、単なる公法上の監督責任（responsibility）というのではなく民事法上の直接賠償責任（liability）の主体として、――より具体的に宣明したということである。――反面、ここで取りあげた事業に起因する損害賠償責任の対象は、外国国家、外国人、外国財産に限定され、自国民は除外されていることに注意。――国はその管轄権（原子力船については登録国としての対人管轄権の形態をとるが）内にある事業から発生した損害に対しては、それが重大な結果をもたらす場合には国自体が直接の国家責任を負うということをこれらの条約は明らかにしたということである。ケルソン（J.M.Kelson）のいうように、事業主体（企業）に対する損害防止のための国家の監督権限が実際どう行使されていたか、また国の監督権能に過失があったかどうかはこのさい重要なことではないのである。そこに結果及び絶対責任原則の法理が機能しているといえるであろう。[11] 従ってここでは、コルフ海峡事件判決にみられたような、領海に対する国家の管理権の行使が、自由裁量のそれであって危険防止上の義務を負わされていない（但し危険の存在を了知した後の通告義務という"responsibility"は別）場合に、結果責任原則の存在を論理的に肯定しえないのとは異なる法前提が構築されているのである。すなわち監督権に伴う一定の国家義務の存在が、企業活動とリンクして、損害賠償責任上の Channelling を構成しているということなのである。こうしてハンドル（G.Handl）は次のように述べる。「トランスナショナルな環境損害に関しては、加害者たる企業に対して監督権をもつ国家が『補助的ないし残存的（subsidiary or residual）』ではあるが、損害に対して『直接の賠償責任』（direct liability）』をもつ」と。[12]

こうしてみると、国家は高度危険事業の活動を自己の管轄権限に基づいて許容することは、それによって生じうべき損害に対して自己の危険負担を当然に予定しているという原則が、今日では単に特別条約の中だけでなく一般（慣習）国際法上も確立したとみることができよう。もっとも何が高度危険活動かという問題が一般基準としては存在するが、具体的な事業に適用する場合はケース・バイ・ケースで決定されなければならないであろう。その意味でＯＥＥＣ条約の作成課程で、締約国に損害賠償上の保証債務を明示的に義務づけることはしなかったが、しかし国家（施設国）にそれを免除する趣旨ではなく、原子力事業のような高度危険活動に対する領域及び属人管轄権国の損害賠償上の国家責任は、条約とは無関係にすでに一般的に承認されているという見方が提起されていることに注意する必要があるのである。[13] 国家と事業体相互間の責任の分担と補完に関する Channelling 理論の一展開といえるのである。もっともトレイル・スメルター判決でみた大気汚染に対する国家の客観責任とは、右にみた国家の基本責任（債務）のそれか或いは賠償額の履行に関する保証責任（債務）のそれか（以上、「結果」もしくは「厳格」責任のそれ）或いは更に、州や企業による賠償債務の履行を確保し、且つ煤煙排出基準の順守を監督すべき行政管理義務のそれ（「絶対」責任のそれ）なのかについては議論がありえよう。ローカル・レミディの抗弁が被告カナダ側に法理的には可能であった（なぜならば、前段階としての国際合同委員会の勧告は拘束力がなく米国がこれに満足しなかった以上、被告カナダは自国でのローカル・レミディの完了を要求する抗弁を出すことは可能であった）にも拘わらず、それを放棄して仲裁裁判に関するオタワ条約を結んだとみるならば、またオタワ条約での争点は損害賠償上の国家責任がカナダにあるかどうかのそれではなく（もっとも、判決ではそうした基本的論点も国際法とアメリカ法の原則から論じているが）、損害賠償額の決定そのものにあったとみるならば、カナダの国家としての保証債務を設定したものとみることもできよう。しかし判決が、大気汚染に関する領域国自体の管轄権上の責任を国際法の原則から肯定し、汚染活動の差止命令に関する国家の権限と義務（煤煙の排出規制責任）を決定している点からみれば、国家の行政監督権上のオリジナル・レスポンシビリティ（ライアビリティではなく）すなわち「絶対」責任のそれを論じたものということができよう。

オコンネル（D. O'Connell）が、オッペンハイム・ラウターパクトらが伝統的過失責任原則を一般国際法上で今日なお肯定している立場を批判して、「現代社会における社会的相互依存性（social interdependence）強化の状況を考慮すれば、原子力産業や宇宙活動による重大な損害の発生或いは工場廃棄物その他の危険物質の流出の可能性の大きい今日においては、伝統的（過失）学説はもはや妥当性を失っただけでなく現代国際秩序に対して破壊的ですらある(14)」と述べたのは、まさにトレイル・スメルター判決を先鞭とした重大危険活動に対する今日の新しい国家責任法体系に対する的確な認識に基づくものというべきであろう。

こうしてみると、保証責任の形態であれ国家が発生した損害に対して結果責任を負う体制は、被害者に対する完全補償を確実にする（上限はあっても）という救済の徹底を可能とするだけでなく、国家による事業主体（企業）に対する監督行政の強化という災害防止上の実際的効果をも期待しうるであろう。のみならず事業主体そのものが損害賠償上の基本責任（債務）を負うのであるから、事業主体自体も自己の注意義務の強化を強制されることになるのである。つまり高度危険活動の社会的意義とそれに伴う責任体系を損害賠償制度の中で正しく確立することに奉仕するように思われるのである。

（1）L.F.E. Goldie, Liability for Damage and the Progressive Development of International Law, Int'l and Comp. L.Q., Vol. 14, 1965, pp. 1212〜1213.

（2）OEEC Convention, Exposé des Motifs 14, quoted in"J.M. Kelson, State Responsibility and the Abnormally Dangerous Activity", Harvard In'tl L. J., Vol. 13, 1972, p. 229.

（3）J.M. Kelson, op. cit., p. 200.

（4）もっともアレチャガ（J.Aréchaga）は、「無過失責任（liability withowt fault）の観念は明文的な条約規定がある場合にのみ成立し、慣習法や法の一般原則から由来することはない」と述べる（E.J. Aréchaga, International Law in the Past Third of a Century, Receil des Cours., Tom.159, 1978-1, p. 273.）。しかし重大な損害発生の危険度の高い事業の場合は、事業者への注意を予め喚起するためにも「無過失」「絶対」の責任を明示化することが事故の防止に有用であり、また損害の性格上、そうした責任観念はa-prioriに存在していることを条文で確認したにすぎず、「法の一般原則」がそれを要求していることは多くの国際判決でも確認されている。のみならずそれは国家実践を通じて既にopinio jurisを形成していると言ってよいだろう。被害者による過失の挙証が困難な事故責任に本来、固有の救済理論とみるべきだろう（原子力事故を考えよ）。

（5）OEEC Convention, Explanatory Memorundum, para. 48.; J. M. Kelson, op. cit., p. 232.

（6）Rinck, Damage Caused by Foreign Aircraft to Thrid Parties, J. Air L. and Comm., Vol. 28, 1962, p. 409, n. 86. quoted in J.M. Kelson op. cit., p.213.

（7）A.F. Lowenfeld and A.I. Mendelsohn, The United States and the Warsaw Convention, Harvard Law Review, Vol. 18, No. 3, 1967, pp. 497ff.

（8）E.G.Lee, Liability for Damage Caused by Space Debris: The Cosmos 954 Claim, Canadian Yearbook of International Law, Vol. 26.1988, pp. 274〜275.;E.R.C.van Bogaert, Aspects of Space Law, 1986.（栗林忠男監訳『国際宇宙法』信山社、一九九三年、一九六〜一九七頁。）

（9）J.M. Kelson, op. cit., p. 215.
（10）拙著『現代国家主権と国際社会の統合原理』一九七〇年、四四〜四五頁、三六五〜三六九頁。
（11）J.M. Kelson, op. cit., pp. 235〜236.
（12）G.Handl, State Liability for Accidental Transnational Environmental Damage by Private Persons, A.J.I.L., Vol. 74, No. 3, 1980, pp. 540〜564.
（13）OEEC Convention Explanatory Memorundum, para. 49.; J.M. Kelson, op. cit., p. 235.
（14）D.O'Connell, International Law, Vol. 1, 1970, p. 592.

さて次に国連海洋法条約の審議の中に現れた海洋汚染に関する国家と私人（企業）の国際責任の体系がどのようなものであったかを検討してみる必要があろう。たとえば損害賠償責任に関する前記の基本責任および保証責任の観念とは異なる第三の形態についてもふれておく必要があるように思われる。

一九七七年の「非公式統合交渉草案」の第二三六条は海洋汚染に関し各国に海洋環境の保全に関する国際義務履行のための責任を課す（States are responsible for……）と共に、その義務違反から生じ且つ国家の行為に帰因する（attributable to them）損害に対しての賠償責任（they shall be liable）を国際法に従って（in accordance with international law）課すべき旨の規定（一項）をおいている。また国家はその管轄権下にある（under their jurisdiction）私人（法人を含む）が引き起した損害に対しては、「迅速且つ妥当な補償（prompt and adequate compensation）または他の救済を自国の法制度に従って（in accordance with their legal systems）与えるように措置しなければならない（二項）と規定している。そしてこの規定は一九八二年の国連海洋法条約第二三五条の一、二項として導入されている。ここでの問題点は、一つは国連海洋法条約二三五条一項が「国際法に従って」と規定して、汚染損害に関する賠償責任上のプライマリー・ルール（実体規定）とセカンダリー・ルール（手続規定）を別の条約や一般国際法の原則に委ねる姿勢を基本的に維持している点で、前述した船舶油濁損害賠償条約などの既存の実定条約やトレイル・スメルター判決にみられる先例的法原則の活用を考慮していることである。しかし海洋汚染防止のための〝現在の〟国際法が何かという判断については、既存の条約関係だけでは明確な判断が難かしい。また二項には同条の二項で、「自国の法制度に従って」補償等の救済措置を講ずると規定して、たとえば私人船舶の引き起こした汚染に関する救済（手続と実体）はその船舶の登録国の国内法に従うことを肯定し、裁判管轄権の「旗国主義」を原則的に表明したようにみえることにまず注意しておかなければならない。伝統的な「公海自由の原則」のコロラリーとしての旗国主義がなお有効性を維持していることの証明であろう（もとより領海内では沿岸国の管轄権が行使されうるのは当然であるが）。そしてこのことは一九六九年の「油濁損害賠償条約」――ここでは損害賠償請求のためには、汚染をひき起こした船舶所有者を相手方として右船舶の旗国国内裁判所へ提訴する必要がある――でも、一九五四年の「海水油濁防止条約」――この条約では、公海における汚染防止基準は船舶登録国の法令で定められた基準であるし、取締りのための警察、行政管轄権と更には違反行為を処罰するための司法管轄権も、登録国にのみ認められるという徹底した旗国主義をとっている――でも明瞭に維持されている。

別の観点からいえば、こうした体系は旗国（船舶登録国）における国内的救済原則《ローカル・レミディ・ルール》の適用が損害救済上の前提とされているということであって、従ってこの場合の旗国の国家責任は、グロチウスの言葉でいえば“receptus”としての「黙示的国家加担」のそれであるといえよう。しかしながらこうした旗国主義の原則についても、海洋の汚染防止並びに被害者救済の実効性を確保するための新しい観念によって、修正を余儀なくされつつある事態が現れていることを見逃してはならない。たとえば前述もしたように、ブラッセル原子力船条約では損害賠償訴訟の管轄権は旗国国内裁判所のみではなく損害をうけた被害地の国内裁判所（従って公海上で原子力船から放射能汚染をうけた外国船は自国国内裁判所に提訴できる）もまた原告の意思によって選択しうる体制がとられているのである（同様の規定として、一九七六年の「海底鉱物資源の探査と開発による油濁損害に関する民事責任条約」がある）。更にまた、この「統合交渉草案」及び成文としての国連海洋法条約自体が、公海において国際的な汚染防止基準に違反した船舶に対する捜索上の行政措置並びに訴追上の司法手続を、単に右船舶の旗国のみではなく入港国もまたとりうることを容認しており、ここでは新たに入港国主義を採用したといえるのである。同時に他国の領海（或いは経済水域）での汚染物質の違反排出についてもその国の要請さえあれば（旗国の要請の場合はもとよりのこと）、入港国によって調査をはじめ一定の司法的手続をとることも可能にしているのである（国連海洋法条約二一八条一～四項。統合交渉草案二一九条一、二項）。旗国主義が公海自由の原則を基盤とするため、自国船舶に対する汚染取締の不徹底を招き易く、公海〝汚染の自由〟をもたらしたことへの深刻な反省がここにあるといえよう[1]。

第二の問題点は、「統合交渉草案」第二三六条一項（国連海洋法条約二三五条一項）で“Every State shall be……liable for damage attributable to them”と規定して、国家自体の行為に帰因すべき損害賠償責任の範囲を事業主体（企業）のそれから区別しようとしているようにみえる点である。

この問題を右の「統合草案」の更に下敷であった七六年の「改訂非公式単一交渉草案」を背景にして検討してみると次のように理解されるだろう。すなわち「改訂単一草案」第一部（深海海底制度）第一部第一七条、二二条三項及び付属書Iの18項は、深海海底の開発事業による海洋汚染上の賠償責任を詳細に規定しているが、ここで明らかにされている責任形態に関する構想は、具体的活動を行う事業主体（自然人、法人、「統合草案」では「契約者《コントラクター》」及び「エンタプライズ」）と許認可上の管理、監督権をもつ国際機関（「統合草案」では「オーソリティ」）とそれぞれの国家とに責任内容（範囲）を分割し、それぞれ別個且つ独立の（任務と権限と事業内容に相当する）義務に対応した責任の帰属を方向として考えているようにみえる。従ってそこでは既にみた高度危険事業に関する最近の責任体系での特徴である“Channelling”の観念は採用されていない。つまりこうである。まず機構（オーソリティ）は許認可と管理、監督上の権限と任務の行使について責任を負い（responsible）、また機構（オーソリティ）の作為及び不作為によって損害が生じた場合には損害賠償の責任が生ずる（liable）。国家もまた自己が保証した自国籍の事業主体に対して設けた規制措置上の義務違反から生じた損害に対しては責任を負わないが、国家に課された条約義務の履行のため必要な措置を自国籍事業体に対してとるべき管理義務に違反した場合には責任が生じ、且つそれによって損害が生じた場合には賠償責任を負うべきものとされている（統合草案一三九条一項、国連海洋法条約一三九条一、二項）。また「統合草案」では、国家はオーソリティの加盟国であるだけの理由で、「エンタープライズ」の行為に対して賠償責任を負わないとしている（「統合草案」付属書三、三項）。更に事業主体（「統合草案」では民間の「契約者」の他、「オーソリティ」の機関である「エンタプライズ」が予定されている）についてみれば、国際機関（オーソリティ）及び国から課された操業行為上の義務に違反し、且つそれによって損害が発生した場合にのみ責任が生ずるのである。「統合草案」では、「契約者」は自己の活動から生じた不法行為上の損害（wrongful damage）に対してのみ責任を負い、管理義務のある「オーソリティ」の作為、不作為に基づく損害については免責され、それは「オーソリティ」のみが負うことになっている。逆の関係についても真である（付属書二、一六項）。また「エンタプライズ」と「オーソリティ」の責任関係についても、各々の活動と義務に関し相互に損害賠償責任を負わないこととされている（付属書三、二項(b)）。しかしながら右の場合の賠償責任額はいずれの場合も損害の実額（actual amount of damage）とされている（附属書Ⅰの18項、「統合草案」では付属書二、一六項後段）ことにも注意する必要があろう。すなわち国際機構や国家の管理権限の性格は、事業体の操業行為の性格とは次元的に異なるものであるけれども、損害賠償額は具体的損害の実額とされていることは、国際機関や国家が不法行為の性格こそ違え、直接被害者に対して責任を負うことを理論上でも実際上でも意味し、すでにみた国家責任の性格としてグロチウスのいわゆる“patientia”的な「黙示的国家（国際機構）加担説」に立脚しているということができよう。

またいずれの機関や主体に責任が帰属するとしても、故意、過失という主観的条件は全く問題とされていない点ではまさに客観（絶対ないし結果）責任原則を採用しているといってよい。ただ発生した損害と因果関係をもつ国際機構、国、事業体の三機関の任務、権限上の行為に完全な分割体制がとられ相互に免責が与えられている点では、責任の性格が連帯責任でも保証責任でもないことを意味し、原子力事業活動上の責任法理でみられた重大危険活動に対して国と事業体の相互間でチャネリングを認めた責任形態とは異なるのである。

ところでこの場合でも因果関係の挙証責任が基本的に請求人（被害者）側にある以上、責任帰属主体（被請求人）の指定にさいして決定的な要因となるべき損害と連結する国際機関、国、事業者の任務、権限の範囲画定上の主張は、請求人にとって立証技術上でかなりの困難を伴う可能性があり、三者による責任のなすりあいという状態の現出が予想されて、せっかく「統合草案」第二三六条二項（国連海洋法条約二三五条二項）で「迅速な（prompt）賠償」を与えるべきことを規定した趣旨が十分生かされない救済システムとなる可能性があるように思われる。従ってこうした責任体系をとる場合には、挙証責任の被請求者（加害者）側への転換をはかる必要があるが、しかし各機関（国際機構と国と事業体）に、またがる複合的原因（不法行為）があると考えられる場合に、賠償額を各機関に分割算定した請求形態を被害者側に求めることは、被害の実効的救済にウェイトをおこうとする立場からみれば妥当でなく、また海洋汚染の防止を実効化しようとする立場からも上策とはいえないであろう。こうしてみればやはり前述したような各機関、主体による連帯ないし保証債務形式での救済が望ましく従って機関相互間の賠償責任の分担は内部求償方式による方向を考えるべきものであろう。

わけてもこうした国家と国際機関及び事業体間の責任のチャネリングの方向は、海洋汚染の防止基準に国際的基準が導入されようとし、環境保護が国際社会全体の法益としての性格をもちはじめた今日では、一般の不法行為と異なる高度危険行為（事業）としての意味をもつものとして、十分な考慮の対象となりうるものと考える。この意味で海洋科学調査（marine scientific research）活動に関する責任（損害賠償責任を含めて）形態が、私人（自然人、法人）の活動に関しても明確に国家と国際機関に責任を帰属させている点で、客観責任原則を一歩進めたものとして注目されよう。すなわち「統合交渉草案」第二六四条は第二項（国連海洋法条約二六三条二項）で、条約違反の私人の調査活動上の措置（measures）に対して損害賠償を含めて直接の責任（間接的な保証責任ではない）を国家と国際機関に負担させているのである。もっとも科学調査活動による海洋汚染については別に同条第三項で草案第二三六条（国連海洋法条約二三五条）を援用しているから、国家と国際機関への直接責任を帰属させたとはいえず、国内的救済原則の適用の余地が残されたといってよいであろう。

さて「統合草案」では訴権をもつ被害者の範囲についての規定はないが、草案の全体的構造を支える思想からみて、現状では実際に損害をうけた国、自然人、法人だけが訴権を認められていると理解するのが妥当であろう（但し自然人、法人の訴権は国際仲裁等の国際法上のものではなく、加害国国内裁判所におけるものであるが）。従ってすでにみたように核実験判決でも論じられた環境破壊による法益被害者は、必ずしも具体的損害を被った国や人に限られず広く国際社会の共通法益（エルガ・オムネスの利益）享受者としての第三国と国際機構並びに自然人、法人も含まるべきことが今後、この問題に関する紛争解決手続を検討するさいに「国際法の発展のため」（統合草案二三六条三項。国連海洋法条約二三五条三項）にも望まれるところであろう（第三国訴権につき、ILC「国家責任」条文四八条、参照）。

こうしてみると「統合草案」（国連海洋法条約）で漁業や科学調査、航行等の海洋法上の諸問題と並んで海洋汚染に関する具体的紛争について、それが本質的に extraterritorial ないし transboundary な性格をもつことから、当事者の国内裁判所への事案付託に限られず、当事国の選択により最終的には「国際海洋法裁判所（the Law of the Sea Tribunal）」或いは「仲裁（Arbitration）」等の国際裁判所で審理、解決する強制管轄手続を設定した（二八六条。国連海洋法条約二八七条一項）ことはきわめて意味のあることと思われる。トレイル・スメルター事件の紛争解決方式を海洋法に導入したものといってよいであろう。わけても見落とせない一つの発展は、一定の場合（たとえば深海海底活動に関する事案や裁判管轄権につき別の合意が紛争当事国によって合意されれば）国家以外の entities すなわち法人や自然人が紛争の当事者となりうることを予定し、彼らに対しても訴訟の当事者適格（訴権と受訴人資格）を認めていることである（「国連海洋法裁判所」について付属書五の第二一条と海底紛争裁判部につき同付属書第三八条、「仲裁」について付属書六の第一三条）。

もっとも漁業、海洋環境の保全、科学調査及び航行に関する条約条項の〝解釈〟と〝適用〟に関する紛争については、その性質上、条約当事者たる「国家」のみが訴訟の当事者適格をもつこととされている（付属書七の第四条参照）。そしてそのための「特別仲裁手続」（special Arbitration Procedure）が付属書七（国連海洋法条約では八）に規定されている。しかし、第二九四条（国連海洋法条約二九五条）の紛争解決の一般規定で、本条約の解釈と適用に関する紛争は「国内的救済」を完了した後においてのみ本章に定める手続に付託できると規定したのは、一国の領域主権内での行為についての、そして私人を訴訟当事者とする具体的紛争ではなく条約の解釈、適用プロパーの国家間紛争である場合、或いは一国の領域管轄権外の公海地域で且つ外国船籍国どうしの紛争である場合にまでローカル・レミディ・ルールの適用を必須とするというように読める「統合草案」の規定のあり方は妥当でなかったであろう。[2] 従って国連海洋法条約第二九五条では、「国内救済措置を尽くすことが国際法により要求されている場合には」と表現を改めている。

このようにみてくると、海洋汚染に関する保護法益はむしろ単なる個別的主権国家の利益にとどまらず、人類的利益ないし普遍《エルガ・オムネス》的な国際共同体の利益としての性格をもつことが理解されなければならない。その見地からみれば汚染によって生じた損害の事後的救済や賠償に関する国家責任のメカニズムだけではなく、事前防止に関する国家措置上の責任形態についても普遍的法益保護の観点から、新たな認識と規範の導入が必要とされなければならないであろう。

その点で国連国際法委員会が一九七六年に提案した「国家責任」に関する条文案第一九条が、一般の国際不法行為（international delict）と区別して国際犯罪（international crime）の概念を設け、「国際共同体（the international community as a whole）の基本的利益の保護のために本質的な国際義務」を設定したことに注意しておきたい。そこでの「国際犯罪」として侵略や自決権の侵害の他、奴隷や集団殺害などの国際義務の重大違反（a serious breach）などをあげており、更にその他に人間環境（human environment）の保全をもあげて「大気と海洋の大量汚染（massive pollution of the atmosphere or of the seas）」を国際社会全体の普遍的利益を侵害する国際犯罪と指定したことがあることを忘れてはならないであろう。

もっともこの提案は二〇〇一年のＩＬＣ「国家責任」条文では削除されている。理由は「国家」に対する刑事科罰の概念は、第二次大戦後のニュルンベルグ、極東の国際軍事裁判所の判決でも、最近の旧ユーゴ、ルワンダに関するアド・ホックの国際刑事裁判所の判決やローマ国際刑事裁判所の判決、更には国際司法裁判所の判決（二〇〇七年のジェノサイド条約の適用に関する事件）でも認められておらず、すべて関係の「個人」（国家機関としての行為であっても）に対するものであったからだというにある。こうしてＩＬＣは、「国家責任」の非刑事化（depenalization）の考えの下で、「国家責任」条文第二部第三章に「一般国際法の強行規範（peremptory Norms）に基づく義務の重大違反（serious breach）」の条文（四〇、四一条）を置いて、「国家」の国際責任の枠組の中では“crimes”と“delicts”の区別は必要でなく、責任は専らcompensatoryの性格として理解さるべきものとされて、「国際犯罪」の科罰は第四部の第五八条での「個人責任（Indivisual responsibility）」の条文に収斂し、その中で一般（慣習法を含む）国際法に送致して民事責任と刑事責任とを合わせた責任レジームを定形化したのである。しかしながら見落とすことのできない見解が、右の「国家責任」条文第三章及び第四〇条のコメンタリーにはあるのである。即ち同コメンタリーはBarcelona Traction事件のＩＣＪ判決（一九七〇年）を引用して、「国際社会全体に対するerga omnesの義務」の存在をあげ、これを重視して、七六年のＩＬＣ提案に示された侵略や奴隷、ジェノサイド等の重大な国際法義務の違反行為は単に例示的なものにすぎず網羅的なものではないから、条約法条約第五三、六四条に示されたように今後新たなユス・コーゲンスの誕生も十分考えられるとして、間接的な言い廻しながら国際環境に重大な棄損を生ずる行為をもユス・コーゲンス違反の不法行為として把握する可能性をも示唆したと考えられるのである（以上、二〇〇一年、ＩＬＣ「国家責任」条文、コメンタリー、第三章⑵、⑸〜⑺、四〇条⑸〜⑻、参照。またJ.Crawford, et al, E.J.I.L. Vol. 12, No. 5, 2001, p. 977. 参照）。

さてすでにみたように一九七〇年、カナダは隣接する北極海に一〇〇カイリに亘る汚染防止水域を設定し、沿岸海域の汚染防止と汚染船舶の取締りのためのカナダの主権的管轄権の行使を主張したことがある。たしかに船舶起因汚染防止のためにすでに確立している管轄権行使（責任）上の旗国主義では、海洋汚染の防止にとって必ずしも十分な効果をもっているとはいえない。カナダはそれを補うために沿岸国主義（いわゆる zonal approach）を提唱して、新しい国家管轄権の行使区域を公海上に設定したのである。しかしその保護法益は単なるカナダの主権的利益ではなく海洋環境の保全という国際共同体の利益に基本的に根ざしていることに注意しなければならないだろう。その意味で現象的に（権限の行使形態から）みれば公海への一国の（沿岸）管轄権の拡張という公海の主権的分割志向の一環でありながら、保護法益の立場でみれば国際社会の管理者（custodian）としての性格をもち、国連等の国際機関による管轄権の行使が現実的に可能でない以上、それに代るべき実際的な国際共同体の利益の保護者としての機能を営む性格をもっていたといえるのである。(3)

しかし問題は、そうした沿岸国の管轄権行使の基本的内容たとえば取締りの方式や訴追、裁判上の手続更に汚染防止の基準がその国の主権的利益を中心に決定され易い点で、一国が一方的に公海に管轄権を拡大する場合のいわゆるゾーナル・アプローチ（zonal approach）(4)を無条件に是認することは、今日なお根強く残る国家主権中心の国際法意識に拍車をかけることになる点で基本的な疑念をもたざるをえないのである。こうした国家管轄権行使ゾーンの一方的設定は、現実の汚染があり損害をうけた（或いはうける可能性の十分な）場合の事後的で且つ臨時の自力救済措置としての沿岸国管轄権の行使——一九六九年の「油濁事故の場合の公海における介入に関する条約」第一条は、公海上で船舶の油濁事故が発生した場合、沿岸国が危険防止のために必要な措置をとることができる旨定めている。措置をとりうるのはこの場合 major harmful consequence が予想される場合に限られるが、それがそうであるかどうか及びとるべき措置の内容については、沿岸国に特別緊急状態（extreme urgency）がある場合を除き（但しこの場合でもとった措置を遅滞なく国際海事機関（ＩＭＣＯ→ＩＭＯ）と関係国に通告する義務はある）、原則として事故船舶の旗国及び利害関係をもつ他の国と団体、更に国際海事機関が指定する専門家と協議する必要があるとされている（三条）。措置をとろうとする締約国は必ずしも直接被害をうける沿岸国とは限らないが（たとえば沿岸国の沿岸汚染の危険だけでなく、「海洋汚染の脅威」という一般利益のためにも措置をとることができる点に注意）、多数の関係者の意見を導入することによって汚染の限局化のための効果的な措置をとりうるようはかると共に、関係者の利害の公平な分配を確保しようとしているのである。――とは意味が異なるのである。つまり事前の一般的な予防措置の適用のための主権的意思のみによる管轄権の拡張は、国家権力の制度的拡大、領域拡大の性格を本質的にもつのである。(5)

こうしてみると海洋汚染の防止という国際共同体の利益を保護するために、国際社会の委託をうけたカストディアンとしての立場で主権国家が領海に隣接する水域に汚染防止区域を設定し、汚染予防のための主権の行使を認めること自体の合理性はたしかに否定できないであろう。それによって、既存の船舶油濁防止関係の諸条約が油濁事故が生じてしまったあとの沿岸国の救済措置を中心とした規制を考慮しているにすぎない点を、改めて事前防止の観点から補完する意義をもっていることを見落とすことはできないからである。(6)

問題は従って国家主権的規制の合理性を得るための基準、手続が国際機構の論議の中で少なくとも原則的な形で事前に確定されていなければならないということである。そうでなければ「国際社会の委託をうけたカストディアン」としての立場を主権国家は維持できないからである。こうして汚染防止水域の設定が沿岸国の領域管轄権の公海への一方的拡張ではなく国際的承認の下での一定の国際基準に従った拡張行使であって、国際的利益と合致する国家的利益の確保をはかる目的と機能をもった場合にのみ適法性を獲得できるといえるのである。そうした意味から、海洋法会議の「非公式統合交渉草案」第二一二条（国連海洋法条約二一一条）が、船舶起因の汚染防止のために、「沿岸国」は領海内では、外国船舶の無害通航を棄損しないかぎり、自由な規制措置をとることを主権（sovereignty）の行使として認める立場を明らかにする（三項。国連海洋法条約四項）一方、二〇〇カイリ経済水域内では、「権限ある国際機関または外交会議を通じて確定された一般に受諾された国際規則並びに基準に従って、船舶起因汚染の防止、縮減および規制のための法律と規則を制定することができる」（四項。国連海洋法条約五項）と規定して、国際的同意に基づく基準の下でのみゾーナル・アプローチによる事前の沿岸国管轄権上の規制を認めたことに注意しておかなければならないであろう。[7] この点で一定の地域関係国の合意による「地域海」構想は注目されよう。

ところで右の「統合交渉草案」第二一二条三項（国連海洋法条約二一一条四項）が規定する「領海」内での沿岸国の規制措置が内包する保護法益は、いうまでもなく基本的にナショナルな利益である。従って生じうべき国家責任も領域管轄権の行使に付随して従的に発生する〃無害通航権〃の棄損のそれにとどまる。これに反し二〇〇カイリ「経済水域」内での汚染防止に関する沿岸国管轄権は、その行使形態がゾーナル・アプローチからのものであっても、同条第四項（国連海洋法条約二一一条五項）が建前としているように、海洋環境の保全という国際共同体の利益保護を中心に合意されたものとみなければならないのである。従って管轄権の行使と規制措置そのものが国際共同体によって承認された規則と基準に従うよう要求されても決して不当とはいえないであろう。管轄権限の行使そのものが国際共同体の利益（海洋環境の保全だけでなく船舶航行と事業活動の保障上の利益）によって拘束され国際的規則の規制を受けなければならない。その意味で第二一二条四項（国連海洋法条約二一一条五項）は、沿岸国は経済水域内において国際規則と基準に従った立法を行うことができると定め、更に第五項（国連海洋法条約二一一条六項(a)）は「経済水域内の特定海域（clearly defined areas or special areas）について、……その一般に承認された海洋地方環境の特殊な技術的理由ないし資源の利用と保護並びに海上交通上の特殊な性格を根拠として、特別の強制的な汚染防止措置（special mandatory methods）が必要な場合は、沿岸国は、権限ある国際機関にそれに関する科学技術上の証拠や情報を提出し、国際機関を通じて関係国と協議の後、国際機関がその特殊性を認定したならば（沿岸国の申請後一二ヵ月以内）、特別海域に関して適用される国際規則、基準或いは航行慣行を履行するための国内法令を制定することができる」と規定しているのである。

その意味からいうと、汚染防止や海洋環境保護のためにとられる二〇〇カイリ経済水域内の沿岸国管轄権の行使は、右水域に領海的性格ではなく公海的性格を与えているといってよいだろう（水産資源の保存水域についても同様な性格がみられる）。しかし排他的、専属的な漁業、鉱物資源に関する沿岸国利益の優越性を前提とした経済水域（或いは大陸棚）に対する沿岸国管轄権の性格はこれとは異なる。その点での経済水域の制度がめざす保護法益はあくまで個別主権の利益であって国際共同体の利益ではない。いわゆる漁獲資源分配上の余剰原則（既得権に対する配慮）もその枠の中でのみ作動しうる従属的な原則にすぎないといわざるをえない。経済水域がこうして基本的には領海的性格をもちながら、なお右の汚染防止に関する沿岸国の権限行使にみられるように、国際的利益からの拘束と義務づけをうけている点で、領海とも公海とも異なる"sui generis"（特殊の）地位をもつといわざるをえない点があるのである。

なお汚染規則に違反した船舶についての捜索等の警察権限や拿捕或いは訴追等の司法的権限が原則として旗国法の違反を根拠として旗国に留保されている（旗国主義）ことを別とすれば、沿岸国法令の違反を根拠に沿岸国にもそうした権限が認められている。しかし沿岸国の右の取締権は領海内においては、無害通航権を害さないことを配慮するよう要求されてはいても、捜査や汚染の証拠がある場合の船舶の拿捕を含めて一般に沿岸国の警察、司法上の権限に制限はない（二二一条一、二項。国連海洋法条約二二〇条一～三項）。しかし経済水域においては若干の制約が加わる。すなわち違反船舶が任意に入港した場合は、司法措置を含めたすべての段階の取締りを認めている（二二二条一項。国連海洋法条約二二〇条一項）点では領海と同様であるが、しかし一般には沿岸国法令及び国際規則の重大な侵犯（flagrant or gross violation）があり、沿岸国の沿岸利益と経済水域及び領海内の資源への多大な損害或いはそのおそれ（major damage or threat of major damage）のある場合に限って、沿岸国は法的措置をとることができるとされているのである（二二一条六項。国連海洋法条約二二〇条六項）。警察上の捜査権の行使についても同様に重大汚染の場合で情報の提出要求が拒絶されるか、提出された情報が事実と反しており、且つ状況から判断して捜査が妥当と考えられる場合にのみ船舶の物理的検査が可能とされているのである[8]（二二一条五項。国連海洋法条約二二〇条五項）。

こうしてみると、海洋環境保護のための国際的規制の内容を明白にし、各国の国内法に送致されて具体的遵守を要求する枠組条約《アンブレラ・トリーティ》の作成の緊要性が認識される必要があると思われる。そしてそのためには海洋汚染防止のために各国が〝共同責任〟（joint responsibility）を負担するという観念が定着しなければならないであろう（一九七一年の「海洋汚染に関する政府間作業部会」（Intergovernmental Working Group on Marine Pollution）のオタワ会議採択の第五原則）。そこから海洋汚染に対する共同責任保障の手段として、たとえば「海洋汚染防止基金」の構想やそれによる国際機構自体による査察体制の整備や、事故と汚染処理上の保険と損害賠償上の客観（絶対ないし結果）責任原則のいっそうの充実という方向が開けるに違いない。

たしかに伝統的国際法では領海の汚染防止について考える場合でも自国の利益保護に執着した沿岸国の権能（power）だけを肯定し、従って公海での汚染規制（regulation）は全くの対象外であり防止義務（duty to regulate pollution）の観念は育ちようがなかった。しかし今日では前記のように国連海洋法条約の成立過程でも明白にみられたように、公海・排他的経済水域を含めた海洋全体の環境保護に海洋秩序の中心価値が置かれ始め、そこでの法観念は国家の主権的権利（power or right）から国家の義務（duty）へと大きな移行が起こりつつあるといってよいだろう(9)。かつてグロチゥス（H.Grotius）が述べたように、海の領有権（dominium＝proprietas）と管轄権（iurisdictio＝imperium）を性質的に区別し、後者の観念は「自然法や万民法のような普遍的な法の定める人類共通の利益を保護し監督するために認められた君主の権限である(10)」という普遍人類的な思想に立ち帰ることが、近代主権国家制度を維持しながらも国際法秩序を構築しようとする場合の我々人類の責務であるように思われるのである。

（1）J.C.Phillips, The Exclusive Economic Zone as a Concept in International Law, Int'l and Comp. L.Q., Vol. 26, Pt. 3, 1977, p. 593.; 水上千之「海洋汚染規制に関する国家管轄権の拡大について」国際法外交雑誌七六巻五号、一九七七年、六八〜六九頁。

（2）W.Riphagen, Mechanism of Supervision in the Future Law of the Sea, in "F.Kalshoven et al. eds., Essays on the Development of the International Legal Order, 1980," p. 136.

（3）前掲、拙著『現代国家主権と国際社会の統合原理』三五七〜三五八頁。小田滋「海洋汚染と国際法」国際法外交雑誌七二巻六号、一九七四年、一五〜二一頁。

（4）　A.Yankov, Responsibility for Pollution Control, 1974, p. 17.; 鷲見一夫「海洋環境の保全と国家の責任――ヤンコフ報告書の検討」横浜市大論叢二七巻三・四合併号、一九七六年。二〇六～二〇七頁。なおゾーナル・アプローチに関する各国の立場と論議につき、水上、前掲注（1）論文、五一～五九頁、参照。

（5）　拙稿「人道的干渉と国際法」明学・法学研究一九号、一九七七年、五二頁。

（6）　ヤンコフ意見につき、鷲見一夫、前掲注（4）論文、二〇六頁。

（7）　海洋法会議でのこの問題に関する論議の経過について、J.C.Phillips, op. cit., pp. 590～593.; ジョルジュ・セル（G.Scelle）は、国際規則（規範）履行のための国際機関が不存在の場合に、国家機関が代って履行する機能を dédoublement fonctionnel（role spliting function, 役割分担機能）と名付けた。その例として、キス（A.C.Kiss）は一九七六年の「ライン川の化学物質による汚染防止に関するボン条約」をあげる。この条約第三条は、ブラックリストにのせられた物質のライン川への投棄は関係国政府の事前の許可を必要とし、グレイリストにのせられた物質の投棄は関係国機関による規制に服するものとしている。そしてキスはこのメカニズムを、関係国によるライン川水質保全の作業結果をライン川汚染防止国際委員会へ報告する義務の存在と併せて、現状における環境保護のための監督メカニズムとして高く評価する（A.C.Kiss, Mechanisms of Supervision of International Environmental Rules, in"H.F.Van huys, ed., Essays on the Development of the International Legal Order, 1980", pp. 110, 112.)。

（8）　海洋法会議でのこの問題に関する論議の経過について、J.C.phillips, op. cit., pp. 593～594.

（9）　A.E.Boyle, Marine Pollution under the Law of the Sea Convention, A.J.I.L., Vol. 79, No. 2, 1985, pp. 370～371. ボイルはここで本文で引用した沿岸国の「義務」の他、船舶旗国（国籍国）や寄港国の「義務」についての重要性をも指摘し、更に国際機関としてのＵＮＥＰやＩＭＯの海洋汚染防止、海洋環境の保全に関する役割の強化を勧奨している。そして国連海洋法条約上の海洋汚染防止体制の弱点として、陸上からの汚染防止の仕組みの不十分さをあげ、地中海地域での関係国の特別合意（地域海）のような地域単位の陸地起因汚染防止のための条約の締結を急ぐよう訴えている。

（10）　H.Grotius, Defensio Capitis quinti Maris Liberi Oppugnati a Guilielmo Welwodo（Samuel Muller Fr., Mare Clausum, 1872, p. 361.)。伊藤不二男「ホラスウィンケルの自由海論の弁明」、西南学院大・法学論集一一巻・二・三・四合併号、一九七九年、一二四～一二五頁、参照。

七　越境損害と環境損害

(一)　「リオ宣言」と「越境損害防止」に関するＩＬＣの条文草案

環境問題が重視されるにつれて、国際法上も新たな取組みの枠組が構想されるに至った。たとえば海洋や大気の汚染損害が発生した場合、その規模や程度の広範性や重大性が一般に認識され（たとえば原発事故の影響）、事後の賠償問題よりも損害発生前にとらるべき「予防」（precaution）ないし「防止」（prevention）の措置に重点が置かれ始めたからである。たしかに既に早く一九七二年のストックホルムでの国連人間環境会議で採択された「人間環境宣言」の原則二一は、トレイル・スメルター判決で示された「領域管理責任」（sic utere tuo ut alienum non laedas）という「法の一般原則」を確認すると共に、その適用範囲を他国領域の環境のみならず、公海、深海底、宇宙という国際公域にまで拡張し、そこの「環境に損害を与えないように確保する責任（responsibility）を負う」と規定していたのである。因みに同宣言原則二二は、環境損害に対する賠償責任（liability）を含む救済手続が国際法上不備であるとして、国際法の発展に各国の協力を求めている。即ち環境損害は、事後の救済（賠償）は当然のこととして、むしろ損害発生前の「予防」ないし（事前の）「防止」に力点が置かれ始めたといってよいのである。

さて一九九二年にリオデジャネイロで開催された国連環境開発会議（地球サミット）で採択された「リオ宣言」の原則一五が、「環境保護のため『予防的アプローチ』（precautionary approach）を各国は自国の能力に応じて広く適用すべきこと」を宣明し、「深刻な又は回復し難い（serious or irreversible）損害のおそれがある場合は、科学的に十分な確実性がなくても環境悪化を防止するための対策を遅滞なくとらなければならない」と宣言したのは、注目に値いしよう。――同旨の宣言として、二〇〇五年のウィングスプレッド宣言（the Wingspread Consensus Statement on the Precautionary Principle）がある。なおリオ宣言は右の「予防的アプローチ」原則の他、他の原則として、「持続可能な開発」原則（原則四）や「汚染者負担」原則（原則一六）といういわゆる「予防三原則」を掲げている。――

この場合、「予防」と「防止」の相違を汚染の危険段階（危険度）の違いによる対応策の相違として把えるとしても、法効果上の相違として把える必要はない。「予防」も「条約」体制の中にとり入れられた段階で「政策指針」から法的基準に転化し（たとえば「法の一般原則」化）逆に「防止」も「政策指針」の基準として位置づけられる場合があるからである。(1) もとより段階（危険度）の違いはあるから、「予防」は右のリオ宣言原則15の示すように、「深刻ないし回復し難い状況」というふうに、「防止」よりも危険度の高い汚染（或いは資源減少）の「おそれ」のある場合の対応に限られることはあるであろう。しかし「予防」段階では「危険のおそれ」が行為（事業活動）と結果（汚染又は資源の減少）との間に、因果関係上、科学的に十分な確実性が証明されなくても（蓋然性の段階にとどまる段階でも）規則対象に指定されうることに注意しなければならないだろう。その点で事後の損害賠償と防止措置という救済に責任の中心が置かれたトレイル・スメルター仲裁判決（一九四一年）が、「明白で確信的な証拠」という厳格な挙証を要求したこととは、性質的相違があろう。

こうしてみると、保護法益こそ環境利益という普遍的人権利益ではあるが、規制対象は原則として隣接の関係国に限定される越境損害の「予防」ないし「防止」の問題も同種の問題としてとりあげる必要があるだろう。さて二〇〇一年にＩＬＣは、「越境損害防止」（Prevention of Transboundary Harm from Hazardous Activities）条文最終案を発表したが、これについてその審議過程を含めて論じてみよう。(2)

まず「越境損害防止」条文案では、「十分な科学的確実性がなくとも」、「深刻ないし回復し難い損害発生のおそれがある」（リオ宣言原則に言及）以上、回避と防止のための「適当なすべての措置」をとるよう義務づけていることである（「越境損害防止」条文案コメンタリーとして、ILC Report, 2001, pp. 391～395, 415.; 前掲、臼杵知史『「危険活動から生じる越境損害の防止」に関する条文案」参照）。ここでは「適当なすべての措置」概念を採用し「相当注意（due diligence）」観念から脱却していること（リオ宣言の「慎重行動の一般的ルール」に言及しながらも）が重要である（第三条。コメンタリー、(4)～(7)、参照）。即ちこれにより、「予防ないし防止」義務の性格が政策指針的性格から法規範的性格に転化（ソフト・ローからハード・ローへの発展）したことを意味しよう。(3) 換言すれば、「相当注意」義務の客観化がみられるといってよいだろう。『越境損害防止』条文案第三条のコメンタリーでも「相当注意」義務の基準は危険の程度という個別事情に依存するとして、「注意」という心理的抽象観念でなく具体的内容を客観的に指定しようとしている点に注意しなければならないだろう（第三条のコメンタリー(9)(12)(13)(17)では「防止のための適当な措置」の基準として、「国内基準」ではなく「国際基準」を原則的に採用している。但し途上国に対しては状況に応じ国内基準の適用も認めるが、経済的レベルを理由に国際基準義務から逃れることはできないとしている。ここでは国際基準が普遍的人権基準にまで高められている思考がみられる）。

そして損害「防止」措置として、ＩＬＣは国際環境法の三原則として定着している①予防的アプローチ②汚染者負担原則③持続可能な開発原則をふまえて具体的に法規化し、①の内容として、(イ)国が事業活動に許可を与える場合（国の許認可権限の行使の場合）には、越境損害の可能性に関する“risk assessment”（危険評価）を行う義務があること。この場合、相当な危険（significant risk）をひき起こす危険があるかどうかの判断は客観的になされなければならないこと（七条）。(ロ)重大な越境損害が予測される場合は、影響を与える国に情報を通報し、回答があるまで最長六ヶ月は許可の決定を行わないこと（八条）。右の通報がない場合に影響をうける可能性のある国は協議を要請できること。それをうけ起因国は協議を行い、危険を最少化するために適当な措置を構ずること（一一条）をあげているのである。更に(ハ)予防措置については「期間を定めて協議を行う」義務があること（九条）も定めている[4]。

こうしてみると、ここでは「相当注意」といういわば道義的・政策的義務が明確に制度的（法的）義務に昇化している状況を観取できるのである。従って以上の義務の違反に対する責任（liability）は、事業者の民事責任と許認可権限の行使に伴う国の責任について、共に「結果（絶対、厳格）責任」であり、過失論は全く考慮されていないことに注意しておかなければならないだろう。高度危険活動がもたらす損害の事前防止（予防）に力点を置く限り、過失論のような損害賠償上の免責条件は制度的に存在の余地がなく、右の(イ)(ロ)(ハ)の予防的措置のそれぞれの段階において、定められた規定は裁判規範として作用し、そこで履行を求められている義務（主として手続的義務）の違反行為に対して、客観的な liability が発生するとみるべきが妥当な理解である。そうみるのがストックホルム宣言原則二一でいう「環境損害が発生しないように確保する責任（responsibility）」という、いわば「政策（行政）指針」上の「責任」を「司法責任」（liability）へと強化発展させうる解釈と思われるのである。たとえば、オゾン層破壊物質を規制するモントリオール議定書（一九九二年）で定められた「(不)遵守手続」では、特別に設置された履行委員会によって、締約国による他の締約国の不遵守に関する申立てに基き調査が行われ、条約上の特権停止等の制裁が科されうるのである。(5) これは加盟国の業務不履行に対する「司法責任」上の追及措置と同じといえよう。もっとも「情報通報」や「協議と交渉」の措置命令の段階では、「行政責任」の範囲にとどまるとみる見方も可能であろう。

また防止義務は、その履行（行為）により損害の発生防止という（結果）目的をもつものであるから、両者即ち行為と結果のそれぞれの義務という分類概念を無理に作って両者を切断し弁別する考察方法は、――結果が必ず保障されなければならない特別の義務のある場合を除き――意味がないのである。そうした趣旨からこの種の議論は削除されたのである。(6) 即ち損害の発生の防止又は最小化のために要求される起因国の「適当なすべての措置をとる」義務（due diligence の義務）は、たとえそうすることが可能であっても損害の発生が完全に防止されることまで保証するものではなく（「越境損害防止」条文案第三条コメンタリー(7)、参照）、従って不可抗力の場合と同様に起因国に ipso jure に賠償責任が発生するわけではない。この場合は保険制度等の活用によって被害者の救済をはかる別の社会的制度の充実が必要となろう（損害の発生防止と事後の救済との観念的分離）。

以上にみるように、環境損害の態様の一つとしての越境損害については、科学技術の発展とそれに伴う危険事業の増大に対するものとして、損害発生前の「予防」と「防止」に力点が置かれる国際法体制の整備が強く要求されているということである。「人間の安全保障」という最近の法観念の一側面を提示しているといえよう。

(二)　みなみまぐろ事件と生物資源の保存

みなみまぐろ事件とは、日本とオーストラリア、ニュージーランド（NZ）間のみなみまぐろの漁獲をめぐる紛争である。一九九四年に三国は「みなみまぐろ保存条約」を締結したが、資源量の評価をめぐる対立から年間漁獲量をめぐる保存委員会が機能不全となり国別漁獲量が決定できなくなった。そのため三カ国は九七年に決定された漁獲量を自主的に尊重することでいったん折合ったが、日本は九八年から別枠での調査漁獲を計画し且つ実施した。――この点で前述のガブチコヴォ事件で、ハンガリーによる既存条約不履行に対する対抗措置として行われたスロヴァキアによるVariant Cの代替工事の計画と実行（稼働）という事態と法的状況は酷似している。しかしかりにオーストラリア、ＮＺが日本の提案に非協力的であっても緊急に対抗措置をとるべき損害が日本に発生しているわけではない。ガブチコヴォ判決に鑑みれば、交渉の継続義務があるだけである。――

この事態に対してオーストラリアとＮＺは日本を相手どって、資源状況の悪化を理由として国際海洋法裁判所（ＩＴＬＯＳ）に提訴し、調査漁獲の停止、従来の国別割当ての継続、「予防」原則の尊重を暫定（仮保全）措置として命令することを請求したのである。これに対し、日本は「予防」原則は「アプローチ」という単なる政策指針にすぎず、国連海洋法条約（たとえば一一九条）に取り入れられているのは、科学的証拠に基づいて資源の最適利用をはかるという「保存」原則であると主張した。しかし日本の主張は、「科学的証拠に基づく最適利用」という条件からみても「保存」の性格を極めて限定的に理解している点で、前述のＩＬＣ「越境損害防止」条文案でみた国際的規範（「持続可能な開発」原則）意識からみても難点があろう。つまり国連海洋法条約第一一九条は、日本の主張のように「最適利用」という漁獲側の利益保存の側面からの規定ではなく、そうした最適利用を可能とする即ち最大持続生産量を実現できるよう「特定漁種の資源量の維持と回復を目的とした措置」の実行を要求した規定であって、資源保存の立場から「資源の再生産に重大な脅威を与えない」ことを求めた規定なのである。

一九九九年に発出された「暫定措置命令」でも、ＩＴＬＯＳは「海洋生物資源の保存は海洋環境保全の一環である」（ITLOS Order Para. 70.）として、「予防」原則が既に国連海洋法条約の中に取り入れられていることを明らかにし、「みなみまぐろ資源状況が深刻に悪化しており、歴史上最低水準にあり、生態学上深刻な懸念がある」（Ibid., Para. 71. そして国連海洋法条約一一九条の一項(a)(b)、参照）と判示した上で、「保存措置の効果について科学的不確実性があっても」(Ibid., para. 79.; この認識条件は、前述のＩＬＣ「越境損害防止」条文案に導入されたリオ宣言「予防」アプローチと同じ）「緊急の問題として、当事国の権利を保全し、みなみまぐろ資源の更なる悪化を避けるために措置をとるべきである」(Ibid., Para. 80.) と判示したのである。(7) そして「紛争を悪化させないため」「年間漁獲量を改めて合意がなされる場合を除き、最後に合意された国別割当て量内に収めること」、「遅滞なく交渉を再開すること」「資源保全に関係ある他の国や漁業主体との合意に至るよう努力すること」等も指示したのである。なお「交渉の再開」は後に付託された本件の仲裁裁判判決でも勧告されている。事案の平和的解決の方法としての「交渉義務」の存在が強く認識されているといえよう。

以上まとめて結論すると、これはいわゆる「環境保全」上の「予防」原則を国連海洋法条約（一一九条）の法規範原則として導入したとみるのが妥当な内容と実体をもった審決であったといえるだろう。(8)

ところで国連海洋法条約第一一九条（一〜三項）は、公海における生物資源の保存のため、①最大持続生産量の確保を目的とする漁獲態様の保持、②漁獲資源量の再生産が重大な脅威をうけない水準の維持又は回復を目的とした最良の科学的証拠に基づく措置、更に③魚類資源保存のための入手可能な科学的情報の定期的提供と交換（環境アセスメントの継続的展開）を義務づけている。このことはかりに条約の性格がアンブレラ（枠組）条約のそれにとどまり、その後の実施協定（国連海洋法条約を基礎とした）の締結によって始めて拘束力のある法規範が成立するものと考えても、その段階（個別の実施協定の締結の段階）では右の個別の実施協定条項の解釈・適用を通じて、法効力の原条約（アンブレラ条約）へのフィード・バック化が成立し、原基本条約条項の法規範化が可能となり必要となって、たとえば国連海洋法条約第一一九条の裁判規範化が成立し、その条項（一一九条）を根拠とした漁獲停止（差止）命令や宣言判決が管轄権をもつ裁判所によって発出される可能性を否定できないことになるであろう。いわんや国連海洋法条約を単なる枠組《アンブレラ》条約ではなく、国連憲章やＩＴＯ憲章のような「構成条約」(constitutive treaty) の性格をもつ条約であるとみなせば、(9) もともと国連海洋法条約の少なくとも特定条項（たとえば一一九条の資源保存を義務づける基本規定）は、原初的に法規範としての性格を有し、——「法の一般原則」的価値と機能を内在。もしそうした規定をも単なる政策指針にすぎないと解するならば、海洋法条約そのものの法規範性を完全に否定することに連なろう。——従って国連海洋法条約第一一九条はそれ自体として独自に裁判規範としての性格をもつとみるべきことになるであろう。

わけても公海における漁業資源の保存のための世界的或いは地域的な実施規定（海洋法条約一一九条一項(a)）の締結は、その条約がもつ固有の人権保障目的の人道的規範の性格によって、——生物資源の保存は環境保全の問題として、今日では普遍人類的価値をもつ erga omnes 義務を条約構成国にも課している。——単なる国益保障中心の従来的二国間条約とは異なり、それが内在させる特有の"opinio juris"によって、長期に亘る国家実践の積み重ね慣行を経ることなく即時の慣習法規範としても成立が可能だろう。のみならず原条約たる国連海洋法条約の「構成条約」としての効果としても、伝統的な Voluntary（自生的）な国益合致を前提としてのみ成立する国際慣習法規とは異なる即時の慣習法規成立の形態をもつといえよう。[10] その意味では環境保全の「予防的アプローチ」を取り入れている一九九五年の「国連公海漁業条約」（みなみまぐろ事件仲裁裁判所判決でも引用（Award, para. 71.））や同じく「予防原則」を取り入れた二〇〇一年の地域協定「西部及び中部太平洋における高度回遊性漁種資源の保存と管理に関する条約」の慣習法化の効力は注目されよう。

（1）　たしかにリオ宣言原則15は、approach と称されるように、法的 principle とみるよりも「政策指針」とみるべきが妥当であろう（村瀬信也「国際環境レジームの法的側面」世界法年報一九号、二〇〇〇年、一〇頁注(23)）。また「予防」と「(未然) 防止」を区別して、前者は損害発生の確実性（因果関係の存在）証明が不十分な段階の規制観念であるから法観念ではなく、後者は因果関係の確実性の証明が十分な場合であるから、法原則である、とみているように解される議論として、高村ゆかり「国際環境法における予防原則の動態と機能」国際法外交雑誌一〇四巻三号、二〇〇五年、二二頁。

（2）　この「越境損害防止」に関するＩＬＣの作業は、一九七八年から「国際法によって禁止されていない行為から生ずる有害結果に関する賠償責任」(International Liability for Injurious Consequences Arising out of Acts not Prohibited by International Law) を主題として、審議を開始した。報告者は R. Quentin-Baxter から J.Barboza を経て P. S. Rao に代った。一九九二年、バルボザの時代にＩＬＣは、当該問題の審議を事後の賠償責任（liability）の問題と事前の損害発生の防止（prevention）問題に分けて議論し特に環境問題が重視されることに鑑みて、後者の「防止」の問題を最初に取りあげることを決定し、報告者ラオが二〇〇一年（ＩＬＯ第五三会期）に前文と一九条からなる「防止」最終案を提出し採択されたのである（ILC Report, 2001, pp. 370〜436.; 山田中正「国連国際法委員会第五三会期の審議概要」国際法外交雑誌一〇〇巻六号、六九〜七〇頁、九三〜九九頁。薬師寺公夫「越境損害と国家の国際適法行為責任」国際法外交雑誌九三巻三・四合併号、一一一〜一二六頁。

（3）高村ゆかり、前掲注(1)、一七、二三頁。薬師寺公夫、前掲注(2)、一一九頁。加藤信行「ＩＬＣ越境損害防止条約草案とその特徴点」国際法外交雑誌一〇四巻三号、二〇〇五年、三七〜三八頁。

（4）ILC Report, 2001, op. cit., p. 382.; 加藤信行、前掲、三一〜三二、三七〜四〇頁。臼杵知史「事前の通報および協議の義務」水上千之・西井正弘・臼杵知史編『国際環境法』有信堂、二〇〇一年、一九四頁。

なお「予防」措置に力点を置く限り、条約条文に「相当注意」の喚起を明文で挿入する必要が損害の「未然防止」を確実にする念のための手段として考えられるであろう。たとえば、一九七七年の「ジュネーヴ人道法条約・追加第一議定書第五七条一項がそうである。「軍事行動の実施のさいは住民に損害を与えないよう不断の注意（constant care）を払わなければならない」の文言がそうである。しかしこの「注意義務」は同条二項(a)によって補われ、「実行可能なすべての予防措置をとること」で具体化され客観化されているのである。また「コンゴ領域での武力紛争事件（コンゴ対ウガンダ）で、ＩＣＪは二〇〇五年の判決で、ハーグ陸戦法規四三条を援用し、ウガンダが占領地の住民に損害を与えないよう「防止のための適当なすべての措置をとらなかった」と認定した。これも注意義務の客観化を意味しよう（湯山智之「国際法上の国家責任における『過失』及び『相当注意』に関する考察（四・完）」香川法学二六巻一・二号、二〇〇六年、一四二頁注(33)）。

（5）兼原敦子「地球環境保護における損害予防の法理」国際法外交雑誌九三巻三・四合併号、一九九四年、一九九頁注(12)。

（6）加藤信行、前掲注(3)、三八〜三九頁。

（7）兼原信克「みなみまぐろ事件について」、国際法外交雑誌一〇〇巻三号、二〇〇一年、一八頁。栗林忠男「みなみまぐろ事件仲裁判決の評価」同、一七〇頁。

（8）本件の管轄権設定に関するＩＴＬＯＳの立場は"prima facie"jurisdiction であることを明らかにしている。即ち仮保全措置については、原告による「一応の」（prima facie）証明があればよいとし、その内容は資源保存の「緊急性」と「回復し難い損害」発生の蓋然性（probability）の証明で十分であるとしているように思われる。このことは、漁業資源についてもその保全が人類にとっての環境保全の一分野をなし、金銭的換価の不可能な保護法益であることを示したものといえよう。従って前述した一九七三年のフランスの核実験差止めに関するＩＣＪによる仮保全措置命令と同一の立場に立つものといえよう。

（9）B. H. Oxman, Complementary Agreements and Compulsory Jurisdiction, A.J.I.L., Vol. 95, No. 2, 2001, pp. 277〜312.; 安藤仁介「みなみまぐろ仲裁裁判事件の先決的抗弁」国際法外交雑誌一〇〇巻三号、二〇〇一年、一一〇頁が批判的に援用する国連

海洋法条約三一一条の性格を参照。

(10) 拙稿「国際慣習法に関する新たな視座——自生・国益慣習法と制度・人道慣習法——」明学・法学研究六一号、一九九六年、一～七五頁。

(三) 環境諸条約と不遵守手続

(a)　高度工業化の時代が始まり、人間活動が生活諸分野で広範な展開をみせ始めた今日、環境上の損害は、単なる国対国の越境問題を越えて、大気汚染など地球規模に拡大しつつある。太平洋やインド洋の島々などの海面上昇や陸地の水没化現象にみられるように、深刻な気候変動と温暖化の現象すらも現実化しつつある。不規則な旱魃や水害をもたらす気候不順もこれと関係があるとの議論も出されている。こうした問題にどう対処すべきか。

従来の伝統的国際法では、国益の保護を中心に損害の事後救済即ち損害賠償の方式を核として国家責任法が組立てられてきた。しかし右の事態を前にして、放置すれば重大な結果が人類全体の被害として発生することが予想される現段階では、損害の発生を事前（未然）に防止する「予防」の観念の定着による法の枠組を構成し直すことが何よりも望まれているといえよう。

我々人類は漸くこの事実を認識し、二〇世紀後半頃から人間の適正な生存環境の維持継続をどうはかるべきかが重大関心事となったのである。こうして一九七二年のストックホルム国連人間環境宣言を嚆矢として多くの環境保全に関する多数国間条約が採択され、損害の未然防止のための制度的対応が検討されるようになったのである。一九九二年のリオデジャネイロでの国連人間環境会議（UN Conference on Environment and Development）で採択された国連気候変動枠組条約（UN Framework Convention on Climate Change）はその一つの大きな成果といえよう。同条約の締約国会議（Conference of the Parties: COP）が一九九七年に京都会議（COP３）で採択した地球温室効果ガス規制に関する「京都議定書」は右条約を具体化した法文書といえよう。しかし同議定書の採択以来（発効は二〇〇五年）既に一〇年以上が経過しているが、地球温暖化ガス（ＣＯ$_2$に換算される六フッカ琉黄やメタンなど六種類のガス）の排出規制——第一期として二〇〇八年〜一二年の五年間の総排出量を、一九九〇年を基準年とした排出量の総計に一定割合（附属書Ｂが定める割合）を乗じたものの五倍を上限とする。先進国全体として五％削減が目標。三条一項）は、その準備段階の経過措置を含めて国内、国外で十分な対策がとられているようにはみえない。たとえば日本は基準年の一九九〇年には、持ち前の進んだ省エネ技術を活用し既に相当の削減努力を行っていたとして、九〇年比六％の削減義務は他国（たとえばＥＵは全体として８％、米国は７％、カナダは６％）に比して、実質的に大きすぎるとの不満が強く、京都議定書割当ての達成は困難との見方が強い。

(b)　さて一九八九年末に冷戦体制が崩壊し、東西間の経済交流が活発化して、西側先進国から途上国及び旧ソ連圏諸国への資本投下が急速に進んだ。それは地球規模の高度産業化、技術近代化を推進しつつあるが、結果として海洋や国際河川及び大気の汚染状況を拡大し且つ深刻化の傾向をもたらすに至っている。もとより途上国は大気汚染、地球温暖化の起因国は先進国であり、途上国ではない。従って途上国が汚染物質排出の責任を問われる理由はないと強く規制に反対する。先進国が率先して自己抑制すべき義務があると主張するのである。しかし今後将来の人類全体の問題として事態（の悪化）をとらえるならば、途上国もまた規制に参加すべきは当然であろう。——二〇〇八年、日本の洞爺湖で開かれたサミットでも、主要八カ国（Ｇ８）の他、中国、インド、ブラジル、メキシコ、南ア等を含む一六カ国で編成する温暖化ガスの主要排出国会合（ＭＥＭ）は、その宣言で「主要経済国の首脳は共通だが差異ある責任とそれぞれの努力に従い、気候変動問題と闘う」ことを約束した。傍点部の考え方が妥協点であろう。——

わけても二一世紀初頭の今日、いわゆるＢＲＩＣｓ諸国（ブラジル、ロシア、インド、中国）という産業中進国（新興国）での工業化、技術化の進展はめざましく、結果的にそれらの諸国も先進国と同様、大気汚染を拡大する原因国となりつつあることは否定しえないであろう。中国、インドは未だ京都議定書にも参加せず（また京都議定書自体も温室効果ガスの削減義務を課したのはＯＥＣＤ加盟国と旧ソ連や東欧諸国の四一カ国にとどめ、途上国に対するＣＯ$_2$等の排出量規制義務は免除）、更に先進国でも大気汚染物質排出量最大の米国は、W・ブッシュ政権時代（二〇〇一〜二〇〇九年）を通じて京都議定書を批准せず二〇〇一年には脱退した。——しかし二〇〇九年から政権についた民主党のオバマ大統領は、選挙公約として早くから米国の京都議定書への復帰を公約し、更に二〇五〇年までに一九九〇年比で八〇％の削減を実行すると声明し、同時にクリーン・エネルギーの開発に政府が一〇年間で千五百億ドルを投じ、五百万人の雇用を生み出す計画をも示した。また中国やインドを引き込むための新たな国際会議も提唱した。——いずれにせよ、二〇〇九年の現在、大気汚染排出ガス規制への消極的態度が多くの諸国についてなお改められたとはいえず、気候変動枠組条約や京都議定書の行動計画の推進にとっての障害が取り除かれたとは言い難い。

(c)　ところでこうした環境諸条約への基本的な批判として、たとえば気候変動の原因は単一でなくCO_2などの「温室効果ガスの濃度安定」のみを目指し他の気候影響因子を扱わない現行の枠組みでは、効果は部分的に止まる、という意見[1]や、CO_2などのいわゆる温室効果ガスといわれる物質の地球温暖化効果はまだ科学的に十分に確証されていないとの根強い反対論がある。しかしながらこの点は既述した通り（たとえば「越境損害防止」のILC条文案、参照）、損害発生の事前防止即ち重大な危険発生の可能性のあることが蓋然的であっても因果関係上で予測されうる場合には（別言すれば病理学的に証明されなくても疫学的に証明されるだけで）「予防」段階の措置としては一定の抑制措置の義務付けが許されることにつき、既に国際的に合意がなされているとみてよいだろう。

(d)　京都議定書では前述のように、加盟国に一定の（CO_2換算の温室効果ガスの二〇〇八〜二〇一二年の五年間における）排出許容量（排出権）を決定しその遵守を求めた。同時に国内の通常の削減努力だけでは及ばない場合の補足として、植林、森林管理活動による炭素吸収の増加分を自国の削減割当量に導入し計算できることも認めた。また外国領域での削減量ないし吸収量をも自国分として利用（購入）できる制度も作られた。更にもう一つ重要な方式として、排出量（排出権）取引の制度がある（議定書一七条）。これは先進国が保有する省エネ技術を途上国などに移転ないし使用させ、或いは資金を提供して削減を手伝うことによってCO_2等を減らせば、その分の排出権（量）の取得が認められ自国内での削減として計算に組入れられることである。そのうち先進国が途上国に対して行う削減方式を「クリーン開発メカニズム」（CDM、一二条）と称し、日本はアジア諸国で数多く手がけている。また先進国が先進国に対して行う同様の協力方式を共同実施（JI）と称し、これも認められている。

更に第三の方式として、排出権を先進国間で売買する仕組みがある。たとえば排出枠配分が過大で削減努力なしでも余剰分の出るロシアや東欧国家と日本の取引があげられよう。但しこの排出権取引が有効となるためには、購入者の企業が自己が行う事業計画について、排出削減プロジェクトとしての承認を自国政府と国連（理事会）から受けなければならない。且つプロジェクト開始後、第三者機関が温暖化ガスの実際の削減量を検証し、それを再び国連理事会の承認をうけることによって最終的に排出権が承認されるという手続をとらなければならない。

問題は、以上の排出権（量）取引という排出枠の上限を定めた上での排出量取引（キャップ・アンド・トレード）方式では、世界の温暖化ガスの排出総量は減らず、排出枠を買うという安易な方法では自己の排出削減の努力を怠ることになるとの批判もある。こうした批判の中には代案として「比例的炭素税」方式（CO_2等排出量にかける炭素税を一人当り国民所得に比例させて徴収する方式）といういわゆる痛みを各国各人平等に分け合う案の提唱もある。[2] これによって一九九〇年の基準年方式にかかわる政治的歪曲性（各国の削減量割当てが不公平だとの批判）も解消するという。ここでは現行の「京都モデル」との相違は、基本的に市場原理派と社会規制派という思想的基盤の相違から来る違いということになろう。

(e)　さて京都議定書に基づく第一期（二〇〇八～二〇一二年）における排出許容量（排水権）は近く終了期限を迎えるが、第二期のいわゆる「ポスト京都枠組み」を決定する締約国会議（COP15、二〇〇九年一二月、コペンハーゲン開催）に向け、各国で二〇二〇年までの中期目標の設定努力が続けられている。EUは京都議定書方式の九〇年排出量を基準として二〇及至三〇％の削減案を〇八年一二月に決定した。米国（オバマ政権）は、中、印等の新興国や途上国の削減義務を強く要請すると共に、長期目標として二〇五〇年の国内排出量を九〇年比八〇％削減を打ち出した。しかし中期目標（二〇二〇年まで）としては二〇〇五年を基準として二〇％の削減目標を表明した。日本も九〇年から排出量が増えた実態を踏まえ、麻生太郎政権（当時）は米国と同様、基準を〇五年に置き一五％の削減（九〇年比八％削減）を表明した（二〇〇九年六月）(3)。

(f)　さてここで、気候変動枠組条約（一九九二年）を中心にいわゆる㈠遵守手続について検討してみよう。環境条約といわれるこの法文書の義務の遵守（compliance）と履行（implementation）がどのように確保されているかを右の条約を通じて検討しておこう。CO_2のような温室効果ガスの発生によって地球温暖化の現象が、完全でなくてもほぼ確実な科学的証拠に基づいて証明されていることについては国際社会でほぼ合意がえられているが、排出源の多様性によって確定犯人（国）探しが困難な点からみて、問題の（紛争があった場合の）司法的方法での解決は、特定の場合を除き、有効でないことは明らかである。従って問題解決のためには、第一に地球規模の普遍的な人類損害として事態をとらえることがまず必要であろう。そのため規制と解決を二国間（バイラテラル）での取決めで行うことは実効的でなく、通常、多数国間（マルティラテラル）の取決めの形態をとることが必要となろう。その点でまず一般の越境損害の場合の防止の方式とは形態を異にする。

第二には、地球規模の発生源の多様性に鑑みて、伝統的な国家対国家という敵対的紛争処理方式での解決になじまず非敵対的処理方式（nonadversarial and nonconfrontational approach）による「前向きの解決」方式（forward-looking approach）に頼るのが効果的であろう。即ち非難や制裁よりも、合意内容をいかに遵守させるかのプロセスが重視されることになるのである。その点ではＩＬＣの二〇〇一年「国家責任」条文第四九条（対抗措置の目的と制限）方針と同様に、「違反に対する制裁ではなく履行をうながす方法」の提示という基本精神が重要ということになるのである。

こうして気候変動枠組条約の審議過程では、履行方法として、当初、ＧＡＴＴモデルの踏襲が提起されたが、ＧＡＴＴモデルが基本的に採用している dispute-settlement mechanism の方式では気候変動問題の処理方法としてはハードすぎるとして退けられ、また大気汚染防止という点では同質の「オゾン層破壊物質の規制に関するモントリオール議定書」で採用された「不遵守手続」（noncompliance procedure）でもその履行委員会の活動状況からみて、十分にソフトではない（ソフト・ローの範囲を越えている）という意見が多数を占め、結局、「多角的協議プロセス」（multilateral consultive process）が採択されたのである（一三条）。この協議プロセスでも当初は「情報伝達」（communication of information）だけに重点が置かれたが、討議を経るに従って各国間に信頼感が醸成され、最終的により厳格な「報告義務」（reporting obligations）の方式が採択されたのである（一二条）。

こうして、条約内容の遵守（compliance）というプロセスの採用が、気候変動への法的対応として最適の法執行（law enforcement）への協力方法と考えられたのである。即ち不遵守（noncompliance）行為があっても、それは条約義務の意図的不遵守（willful noncompliance）ではなく、遵守能力の欠如（lack of ability to comply）ととらえるべきで、従って条約の違反（breach of a treaty）としてではなく、問題の処理、解決は可能な限り非司法的（非争訟的）方法の枠組の中で行わるべきことが合意されたのである。ここでは従って条約義務の履行（implementation）と遵守（compliance）の一応の概念的区別を行ったということはいえよう。即ちE.B. Weissの言葉によれば、"implementation"はlegislation, regulation 更に条約履行に要求される他のstepsに関係があるが、"compliance"は条約義務を遵守する「努力」（effort）を通じて当事国に態度（behavier）の変更をうながし、自主的に可能とする立場を重視する概念といえよう。

そうした観点から言えば、気候変動枠組条約は遵守手続の第一歩として各締約国の「報告」（reporting）と委員会の審査（review）が存在するが、締約国の一つによる他の締約国の不遵守に関する申立てにより、事務局や委員会等の条約機関の活動（不遵守の原因解消のための行動計画作成上の支援などを含む）が予定されているのである。それでも不遵守国とされる締約国に対する条約機関による情報の提供要求やそれを受けての機関での協議或いは対象国の同意による現地調査も行われうるし、また伝達された情報や機関審査結果の公開とNGO等によるそれら資料の利用も可能とされており、それらの手段の活用はこの遵守システムの実効性の向上に資するであろうことが期待されているのである。

そしてまた気候変動枠組条約の制定会議でも今後の条約の運用を通じて詳細な具体化措置がとられることが合意されているのである。一九九七年の第三回締約会議（COP3）で採択された「京都議定書」はその最初の成果である。こうして今後、諸国民に地球温暖化の脅威に関する認識が深まれば、それがもたらす「人類（人間）の安全保障」問題の理解も広がり、少なくともWTO体制程度の司法的強制力をもつ環境安全システム構築による気候変動枠組条約の履行体制の確立へと進むことも考えられるであろう。こうして不遵守プロセスには実質的にみて何らかの強制性をもつ履行（implementation）のメカニズムが全プロセスの不可分の一部として組み込まれうることが十分予想されるのである。[4][5]

(g)　さて最後に、二〇〇八年（七月）、日本で開かれたG8主要国会議に新興国首脳も加わった二二カ国サミット（洞爺湖サミット）で、地球温暖化防止をめざした京都議定書での合意を進展させるための討議が行われたことを付言しておきたい。そこでは主導権をもつ日本が、二〇五〇年までに温室効果ガス排出の二〇〇〇年を基準としてその半分以下にする議案（この案は二〇〇七年のインドネシア・バリ島でのCOP13で提起済み）を再提起したが、G8と中、後進国（BRICs諸国と南ア、メキシコ）の対立により採択されなかった。但し長期目標としての提議の基本趣旨については利害の共有の点で一致した。また温室効果ガス削減方式の考え方として、従来のように「フォア・キャスティング」という過去の実績に基づいて「積み上げ（ボトムアップ）」型で政策を作るのではなく、「バック・キャスティング」という将来の目標をまず決めて、その目標から逆算して今後の対応を考える手法が提起されたのは注目に値いしよう。それと共に「セクター別アプローチ」という国別にガスの総量削減目標を課すのとは別に、エネルギーや工業、農業などの部門別に、また鉄鋼やセメントなどの産業別に排出削減をめざす考え方も、日本から提起されたことも注目されよう。なお、最新の日本案、特に中期目標に関する提案として、前述(e)を参照のこと。

（1）伊藤公紀「気候問題リテラシーを身につける」論座、二〇〇八年七月号。

（2）宇沢弘文「地球温暖化への経済学的解答」中央公論、二〇〇八年七月号。

（3）二〇〇九年九月に成立した民主党政権の鳩山由紀夫首相は、国連総会で温室効果ガス削減の日本の中期（二〇二〇年まで）目標として九〇年比二五%削減を宣明し、国際社会での歓迎を克ちとった。但し鳩山氏は「すべての主要国の参加が前提だ」とし、また中味として、日本が途上国側に省エネ技術や資金を提供し削減できた分を日本の削減分に算入できる排出枠や、森林がCO_2を吸収した分も含まれるものとしているようである。

（4）E. B. Weiss の主張を引用を含めて、J.E. Butler, The Establishment of a Dispute Resolution / Noncompliance Mechanism in the Climate Change Convention, ASIL Proceedings of the 91 st Annual Meeting, 1997, pp. 250～256.

（5）因みに、オゾン層破壊物質規制のモントリオール議定書（一九九二年）についても温室効果ガス排出規制の京都議定書（一九九七年）についても、違反に対する「制裁」措置は設けられている。即ち条約上の権利停止の措置がそれである。たとえば京都議定書についていえば、京都メカニズムの利用資格の停止や超過分排出量の一・三倍の量と次期期間の割当量から差引かれる不利益の負課がそれである。しかしそれは条約法条約第六〇条二項(a)の手続とは異なり、加盟国の全員一致ではなく多数決で決められる（たとえば京都議定書では、全当事国が参加する締約国会議ではなく、一〇名の委員で決定される）。これは性格的には条約法条約が目的とする「条約の重大違反に対する条約の終了や運用の停止」という科罰とは異なり、条約義務遵守の回復を目的とするものだからである。その点で環境条約上の制裁手続きは、条約法条約第六〇条とは異なり、違法の回復と義務の履行を促すことを目的としたＩＬＣ「国家責任」条文第四九条の「対抗措置」と基本趣旨を同じくするものといえよう。より明確にいえば、条約法条約第七二条二項の「運用の再開を妨げない」よう配慮するという程度の消極的機能ではなく、より積極的に義務履行への復帰を勧奨することを基本としているのである（従って京都議定書も、対象国に対して「遵守回復計画の作成」を命ずることを定めている）。こうして「(不) 遵守手続」を中核とする不利益強制措置は、違反国を外部に排除する機能をもつ「裁判・懲罰」制度というよりは、環境価値の確保をめざす一種の内部制度（In-house Mechanism）とみるべきが妥当であろう。換言すれば、環境法条約は条約法条約のように当事国間の「相互関係」上の権利義務関係（条約法条約七二条一項(a)）を基本とした観念に底礎するものではなく、普遍的人類義務の履行をめざした多辺条約としての性格を有している、ということなのである（従って条約当事国は他当事国の条約義務違反があっても自己義務からの免除という対抗措置は考えられない）。(J. V. kohler, Le Mécanisme de Controle du Respect Protocole de Kyoto sur les Changements Climatiques : Entre Diplomatie et Droit, 2006, pp. 121～123.; 柴田明穂「環境条約不遵守手続の帰結と条約法」国際法外交雑誌一〇七巻三号、二〇〇八年、一～二一頁)。

北部カメルーン事件（カメルーンv. 英）（1963年）……284
ラグラン事件（ドイツv. 米）（2001年）……8, 9, 161

国際仲裁裁判所その他

アンバティエロス事件（ギリシアv. 英）（1956年）……243, 247
英仏海峡大陸棚事件（英v. 仏）（1977年）……263
オリノコ事件（仏v. ベネズエラ）（1902年）……131
ガット・ダム事件（米v. カナダ）（1968年）……253
ケール事件（米v. メキシコ）（1929年）……138, 180
国際漁業会社事件（米v. メキシコ）（1931年）……118, 120
ジェーンズ事件（米v. メキシコ）（1926年）……191, 192, 195, 197
シュフェルト事件（米v. グァテマラ）（1930年）……132
ジュヴロ事件（米v. 仏）（1931年）……60
ショート事件（米v. イラン）（イラン～米国請求権裁判所）（1987年）…203, 204, 205
タジッチ事件（旧ユーゴ国際刑事裁判所）（1999年, 2000年）……14, 15
ティノコ事件（英v. コスタリカ）（1923年）……182, 183
チャティン事件（米v. メキシコ）（1927年）……60, 112, 113, 138
灯台仲裁裁判（仏v. ギリシア）（1956年）……201
トレイル・スメルター事件（米v. カナダ）（1941年）…168, 176, 187, 221, 223, 224, 227, 230, 233, 235, 236, **241～266**, 268, 280, 282, 292～294, 299, 302, 309, 311, 313, 318, 327, 328
ナウリラ事件（ドイツv. ポルトガル）（1928年）……202
ニーア事件（米v. メキシコ）（1926年）……59, 138
北米浚渫会社事件（米v. メキシコ）（1926年）…59, 66, 68, 100, 107, 117～120, 123, 131
ホフマン・スタインハート事件（米v. トルコ）（1937年）……131
ホーム伝道協会事件（米v. 英）（1920年）……138, 189, 193
みなみまぐろ事件（オーストラリア, ニュージーランドv. 日本）（2000年）……288, 330～335
モロッコのスペイン地区事件（英v. スペイン）（1925年）……193
ラヌー湖事件（スペインv. 仏）（1957年）……156, 236, 254, 266
ロバート事件（米v. メキシコ）（1926年）……59, 138

判例索引

常設国際司法裁判所

オーデル河国際委員会事件（ポーランドv. ドイツ，英，仏等）（1929年）……236

上部シレジア事件（ドイツv. ポーランド）（1926年）……………………………60, 124

ダンチッヒ裁判所の管轄権事件（勧告的意見）（1928年）……………………xiii, 162

ホルジョウ工場事件（ドイツv. ポーランド）（1928年）…………………72, 125, 126

マヴロマティス事件（ギリシアv. 英）（1924年）…………………71, 73, 100, 125

リトアニア・ポーランド間鉄道交通事件（勧告的意見）（1931年）……………290

ローチュス号事件（フランスv. トルコ）（1927年）…………………………………296

国際司法裁判所

アベナ事件（メキシコv. 米）（2004年）… 9

アングロ・イラニアン石油会社事件（英v. イラン）（仮保全措置，1951年）‥274

インターハンデル事件（スイスv. 米）（1959年）……72, 74, 120, 122, 124〜126

エーゲ海大陸棚事件（ギリシアv. トルコ）（1976年）…………269, 270, 271, 273, 287

核実験事件（オーストラリア，ニュージーランドv. 仏）（1973, 74年）…266〜280, 281〜285, 296, 318, 334

核兵器の合法性事件(勧告的意見)(1996年)…………………………………277, 284, 285

ガブチコヴォ・ナジュマロシュ計画事件（ハンガリーv. スロヴァキア）（1997年）……………156, 157, 161, 290〜292, 331

漁業管轄権事件（英v. アイスランド）（仮保全措置，1972年）…………269, 270, 272

漁業管轄権事件（英v. アイスランド）（本案，1974年）……………………287, 298

コルフ海峡事件(英v. アルバニア)(1949年)……………**139〜150**, 153, 163, 165, 168, 169, 187, 208, 209, 213〜215, 236, 252, 254, 266, 310

コンゴ領武力活動事件（コンゴv. ウガンダ）（2005年）……………………………5

ジェノサイド条約適用事件（ボスニアv. セルビア）（先決的抗弁，1996年）……………………………………22, 201

ジェノサイド条約適用事件（ボスニアv. セルビア）（本案，2007年）…15〜18, 320

ディアロ事件(ギニアv. コンゴ)(2007年)……………………………………………9

テヘラン米国公館職員人質事件（米v. イラン）（1980年）‥‥94, 164, 165, 190, 194, 203, 207〜210, 267, 269, 273

ナミビアの国際的地位（勧告的意見）（1971年）……………………………43, 277

南西アフリカ事件（リベリア，エチオピアv. 南ア）（1966年）……………………276

ニカラグア事件(ニカラグアv. 米)(1986年)……………………12〜16, 148, 192, 193, 204, 208, 210〜214, 267

ノッテボーム事件（リヒテンシュタインv. グァテマラ）（1955年）…………71, 73, 89〜91, 96, 97, 100, 125

ノルウェー公債事件（フランスv. ノルウェー）（1957年）……………………247

バルセロナ・トラクション事件（ベルギーv. スペイン）（1970年）…89, 90, 92, 98, 101, 102, 104, 105, 276, 277, 320

北海大陸棚事件（西ドイツv. オランダ，デンマーク）（1969年）…263, 286〜289, 298

北部カメルーン事件(勧告的意見)(1963年)…………………………………………277

ら行

ま行

や行

な行

は行

た行

さ行

事項・人名索引

あ行

か行

〈著者紹介〉

広 瀬 善 男（ひろせ・よしお）

明治学院大学名誉教授
1927年　千葉市に生まれる。
1958年　東京大学大学院博士課程、公法コース修了。法学博士
（東京大学）

〈主要著作〉

現代国家主権と国際社会の統合原理（佑学社、1970年）
国家責任論の再構成――経済と人権と（有信堂、1978年）
力の行使と国際法（信山社、1989年）
捕虜の国際法上の地位（日本評論社、1990年）
国連の平和維持活動（信山社、1992年）
主権国家と新世界秩序（信山社、1997年）
日本の安全保障と新世界秩序（信山社、1997年）
21世紀日本の安全保障（明石書店、2000年）
国家・政府の承認と内戦　上――承認法の史的展開、下――承認法の一般理論（国際法選集Ⅰ）（信山社、2005年）
戦後日本の再構築一領土　外国人参政権　九条と集団的自衛権　東京裁判（国際法選集Ⅱ）（信山社、2006年）

学術選書

29

国際法

外交的保護と国家責任の国際法
広瀬善男・国際法選集Ⅲ

2009(平成21)年10月20日　第1版第1刷発行
5429-7 P376.　¥12000E：b065
著 者　広 瀬 善 男
発行者　今井 貴　渡辺左近
発行所　株式会社 信 山 社
〒113-0033 東京都文京区本郷 6-2-9-102
Tel 03-3818-1019　Fax 03-3818-0344
henshu@sinzansha.co.jp
エクレール後楽園編集部　〒113-0033　文京区本郷 1-30-18
笠間才木支店　〒309-1611　茨城県笠間市笠間515-3
Tel 0296-71-9081　Fax 0296-71-9082
笠間来栖支店　〒309-1625　茨城県笠間市来栖2345-1
Tel 0296-71-0215　Fax 0296-72-5410
出版契約 No.2009-5429-7-01010 Printed in Japan

印刷・製本／亜細亜印刷・渋谷文泉閣
ISBN978-4-7972-5429-7　C3332　分類329.100-a-009　a029　国際法
5429-0101:012-050-015

◇総合叢書◇

1　甲斐克則・田口守一編　企業活動と刑事規制の国際動向　11,400円
2　栗城壽夫・戸波江二・古野豊秋編　憲法裁判の国際的発展II　続刊
3　浦田一郎・只野雅人編　議会の役割と憲法原理　7,800円
4　兼子仁・阿部泰隆編　自治体の出訴権と住基ネット　6,800円
5　民法改正研究会編(代表 加藤雅信)　民法改正と世界の民法典　12,000円
7　初川満編　テロリズムの法的規制　7,800円

◇法学翻訳叢書◇

1　R.ツィンマーマン 佐々木有司訳　ローマ法・現代法・ヨーロッパ法　6,600円
2　L.デュギー　赤坂幸一・曽我部真裕訳　一般公法講義　続刊
3　D.ライポルド　松本博之編訳　実効的権利保護　12,000円
4　A.ツォイナー　松本博之訳　既判力と判決理由　6,800円
9　C.シュラム　布井要太郎・滝井朋子訳　特許侵害訴訟　6,600円

価格は税別